Viktor Schultze

Katakomben: Die altchristliche Grabstätten

Ihre Geschichte und ihre Monumente

Viktor Schultze

Katakomben: Die altchristliche Grabstätten
Ihre Geschichte und ihre Monumente

ISBN/EAN: 9783743397798

Hergestellt in Europa, USA, Kanada, Australien, Japan

Cover: Foto ©Lupo / pixelio.de

Manufactured and distributed by brebook publishing software (www.brebook.com)

Viktor Schultze

Katakomben: Die altchristliche Grabstätten

DIE KATAKOMBEN.

DIE ALTCHRISTLICHEN GRABSTÄTTEN.

IHRE GESCHICHTE UND IHRE MONUMENTE

DARGESTELLT

VON

VICTOR SCHULTZE
DOCENT AN DER UNIVERSITÄT LEIPZIG.

MIT EINEM TITELBILD UND 52 ABBILDUNGEN IM TEXTE.

LEIPZIG,
VERLAG VON VEIT & COMP.
1882.

Druck von Metzger & Wittig in Leipzig.

SEINER ERLAUCHT

ADALBERT

GRAF ZU WALDECK UND PYRMONT

EHRERBIETIGST ZUGEEIGNET.

Vorwort.

Seit einer Reihe von Jahren wird die Aufmerksamkeit weiterer Kreise durch die Ausgrabungen gefesselt, welche die päpstliche Regierung unter Aufwendung grosser Opfer in den unterirdischen Grabstätten der altrömischen Stadtgemeinde, den Katakomben, in regelmässigem Fortgange ausführen lässt. Die durch diese Arbeiten und die daran anknüpfenden glücklichen Forschungen de Rossi's erzielten Resultate sind bis zu dieser Stunde derartige gewesen, dass sie einerseits die Werthschätzung jenes Unternehmens andauernd zu steigern vermochten, andererseits den Blick über den Kreis der römischen Katakomben hinaus auf die ausserhalb desselben vorhandenen Denkmäler gleicher Gattung führten und den Wunsch nach einer Gesammtdarstellung der altchristlichen Grabstätten hervorriefen.

Die Verwirklichung dieses Wunsches ist eine Aufgabe, deren Lösung als eine berechtigte Forderung an die kirchliche Alterthumswissenschaft der Gegenwart anerkannt werden muss. Denn das dazu erforderliche Material ist vorhanden. Die Theilung der Arbeit ferner, die auf diesem Gebiete üblich ist, erschwert nicht nur in hohem Grade die richtige Abschätzung und Verwerthung der sepulcralen Monumente, sondern verleitet auch fortwährend zu nutatthafter Generalisirung der in Einzeluntersuchung gewonnenen Resultate.

Die Schwierigkeiten freilich eines solchen Unternehmens stellen sich als sehr erhebliche dar, wenn — was indess die erste Bedingung einer wissenschaftlichen Lösung der Aufgabe ist — die Form eines Referats über die von den römischen Archäologen erzielten Ergebnisse überschritten wird, ein Verfahren, zu welchem die moderne Katakombenliteratur nur in unbedeutenden Einzelfragen sich verstanden hat.

Dennoch glaubte ich, den Versuch wagen zu sollen. Während eines mehrjährigen Aufenthaltes in Italien war mir Gelegenheit gegeben, nicht nur die vorliegenden Resultate der Forschung an den Monumenten selbst nachzuprüfen, sondern auch umfangreiches neues Material zu sammeln, vorzüglich in den altchristlichen Nekropolen Siciliens, so dass ich bei den in Frage kommenden Denkmälern, soweit dieselben noch existiren, nur in vereinzelten Fällen auf literarische Vermittelung angewiesen war.

Was sich mir aus dieser doppelten Thätigkeit ergab, erweist sich in einer ganzen Reihe wichtigster Fragen als in Widerspruch stehend zu den traditionellen Anschauungen, die auf diesem Gebiete in einer Weise, wie vielleicht sonst nur selten der Fall ist, bestimmend fortwirken.

Daraus erwuchs die Nothwendigkeit, dem darstellenden Texte am Schlusse der einzelnen Abschnitte Anmerkungen und Excurse beizufügen, die mit allseitiger Berücksichtigung der Quellen jenen näher zu beleuchten oder zu begründen bestimmt sind. So dürfte das Buch, welches ausser den Fachgenossen den grösseren Kreis der archäologisch und theologisch Interessirten im Auge hat, zugleich die Bedeutung eines Compendiums der Katakombenforschung gewinnen.

Der hohe Werth der Katakombendenkmäler für die Erkenntniss der Geschichte, der socialen Verhältnisse und der volksthümlichen sittlich-religiösen Anschauungen der alten Kirche wird allgemein mit Recht anerkannt.

Es würde mir eine reiche Entschädigung für die mühevolle Arbeit sein, wenn ich dem erstrebten Ziele, der theologischen Wissenschaft und der allgemeinen Kulturgeschichte diesen wichtigen Quellencomplex kritisch gesichtet darzulegen, nahe gekommen sein sollte.

Leipzig, März 1882.

Der Verfasser.

Inhalt.

		Seite
Einleitung.		
Geschichte und Literatur der Katakombenforschung		1
Erster Theil.		
Das altchristliche Begräbnisswesen.		
Erster Abschnitt.	Kirchliche und volksthümliche Anschauung	9
Zweiter Abschnitt.	Grundidee und Verwaltung der christlichen Grabstätten	17
Dritter Abschnitt.	Die Sepulcralriten	48
Zweiter Theil.		
Construction der Katakomben.		
Erster Abschnitt.	Die Grundanlage	57
Zweiter Abschnitt.	Die constructiven Details	69
Dritter Theil.		
Die Bildwerke der Katakomben.		
Erster Abschnitt.	Entwickelungsgang der altchristlichen Kunst	87
Zweiter Abschnitt.	Der symbolische Cyklus	97
Dritter Abschnitt.	Der historische Cyklus	132
Vierter Abschnitt.	Ikonographische Darstellungen	143
Fünfter Abschnitt.	Personifikationen	157
Sechster Abschnitt.	Die Malerei	161
Siebenter Abschnitt.	Die Sculptur	165
Achter Abschnitt.	Die Goldgläser	187
Vierter Theil.		
Die innere Ausstattung des Grabes.		
Erster Abschnitt.	Die theoretische Voraussetzung	201
Zweiter Abschnitt.	Hausgeräth und Instrumente	205

Inhalt.

	Seite
Dritter Abschnitt. Schmuck- und Spielsachen	212
Vierter Abschnitt. Amulette	218
Fünfter Abschnitt. Die Blutgläser	225

Fünfter Theil.
Die Inschriften der Katakomben.

Erster Abschnitt. Sammlungen von Inschriften	235
Zweiter Abschnitt. Technik und Schrift	238
Dritter Abschnitt. Zeitbestimmung der Inschriften	245
Vierter Abschnitt. Inhalt der Inschriften	248

Sechster Theil.
Einzelbeschreibung altchristlicher Grabanlagen.

I. Melos	275
II. Alexandrien	280
III. Kyrene	286
IV. Girgenti	291
V. Naro	294
VI. Palazzuolo	295
VII. Palermo	298
VIII. Castellamare	300
IX. Prata	301
X. Neapel	304
XI. Römische Cömeterien	310
XII. Grabkammer zu Fünfkirchen	334

Register 337

Einleitung.

Geschichte und Literatur der Katakombenforschung.

Die Anfänge der wissenschaftlichen Erforschung der altchristlichen Begräbnissstätten knüpfen sich an die zufällige Entdeckung einer in kurzer Entfernung von Rom an der Via Salaria gelegenen Grabkammer am 31. Mai 1578. Dadurch wurde der Niederländer JEAN L'HEUREUX[1] zur Abfassung einer summarischen Abhandlung über altchristliche Bildwerke veranlasst. Sein nächster Nachfolger auf diesem Gebiete war der in Rom ansässige Malteser ANTONIO BOSIO. Die wichtigste Frucht seiner langjährigen Studien ist die drei Jahre nach seinem Tode durch den Oratorianer GIOVANNI SEVERANO zur Herausgabe gebrachte *Roma sotterranea* (1632), das erste Hauptwerk über die römischen Katakomben.[2] Weniger durch kritische Schärfe als durch Fleiss und Gelehrsamkeit ausgezeichnet, hat BOSIO der Katakombenforschung nicht nur eine weite Peripherie gegeben, sondern sie zugleich auf eine Höhe gebracht, die erst in diesem Jahrhundert überschritten worden ist.

Unbekannt mit den Forschungen Bosio's gab bald darauf der Neapolitaner CARLO CELANO[3] eine kurze, ziemlich verworrene Beschreibung des Hauptcömeteriums seiner Vaterstadt, während PAOLO ARINGHI[4] das Werk Bosio's durch Uebertragung in das Lateinische, mit unwesentlicher Erweiterung, grösseren Kreisen verständlich machte und die Kenntniss der römischen Katakomben über die Grenzen Italiens hinaustrug. Jetzt bemächtigten sich auch protestantische Gelehrte, wie E. S. CYPRIAN (1699), J. BASNAGE (1699), PETER ZORN (1703),[5] des Gegenstandes, jedoch in bestimmter polemischer Absicht und ohne wesentlichen Nutzen. Ebensowenig war die umständliche Berichterstattung, welche der Custode der hl.

Reliquien, MARC' ANTONIO BOLDETTI[6], infolge von Angriffen, die sich gegen die römische Praxis der Reliquienverehrung richteten, über die unter seiner Leitung veranstalteten Ausgrabungen in den Katakomben zu geben sich veranlasst sah (1720), geeignet, die Katakombenforschung zu fördern; nur die in grosser Anzahl, oft freilich ungenau, reproducirten Monumente geben seinem Buche einen bleibenden Werth. Ohne Rücksichtnahme dagegen auf die neueren Funde commentirte GIOV. BOTTARI[7] knapp und objektiv den grössten Theil der von BOSIO mitgetheilten Bildwerke (1737).

Um dieselbe Zeit erfuhren zum ersten Male auch die Katakomben zu Syrakus durch GAETANO und BONANNI (1717) und das Cömeterium zu Castellamare durch MILANTE (1750) allgemein gehaltene Darstellungen, übrigens von geringem wissenschaftlichen Werthe.[8]

Erst in diesem Jahrhundert entwickelte sich die Katakombenforschung zu einer Wissenschaft. Sie knüpfte an Rom an und berücksichtigte nach dem Vorgange des genialen SEROUX D'AGINCOURT (1823) längere Zeit fast ausschliesslich die Bildwerke der Cömeterien.[9] Erst RÖSTELL (1830)[10] gab wiederum eine kurze, aber durchsichtige und musterhafte Gesammtbeschreibung der römischen Katakomben. Ihm folgten RAOUL-ROCHETTE (1837), MAITLAND (1846), PERRET (1850). HELLERMANN unternahm sogar, nicht ohne Glück, eine allgemeine Darstellung der altchristlichen Begräbnissstätten, mit besonderer Berücksichtigung der Cömeterien zu Neapel (1839).[11] MARCHI[12] gelangte nur zur Veröffentlichung seiner Studien über die Architektur der römischen Katakomben (1844). Sein Schüler, GIOVAN BATTISTA DE ROSSI[13], der Meister der Katakombenforschung der Gegenwart, hat die Disciplin nicht nur nach allen Seiten hin ausgebaut, darin sämmtliche Vorgänger überholend, sondern zugleich in der Behandlung derselben die wissenschaftliche Methode mustergültig aufgezeigt und eine Summe wichtiger, grundlegender Fragen definitiv gelöst.

Eine Zusammenfassung der von DE ROSSI gewonnenen Resultate unternahmen NORTHCOTE und BROWNLOW unter dem Titel *Roma sotterranea* (1869). Für das französische Publikum bearbeitete diese Darstellung ALLARD (1871), für das deutsche F. X. KRAUS (1873). In weniger befriedigender Weise summirte die Forschungen DE ROSSI's ARMELLINI (1880), während ROLLER (1881) in seinem Prachtwerke mit Anschluss an seine Vorgänger eine gewisse Selbständigkeit zu verbinden wusste.[14] Daneben wurden von STEVENSON, MARUCCHI, ARMELLINI u. A. Specialuntersuchungen über einzelne römische Cömeterien veröffentlicht.[15]

Diese entschiedene Richtung der monumental-archäologischen Arbeit auf die römischen Katakomben hat indess die wissenschaftliche Erforschung und Darstellung der ausserrömischen altchristlichen Grabstätten nicht gehindert. Neben den Katakomben zu Alexandrien, Syrakus, Chiusi sind vor Allem die Cömeterien von Neapel Gegenstand archäologischer Untersuchung geworden.[16]

Ausserdem haben zahlreiche cömeteriale Einzelmonumente und Monumentengruppen besondere Bearbeitungen erfahren. In Italien sind in dieser Hinsicht die Arbeiten von DE ROSSI und GARRUCCI in erster Linie zu nennen. In Deutschland haben vorzüglich FERD. PIPER und F. X. KRAUS auf dem Gebiete der Einzelforschung grosse Verdienste, in Frankreich LE BLANT.[17]

Die Literatur ist gegenwärtig eine ungemein reiche und in steter Erweiterung ihres Umfanges begriffen, leidet aber vielfach an den beiden Mängeln willkürlicher apologetischer Ausnützung der Resultate und eines unwissenschaftlichen Dilettantismus.

---

[1] JEAN L'HEUREUX (MACARIUS) aus Gräveningen, gest. 1614, hatte längere Zeit in Rom gelebt und war dort zu archäologischen Studien angeregt worden. Seine der Löwener Bibliothek vermachten Manuscripte kamen erst in diesem Jahrhundert in Frankreich wieder zum Vorschein und wurden durch R. GARRUCCI S. J. veröffentlicht unter dem Titel: *Hagioglypta sive picturae et sculpturae sacrae antiquiores, praesertim quae Romae reperiuntur, explicatae a Joanne l'Heureux Greveningiano.* Paris 1856. Ueber die von dem spanischen Dominikaner ALFONSO CIACONIO und dem Flamänder PHIL. DE WINGHE, Freunden des Genannten, handschriftlich hinterlassenen Zeichnungen und Beschreibungen z. vgl. DE ROSSI, *Roma sotterranea* Bd. I. S. 11 ff.

[2] *Roma sotterranea, opera postuma di Antonio Bosio, Romano antiquario ecclesiastico, singulare de' suoi tempi compita, disposta ed accresciuta dal M. R. P. Giovanni Severani da S. Severino, sacerdote della Congregazione dell' oratorio di Roma u. s. w.* In Roma 1632. Fol. Das Leben des Verf., der um 1576 in Malta (nach Anderen in Rom oder Mailand) geboren zu sein scheint und in Rom im Hause eines Verwandten beschäftigt war, ist ziemlich dunkel. Nach mehr als dreissigjähriger Arbeit in den Katakomben starb er 1629. Im Auftrage des Malteserordens, als des Erben des Verstorbenen, brachte SEVERANO die *Roma sott.* 1632 zum Druck, indem er an einigen Stellen kürzte, an anderen hinzufügte. Darüber in der Vorrede: „il quarto (libro) l'ho aggiunto io medesimo servendomi in alcune cose d' una sua selva et in altre di varij Autori, che perciò ho veduto." Ebenderselbe veranstaltete 1650 eine bequemere Handausgabe des Buches. Ueber die Thätigkeit Bosio's und die von ihm hinterlassenen Manuscripte s. DE ROSSI a. a. O. S. 26 ff.

[3] CARLO CELANO, gestorben 1693 als Kanonikus, beschreibt in seiner 1692 erschienenen Schrift: *Notizia del Bello e del Curioso e dell' Antico della Citta di Napoli* (neuere Ausg. v. CHIARINI, Napoli 1860) in der „giornata settima" die Katakomben von S. Gennaro dei Poveri. Der Bericht ist confus und vielfach unzuverlässig.

[4] *Roma subterranea novissima post Ant. Bosium et Jo: Severanum et celebres alios Scriptores.* Romae 1651. Fol. 2 Bde. Der erste Band Innocenz X., der zweite Kaiser Ferdinand III. gewidmet. Das Ganze besteht aus sechs Büchern. Das erste und

das sechste Buch nimmt der Verf. vollständig als sein Werk in Anspruch; auch sonst habe er Neues hinzugefügt. Die thatsächlichen Verhältnisse entsprechen aber dieser Versicherung nicht ganz. Nachdruck des Buches zu Paris und Köln 1659; ein Auszug in 12⁰ Arnheim 1671; deutsch ebendas. 1668 von CHRISTOPH BAUMANN, nachgedruckt Amsterdam 1671. ARINGHI hat zuerst die Katakombendenkmäler als Waffen gegen Häretiker und Schismatiker in Anspruch genommen (Praefatio).

⁵ ERNST SAL. CYPRIAN, *De ecclesia subterranea liber*, Helmstadii 1699 (180 S.). Seine Hauptquelle ARINGHI und mündliche Mittheilungen von Seiten eines Unius CALIXTES, der einst in Rom in Begleitung des bekannten ATHANASIUS KIRCHER die Cömeterien besucht hatte. Daneben benutzte er u. A. nach eigener Angabe: TORRIGIO, *De cryptis vaticanis* (2. Ausgabe, Romae 1639), und CIAMPINI, *vetera monumenta* (Romae 1699). Hauptsächlich aber ist er von ARINGHI abhängig. Wo CYPRIAN selbständig urtheilt, verfehlt er in der Regel das Richtige (vgl. z. B. S. 57 ff.). Am Schlusse berücksichtigt er auch einzelne ausserrömische Cömeterien. — J. BASNAGE, *Histoire de l'église*, Rotterdam 1699, Bd. II, S. 1027—1039. Der Verf. bezieht sich hauptsächlich auf BOSIO, ARINGHI und MABILLON. Die römischen Katakomben erscheinen ihm als ein Werk heidnischen Ursprungs. — PETRUS ZORN, *Dissertatio historico-theol. de catacumbis seu cryptis sepulchralibus s.s. Martyrum, in qua Burnetti, Missonii et aliorum sententia defenditur contra Mabillonium, Ciampinum, Bosium et alios Romanenses*, Lipsiae 1703 (36 S. in 4⁰). Der Verf. handelt 1) *De difficultatibus circa historiam Martyrum*, 2) *De cryptis Martyrum et earum antiquitate*, 3) *De cryptarum structura*, 4) *De picturis et inscriptionibus cryptarum*. Er wandelt, worauf schon der Titel der Schrift hinweist, durchaus in den Bahnen der Engländer BURNET (*Some letters from Italy and Switzerland in the years 1685 and 1686*, Rotterd. 1686) und MISSON (*A new voyage to Italy*), die, durch religiöse Vorurtheile geleitet, die Ergebnisse der damaligen Katakombenforschung in Frage zu stellen unternahmen. — A. G. FRANKE, *De catacumbis*, Lipsiae 1713.

⁶ Gegen die Angriffe insbesondere BURNET's und MISSON's, aber auch gegen MABILLON's Tadel der römischen Praxis der Reliquienerhebung richtete BOLDETTI seine *Osservazioni sopra i cimiteri de' santi martiri ed antichi cristiani di Roma*, Roma 1720, Fol. Der Verfasser hat in seiner Eigenschaft als Custode der hl. Reliquien mehr als dreissig Jahre die zum Zwecke der Reliquienerhebung in den Katakomben veranstalteten Ausgrabungen geleitet. — Sein Freund und Mitarbeiter GIOV. MARANGONI hat in seinen *Acta S. Victorini*, Romae 1740, und in der Schrift *Delle cose gentilesche e profane trasportate ad uso e adornamento delle Chiese*, Roma 1744, auch einige Katakombendenkmäler mitgetheilt.

⁷ *Sculture e pitture sagre estratte dai Cimiteri di Roma, pubblicate dagli autori della Roma sotterranea ed ora nuovamente date in luce colle spiegazioni*, Roma 1737 bis 1754, 3 Bde. Fol. BOTTARI schrieb, ohne die Katakomben je besucht zu haben, auf Befehl Clemens XII. und zwar mit der ausdrücklichen Anweisung des Papstes, von einer dogmengeschichtlichen Verwerthung der Monumente abzusehen. In der Vorrede S. VIII sagt der Verf., seine Darstellung solle so beschaffen sein, „che questi scritti servano di dichiarazione a queste Tavole, e non le Tavole per occasione di scrivere molte cose aliene e fuori di proposito; errore, in cui si vede esser caduti molte volte alcuni commentatori ed espositori, i quali invece di servire colla loro erudizione a spiegare il testo, tirano il testo a dar loro motivo di metter fuori quell' erudizione che si trovavano già d' aver adunata ne' loro spogli."

⁸ GAETANO, *Isagoge ad historiam sacram Siculam*, c. XXVIII (bei BUHMANN, *Thesaurus antiqu. Sicil.* vol. III); BONANNI, *Le antiche Siracuse*, Palermo 1717. MILANTE, *De Stabiis, Stabiana Ecclesia et Episcopis ejus*. Neapel 1750.

⁹ ARTAUD, *Voyage dans les Catacombes de Rome*, Paris 1810. Die Schrift basirt auf älteren Forschungen und eigenen eingehenden, aber nicht immer richtigen Beobachtungen des Verfassers, der indess im Allgemeinen ein gutes Urtheil zeigt und mehrfach ältere irrige Auffassungen berichtigt. — SEROUX D'AGINCOURT, *Histoire de l'art par les monuments depuis sa décadence au 5ième siècle jusqu'à son renouvellement au 15ième* Paris 1809—1823. Ferner: MÜNTER, *Symbola veteris ecclesiae artis operibus expressa*, Altona 1818; ders., *Sinnbilder und Kunstvorstellungen der alten Christen*, Altona 1825; MILLIN, *Voyage dans les departements du midi de la France*, Paris 1807—11 (altchristl. Sarkophagreliefs); RAOUL-ROCHETTE, *Sur l'origine des types imitatifs qui constituent l'art du christianisme*, Paris 1834; ders., *Trois Mémoires sur les antiquités chrét.* (Mém. de l'Institut Royal de France, Paris 1838 t. XIII; separat Paris 1839).

¹⁰ PLATNER, BUNSEN, GERHARD und RÖSTELL, *Beschreibung der Stadt Rom*, Stuttg. u. Tüb. 1830—42, Bd. I, S. 355 ff.; „*Roms Katakomben und deren Alterthümer*" von RÖSTELL.

¹¹ RAOUL-ROCHETTE, *Tableau des Catacombes*, Paris 1837. — CHARLES MAITLAND, *The Church in the Catacombs*, Lond. 1846, ein in bestimmter apologetischer Tendenz geschriebenes, aber fleissiges und tüchtiges Buch, welches einen weiteren Beleg dafür bildet, dass in neuerer Zeit vor DE ROSSI die protestantische Wissenschaft erfolgreich an der Katakombenforschung betheiligt gewesen ist. — PERRET, *Les Catacombes de Rome*, 6 Bde. gr. Fol., Paris 1850 ff. Die Zeichnungen zum grössten Theil idealisirend, der Text von geringem wissenschaftlichen Werth. — BELLERMANN, *Ueber die ältesten christl. Begräbnissstätten und besonders die Katakomben zu Neapel mit ihren Wandgemälden*, Hamb. 1839.

¹² MARCHI, *Monumenti delle arti cristiane primitive nella Metropoli del Cristianesimo* dies der Gesammttitel des Werkes, von welchem nur der erste Theil: *Architettura della Roma sotterranea cristiana*, Roma 1844 (mit 48 Tafeln) erschienen ist.

¹³ Das Hauptwerk DE ROSSI's: *Roma sotterranea cristiana*, Bd. I (Einleitung und Theil v. S. Callisto), Roma 1864, Bd. II (S. Callisto), Roma 1867, Bd. III (S. Callisto S. 1—647 u. allgem. archäolog. Abhandlungen), Roma 1877. Ferner: *Inscriptiones christianae urbis Romae*, Bd. I (die datirten Inschriften), Roma 1861; *Bullettino di archeologia cristiana* (periodische Publikation) 1863 ff. und zahlreiche kleinere Abhandlungen.

¹⁴ J. SPENCER NORTHCOTE and W. R. BROWNLOW, *Roma sotterranea*, Lond. 1878 (2. Aufl. 1879); vgl. auch J. S. NORTHCOTE, *A visit to the Roman Catacombs*, Lond. 1877. — ALLARD, *Rome souterraine*, Paris 1874 (2. Aufl. 1874); auch CH. LENORMANT, *Les catacombes de Rome*, Paris 1859, und DESBASSAYNS DE RICHEMONT, *Les catacombes de Rome*, Paris 1870. F. X. KRAUS, *Roma sotterranea*, Freib. 1873 (2. Aufl. 1879). Mehr populär: LÜBKE (?), *Ein Blick in die römischen Katakomben*, Bern 1876, und FERD. BECKER, *Roms altchristl. Coemeterien*, Düsseldorf 1874. — M. ARMELLINI, *Le catacombe Romane*, Roma 1880. TIPHON. ROLLER, *Les Catacombes de Rome*, Paris 1879 u. 1881 (2 Bde. in Fol., 304 u. 391 S., mit über 400 Abbild.).

¹⁵ STEVENSON, *Il cimitero di Zotico*, Modena 1876; MARUCCHI, *La cripta sepolcrale di S. Valentino sulla via Flaminia*, Roma 1878; ders., *Di un ipogeo recentemente scoperto nel cimitero di S. Sebastiano*, Roma 1879; ARMELLINI, *Il cimitero di S. Agnese*, Roma 1880.

¹⁶ Ueber die Katakomben zu Alexandrien, nach Mittheilungen von WESCHER, DE ROSSI im *Bull. di archeol. crist.* 1865 S. 57—64; 73—77; 1866 S. 72; 1872 S. 26 f. — Syrakus: BARTOLI, *Le catacombe di Siracusa*, Siracusa 1847; V. SCHULTZE, *Archäol. Studien über altchristl. Monumente*, Wien 1880, S. 121—144. — Chiusi:

CAVEDONI, *Ragg. storico-archeologico di due antichi cimit. crist. di Chiusi*, Modena 1853; LAVERANI, *Le Catacombe ed antichità crist. di Chiusi*, Siena 1872 (z. vgl. auch dess. *Spicilegium Liberianum*, Florent. 1864, woselbst die Inschriften mitgetheilt). — Neapel: AL. AUR. PELLICCIA, *De coemeterio S. Catacumba neapol.*, Napoli 1781; GIUS. SANCHEZ, *La Campania sotterranea*, Nap. 1833; DE JORIO, *Guida per le Catacombe di S. Gennaro de' Poveri*, Napoli 1839 (dazu ders., *Dichiarazione di alcune iscrizioni pertinenti alle cat ac. di S. Genn.*, Nap. 1839); BELLERMANN, *Ueber die ältesten christlichen Begräbnissstätten und besonders die Katakomben zu Neapel*, Hamburg 1839; SCHERILLO, *Le Catacombe Napolitane*, Napoli 1869; ders., *Esame speziale delle catacombe a S. Genn.*, Nap. 1870; TAGLIATELA, *Di un imagine di S. Protasio nella catacomba Severiana*, Nap. 1874; V. SCHULTZE, *Die Katakomben v. S. Genn. de' Poveri*, Jena 1877.

[17] Ueber DE ROSSI s. oben Anm. 13. — GARRUCCI, *Vetri ornati di figure in oro*, Roma 1858 (2. Aufl. 1864); *Cimitero degli antichi Ebrei scoperto in vigna Randanini*, Roma 1862 (dazu: *Nuove Epigrafi giudaiche di Vigna Randanini*); *Les Mystères du syncretisme phrygien dans les catacombes romaines de Prétextat* (in MARTIN u. CAHIER, Mélanges d'Archéologie 1854 Bd. IV); *Storia dell' arte cristiana*, Prato 1873 ff. — FERD. PIPER, *Mythologie und Symbolik der christl. Kunst*, Weimar 1847 ff.; *Ueber den christl. Bilderkreis*, Berlin 1852; ferner zahlreiche Aufsätze im *Evangelischen Kalender*, Berlin 1857 ff.; F. X. KRAUS, *Die christl. Kunst in ihren frühesten Anfängen*, Leipzig 1872; *Die Blutampullen der röm. Katakomben*, Frankf. 1868; *Das Spottcrucifix vom Palatin*, Freib. 1872; *Roma sott.* (vgl. Anm. 14); *Realencyklopädie der christl. Alterthümer*, Freib. 1881 ff. u. A. m. — Auch FERD. BECKER, *Die Darstellung Jesu Christi unter dem Bilde des Fisches*, 1. Aufl. Breslau 1866; *Die Wand- und Deckengemälde der röm. Katakomben*, Gera 1876 u. A. — LE BLANT, *Inscriptions chrét. de la Gaule*, Paris 1856 ff. 2 Bde.; *Manuel d'Epigraphie chrét. d'après les marbres de la Gaule*, Paris 1869; *Étude sur les sarcophages chrét. de la ville d'Arles*, Paris 1878; ausserdem in grosser Anzahl kleinere Abhandlungen.

Hinsichtlich der ausführlicheren Literatur über die Katakomben und deren Monumente ist zu verweisen auf F. X. KRAUS, *Ueber Begriff, Umfang, Geschichte der christl. Archäologie*, Freiburg 1879, und meine *Kritische Uebersicht über die kirchlich-archäologischen Arbeiten aus den Jahren 1875–1878* (Zeitschr. f. Kirchengesch. Bd. III, II. 2 u. 3).

Erster Theil.
Das altchristliche Begräbnisswesen.

Erster Abschnitt.

Kirchliche und volksthümliche Anschauung.

Soweit der Blick der Forschung in die Vergangenheit zurückreicht, erscheint die Liebe und Sorge der Lebenden den Todten zugewandt. Nicht nur Culturvölker, auch Barbaren haben die Bestattung mit feierlichem Ceremoniell umgeben und dem Grabe den Charakter eines Monumentes verliehen. Der Todte wird im Besitze eines heiligen Rechtes für sich und seine Ruhestätte gedacht, und diesem nicht weniger durch die volksthümliche Pietät und Tradition wie durch die staatliche Gesetzgebung Schutz und Dauer gewährt. Gewaltsame Verletzung des Rechtsbesitzes der Todten und Verkümmerung desselben durch Unachtsamkeit oder Nachlässigkeit haben in der öffentlichen Meinung als profan und vor dem Gesetze als strafwürdig gegolten. In Athen hatten Bewerber um höhere Staatsämter den Beweis zu erbringen, hinsichtlich einer geziemenden Bestattung ihrer Eltern nichts versäumt zu haben. „Keinerlei Ueberlieferungen und Gesetze waren bei den Griechen so heilig als diejenigen, welche die Ehre des Todten betrafen, keine Sünde schwerer wie die an einem Verstorbenen begangene, sei es aus Fahrlässigkeit oder böser Absicht, durch That oder lästerndes Wort." Nach römischem Rechte gab schon die Unterlassung der Wiederherstellung eines in Verfall gerathenen Grabmales der Behörde die Befugniss zum Einschreiten, und die Ueberführung einer bereits bestatteten Leiche in ein anderes Grab durfte nur nach Einholung einer durch das Pontificalcollegium zu ertheilenden Specialerlaubniss vorgenommen werden.[1] Die Bestattung, wenn auch nur andeutungsweise oder symbolisch vollzogen, galt als eine heilige Pflicht. „Die gewissenhafte Besorgung dieses frommen Dienstes ist das Kennzeichen eines wackeren Bürgers; sie ist die Bedingung des öffentlichen Vertrauens." Die Unbestatteten wandelten als ruhelose Geister umher. „Es ist Volksglaube", sagt Tertullian, „dass die Unbegrabenen nicht eher in die Unterwelt eingehen können, bis sie bestattet sind." Dem Achilleus ruft der todte, noch unbestattete Freund zu: [1]

Schläfst du, meiner so ganz uneingedenk, o Achilleus!
Nicht des Lebenden zwar vergassest du, aber des Todten.
Gieb mir ein Grab, dass ich eilig des Hades Thore durchwandle,
Denn mich scheuchen die Seelen, Gebild' Ausruhender, fernweg,
Und nicht über den Strom vergönnen mir jene den Zugang,
Sondern ich irr' unstät um die mächtigen Thore des Hades.

Nur Hingerichteten, Selbstmördern und den vom Blitze Erschlagenen blieb das Begräbniss versagt.

Die Gräber galten im Alterthume „als die Unterpfänder eines rechtmässigen und geheiligten Landbesitzes; sie sind die theuersten Gegenstände unter allen, welche zu dem gemeinsamen Inventar der Landschaft gehören; sie ketten Volk und Land aneinander, und die Pflicht ihrer Vertheidigung ist das stärkste Band, welches die Glieder eines Volkes zusammenhält."[2]

Diese im Gemüthe des Menschen tief gegründete Anschauung beherrschte auch die jungen christlichen Gemeinden. Die Bestattung der Todten wurde in der alten Kirche als eine religiöse Verrichtung angesehen und als ein Gott geleisteter Dienst beurtheilt. „Wir waren", so schrieben nach dem Sturme einer heftigen Verfolgung unter Marc Aurel die Gemeinden von Lyon und Vienne nach Kleinasien, „in grosser Betrübniss, weil wir die Leichname unserer Brüder nicht bestatten konnten. Weder gewährte uns die Nacht eine Gelegenheit dazu, noch gelang es uns, durch Geld und Bitten die Wächter zu gewinnen."[3] Wo es um Erwirkung des Begräbnisses von Gläubigen sich handelte, durften in Nothfällen auch die kirchlichen Gefässe verkauft oder umgeschmolzen werden, und wie in der Antike, so wird auch auf christlichen Grabsteinen der Vollzug der Bestattung als ein „Wohlthun" an dem Todten (*benefacere*, καλῶς ποιεῖν) bezeichnet.[4] In diesem Sinne heisst es auf einer Inschrift aus Tropea in Calabrien:

[1] *Ilias* XXIII, v. 69 ff.
[2] E. Curtius, *Alterthum und Gegenwart* I.

```
            B       M              S
         SATVRNINO QVI VIXIT ANNIS
         LX M V D X CVI BENE
         FECIT VXOR CVM FILI
         IS SVIS RECESSIT IN PACE
```
Bonae memoriae sacrum. Sat. q. v. ann. LX, mensibus V, diebus X, cui benefecit uxor cum filiis suis. Recessit in pace.[1]

Daher ist die in der Verweigerung der Auslieferung der Leichname der Märtyrer sich ausprägende Strafverschärfung seitens der heidnischen Obrigkeit von den Christen als eine grausame Härte empfunden und verurtheilt worden.[5] Ja, in solchem Grade beherrschte die Pietät den Todten gegenüber die Gemüther, dass in Pestzeiten die Christen sich für verpflichtet hielten, auch auf die Bestattung der Heiden ihre Sorge und Thätigkeit zu richten.[6] Das Heidenthum hat in der Person keines Geringeren als des Kaisers Julian diese Pietät anerkannt. Drei Ursachen, so urtheilt er in einem an den galatischen Oberpriester Arsakios gerichteten Schreiben, verdanke die Kirche ihre weitreichende Macht und Ausdehnung: ihrer Mildthätigkeit, ihrer Fürsorge für die Todten und der von ihr fingirten Ehrbarkeit.[7]

Wie diese Pietät aber ein, wenn auch evangelisch umgebildetes Erbstück der Antike war, so blieben ihr Elemente anhängen oder hängten sich ihr im Laufe der Zeit an, die mit dem Geiste des Christenthums in Widerspruch stehen.

Aengstlich richtete sich die Sorge der Lebenden auf Gewinnung und Sicherstellung eines Grabes. Daher der im vierten Jahrhundert besonders häufige Vermerk auf den Epitaphien, dass das Grab zu Lebzeiten der Besitzer erworben und in Bereitschaft gesetzt sei: SE VIVO FECIT, SE VIVIS FECERVNT. So lautet eine römische Inschrift:[2]

```
         FORTVNATVS SE VIVO SIBI FECIT
         VT CVM QVIEVERIT IN PACEM
         IN ☧ LOCVM PARATVM HA
```
BOLDETTI, *Osserv.* S. 52. Z. 3. *In Christo locum paratum habeat.*

Die antike Beurtheilung des Grabes als eines „ewigen Hauses" (*domus aeterna*, οἶκος αἰώνιος) schleppt sich in der christlichen volksthümlichen

---

[1] „Gutem Andenken geweiht. Dem Saturninus, welcher 60 Jahre, 5 Monate, 10 Tage lebte, dem wohlthat seine Gattin nebst ihren Kindern. Er schied in Frieden."
[2] „Fortunatus hat sich (dieses Grab) bei seinen Lebzeiten bereitet, damit er, wenn er in Frieden zur Ruhe eingeht, in Christo eine Stätte bereit habe."

Vorstellung mit fort oder dringt in dieselbe ein und wird trotz des scharfen Tadels der Theologen[1]) offen ausgesprochen, wie auf nachstehendem Epitaph:[2])

> FLORENTIA
> QVAE VIXIT ANNOS XXVI
> CRESCENS FECIT
> VENEMERENTI ET SIBI ET
> SVIS DOMV AETERNA
> IN PACE

FABRETTI, *Inscript.* S. 114. Z. 4 *benemerenti*. Z. 5 *domum aeternam*.

Die Erlangung eines Begräbnisses wurde überschätzt, und in echt antiker Weise hier und dort die Möglichkeit zukünftiger Auferstehung davon abhängig gemacht. Zeugnisse dafür sind die heidnischer Sitte und heidnischen Formeln nachgebildeten Bitten, Drohungen und Verwünschungen auf christlichen Grabinschriften, durch welche Sicherheit und Unverletzbarkeit der Grabstätte erstrebt wird. Einen scharfen Ausdruck hat diese, übrigens seitens der Kirche bekämpfte[3], pagane Anschauung auf einem in der Basilika des hl. Julianus zu Como errichteten Epitaphe gefunden, dessen Schlussworte lauten:

„Ich beschwöre Euch insgesammt, Christen, und Dich, Wächter des seligen Julianus, bei dem Herrn Jesu Christo und dem furchtbaren Tage des Gerichtes, dass dieses Grab zu keiner Zeit verletzt, sondern bis zum Ende der Welt erhalten werde, damit ich unbehindert zum Leben erstehen kann, wenn der kommt, der da richten wird die Lebendigen und die Todten."

Dem Verstörer der Ruhestätte wird Fluch für seine irdische und jenseitige Existenz, das Schicksal Judas des „Verräthers", Unbegrabensein und der Zorn des zukünftigen Gerichtes angedroht.

An die Freunde, die Geistlichkeit, die ganze Gemeinde richtet sich auf den Epitaphien die Bitte der Todten um Schutz des Grabes, und politische wie kirchliche Communen, dieser Stimmung entgegenkommend, treffen Massregeln, die gefürchtete Eventualität zu hindern. Der Staat selbst bringt die auf Verletzung des Grabes gesetzten älteren Strafbestimmungen wiederholt in Erinnerung und fügt neue hinzu.[4]

Indess gehören sämmtliche Inschriften jener Gattung der nachconstantinischen Zeit an, woraus sich der Schluss ziehen lässt, dass der durch dieselben vorausgesetzte Gedanke, in dieser scharfen Ausprägung wenigstens,

---

[1]) CHRYSOST., *In Psalm.* XLVIII c. 6 (t. v. S. 254 ff. ed. Bened. nov.).

[2]) „Florentia, welche 26 Jahre lebte, Crescens hat ihr, der wohlverdienten, und sich und den Seinigen dieses ewige Haus errichtet. In Frieden."

ein Produkt des heidnisch-christlichen Synkretismus des vierten und fünften Jahrhunderts sei. Dahin weist auch der Umstand, dass aus vorconstantinischer Zeit Aeusserungen vorliegen, in denen der Mangel eines Begräbnisses als gleichgültig für die Auferstehung erklärt wird.[10] Der von dem ersten Rathgeber Theodorichs des Grossen gegebene Befehl ferner, den Gräbern die in ihnen deponirten Werthsachen zu entziehen[1]), zeugt davon, dass Einzelne wenigstens die traditionelle Anschauung zu durchbrechen vermocht haben.

Der Modus der Bestattung ist zu keiner Zeit im Alterthum ein einheitlicher gewesen und hat sogar innerhalb desselben Volksganzen gewechselt. Die beiden hier allein zu berücksichtigenden Hauptformen sind: Beerdigung (*inhumatio*) und Verbrennung (*crematio*).

Die semitischen Völker, mit Ausnahme, wie es scheint, der Assyrer, haben die Beerdigung als Regel geübt. Insbesondere gilt dies von den Juden. Nur in Kriegs- und Pestzeiten griffen diese zur Leichenverbrennung.[11] Wie sich in diesem Punkte die im griechisch-römischen Weltreiche zahlreichen jüdischen Proselyten verhielten, wissen wir nicht. Doch stellt sich als wahrscheinlich dar, dass diese der Sitte des Judenthums folgten. Das Beispiel der Poppaea Sabina, die sich beerdigen liess, spricht dafür; von einer aus Pola stammenden, auf eine Proselytin des Thores sich beziehende Inschrift:[2])

AVR · SOTER · ET · AVR
STEPHANVS · AVR
SOTERIAE · MATRI · PIEN
TISSIMAE · RELIGIONI
IVDEICAE · METVENTI
F · P

Z. 6 *filii posuerunt.*

ist leider nicht bekannt, ob sie einem jüdischen Cömeterium angehört oder nicht.[12] In Griechenland bestanden beide Bestattungsarten nebeneinander, und es lässt sich nicht einmal mehr entscheiden, welche überwog. Dasselbe Verhältniss liegt bei Kelten und Germanen vor. In Italien dagegen wurde, wenigstens in den Städten, die auf uralter Sitte ruhende Beerdigung seit dem Ende der römischen Republik fast vollständig verdrängt und blieb nur bei den niederen Volksklassen und in aussergewöhnlichen, durch religiöse Rücksichten bedingten Fällen in Anwendung. Daneben verharrte die conservativer gerichtete Landbevölkerung im Allgemeinen bei dem

---

[1]) Cassiodorus, *Variarum lib.* IV, 34.
[2]) „Aurelius Soter und Aurelius Stephanus haben ihrer lieben Mutter Aurelia Soteria, der jüdischen Religionsgenossin, das Grab errichtet."

väterlichen Branche. Aber auch in den Städten erfolgte seit der Zeit etwa der Antonine eine Reaction gegen die Leichenverbrennung, wofür die zahlreich erhaltenen antiken Sarkophage Zeugen sind.[13]

Die junge Kirche hat in dieser Frage von vornherein einen festen Standpunkt eingenommen und behauptet. Sie eignete sich den Modus der Beerdigung an und hat ein Abweichen von demselben mit Entschiedenheit abgewehrt. Mehrere Momente scheinen dabei zusammengewirkt zu haben: die anfängliche Continuität mit dem die Beerdigung übenden Judenthume, die bildliche Vorstellung von der Hölle als einem brennenden Feuer, wodurch unwillkürlich die Zerstörung des Leichnams im Feuer in ein bedenkliches Licht gerückt wurde, und der Glaube an die Auferstehung des Fleisches, welchem die gewaltsame Vernichtung des Leibes zu widerstreiten schien. Auch die Beurtheilung des Leibes als eines Tempels Gottes (1. Kor. 3, 16 f.; 6, 19; 2. Kor. 6, 16) ist ohne Zweifel in Betracht gekommen.[14] Doch war man sich schon frühzeitig in der Kirche der massgebenden Gründe nicht mehr bewusst. So erklärt der Apologet Minucius Felix die von den Christen geübte Beerdigung historisch als ein bewusstes Zurückgehen auf die alte Sitte,[15] was ein unrichtiges Urtheil ist.

Die Beerdigung der Todten galt unter den Christen als ein Schiboleth dem Heidenthume gegenüber. Die Ausübung der Cremation ward einem Abfalle vom Christenthume gleich geachtet und zog Excommunication nach sich.[16] Aengstliche Christen beschränkten sich nicht darauf, mit Tadel und Abscheu über Scheiterhaufen und Leichenverbrennung sich zu äussern, sondern vermieden sogar, die Plätze, welche der Cremation dienten, zu betreten, was begreiflicherweise den Spott des Heidenthums herausforderte.[17] Eine Concession, wie sie die Kirche später den neubekehrten Germanen und Kelten hinsichtlich der Feuerbestattung zu machen sich veranlasst sah, wäre in den ersten Jahrhunderten unmöglich gewesen.

---

[1] Eine auf diese letzte Thatsache bezügliche interessante Inschrift (ORELLI n. 4370) sei hier mitgetheilt. Ein gewisser Alphius richtete im Jahre 155 an den Kaiser als Pontifex Maximus eine Supplik folgenden Inhalts: *Cum ante hos dies coniugem et filium amiserim et pressus necessitate corpora eorum fictili sarcophago commendaverim, doniques (= donique is!) locus, quem emeram, aedificaretur ein Flaminia inter miliar(ius) II et III euntibus ab urbe parte laeva custodia monumenti Fla(vinae) Thumeles marmoreae M. Stifli Orcili, rogo, domin(e), permittas mihi in eodem loco in marmoreo sarcofago, quem mihi modo comparari, ea corpora colligere, ut euandone (= quandone) ego esser desierto) pariter cum eis ponar.* Darauf erfolgte der Bescheid: *Decretum: fieri placet. Jubentina Celsus promagister subscripsi III nonas No(v)em(bres). Antia Polione et Opimiano Co(n)s(ulibus) ordinariis, Severo et Sabiniano co(n)s(ulibus).* Vgl. auch ORELLI n. 794; C. J. L. III n. 1312.

² Epist. II cleri Rom. ad cler. Carth. (Cypriani epist. VIII, 3 ed. Goldhorn): *Quod maximum est, corpora martyrum aut caeterorum, si non sepeliantur, grande periculum immineat iis, quibus incumbit hoc opus. Cujuscunque ergo castrum quacunque occasione fuerit effectum hoc opus, certi sumus cum summo terrore aestimari, ut cui in minimo fidelis fuit, constituatur super decem civitates.* — LACTANT., *Div. inst.* VI, 12: *Ultimum et maximum pietatis officium est peregrinorum et pauperum sepultura . . . cum jam non homini praebetur, qui nihil sentit, sed Deo soli, cui carissimum sacrificium est opus justum.* — EUSEB., *h. eccl.* VII, 11, 24; VII, 16; 22, 8 ff. — AMBROSIUS, *De off.* II, 142 (ed. Venet. t. III, S. 124). AUGUST., *De cura pro mort.* XVIII, 22. PRUDENT., *Cath.* h. X, v. 60 ff.

³ EUSEB. V, 1, 61.

⁴ AMBROS., a. a. O.: *humandis fidelium reliquiis . . . cum ecclesiae etiam iniata confringere, conflare, vendere licet.* Ueber *benefacere* auf christl. Inschriften s. *Bull. di archeol. crist.* 1873 S. 133 f.; 1877 S. 86 ff; C. J. Gr. IV, n. 9704.

⁵ EUSEB., a. a. O.; *de mart. Palaest.* IX, 8 f. — LACTANT., *Div. inst.* V, 6, 11.

⁶ EUSEB. IX, 8, 14.

⁷ Juliani Epist. XLIX ad Arsac. (ed. Sponh. S. 429).

⁸ AUGUST., *De cura pro mort.* 3; *de civit. Dei* I, 9, 12.

⁹ C. J. L. V. 2 n. 5415 mit dem Vermerk: *Comi in basilica Juliani, nunc in Museo Giovio.* Die betreffenden Worte lauten: ... ADIVRO VVS OMNES XPIANI ET TE CVSTVDE BEATI IVLIANI ☧ DO ET ☧ TRE MENDA DIE IVDICII VT HVNC SEPVLCRVM nunqVAM VLLO TEMPORE VIOLETVR sed conservet(ur) usque ad finem mundi | ut posim sine impedimento in vita | redire cum venerit qui judicaturus | est vivos et mortuos .... (Die klein gedruckten Worte sind nur aus einer älteren handschriftlichen Kopie erhalten.) Die Inschrift scheint dem Ende des fünften Jahrhunderts anzugehören. Beispiele von Bitten und Beschwörungen, das Recht der Todten, die Unverletzbarkeit des Grabes zu respektiren sind: ΧΙΟΡΚΙΖΩ ΥΜΧΣ ΤΟΝ ΩΔΕ ΕΦΕΣΤΩΤΑ(ς) ΑΠ ΟΛΟΝ ΗΜΙΝ ΠΟΤΕ ΤΟΝΗΝ ΕΠΟΧΛΕ ΤΗΙΧ ΚΑΤΑΘΕΣΕΩΣ (C. J. G. IV n. 9802). CONIVRO VOS PER TREMENTVM DIEM IVDICII VT HANC SEPVLTVRAM NVLLI VIOLENT (REIN. XX, 435) — ΧΟΡΚΟΙ ΧΩΝ ΤΟΥ ΘΕΟΥ ΚΑΙ ΑΠΧΘΟΕΙΑ ΙΙΤΟΥ ΠΑΡΑΕΧΘΟΙ (Salamis. C. J. G. IV n. 9303). Weitere Beispiele auf griechischen Inschriften gesammelt bei J. RITTER, *De composit. tit. christ.* I, S. 36 ff. Eine Steigerung bezeichnen die Drohungen und Verwünschungen: SI QVIS HVNC SEPVLCHRVM VIOLAVERIT PARTEM HABEAT CVM IVDA TRADITOREM (Gori, *Inscript. Etr.* III S. 105) HABEAT ANATHEMA AD CCCXVIII PAT(riarchas) d. i. die Väter des Concils von Nicäa. Den Höhepunkt bezeichnen die Worte einer römischen Inschrift: MALE PEREAT INSEPVLTVS IACEAT NON RESVRGAT CVM IVDA PARTEM HABEAT SI QVIS SEPVLCRVM HVNC VIOLAVERIT (Bosio, R. S. S. 436). Eine Wirkung offenbar der Anschauung, auf welche jene Inschriften sich gründen, war, dass im vierten Jahrhundert staatliche und kirchliche Behörden auf Verletzung des Grabesrechtes neue Strafbestimmungen setzen oder ältere erneuern. Zahlreiche Inschriften bezeugen dies, z. B. SI QVIS SVPER HVNC CORPVS ALIVM CORPVS PONERE VOLVERIT INFERET ECLESIAE ARGENTI P X (Salomi) INFERAT AECLESIAE SALON (itanae) ARGENTI LIBRAS QVINQVAGINTA (ebendas.) — SI QVIS VOLVERIT POST OBITVM NOSTR(um) IN EO LOCO PONI DABIT IN REPV(blicam) DENARIOR FOLEX SEX CENTOS (ebendas.) — DABIT FISCO AVRI PONDO DVO SINE MORA (Portogruaro). Der Umstand, dass in derselben Gemeinde das Strafmass verschieden gestellt wird, ist wohl daraus zu erklären, dass die Gemeinde die Garantie für die Unverletzlichkeit eines Grabes gegen Erlegung einer bestimmten Summe über-

nahm, und dass diese letztere nach dem Zeitraume, für welchen der öffentliche Schutz erwirkt wurde, sich bestimmte. Beraubung der Gräber mehrmals erwähnt bei Chrysostomus, z. B. *De fato et prov.* IV (Bd. II S. 915 ed. Bened. nova); *De Davide* I (IV, S. 864) u. ö. Es gab Leute, τυμβωρόχοι genannt, die aus dem Ausplündern der Gräber ein Gewerbe machten. — Zur staatlichen Gesetzgebung *Cod. Theod.* IX, 17, 5; vgl. C. J. L. V n. 8761, 8768, 8762. Göthel, *De jure manium*, Lips. 1671; Quenstedt, *Sepultura veterum*, Wittenb. 1660; Kirchmann, *De funeribus Romanorum*, S. 448 ff. Meine Dissertation: *De christianorum veterum rebus sepulcralibus*, Gothae 1879, S. 29, und Münz, *Anatheme und Verwünschungen auf altchristlichen Monumenten* (in den Annalen d. Vereins f. Nassauische Alterthumskunde. Bd. XIV, II. 2).

[10] Euseb., V, 1, 63, woselbst in dem Schreiben der Gemeinden von Lugdunum und Vienna die Insinuation der Heiden, dass die Christen die Thatsächlichkeit der Auferstehung von dem Bestattetsein abhängig machten, abgewiesen wird. Auch Minucius Felix, *Octav.* c. 34, 10: *Nec, ut creditis, ullum damnum sepulturae timemus.* — Lactant., a. a. O., Tertull., *De anima* c. 6. — August., *De civit. Dei* I, 6, 12, woselbst das Dichterwort citirt wird: *Caelo tegitur qui non habet urnam.*

[11] Keil, *Handbuch der bibl. Archäologie*, 2. Aufl. 1875, § 115.

[12] C. J. L. V, 1 n. 88. Ueber die Bezeichnung *religiosi judicesi metuens* (vgl. θεοσεβής im N. T.) J. Bernays, *Die Gottesfürchtigen bei Juvenal* (in den Commentationes Mommsenianae, Berlin 1877, S. 563—568). Ueber Poppaea Sabina Tacitus, A. XVI, 6: *corpus non igni abolitum, sed regum externorum consuetudine differtum odoribus conditur tumuloque Juliorum infertur.* Die *reges externi* sind die Herodäer (Hausrath, *Neut. Zeitgesch.* II. S. 391).

[13] Ueber die Griechen z. vgl. Natursius, *De more humandi et concremandi mortuos apud Graecos*, Halis 1863. — Ueber die Römer: Cicero, *De leg.* II, 22, 56; Plinius, hist. nat. VII, 187: *Ipsum cremare apud Romanos non fuit veteris instituti; terra condebantur.* In der gens Cornelia gab Sulla das erste Beispiel. Ueber die Massengräber auf dem Mons Esquilinus Lanciani im *Bull. di comm. archeol. municip.* III, S. 191. Die weitere Literatur bei Marquardt, *Das Privatleben der Römer*, S. 363 ff. (VII, 1 des Handbuchs der röm. Alterthümer). — Ueber die Etrusker: Dennis, *The cities and cemeteries of Etruria*, deutsch v. Meissner, Leipz. 1852, S. 27 ff.

[14] Der Auferstehungsglaube als Grund z. B. bei Augustinus, *De cura pro mort.* c. 18, 22: *Et si haec (humare) faciunt, qui carnis resurrectionem non credunt, quanto magis debent facere, qui credunt* u. s. w. Unrichtig aber ist es, darauf das Hauptgewicht zu legen. Andererseits *De civit. Dei* I, 13: . . . *Nec ideo tamen contemnenda et abjicienda sunt corpora defunctorum maximeque justorum atque fidelium, quibus tamquam organis et vasis ad omnia bona opera sanctus usus est spiritus.* Gleicherweise Lactant., a. a. O. VI, 12: *Non patiemur figuram et figmentum Dei feris ac volucribus in praedam jacere, sed reddemus id terrae unde ortum est.* — Origen., c. Cels. VIII: Ἄξιον γὰρ τὸ τῆς λογικῆς ψυχῆς οἰκητήριον μὴ παραρρίπτειν ἀτίμως· καὶ ὡς ἔτυχεν ὁμοίως τῷ τῶν ἀλόγων καὶ μάλιστα ὅτε οἱ τὴν τιμὴν τοῦ σώματος, ἔνθα λογικὴ ψυχὴ ὥκησε, πεπιστεύκασι καὶ ἐπ' αὐτόν φασι δεξάμενοι καλῶς ἠγιασμένην διὰ τοιούτων ὀργάνων ψυχήν.

[15] Min. Felix, *Oct.* 33, 10: *Veterem et meliorem consuetudinem humandi frequentamus.* Worauf der Verf. seine höhere Werthschätzung der inhumatio gründet, geht aus seinen Worten nicht hervor. Wahrscheinlich ergab sich ihm dieselbe aus dem ehrwürdigen Alter, das sie aufzuweisen hat. Denn Minucius weiss auch sonst die Continuität mit der Vergangenheit zu schätzen.

[16] Cypriani epist 67 (ed. Goldhorn).

[17] Min. Fel. 11, 4: (Christiani) *execrantur rogos et damnant ignium sepulturas*; S. 4: *templa ut busta despiciunt.*

Zweiter Abschnitt.

Grundidee und Verwaltung der christlichen Grabstätten.

Fast alle Völker, welche die Sitte übten, die Todten zu begraben, sind durch dieselbe zur Herstellung unterirdischer Grabkammern geführt worden. Nur ganz vereinzelt ist daneben eine unserm modernen Verfahren entsprechende Grabform gebräuchlich gewesen, wofür die Gräber an der Südmauer von Akragas und das Todtenfeld auf dem sog. Acrocoro della Torre bei Palazzuolo in Sicilien Beispiele sind. Hier sieht man in grosser Anzahl sargähnliche, der Länge des Todten entsprechende, senkrecht in den Felsenboden geschnittene Gräber von mässiger Tiefe. Sie wurden durch einen Steindeckel geschlossen und sind in der Regel orientirt, eine Sitte, welche durch die späteren oberirdischen Grabstätten (*coemeteria sub dio*) des vierten Jahrhunderts auch in die Kirche eingebürgert wurde. Die Männer liegen von Norden nach Süden, die Frauen von Osten nach Westen. Bei andern Todtenfeldern ist die Orientirung beider Geschlechter eine gleichmässige.

Mit Vorliebe pflegten jene Kammern in die Seitenwände von Schluchten und in Bergabhänge eingeschlagen zu werden. Wenn das Terrain jene günstigen Bedingungen nicht bot, ist man von ebener Fläche aus in die Tiefe gestiegen. Die einfachsten dieser Anlagen haben die Gestalt eines quadratischen Zimmers von mässigem Umfange. Eine schmale Thür, die verschlossen gehalten wurde, führte in das Innere, welches entweder völlig dunkel war oder durch Ober- oder Seitenlicht eine schwache Beleuchtung erhielt. Die Gräber sind in die Seitenwände eingeschnitten, in einer oder in mehreren Reihen übereinander. Dieser beschränkte Raum konnte in der Weise erweitert werden, dass man ihn nach einer oder mehreren Seiten hin vertiefte und neben die erste Kammer eine zweite, dritte und vierte legte, oder so, dass man ein höheres Stockwerk darüber setzte. Den

Zugang zu diesem letzteren vermittelte eine Treppe oder, was häufiger, eine Leiter.

In derselben Weise liessen sich die im Flachlande hergestellten Kammern vergrössern, nur dass hier das hinzugefügte Stockwerk nicht über, sondern unter das Niveau des ersten zu liegen kam. Im Allgemeinen aber hat man unter solchen örtlichen Verhältnissen auf eine Erweiterung dieser Art verzichtet.

Diese sämmtlichen Modalitäten bieten sich u. A. in Etrurien, auf Malta, bei Syrakus und in besonders lehrreicher Weise in Val d'Ispica an der Südküste von Sicilien und in der Nekropolis von Kyrene dar.[1] Eine weitere Entwicklung in der Konstruktion der unterirdischen vorchristlichen Grabanlagen bezeichnet die Vereinigung mehrerer Grabkammern zu einem grösseren Ganzen. Auf diese Weise entfaltete sich die Privatgrabkammer zur gemeindlichen Nekropole. Indess hat sich diese Weiterbildung des ursprünglichen partikularistisch gerichteten Systems im Heidenthume nur ganz vereinzelt vollzogen und nicht nach Massgabe religiöser oder humanitärer Motive.[2] Wenn einmal auf einem antiken Epitaph[3]) der Besitzer seine Grabstätte bestimmt „sich, seinen männlichen und weiblichen Freigelassenen sowie deren Nachkommen und der Barmherzigkeit" (*misericordiae*), wobei an die Armen und Fremden gedacht ist, so ist dies nur als eine ausnahmsweise philanthrope Anwandlung zu beurtheilen, die der Masse unbekannt und unverständlich war. Diese Thatsache der Abscheidung der einzelnen Gräber voneinander wurde bei der den Alten eigenen Werthschätzung eines anständigen Begräbnisses besonders in den Kreisen der kleinen Bürger und der Handwerker schmerzlich empfunden und gab die Veranlassung zur Gründung von Begräbnissgenossenschaften, deren Zahl in der ersten Kaiserzeit eine bedeutende Höhe erreichte und denen gegenüber die besonders durch Trajan verschärften Vereinsgesetze keine Anwendung fanden. Die Angehörigen solcher Genossenschaften erwarben sich durch regelrechte Erfüllung der durch die Statuten vorgesehenen Leistungen das Recht, nach ihrem Tode auf Kosten des Vereins, auf der diesem zugehörigen Grabstätte oder sonstwo geziemender Weise bestattet zu werden.

Daneben fructificirte die Speculation die vorhandenen Verhältnisse: einzelne oder mehrere Unternehmer errichteten auf eigene Hand Grabstätten und veräusserten die in demselben vorhandenen Gräber oder Urnenplätze an das Publikum.

Die heidnischen Grabstätten sind ihrem allgemeinen Charakter nach

---

[1]) Orelli-Henzen n. 7344.

Familiengräber, nicht Gemeindefriedhöfe. Wo Massengräber (*puticuli*, πολυάνδρια) eingerichtet wurden, geschah es für die besitzlose oder die unfreie Klasse, und jene galten als plebejische Institutionen. Hierher gehören die in den letzten Jahren in grosser Anzahl auf dem Esquilinus entdeckten Schachte. Sie sind ziemlich genau nach Süden orientirt, rechteckig construirt und haben eine durchschnittliche Breite von 5 m zu 4 m. Die Tiefe lässt sich nicht mehr bestimmen, da in späterer Zeit ein Theil oben abgeschnitten worden ist. Die Innenwände waren mit roh behauenen Steinen gefüttert. Diese Schachte, in denen sich noch vermoderte Gebeine fanden, dienten als Begräbnissstätten des niederen Volkes, welches nicht die Mittel besass, den Kaufpreiss einer Urne in den Kolumbarien sepulkraler Aktiengesellschaften zu beschaffen oder den Mitgliedsbeitrag einer Begräbnissgenossenschaft (*collegium funerarium*) aufzubringen. Die städtischen Todtengräber (*sandapilarii*, *lecticarii*) brachten hier die Leichen zusammen:

Huc prius angustis ejecta cadavera cellis
Conservus vili portanda locabat in arca.
Hoc miserae plebi stabat commune sepulcrum.[1]

Aehnlich verhielt es sich mit den jüdischen Gräbern, von denen eine verhältnissmässig grosse Anzahl im Orient und im Abendlande erhalten ist und deren Grundschema demjenigen der heidnischen Familiengräber entspricht.

Ueber Anlage und Herstellung jüdischer Gräber enthält der Mischnatraktat *Baba bathra* (VI, 8) folgende Bestimmungen:[a] „Wenn Jemand dem Andern einen Platz verkauft, daselbst eine Begräbnissstätte einzurichten, oder wenn er einen Platz zu solchem Zweck von dem Andern übernimmt, so hat er das Innere der Grabhöhle (מְעָרָה) vier Ellen breit und sechs Ellen lang zu machen, und er hat darin auszugraben acht Nischen (כּוּכִין), drei auf der einen, drei auf der entgegengesetzten Seite und zwei dem Eingange gegenüber. Diese Nischen müssen vier Ellen Länge,[a] sieben Handbreiten Höhe und sechs Handbreiten Breite haben.[b] Rabbi Simeon sagt: „Das Innere der Grabhöhle macht man sechs Ellen breit und acht lang und man gräbt in sie dreizehn Nischen: vier auf der einen, vier auf der entgegengesetzten Seite,[c] drei dem Eingange gegenüber [im Hintergrunde],[d] eine im rechten und eine im linken Winkel [des Hintergrundes].“ Vor der Mündung (פֶּה) der Grabhöhle macht man einen Vorhof (חָצֵר) von sechs Quadratellen, so dass die Todtenbahre (מִטָּה) und deren Träger Raum daselbst haben. Man öffnet dahinein [von dem Vorhofe aus] zwei Grabhöhlen [nämlich zu beiden Seiten der Breite des Vor-

---

[1] Horat. *Sat.* I, 8 ff.

hofs], eine von dieser und eine von der entgegengesetzten Seite." Rabbi Simeon sagt: „Man öffnet vier Grabhöhlen dahinein, nämlich auf jeder der vier Seiten."f Rabbi Simeon Sohn Gamaliels sagt: „Alles" je nach Beschaffenheit des Felsbodens."

Dazu ist mit Benutzung der Erläuterungen der Gemara zu bemerken:
a Die Länge eines Menschen von Mittelstatur beträgt drei Ellen, den Kopf nicht mitgerechnet. Die Nische soll aber vier Ellen lang sein, denn eine Elle ist auf Hals, Kopf und die Dicke des Sargbrettes zu rechnen. — b Es sollen zwischen einer Seitengruft und der andern eine halbe Elle Raum sein und zwischen den zwei Grüften im Hintergrund zwei Ellen Raum (die Elle ist zu sechs Handbreiten gerechnet). — c So dass also zwischen einem כוך und dem andern ein und dreiviertel Ellen Entfernung ist. — d Dies giebt anderthalb Ellen Entfernung des einen כוך vom andern. — e Raschi sagt, dass der Höhlen immer zwei waren und dass man vom Vorhof mittelst einer Leiter oder auf abgeschrägtem Boden in die Höhlen gelangte. — f Wenn hiernach die כוכים der einen Höhle und die der angrenzenden, z. B. die der Nord- und die der Westseite, sich durchschneiden, so werden sie tiefer oder höher angebracht, oder zur Beisetzung von Frühgeburten verwendet. — g Sowohl Grösse der Nische als Anzahl der Wandgräber (כוכים).

Diesen Bestimmungen entspricht die Construction der uns in grosser Anzahl erhaltenen jüdischen Gräber nur im Allgemeinen. Die einfachste Form ist die einer horizontal in den Felsen geschnittenen oder in den Boden gesenkten und vermittelst einer Treppe zugänglichen Grabkammer, in deren Wände, mit Ausnahme der Thürwand, Loculi einreihig und mit der Stirnseite nach vorn eingegraben sind. Eine Erweiterung bezeichnet die Vorlegung einer grablosen Vorhalle, welche in der Regel durch eine schmale Thür oder durch einen engen Schacht mit dem Grabesraume in unmittelbarer Verbindung stand. Nicht selten wurde dieser Zugang noch durch einen in den Schacht eingelassenen Steinzapfen oder einen vorgewälzten Stein abgeschlossen. Eine im J. 1877 in der Nähe von Jerusalem am östlichen Abhange des Berges Abu Tor entdeckte jüdische Grabkammer ist in folgender Weise construirt: „Neun sehr breite Stufen führen in eine gewölbte und gemauerte Halle hinunter, deren Boden aus Fels besteht. Diese Halle ist sowohl rechts und links als auch vorn mit schön gehauenen Steinen gebaut; ihre Breite beträgt 2,65 m, ihre Tiefe ebensoviel und ihre Höhe nahezu 3 m, bis zum Schlussstein des Bogens gerechnet. An der Stirnwand der Halle am Boden ist eine 0,54 m breite, 0,61 m. hohe Thüröffnung angebracht. In derselben stak ein schwerer steinerner Pfropf, bestehend aus einem viereckigen Block, an welchem sich ein viereckiger Zapfen von der Grösse der Oeffnung befand. Dieser ist rechts und links, sowie auch auf der Oberseite eingerandet, so dass er gehindert ist, nach Innen zu zu fallen; die Bänder bilden jedoch (zugleich) die Handhabe, um den schweren Zapfen herauszuziehen. Vor diesen Zapfen war eine 1,10 m lange, 0,70 m im Durchmesser haltende Steinwalze gelegt; wenn diese zurückgerollt wurde, konnte der Zapfen herausgezogen, resp. die Thür (der Zugang) geöffnet werden. — Durch die beschriebene Oeffnung trat man auf zwei Stufen hinunter in eine viereckige Felskammer.¹)" Diese enthielt die Gräber, im Ganzen neun.

Eine jüdische Normalgrabkammer haben wir in einer Anlage zu Tibneh (Fig. 1).

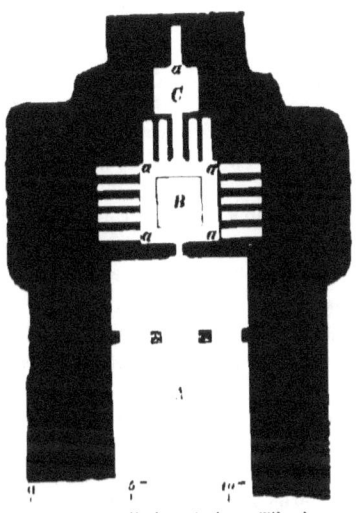

Fig. 1. Jüdisches Grab zu Tibneh.

Dieselbe ist in den natürlichen Felsen eingeschnitten und besteht aus einer in der Breite mit Säulen und Halbsäulen durchsetzten Vorhalle *A* und dem eigentlichen Grabesraume *B*. Die Verbindung zwischen *A* und *B* bildet eine schmale Oeffnung, durch welche man nur kriechend gelangen kann. *B* umschliesst vierzehn Loculusgräber (*a*, *a*). Ein schmaler Schacht der Hinterwand führt zu einer dritten Kammer *C* mit nur einem Grabe, das genau in der Axe der Anlage ruht. Offenbar bildete dieses den hervorragendsten Platz in dem Monumente.

Regelmässigkeit zeichnet überhaupt die jüdischen sepulkralen Anlagen aus. Hierdurch, sowie durch saubere Ausführung unterscheiden sie sich durchaus von den phönikischen Gräbern. Auch wo der Grundplan unregelmässig und unsymmetrisch erscheint, ist doch für die einzelnen in ihm gegebenen Kammern mit Vorliebe die quadratische oder wenigstens die scharf und regelmässig gekantete Form beibehalten worden.

Welche Gestalt das Grab Jesu hatte, insbesondere ob es in einen Felsabhang eingeschnitten oder in ebener Erde ausgegraben war, lässt sich aus den Evangelien nicht deutlich erkennen. Aus Joh. 20, 4: καὶ παρακύψας βλέπει (ὁ ἄλλος μαθητής) κείμενα τὰ ὀθόνια, οὐ μέντοι εἰσῆλθεν vgl. mit v. 11: ὡς οὖν ἔκλαιεν (Μαριάμ), παρέκυψεν εἰς τὸ μνημεῖον κ. τ. λ. könnte geschlossen werden, dass die Grabkammer in der Tiefe angelegt und demnach durch eine Treppe zugänglich war. Denn es wird dort vorausgesetzt, dass ein Blick in das Innere nur in gebückter Stellung (παρακύψας) zu gewinnen sei. Was die Form des Grabes selbst anbetrifft, so weist Joh. 20, 12 die

---

¹) Zeitschr. d. deutsch. Palästinaver. 1878 S. 11 f.

Bemerkung, dass Maria zwei Engel, einen am Kopfende, einen am Fussende des Grabes sitzen sah, darauf hin, dass der Verfasser des vierten Evangeliums das Grab Jesu als ein Arkosolium oder als einen Loculus in Längenfront gekannt hat. Dass das Kubikulum aus dem natürlichen Felsen gehauen war, berichten übereinstimmend die Synoptiker, während Johannes darüber schweigt. Die Matth. 27, 60 und Marc. 15, 46 erwähnte Sicherung der Grabkammerthür deckt sich nicht mit der oben in der Beschreibung eines jerusalemitischen Grabes erwähnten Vorsichtsmassregel, ist aber bei andern Grabanlagen bezeugt.

Nur in Ausnahmefällen ist bei den Diaspora-Juden die Institution der privaten, isolirten Grabkammern durchbrochen und eine Erweiterung zu gemeindlichen Anlagen versucht worden. Der Grund ist in dem in der Fremde stärker empfundenen Gefühle der Zusammengehörigkeit zu suchen. Ein solches Beispiel bietet das Cömeterium zu Venosa und die im Anfange der sechziger Jahre in der Vigna Randanini an der Via Appia dicht vor Rom entdeckte jüdische Katakombe. Dieselbe, eine ziemlich umfangreiche Anlage, wird durch einen Vorbau eingeleitet, von welchem noch ein rechteckiges Zimmer mit Mosaikpflaster und mehreren Gräbern erhalten ist. Daran schliesst sich die Galerie an, die im weiteren Verlaufe sich einmal spaltet. Das Constructionssystem entspricht im Allgemeinen demjenigen der christlichen Katakomben; doch ist der Grabverschluss ein anderer. An die Galerien schliessen sich mehrere Grabkammern an, von denen zwei mit Malereien geschmückt sind. Das Cömeterium enthielt eine grosse Anzahl von gemalten und gemeisselten Inschriften.

Die altchristlichen Gemeinden fanden diese heidnischen und jüdischen Grabanlagen vor, und es liegt ausserhalb des Bereichs der Wahrscheinlichkeit, dass sie von denselben bei Herstellung ihrer eigenen Grabstätten gänzlich abstrahirt haben sollten. Mit Unrecht hat man das Gegentheil behauptet.

Aber es würde irrthümlich sein, in den jüdischen Grabanlagen die massgebenden Faktoren zu finden, wie allgemein geschieht, wo man überhaupt eine solche Beeinflussung zulässt.[4] Soweit unsere gegenwärtige Monumentenkenntniss reicht, haben nur ganz vereinzelt Nachahmungen jüdischer partikularistischer Grabconstructionen seitens der Christen stattgefunden, und auch hier ist eine freie Weiterbildung des übernommenen Schemas wahrnehmbar.[5] Als besonders wichtig kann in dieser Hinsicht bezeichnet werden, dass die Form des jüdischen Einzelgrabes verschmäht und statt dessen die durch die heidnischen Grabkammern gebotenen Muster aufgenommen worden sind. Auch in der Grundanlage, im Galerienbau, in der Art des Grabverschlusses treten die christlichen Katakomben näher an die heidnischen Bauten heran als an die jüdischen. Indess auch der Zusammenhang mit den heidnischen sepulkralen Anlagen ist nur ein loser.

Die altchristlichen Gemeinden dürfen den Anspruch erheben, nicht nur in der Anlage der Begräbnissstätten ein neues, dem Christenthume conformes Princip gesetzt und praktisch durchgeführt zu haben, sondern sie zeigen sich auch in der Architektur als Ganzem sowohl wie in den Details als selbständig weiterbildend oder geradezu neu schaffend.

Denn während Heidenthum und Judenthum nur erst den Ansatz machen, den Partikularismus auf diesem Gebiete zu durchbrechen, aber nicht aus erleuchteter religiöser Erkenntniss heraus, sondern durch praktische Rücksichten veranlasst, setzt die Kirche allgemein an die Stelle des in sich abgeschlossenen Familiengrabes den Gemeindefriedhof als gemeinsame Grabstätte aller ihrer Angehörigen. Der eng in sich zusammengeschlossenen Gemeinde der Lebenden wird die an *einer* Stätte in unmittelbarem Zusammensein ruhende Gemeinde der Entschlafenen zur Seite gestellt. Der principiellen Gleichheit im Leben entsprach die Gleichheit im Tode. Während die ausserchristliche Welt in ihren Begräbnissstätten nicht nur nach Familien, sondern auch nach Ständen sich absonderte, nahm hier ein Raum Alle auf ohne Rücksicht auf sociale Unterschiede.

Diese Weiterbildung bezeichnet ein Zurückweichen von dem dem Alterthume eigenen Egoismus und Aristokratismus und ist als die grosse That des neuen Geistes zu beurtheilen, welchen das Evangelium in der Welt gewirkt hat.

Indess war die neue Einrichtung für die Gemeindeangehörigen durchaus nicht obligatorisch. Es ist in der alten Kirche zu keiner Zeit verwehrt gewesen, ausserhalb des gemeinsamen Friedhofes Privatgrabstätten herzurichten. Doch ist von diesem Rechte nur spärlich Gebrauch gemacht, und zwar im Abendlande noch weniger als im Orient, wo vielleicht die jüdische Sitte nachwirkte. An vielen Orten haben sich solche isolirte Grabkammern erhalten: in der Umgebung Roms, in Etrurien, Ancona, Sicilien, Sardinien, Kleinasien, in der Cyrenaica, besonders aber in Centralsyrien. Sie bestehen meistens nur aus einer einzigen Kammer oder aus einem senkrecht in den Boden eingeschnittenen Grabe, welches mit einem schweren, massiven Steindeckel verschlossen wurde. Von besonders kunstvoller Ausführung ist eine solche Grabkammer in Massakhit in der Cyrenaica. Sie besteht aus einem 8,25 m breiten und 5 m tiefen Vorsaal, an dessen Decke ein von zwei stämmigen Säulen getragener Architrav läuft, auf welchem altchristliche Symbole, der Fisch, Weinreben, Kreuze (einmal von einer Schlange umwunden) in Pflanzenornamente eingetragen sind. Aus diesem Raume führt an der Westwand eine schmale Thür zu der eigentlichen Grabkammer, die kaum ein Drittel der Grösse der Vorhalle erreicht und zur Aufnahme von nur drei Sarkophagen eingerichtet war."

Die praktische Durchführung des neuen Principes führte folgerichtig zum Ueberschreiten der durch die vorgefundenen unterirdischen Grabanlagen gebotenen baulichen Formen. Das Ziel war ein anderes geworden und dadurch auch ein Aufgeben der bis dahin üblichen sepulkralen Constructionen gefordert.

An die Stelle der räumlich beschränkten und getheilten Grabesbauten des Judenthums und des Heidenthums trat ein Complex langgestreckter, neben- und übereinander gesetzter Galerien. Nachdem einmal auf diese Weise in der Anlage des Ganzen die Emancipation von den Vorlagen durchgeführt war, und die christlichen Architekten sich hierin selbständig gemacht hatten, schritten sie weiterhin zu eigenartiger, originaler Ausbildung der Details.

Die allgemeine, zuerst am Anfange des dritten Jahrhunderts begegnende Bezeichnung für die altchristlichen Begräbnissstätten ist κοιμητήριον (κομητήριον, κοιμητήριον), *coemeterium* (*cimiterium*), d. h. „Schlafkammer", worin die christliche Anschauung des Todes als eines Schlafes Ausdruck findet. „Schlafkammer wird diese Stätte genannt", sagt Chrysostomus in einer seiner Predigten, „damit du daraus merkest, dass die Todten und dort Beigesetzten nicht gestorben sind, sondern nur schlafen." Diesem Namen entsprachen die auf christlichen Epitaphien beliebten Ausdrücke: **DORMIT, PAVSAT, REQVIESCIT** u. ä. und die gleichbedeutend mit κοιμητήριον gebrauchte Bezeichnung τόπος ἀναπαύσεως, durch welche der Todeszustand als ein vorübergehendes Ruhen charakterisirt wird. Aber auch im jüdisch-hellenistischen Sprachgebrauche ist jener Name, jedoch nur auf Einzelgräber angewendet worden, und in Anschluss daran in gleichem Sinne öfters in der morgenländischen, seltener in der abendländischen Kirche. Im Heidenthum dagegen hat das Wort κοιμητήριον nie sepulkrale Bedeutung, obgleich auch dort das Bild des Todesschlafes bekannt war. Einmal findet sich, auf einer nordafrikanischen altchristlichen Inschrift, als lateinischer Parallelausdruck zu κοιμητήριον, *accubitorium*.

Die Bezeichnung *catacumbae*, aus welcher der moderne, populäre Name „Katakomben" erwuchs, eignete ursprünglich allein dem Cömeterium S. Sebastiani (*coemeterium ad catacumbas*) vor dem gleichnamigen Thore Roms und scheint topographischen Inhaltes, vielleicht gleich „bei der Schlucht" gewesen zu sein. Da nun S. Sebastiano im späteren Mittelalter fortwährend bekannt und besucht blieb, während die übrigen altchristlichen Friedhöfe der Stadt in Vergessenheit geriethen, so verallgemeinerte sich unter der Hand der Name *catacumbae* zu einem Gattungsnamen, zu einer Bezeichnung für die altchristlichen Begräbnissstätten überhaupt. Auswärts wandte zuerst der im neunten Jahrhundert lebende JOHANNES DIACONUS in Neapel das Wort in diesem Sinne auf die Krypten von S. Gennaro dei Poveri in Neapel an.[7]

Während es keinem Zweifel unterliegen kann, dass die ältesten Gemeinden ohne Ausnahme unterirdische Begräbnissstätten besassen, ist doch nur ein verhältnissmässig sehr geringer Theil derselben erhalten bezw. bisher bekannt geworden. Besonders liegt uns nach dieser Seite hin der Orient noch fast völlig verschlossen. Aber auch in Rom, dem gegenwärtigen Mittelpunkte der Katakombenforschung, sind noch umfangreiche Galeriencomplexe auszuräumen. Wichtigere Katakomben und Grabkammern sind bisher an folgenden Orten nachgewiesen:

A. Im Morgenlande.

1. Eumenia (Phrygien).
2. Kadun Khana (Lykaonien).
3. Tarsus (Cilicien).
4. Korykos (ebend.).
5. Centralsyrien.
6. Jerusalem.
7. Alexandrien.
8. Derr (Nubien).
9. Typiti (Melos).
10. Rhodos.
11. Kyrene } Cyrenaica.
12. Massakhit }
13. Athen.

B. Im Abendlande.

1. Malta.
2. Girgenti }
3. Naro }
4. Val d'Ispica }
5. Syrakus } Sicilien.
6. Catanea }
7. Pantelica }
8. Palazzuolo }
9. Palermo }
10. Canosa } Calabrien.
11. Tropea }
12. Prata (Avellino).
13. Castellamare.
14. Neapel.
15. Baccano.
16. Nazzano.
17. Albano.
18. Rom.
19. Tusculum.
20. Tarquinia
21. Vulci
22. Cere
23. Rignano
24. Surrina nuova } Etrurien.
25. Nepi
26. Faleri
27. Bolsena
28. Chiusi
29. Vindenna
30. Morlupo
31. Fünfkirchen (Ungarn).
32. Reims.
33. Uzès (Castrum Ucetiense).

Die römischen Cömeterien stehen an Zahl und Bedeutung allen andern voran. Sie liegen innerhalb der durch den ersten und den dritten Meilenstein begrenzten Zone und reichen in ihren Anfängen bis in das erste Jahrhundert zurück. Zu den ältesten Anlagen gehören: *S. Domitilla* (der Name unhistorisch — Via Ardeatina), *S. Lucina* (Theil von *S. Callisto* — Via Appia), *S. Pretestato* (ebend.), *S. Priscilla* (Via Salaria Nuova); zu den jüngeren: *S. Sebastiano (ad Catacumbas* — Via Appia), *Coemeterium Vaticanum* (Campus Vaticanus), *S. Valentino* (Via Flaminia), Cömeterium der *Generosa* (Via Portuensis). In der ersten Hälfte des dritten Jahrhunderts oder kurz vorher scheinen *S. Agnese*, *Coemeterium Ostrianum* (beide Via Nomentana) und *S. S. Pietro e Marcellino* (Via Labicana) entstanden zu sein. Die gegenwärtig gebräuchlichen Namen sind nur zum Theil historisch; sie bezeichnen entweder die geographische Lage oder den Stifter oder einen daselbst beigesetzten Märtyrer.

Der historische Werth der einzelnen Benennungen bestimmt sich nach den Quellen, welchen dieselben entnommen sind. Die hauptsächlichsten Quellen sind: Das Depositionsverzeichniss des *Catalogus Liberianus* (Mommsen, *Ueber den Chronographen v. J. 354* [in d. Abhandl. d. kgl. sächs. Gesellsch. d. Wissensch., phil.-hist. Abth. I, 1850, S. 634 ff.]; Lipsius, *Chronol. d. röm. Bischöfe*, Kiel 1869, S. 40 ff.), die Inschriften des römischen Bischofs Damasus, der *Liber Pontificalis* (Lipsius a. a. O., S. 76 ff.; Piper, *Einleitg. in d. monum. Theol.*, S. 315 ff.; Duchesne, *Étude sur le L. P.* [in d. Biblioth. des Écoles françaises, 1877, 1er fasc.]), das sog. *Martyrologium Hieronymianum* (nach d. Berner Codex herausgeg. v. d. Bollandisten, Brüssel 1881; De Rossi, R. S. I, 112 ff., II, S. X ff.; gegen die Ueberschätzung des Werthes dieser Quelle mit Recht Lipsius a. a. O., S. 8 Anm.), die Papyrusliste des Abtes Johannes (Marini, *Papiri dipl.* S. 327a, 377 ff.; De Rossi, R. S. I, S. 133 ff.) und die Papstgräber. Ueber diese Quellen De Rossi a. a. O. S. 111 ff. und sonst.

Gegenwärtig ist nur noch ungefähr die Hälfte der in älteren Berichten erwähnten Cömeterien Roms, deren Zahl, mit Einschluss der isolirten Grabkammern und kleineren Anlagen, sich auf ungefähr fünfzig belaufen haben mag, bekannt, und unter diesen sind allein *S. Callisto* mit seinen umfangreichen Annexen, die Katakombe der *Generosa* und *S. Agnese* vollständig ausgegraben. Mich. Stef. de Rossi hat die Länge der römischen Katakombengalerien, in eine Linie aneinandergereiht, auf 876 km berechnet. Die Fläche, welche das Cömeterium S. Agnese einnimmt, beträgt 16,475 qm; die Länge der Galerien beläuft sich auf 1603,51 m. Letzteres Mass der neapolitanischen Katakomben beträgt etwas über 1000 m."

Zunächst den römischen Cömeterien kommen die neapolitanischen in Betracht. Die Katakomben von *S. Gennaro dei Poveri* reichen in ihren Anfängen noch in das erste Jahrhundert zurück. Einer späteren Zeit, vielleicht dem vierten Jahrhundert, gehören an: das Cömeterium unter *S. Maria della Sanità* und die Krypte *S. Severo*. Unter den sicilianischen Grabstätten nimmt S. *Giovanni* bei Syrakus, entstanden in nachconstantinischer Zeit, den ersten Rang ein und ist in architektonischer Hinsicht wichtig; das älteste Cömeterium der Gemeinde von Syrakus liegt, zum grössten Theil noch verschüttet, in einiger Entfernung von S. Giovanni, in der Vigna *Cassia*. Durch mancherlei Eigenthümlichkeiten ausgezeichnet ist ferner auf Sicilien die Katakombe zu *Girgenti*, deren Gründung ohne Zweifel noch in das zweite Jahrhundert fällt.

Sämmtliche altchristlichen Katakomben liegen ausserhalb des Umringes desjenigen Ortes, zu welchem sie gehören. Wir erkennen darin sowohl die Befolgung gesetzlicher Verordnungen — schon das Zwölftafelgesetz verordnete: *hominem mortuum in urbe ne sepelito neve urito* — als Rücksichtnahme auf die volksthümliche traditionelle Anschauung, welche die Stadt der Todten mit der Stadt der Lebenden nicht zusammengeschlossen haben wollte. Dem entsprechend liegen die römischen Katakomben innerhalb der durch die aurelianische Mauer und den dritten Meilenstein bezeichneten Zone, die neapolitanischen in kurzer Entfernung von der nördlichen alten Stadtmauer, das Cömeterium von Akragas (Girgenti) im Terrain der vorgeschobenen Stadtmauer selbst. Dasselbe gilt von den Katakomben in Alexandrien und auf Melos.

Rücksicht auf abgelegene und versteckte Oertlichkeiten scheint bei Anlage der Katakomben nirgends massgebend gewesen zu sein. Mehrfach öffnen sich die Eingänge an Landstrassen oder in belebter Gegend, wie bei S. Domitilla und S. Priscilla in Rom der Fall ist, und waren durch stattliche Portale bezeichnet. Unmittelbar an S. Gennaro dei Poveri in Neapel schliessen sich heidnische Gräber an. In Rom liegen an der Via Appia heidnische, jüdische und christliche sepulkrale Anlagen nebeneinander; ja, heidnische Grabmonumente erheben sich auf dem Terrain christlicher Katakomben. In Kyrene ist die christliche Katakombe mitten in die antike Nekropole eingeschoben.

Und doch besassen die Gemeinden dem Staate gegenüber die Cömeterien nicht rechtlich. Am Anfange des zweiten Jahrhunderts hatte, durch die Anfrage eines kleinasiatischen Statthalters hervorgerufen, ein kaiserliches Rescript die Existenzberechtigung der Kirche im römischen Reiche negirt und die Angehörigen dieser auf Grund ihres religiösen Bekenntnisses für straffällig erklärt. Diese Bestimmung hat bis zum Mailänder Edikt vom Jahre 312 zu Recht bestanden, wenn auch nur vereinzelt von ihr seitens der Staatsregierung Gebrauch gemacht wurde. Daraus resultirte die juristische Unfähigkeit der Kirche und der Gemeinden, zu erwerben und zu besitzen. Dieser Thatsache gegenüber, auf deren Beseitigung hin fast sämmtliche altchristlichen Apologeten, indess erfolglos, arbeiteten, war nur der Ausweg gegeben, dass die Cömeterien als Besitzthum von Privaten belassen und angegeben wurden. Eine Zeit lang behalf man sich in dieser Weise, obgleich sich daraus manche Unzuträglichkeiten ergaben. Am Ende des zweiten Jahrhunderts aber scheint die Kirche in den Besitz der Katakomben getreten zu sein. Der Staat hat sie, eine vorübergehende Confiscation durch Valerianus ausgenommen, darin belassen, obgleich er den rechtlichen Besitzstand nicht anerkennen konnte. Die tiefe Pietät des alten Volksthums vor dem Todten und seinen Rechten, welche sich so entschieden in der Gesetzgebung und der Sitte widerspiegelt und auch dem Feinde zu Gute kam, war das leitende Motiv dabei.

Daneben ist bei der Erklärung dieser günstigen Lage der altchristlichen Cömeterien in Betracht zu ziehen, dass das Verhältniss des Heidenthums, des Volkes wie des Staates, zu den Christen im Allgemeinen ein weit friedlicheres war, als wir anzunehmen gewohnt sind. Besonders scheint die römische Gemeinde in dieser Hinsicht vortheilhaft gestellt gewesen zu sein.

Die Meinung, dass die günstige Lage der Grabstätten dadurch erwirkt worden sei, dass die Gemeinden sich vom Staate die Anerkennung als Begräbnissgenossenschaften (*collegia funeraria*) erwirkt und in dieser Eigenschaft die Katakomben legitim besessen hätten, imputirt dem Staate einen juristischen Selbstwiderspruch, den dort vorauszusetzen kein Recht vorliegt. Zudem hat jene Annahme bisher nicht begründet werden können.

Nur einmal hat, soweit bekannt, der Pöbel in Karthago zu gewaltsamer Profanation christlicher Gräber sich hinreissen lassen.[9]

Der Grund und Boden zur Anlage einer Katakombe konnte entweder von Privaten als Geschenk (*ex indulgentia*) gegeben oder von der Gemeinde als solcher erworben werden. Schon im Heidenthume lassen sich Donationen von Begräbnissstätten zahlreich nachweisen. In einer heidnischen Grabschrift zu Pola bestimmt der Gründer der Grabstätte dieselbe

„sich und den Seinigen und meinen lieben Freunden. Wer von ihnen hierher kommen will, möge, Jeder zu seiner Zeit, kommen und hier sich zur Ruhe legen." [10]

Dasselbe Verfahren bezeugen auf Seiten der Christen mehrere Inschriften, darunter nachstehende aus Nordafrika:

Den Gräberfriedhof gab des Wortes Diener her
Und baute ganz auf seine Kosten auch das Haus,
Der heil'gen Kirche dieses Denkmal stiftet' er.
Euch, Brüder reines Herzens und einfältigen,
Segnet Euelpius, Kinder euch des heil'gen Geist's.

Auf einem römischen Epitaphe[11] lesen wir:[1])

<pre>
    M · ANTONI
    VS · RESTVTV
    S · FECIT · YPO
    GEV · SIBI · ET ·
    SVIS · FIDENTI
    BVS IN DOMINO
</pre>

Durch solche, von Privatpersonen ausgehende Schenkungen ist ein grosser Theil der römischen Katakomben entstanden.

In andern Fällen hat die Gemeinde von sich aus das erforderliche Terrain erworben; so in Syrakus (S. Giovanni) und wahrscheinlich auch in Neapel (S. Gennaro).

Die Verwaltung der Cömeterien[12] vollzog die Kirche durch ihre Organe. Zunächst kamen die mit der Herstellung der Galerien und Gräber betrauten Personen, die „Mineurs", *fossores*, κοπιαταί (v. κοπιάω „mühevoll arbeiten, *laborare*") in Betracht. Jeder Katakombe war eine bestimmte Anzahl derselben attachirt. Die schwierige Arbeit bedingte eine gute Schulung, und es darf angenommen werden, dass diese in einer corporativen Organisation der Fossoren erworben wurde.

Eine Theilung der Area unter einzelne Fossorengruppen stellt sich von vornherein, wenigstens bei grössern Cömeterien, als selbstverständlich dar. Ausserdem scheint die Grabinschrift eines römischen Fossors eine solche Lage bestimmt vorauszusetzen: ΛΟΝΓΙΝΩ ΚΟΠΙΑCΑΝΤΙ IC (= εἰς) ΤΑΥΤΑ ΤΑ ΧΩΡΙΑ ΕΘΗΚΕ ΓΡΑΨΕΝ ΧΡΥCΙC Η ΓΥΝΒΙΟC ΑΥΤΟΥ.[2]) Dazu kommt, dass verschiedentlich in den Katakomben Zahlzeichen, zumeist in den Mörtel eingeritzt, sich finden, die ohne Zweifel eine bestimmte Abtheilung des Ganzen bezeichneten und zur Markirung des Arbeitsgebietes sowohl wie zur Orientirung der die Gräber besuchenden Angehörigen der Todten dienten. So liest man im Cömeterium Ostrianum in einer bestimmten Gegend mehrmals VII. Bosio berichtet, in verschiedenen Cömeterien die Zahlen I, II, III, IIII, X, XX gesehen zu haben. Voraussichtlich werden weitere Forschungen diese Vermuthung sicherer stützen. Die χωρία der angeführten Inschrift sind die einzelnen Parzellen des Ganzen.

Den Fossoren fielen nur die technischen Verrichtungen zu und zwar

---

[1]) „Marcus Antonius Restutus errichtete die unterirdische Grabkammer sich und den Seinen, die an den Herrn glauben."

[2]) „Dem Longinus, der in dieser Gegend hier arbeitete, hat seine Gattin Chrysis die Grabschrift herstellen lassen."

in erster Linie die Ausgrabung der Gänge, die Herrichtung der Gräber; daneben die Vollziehung der Bestattung. Trotzdem stieg seit dem Anfange des vierten Jahrhunderts ihr Ansehen in dem Grade, dass sie nicht nur dem klerikalen Stande eingegliedert wurden, sondern auch, in Rom wenigstens, vorübergehend die gesammte Verwaltung der Begräbnissstätten faktisch in ihre Hand brachten. Der Grund jener wie dieser Thatsache ist darin zu suchen, dass die Fossoren als die nächsten Organe der cömeterialen Administration über die Oertlichkeit der anzulegenden Gräber im Einzelnen Bestimmung trafen. Daher musste in einer Zeit, wo das eifrigste

Fig. 2. Fossor Diogenes.

Streben dahin ging, in der Nähe eines Märtyrers ein Grab zu erlangen, ihr Ansehen bedeutend wachsen, und ihre Stellung, wenn auch nicht rechtlich, so doch faktisch, eine besonders einflussreiche werden und schliesslich zur Aufnahme der Fossoren in den klerikalen Ordo führen.

In den römischen Katakomben findet man zahlreiche Abbildungen von Fossoren. Sie sind entweder arbeitend oder in ruhiger Haltung dargestellt. Neben der Picke (*dolabra*) führen sie auf den Wandgemälden die Axt, *ascia*, mit kurzem Stile, von der Form einer Streitaxt, Zirkel, Meissel, Hammer und ein gespitztes Eisen, das wahrscheinlich einen Bohrer vorstellen soll; denn einen solchen konnten sie schwerlich entbehren. Die

Anwendung der einzelnen Instrumente hing zum Theil von der geringeren oder grösseren Festigkeit des zu bearbeitenden Materials ab.

Besonders lehrreich ist ein Gemälde in S. S. Pietro e Marcellino an der Via Labicana, welches laut der, jetzt zerstörten, Inschrift einen Fossor Namens Diogenes darstellt (Fig. 2). Er steht da in eine Tunika gekleidet, in der Rechten die Picke, in der Linken eine Lampe haltend. Am Boden liegen mehrere Instrumente zerstreut, darunter ein Brecheisen und ein Zirkel. Den Hintergrund bildet das Innere einer Katakombe, in deren Wände die auszuhauenden Gräber durch Linien umrissen sind. Die Inschrift[1]) lautet:

**DIOGENES · FOSSOR · IN · PACE · DEPOSITVS
OCTABV · KALENDAS · OCTOBRIS**

Die Fossoren pflegten in der Regel in der Weise zu arbeiten, dass sie die zu beseitigende Felsmasse durch tiefe Einschnitte in der Breite der projektirten Galerie isolirten und dann mit gröberen Instrumenten zerschlugen. So zeigen mehrfach unvollendete Galerien. Die Gräber scheinen sie im Allgemeinen nicht in bestimmter Anzahl in Bereitschaft gehalten, sondern im einzelnen Falle nach Massgabe der Grösse des Todten ausgeschnitten zu haben. Wie in S. Ciriaca an der Via Tiburtina vor Rom in besonders anschaulicher Weise sich beobachten lässt, theilten sie vor Herstellung der Gräber die Wandfläche durch vertikale und horizontale Linien und umgrenzten mit scharfem Einschnitt den Umfang der auszuhauenden Loculi. Auch die Standorte der den Arbeitern dienenden Lampen bemerkt man heute noch verschiedentlich in den Katakomben.

Die eigentliche Administration wurde im Auftrage des Bischofs durch Personen, welche dieser dazu beorderte, vollzogen. Bis zur Zeit des römischen Bischofs Dionysius (259—268) konnten, in Rom jedenfalls, auch Laien diese Funktion üben, wie das Beispiel des Kallistus zeigt, der von Zephyrinus (gest. 217) zur Verwaltung der Gemeindefriedhöfe bestellt wurde. Wie aus einer historisch unverdächtigen Notiz des Liber pontificalis hervorgeht, übertrug erst Dionysius die Verwaltung den Presbytern, und bei diesen blieb dieselbe in der Folgezeit. Dieses Verhältniss bezeugt eine Inschrift aus S. Domitilla:

**ALEXIVS ET CAPRIOLA FECERVNT SE VIVI
IVSSV ARXELAI ET DVLCITI PRESB**

Alexius et Capriola fecerunt se vivi jussu Arch. et Dulc. presbyterorum. (Jussu = auctoritate, „mit amtlicher Erlaubniss").

---

[1]) „Der Fossor Diogenes in Frieden. Beigesetzt am 25. Juli."

Die Herstellung der Begräbnissstätten und die Verwaltung des Begräbnisswesens verursachte, besonders in grösseren Gemeinden, einen nicht geringen Kostenaufwand. Um diesen zu decken, pflegte für die einzelnen Gräber ein Kaufpreis erhoben zu werden, der sich nach Lage und Grösse des Grabes bestimmte. Dahin weisen u. a. die Inschriften:

1.
EMIT ZOSIMVS
SE BIBVM LOCVM
BISOMVM [1]

2.
ΑϹΦΡΟΔΙϹΙΑϹ ΚΑΙ ΕΥ
ΦΡΟϹΥΝΟΥ ΑΓΟΡΑ
ϹΙΑ ΤΟΠΟϹ ΜΗΔΙϹ
ΕΞΟΥϹΙΑϹΗ ΑΛΛΟϹ [2]

Solche eigenthümlich erworbene Gräber pflegten in Syrakus kurzweg mit ΑΓΟΡΑϹΙΑ („Kauf") oder ΤΟΠΟϹ (ΤΥΜΒΟϹ) ΑΓΟΡΑϹΙΑ (ἀγορασίᾳ „gekauftes Grab") bezeichnet zu werden.

Zuweilen findet sich auch der Ort des Grabes mehr oder weniger genau angegeben:

1.
SABINI BISO
MVM SE BIBVM
FECIT SIBI IN CYMI
IERIVM BALBINAE
IN CRYPTA NOBA [3]

2.
ΕΤΕΛΕΥΤΗ
ϹΕΝ · ΜΑΡΚΙΑΝΟϹ ·
ΜΗΝΗ ΟΚΤΩΒΡΙΩ ·
ΚΙΤΕ ΠΥΛΩΝΗ ·
ΤΡΙΤΩ · ΛΑΚΚΩ
ΠΕΜΠΤΗ · ΕΤΩΝ
ΛΞ [4]

1. Rom: *Sabini bisomus (scl. locus). Se vivo fecit sibi in coemeterio Balbinae in crypta nova.* — 2. Syrakus: ἐτελεύτησεν Μ. μηνὶ Ὀκτωβρ. κῖτε πυλῶνι τρίτῳ, λακκῷ (f. ληνῷ = locus) πέμπτῃ, ἐτῶν λξʹ.

Seit der Mitte des vierten Jahrhunderts steigen mit dem Aufblühen der Märtyrerverehrung diejenigen Gräber im Preise, welche in unmittelbarer Nähe der Ruhestätte eines wirklichen oder vermeintlichen Märtyrers gelegen waren:

---

[1] „Zosimus hat sich bei Lebzeiten (dieses) Doppelgrab gekauft." (Rom.)

[2] „Käuflich erworbene Grabstätte der Aphrodisia und des Euphrosunos. Kein Anderer darf darüber verfügen." (Syrakus.)

[3] „Doppelgrab des Sabinus. Zu seinem Lebzeiten errichtete er es sich im Cömeterium der Balbina, in der neuen Galerie."

[4] „Markianos starb im Monate October. Er liegt am dritten Thore im fünften Grabe. Sein Alter betrug 37 Jahre."

Grundidee und Verwaltung der christlichen Grabstätten. 33

DRACONTIVS · PELAGIVS · ET · IVLIA · ET · ELIA
ANTONINA · PARAVERVNT · SIBI · LOCVM ☧
AT · IPPOLITV · SVPER · ARCOSOLIV PROPTER VNA FILIA[1])

Rom. Z. 3: *Ad Hippolytum (i. e. ad sepulcrum Hipp.) super arcosolium propter unam filiam.*

Zu dieser Inschrift römischer Herkunft lassen sich noch einige andere hinzufügen, die aber sämmtlich an das Ende des vierten Jahrhunderts oder in das fünfte Jahrhundert herabreichen. Auf einem Epitaph aus S. Ciriaca ist die Rede von einem von den Fossoren Apro und Viator gekauften Grabe IN CRYPTA NOBA RETRO SAN.CTVS (sanctos); ein anderes zu S. Paolo aus dem Jahre 426 erwähnt eine *ratione auri solidi unius et semissis* erworbene Grabstätte ANTE DO.MNA EMERITA (DE ROSSI, *Inscript.* I. S. 281 n. 653); ein drittes lautet: SERPENTIV,S EMIT LOC(U)'M A QVINTO | FOSSORE AD | SANTVM C(O) | RNELIVM. Ausserhalb Roms sind Inschriften dieser Art, welche aus unterirdischen Grabanlagen stammen, bisher nur in ganz geringer Anzahl nachgewiesen. So eine aus Catania, jetzt im Louvre befindliche (DE ROSSI, *Bull.* 1868, S. 75), auf welcher von der Verstorbenen gesagt wird, dass sie begraben sei PRO FORIBVS MARTYRORVM. Gallische Inschriften bieten die Formeln ANTE PEDES MARTINI, POSITV EST AD SANCTOS, SANCTIS QVAE SOCIANDA IACET, AD SANCTVM MARTYRE(M). (LE BLANT n. 184, 41, 412, 528.) Doch scheinen diese letzteren Epitaphien sämmtlich oberirdischen Cömeterien anzugehören. Die auf griechischen Tituli häufig wiederkehrende Formel † ΙΕΤΑ ΤΩΝ ΑΓΙΩΝ bezieht sich auf das Vereinigtsein des Verstorbenen mit den Verklärten im Jenseits.

Gegen den Uebereifer jener Zeit nach dieser Richtung hin, welcher dazu führte, dass man bereits vorhandene Gräber zerstörte und die Rückwände der Arkosolien durchbrach, richten sich warnend die Worte eines bei S. Lorenzo vor Rom gefundenen Epitaphs des fünften Jahrhunderts, welches einem Archidiakonus Sabinus angehört:

(NI)L IVVAT IMMO GRAVAT TVMVLIS HAERERE PIORVM
SANCTORVM MERITIS OPTIMA VITA PROPE EST
(CO)RPORE NON OPVS EST ANIMA TENDAMVS AD ILLOS
(Q)VAE BENE SALVA POTEST CORPORIS ESSE SALVS

Selbst ein Mann wie Damasus, welcher die Verehrung der Märtyrergräber in so hohem Grade förderte, nahm Anstand, jenes rücksichtslose Verfahren einzuschlagen, nach seinem eigenen Bekenntniss auf einer Inschrift der Papstkrypte:

HIC FATEOR DAMASVS VOLVI MEA CONDERE MEMBRA
SED CINERES TIMVI SANTOS VEXARE PIORVM.

Ueber die äusserlichen Formalitäten des Grabeskaufes in den ersten Jahrhunderten ist nichts überliefert. Im vierten Jahrhundert erscheint

---

[1] „Dracontius Pelagius und Julia und Aelia Antonina haben sich diese Grabstätte in der Nähe des Hippolytus, über dem Arkosolium, um einer Tochter willen gekauft."

das Verfahren ziemlich umständlich, was wahrscheinlich aus der Unsicherheit des Begräbnisswesens, dessen Verwaltung damals in der Hand der Fossoren lag, zu erklären ist. Der Kauf wird vor Zeugen abgeschlossen, wie aus der Inschrift hervorgeht:

> EMPTVM LOCVM AB AR
> TAEMISIVM VISOMVM
> HOC EST ET PRAETIVM
> DATVM FOSSORI HILA
> RO ID EST FOL Ñ ⋈ ó PRAE
> SENTIA SEVERI FOSS ET LAVRENTI

Emptus locus ab Artemisio bisomus. Hoc est et pretium datum fossori Hilaro, id est folles numero 1500, praesentia Severi fossoris et Laurentii.[13]

Auch wurde wohl zuweilen ein besonderes Vertragsinstrument über den Verkauf aufgesetzt.[14]

Die Thatsächlichkeit des Grabeskaufes verschloss übrigens dem Armen nicht den Gemeindefriedhof. Wo die Möglichkeit, ein Grab aus eigenen Mitteln zu beschaffen, fehlte, trat die kirchliche Armenverwaltung, welche für Begräbniss Mittelloser einen stehenden Ausgabeposten hatte, mit ihrer Hilfe ein.[15]

Das Besitzrecht der Kirche an die Katakomben und die faktische Ausübung dieses Rechtes seitens derselben bedingten, dass nur Angehörige der Grosskirche in den Cömeterien Aufnahme finden konnten. Häretiker und Schismatiker waren davon ausgeschlossen und auf Herrichtung eigener Grabstätten angewiesen. Von diesen letzteren haben sich einige in der Umgebung Roms erhalten. In der Nähe der Domitilla-Katakombe entdeckte man i. J. 1742 eine jetzt leider nicht mehr nachweisbare Grabkammer, deren bildnerischer Schmuck zwar durchaus demjenigen der Cömeterien der Grosskirche entsprach, welche aber durch die an der Decke angebrachte Mosaikinschrift: QVI ET FILIVS DICERIS ET PATER INVENIRIS[1]) als Besitzthum modalistischer Monarchianer gekennzeichnet wurde.[16]

Wichtiger, aber auch räthselhafter, ist ein in drei Grabkammern sich vertiefendes mit eigenartigen Malereien ausgestattetes Galeriestück, welches sich an die Katakombe S. Pretestato anlehnt und mit ihr in unmittelbarer Verbindung steht. Im vorigen Jahrhundert aufgefunden und von BOTTARI besprochen, entschwand dieses Katakombenfragment bald wieder der Kenntniss, bis es in den fünfziger Jahren dieses Jahrhunderts MARCHI von

---

[1]) „Der du Sohn heissest und zugleich als Vater dich erweisest."

neuem entdeckte. Der Raum enthält drei Arkosolien, von denen zwei mit Malereien geschmückt sind, welche, mit Ausnahme einer Darstellung, im christlichen Bilderkreise nicht nur keine Analogien haben, sondern sogar heidnische Gottheiten — Pluton, Merkur, die Parzen — und mythologische Scenen vorführen. GARRUCCI und DE ROSSI haben die in ihrer Bedeutung nicht ganz durchsichtigen Darstellungen Anhängern des Cultus des Sabazius und Mithras zugewiesen, während CH. LENORMANT in Anlehnung an BOTTARI und RAOUL ROCHETTE einen christlichen Ursprung der Bilder behauptet.[17] In der That stehen dieser letzteren Annahme keine absolut hindernden Momente entgegen. Das Auftreten eines ANGELVS BONVS in einer der Scenen, das Vorhandensein des Fisches bei den beiden Gastmahldarstellungen, ferner die Worte in einer der Inschriften CVM VIBES·BENEFAC·HOC·TECVM FERES[1]) und DEVM MENTE PIA COLVIT[2]), endlich der Umstand, dass die Galerie einen Theil eines christlichen Cömeteriums bildet, stellen sich der gegnerischen Ansicht als gewichtige Thatsachen entgegen. Andererseits ist zuzugestehen, dass sonst nirgends in der altchristlichen Kunst in so weitgehender Weise auf die Formen und Vorstellungen des Heidenthums eingegangen wurde. Die Malereien, die wohl dem Anfange des dritten Jahrhunderts angehören, scheinen ähnliche synkretistische Verhältnisse vorauszusetzen wie die Reliefs eines in der Villa Ludovisi befindlichen Sarkophags mit Juno Pronuba inmitten specifisch christlicher Darstellungen, oder das vor einiger Zeit an der Porta Flaminia in Rom entdeckte seltsame Inschriftenfragment: *filia mea inter fideles fidelis fuit, inter al(ie)nos pagana fuit.*[3])

Fraglich dagegen erscheint der häretische Ursprung einer im siebzehnten Jahrhundert an der Via Praenestina aufgefundenen Familiengrabstätte, woselbst laut den Inschriften u. A. zwei Bischöfe, Chresimus und sein Nachfolger Primigenius, sowie ein Diakonus und zwei Lectoren beigesetzt waren.[19]

Der Gebrauch der Katakomben hat in Rom am Anfange des fünften Jahrhunderts ungefähr aufgehört, nachdem schon seit Konstantin daselbst mit der Anlage oberirdischer Grabstätten begonnen war. An anderen Orten dagegen, z. B. in Neapel und in Syrakus, dauerte die Benutzung der Katakomben noch fast ein halbes Jahrhundert länger fort.

Der Märtyrercultus hielt dann noch einige Zeit die alten Grabstätten

---

[1]) „Solange du lebst, thue Gutes; denn dieses wird dir nachfolgen."
[2]) „Frommen Sinnes ehrte er (der Todte) Gott."
[3]) „Unter Gläubigen war meine Tochter eine Gläubige, unter Heiden eine Heidin."

in der Erinnerung der Gemeinden lebendig. Man baute Kapellen in sie hinein, wallfahrtete zu den Gräbern wirklicher oder vermeintlicher Märtyrer und vollzog regelmässige Cultusakte in den unterirdischen Räumen. Indess noch vor Beginn des Mittelalters wurde diese thatsächliche Lage durch Ueberführung der Märtyrerreliquien aus den Katakomben und in die Stadtkirchen beseitigt. In Rom scheint schon unmittelbar nach Belagerung der Stadt durch die Ostgothen i. J. 537, wobei die über und in den Katakomben erbauten Märtyrerkapellen Schaden erlitten, mit der Uebertragung von Märtyrerleichen in die gesicherte Stadt begonnen zu sein. Paul I. († 767) brachte die Leiber „unzähliger Märtyrer" in die Stadt, Paschalis I. († 820) liess allein nach S. Prassede zweitausend dreihundert Leiber schaffen, und Leo IV. († 855) füllte das Pantheon mit Wagenladungen von Gebeinen. Selbstverständlich wurde bei diesem Verfahren zwischen Märtyrern und Christen gewöhnlicher Condition nicht unterschieden.

Das Beispiel Roms ist ohne Zweifel an anderen Orten nachgeahmt worden. Soweit die Forschung zurückreicht, hat sie erbrochene, ausgeleerte Gräber gefunden. Der Reliquienbestand der römisch-katholischen Kirche ist zum grössten Theil aus den Katakomben beschafft worden.

Die natürliche Folge eines solchen Verfahrens war, dass die Cömeterien in Vergessenheit geriethen. An den ausgeleerten Räumen hatte Niemand mehr ein Interesse. Sie gingen mehr und mehr der Kenntniss verloren. Die römischen Pilgerbücher, die unter Alexander VI., Julius II. und Leo X. gedruckt wurden, geben ausser S. Sebastiano nur noch eine unbedeutende Krypte unter der Kirche S. Pancrazio an. Erst als i. J. 1578 Arbeiter, die in der Vigna eines gewissen Bartolomeo Sanchez zwei Miglien nordöstlich von der Stadt an der Via Salaria nach Pozzolanerde gruben, eine Grabkammer aufdeckten, wurde das Interesse wiederum geweckt und eine erfolgreiche Forschung auf dem unbekannt gewordenen Gebiete eingeleitet.[19]

Die früher beliebte Meinung, dass die Katakomben entweder in ihrer Gesammtzahl oder wenigstens bis auf einen verschwindend kleinen Bruchtheil alte aufgegebene heidnische Begräbnissstätten oder verlassene Sandgruben (*arenariae*) und Steinbrüche (*lapicidinae*), welche die Christen später in Besitz nahmen, gewesen seien, wurde, soweit sie die römischen Katakomben betraf, zuerst durch Marchi erschüttert und ist gegenwärtig durch die Brüder De Rossi als vollständig beseitigt anzusehen. Das Hauptargument bildet die Constructionsverschiedenheit, die zwischen den Sandgruben und Steinbrüchen einerseits und den christlichen Cömeterien andererseits obwaltet. Nur ausnahmsweise sind in Rom Arenarien zu Begräbnisszwecken herangezogen worden. In diesem Falle aber war eine ziemlich umständliche Nachhülfe durch künstliches Mauerwerk erforderlich. Ein instruktives Beispiel dafür bietet ein Theil von S. Priscilla (vgl. Fig. 6 S. 63). Hier sehen wir, um die Verwendung der Arenaria als Begräbnissstätte zu ermöglichen, zahlreiche Pfeiler eingesetzt, die Biegungen künstlich gekantet und die Wände mit Mauerwerk gefüttert.

Dagegen hat eine Annexion heidnischer Grabstätten durch die Christen in Rom, so viel bis jetzt bekannt, nicht stattgefunden. Wohl aber in Etrurien, in Unteritalien, auf Sicilien, mehrfach im Orient und in der Cyrenaica. Hierher gehören Cömeterien und Grabkammern in Chiusi, Prata, im Val d'Ispica, bei Palazzuolo, Massakhit u. a. m. Indess ist eine solche Besitzergreifung nur vereinzelt und erst in nachkonstantinischer Zeit erfolgt. Auch scheinen in diesen Fällen die Christen auf die von ihnen vorgefundene heidnische Anlage sich niemals beschränkt, sondern dieselbe zum Ausgangspunkt weiterer Ausgrabungen gemacht zu haben.[20]

---

[1] Ueber Val d'Ispica BELLERMANN a. a. O. S. 103 ff. Ich hatte im Januar 1878 Gelegenheit, diesen etwa eine Meile lange, zwischen Modica und Spaccaforno gelegene Gräberthal eingehend zu untersuchen. Die Grabformen bieten eine grosse Mannigfaltigkeit dar, von der einfachsten Nische, in welcher der Leichnam nur gekrümmt liegen konnte, bis zu zweistöckigen, aus mehreren Abtheilungen sich zusammensetzenden Räumen. In der Mehrzahl scheinen die Gräber den Urbewohnern der Insel anzugehören; in griechischer, römischer und christlicher Zeit sind weitere hinzugekommen. Das Thal diente offenbar als Nekropole einer oder mehrerer auf dem Plateau gelegener Städte. Die beliebte Meinung, dass die Kammern, oder wenigstens ein Theil derselben, ursprünglich Wohnräume eines hier ansässigen Volkes waren, ist irrig. Die meisten Räume weisen jetzt noch Gräber auf, und zwar sind dieselben nicht etwa erst nachträglich hergestellt, sondern die Anlage zielte von vornherein auf sie ab. Wo aber die Gräber fehlen, lässt sich leicht erkennen, dass sie in späterer christlicher oder schon vorchristlicher Zeit, als man zahlreiche dieser Kammern in Vorrathsräume und Wohnungen umwandelte, weggeschnitten wurden. Aehnliche Anlagen finden sich südwestlich von Palazzuolo (Akrae) im Thale der Pantalica. — Ueber Kyrene PACHO, *Voyage dans la Marmarique, la Cyrénaïque* u. s. w., Paris 1827; SMITH AND PORCHER, *History of the recent discoveries at Cyrene*, London 1864.

[2] Beispiele: in Etrurien (DENNIS a. a. O. Fig. 92; S. 278 [Vulci], 383 ff. (Caere); in Akrae (GABR. JUDICA, *Le antichità di Acre*, Messina 1819). Bei Syrakus findet sich in der Nähe der Kirche S. Lucia eine Mulde, die in uralten Zeiten als Latomie gedient haben mag; dieselbe enthält mehrere heidnische unterirdische Grabanlagen. Eine derselben misst 25 Schritt Breite und 18 Schritt Tiefe und möchte gegen

100 Leichen haben aufnehmen können. Eine zweite Grabkammer von ungefähr demselben Umfange schliesst sich unmittelbar an. Beide bieten die Eigenthümlichkeit, dass sie Loculi und Urnenkassetten gemischt haben, was sich übrigens auch sonst in Syrakus und ebenso in Etrurien beobachten lässt (vgl. m. *Archäol. Stud.* S. 141).

[3] Ich verdanke die folgende Uebersetzung der Güte des Herrn Professors Dr. Franz Delitzsch. Ueber jüdische Gräber: SEPP, *Jerusalem u. d. heil. Land*, Schaffh. 1863, I, S. 220 ff. u. s. ö.; TOBLER, *Topogr. v. Jerus.*, Brl. 1854, II, S. 227 ff.; SAULCY, *Voyage en Terre sainte*, Paris 1865, I, S. 111 f.; II, 108 ff., 110 f.; 229 f. u. s. ö. Ueber die jüdische Katakombe an der Via Appia GARRUCCI, *Cimitero degli antichi Ebrei scoperto in Vigna Randanini*, Roma 1862, mit Grundriss. Wenn RENAN (*Mission de Phénicie*, Paris 1864, S. 832) das Urtheil ausgesprochen hat: „L'idée primitive des peuples chanaéens (Hébreux et Phéniciens) fut que le tombeau devait être dans une caverne. Les cavernes furent d'abord naturelles, puis on les creusa artificiellement; même quand on appliqua aux tombeaux des règles architectoniques, on conserva l'idée qu'ils devaient être troglodytiques", so lässt sich dies wohl mit Recht von den phönikischen (vgl. pl. 15, 18, 30, 44, 62, 64 u. s. w.) Gräbern sagen, nicht aber von den jüdischen, soweit wenigstens unsere gegenwärtige Kenntniss derselben reicht.

[4] MARCHI, *Monum.* S. 20; SEPP a. a. O. S. 240; auch meine frühere Ansicht (*De christ. vett. reb. sepulcr.* S. 3). DE ROSSI (*Roma sott.* I S. 90) bestreitet zwar die Abhängigkeit der christlichen Katakomben von den jüdischen und lässt beide unbeeinflusst von einander entstanden sein, will aber (*Bull.* 1865, S. 38) in einer allerdings eigenthümlich gestalteten Grabkammer in S. Domitilla eine direkte Nachbildung des Grabes Christi erkennen. Indess abgesehen davon, dass wir über die Construction dieses letzteren nichts wissen, zeigt der in Frage stehende Raum nur in der Form des schachtartigen Einganges eine allgemeine Reminiscenz an altjüdische Gräber, woraus sich ein Schluss wie der obige nicht ziehen lässt. Ein ähnlich gebautes Cubiculum in S. Agnese bei ARMELLINI, *Cimitero di S. Agnese*, S. 87, tav. I. — Umgekehrt gründet GARRUCCI (*Cimitero degli ant. Ebr.*) die jüdischen Grabanlagen auf Nachahmung der christlichen, was durch das höhere Alter jener ausgeschlossen wird.

[5] *Annales de phil. chrét.* 1874 Août, S. 150 ff.; TOBLER, *Golgatha*, S. 291; *Topographie v. Jerusalem*, S. 227. Hierher dürften auch die in Centralsyrien vorhandenen christlichen Grabanlagen zu zählen sein (VOGÜÉ, *La Syrie centrale. Architecture*. Paris 1865 ff. pl. 85, 88, 89 u. s. w.).

[6] Vgl. die vorhergehende Anmerkung; ferner DE ROSSI, R. S. I, S. 80; SPANO *Bull. archeol. Sardo*, t. II, S. 146 ff.; VOGÜÉ a. a. O. pl. 78, 86, 96; PACHO, *Voyage dans la Marmarique, la Cyrénaïque* u. s. w., Paris 1827, pl. XIII. Gräber in Val d'Ispica und in Prata bei Avellino, Ancona (*Bull.* 1879, S. 128 ff.), Fünfkirchen in Ungarn (ebend. 1874, S. 150 ff.), Reims (ebend. 1874, S. 150), Athen, Ephesus, Seleucia, Derr (Nubien) u. s. m. — Massakhit: PACHO, pl. XIII, S. 368 ff.

[7] Zuerst bezeichnen TERTULLIAN (*De anima* c. 41; *Apol.* c. 37) und der Verfasser der Philosophumena (IX, 11) die christliche Grabstätte als *coemeterium* bezw. κοιμητήριον. Ferner CYPRIAN (epist. LXXX): „*Xistum autem in cimiterio animadversum sciatis* u. s. w. und ein Edikt Valerian's (EUSEB. *h. eccl.* VII, 11): οὐδαμῶς δ'ἔξεστιν οὔτε ὑμῖν οὔτε ἄλλοις ἢ συνόδους ποιεῖσθαι ἢ εἰς τὰ καλούμενα κοιμητήρια εἰσιέναι. Auch EUSEB. IX, 2 in einem Edikte des Maximinus und Concil. Illib. c. 34, 35. Zu Grunde liegt die beliebte Bezeichnung des Sterbens als κοιμᾶσθαι. So schon im N. T. Matth. 27, 59; Joh. 11, 11; 1. Kor. 7, 39; 15, 18; 2. Petri 3, 4 u. sonst. Aber auch eine heidnische Inschrift (MURATORI, *Thes.* III, S. 1732 n. 12): „*In monumento meo, quo dormiendum et permanendum est.*" Vgl. auch Virg. Aen. I, 253: *placida*

compositus pace quiescit und C. J. L. III, 1 n. 4458; 576. Ob die Gemeinde das Wort κοιμητήριον schon bei den hellenistischen Juden mit sepulcraler Bedeutung vorfand oder diese erst selbst dem jüdischen Sprachgebrauche übergab, lässt sich nicht mehr erkennen. Doch ist letzteres wahrscheinlicher, da in der jüdischen Epigraphik κοιμητήριον nur ganz vereinzelt mit jenem Inhalte sich findet. Vgl. DE ROSSI, R. S. t. III, S. 428. Κοιμητήριον ist im Allgemeinen Bezeichnung für den Friedhof als Ganzen. Ausnahmsweise und vorwiegend im Orient wird das Wort, wie im jüdischhellenistischem Sprachgebrauche, auf eine einzelne Grabkammer angewendet, z. B. C. J. Gr. IV n. 9305: ΚΟΙΜΗΤΗ|ΡΙΟΝ CY | ΛΟΞΙΑΣ; ebenso n. 9228, 9304, 9313 ff. Es steht hier also parallel mit τόπος, σωματοθήκη, θήκη, und anderen Bezeichnungen für das Einzelgrab. Beispiele aus dem Abendlande: GORI, *Inscript. Etrusc.* III, S. 306, LE BLANT, *Inscript. chrét. de la Gaule* II, S. 460, RENIER, *Inscript. de l'Algérie* n. 2031 (christlich?), ARINGHI, *R. Subt.* I, S. 5. In späterer Zeit wurde die Bezeichnung *coemeteria* auch auf die über den Katakomben errichteten Basiliken übertragen (DE ROSSI, R. S. I, S. 86). Neben *coemeterium* werden bei TERTULLIAN (*Ad Scapul.* c. 3) die christlichen Friedhöfe *areae sepulturarum nostrarum* genannt. Auch sonst begegnet man in der nordafrikanischen Kirche dieser Bezeichnung. (*Bull.* 1864, S. 60 ff.; 1873, S. 80 ff.). Dieselbe entbehrt der religiösen Bedeutung und findet sich auch im Heidenthume. Ohne Grund glaubt man mit *areae* vorzugsweise oberirdische Grabstätten bezeichnet (DE ROSSI a. a. O.). Die Etymologie des Wortes *catacumbae* ist noch dunkel. Es wird abgeleitet:

a) Von *cata* (κατά) und *cumba* (letzteren als aus *cubare* entstanden gefasst), also *catacumba* = *cata cumbas*, *cata accubitoria*, *ad coemeteria*. So neuerdings DE ROSSI, R. S. III, S. 428. Diese Ableitung lässt es unerklärlich erscheinen, dass gerade S. Sebastiano eine solche generelle Bezeichnung absorbirte. Auch sind die altchristlichen Grabstätten *coemeteria* und nicht *ad coemeteria*. Endlich ist *cubare* als Wurzelwort von *cumba* nicht zu erweisen. Wo man von *cubare* ableitete, bildet man *accubitorium* (so auf einer nordafrikanischen Inschrift, RENIER n. 4026) oder *cubile* (DE ROSSI, R. S. III S. 194).

b) Von *cymba* = κύμβη, „Kahn, Schiff". So die anonyme *Historia translationis S. Sebastiani* c. 6: „*miliario tertio ab Urbe loco, qui ob stationem narium Catacumbas dicebatur.*" Aber nicht nur gab es dort keine Schiffsstationen, sondern die Gegend liegt von dem Tiberemporium und überhaupt vom Tiberufer weit ab.

c) Von *cata* und *tumbae*, *cata tumbas* (catacumbas) = *ad coemeteria*. Auch dieser Etymologie steht, abgesehen von der Unwahrscheinlichkeit einer Umwandlung des t in c, entgegen, dass *catacumbae* Bezeichnung für dieses Cömeterium selbst ist, also nicht = *ad coemeteria* sein kann.

d) Von einem Wirthshausnamen *ad cumbas* (v. κύμβος; = „Becher") nach Analogie von *ad tres tabernas*, *ad stabulum ollarum* u. s. So DE WAAL (vgl. KRAUS, R. S. S. 120 Anm. 1). Doch ist nicht anzunehmen, dass ein Wirthshausschild der ganzen Gegend den Namen gegeben.

e) Von *cata* (κατά) und *cumba*, letzteren als latinisirtes κύμβη, κύμβη, „Schlucht, Höhlung" Bezeichnung für die Galerien der Katakomben. So DUCANGE (*Lex. med. lat.* s. v. *Catacumbas*). Aber die lateinische Bezeichnung für unterirdische Höhlen und auch für die altchristlichen Begräbnisstätten ist *cryptae*.

Da das Cömeterium S. Sebastiano erst im vierten Jahrhundert entstanden ist, aber schon zu derselben Zeit der in der Nähe gelegene Cirkus des Maxentius näher bezeichnet wird als *circus in catecumbas*, so ist mehr als wahrscheinlich, dass der Name *catacumbas* älter ist als das genannte Cömeterium, genauer, dass derselbe schon vorher der Gegend an der Via Appia zwischen S. Sebastiano und dem Caecilia Metella-Denkmal eignete und von daher erst auf S. Sebastiano übertragen wurde und später daran haften blieb. Da nun bei S. Sebastiano die Strasse sich bedeutend senkt, so liegt es nahe, die Bezeichnung *catacumbas* aus jener topographischen Thatsache zu erklären und *cumba* als latinisirtes κύμβη, „Schlucht, Abhang" zu fassen, also *coemeterium ad catacumbas* = Cömeterium bei den Katakomben, d. h. bei der Schlucht. Auf Inschriften findet sich das Wort nur einmal, nämlich auf einem aus S. Sebastiano stammenden, jetzt in Mailand befindlichen Titulus (ORELLI n. 4574) folgenden Inhalts:

```
EGO EVSEBIVS ANTIOCENO
S AN PLM LXX COMPARAVI E
GO SS VIVVS IN CATACVMBAS A
LVMENAREM A FOSSORE OA
APATO STANEES AMICV
S D III IDVS SEPT ☧
```

Ego Eusebius Antiochenus plus minus annis LXX comparavi ego supra scriptus (?) vivus [locum] in Catacumbas ad luminare a fossore . . . [die beiden folgenden Namen dunkel] *amicus depositus* u. s. w.

Generalisirt tritt der Name zuerst entgegen im *Chronicon Episcoporum S. Neapolitanae Ecclesiae* des im 9. Jahrhundert lebenden JOHANNES DIACONUS (MURATORI, *Rer. Ital. Script.* T. I, p. II) z. B. in S. Fortunato: *Collocarunt in ecclesia Stephania ad partem dextram introeuntium sursum, ubi est oratorium, in capite Catacumbae.*

* Ein vollständigeres Verzeichniss der römischen und ausserrömischen Cömeterien bei KRAUS, R. S. S. 516—550; 553—557; 600—613. Von den römischen Katakomben hat de Rossi auf Grund der literarischen Quellen und nach Massgabe älterer und neuerer Forschungen folgendes, in der R. S. Bd. I, S. 207 mitgetheiltes Verzeichniss aufgestellt:

Strassen.	Grössere Cömeterien.	Kleinere Cömeterien und isolirte Grabstätten.	Cömeterien aus konstantinischer und nachkonstantin. Zeit.
Appia.	Callisti. Praetextati. Ad Catacumbas.		
Ardeatina.	Domitillae. Basilei.		Balbinae s. S. Marci.
Ostiensis.	Commodillae.	Sepulcr. Pauli Apostoli-Coem. Timothei in Porto Theonis-Ecclesia S. Theclae-Ecclesia S. Zenonis.	
Portuensis.	Pontiani ad Ursum pileatum.		Julii (fortasse idem cum sequenti) — S. Felicis.
Aurelia.	S. Pancratii. Lucinae. Calepodii.		S. Felicis via Aurelia.

Strassen.	Grössere Cömeterien.	Kleinere Cömeterien und isolirte Grabstätten.	Cömeterien aus konstantinischer und nachkonstantin. Zeit.
Cornelia.		Memoria Petri et sepulturae episcoporum in Vaticano.	
Flaminia.	Valentini.		
Clivus Cucumeris.	Ad septem columbas.		
Salaria vetus.	Basillae. S. Pamphili.		
Salaria nova.	Maximi. Thrasonis. Jordanorum. Priscillae.		S. Hilariae-S. S. Chrysanti et Dariae-Novellae.

An einigen Stellen bedarf dieses Verzeichniss der Richtigstellung. So sind die Angaben über die Begräbnissstätte der Apostel Paulus und Petrus zu streichen bezw. in die letzte Colunne zu rücken. Bei mehreren Cömeterien ferner, wie S. Valentino, S. Sebastiano, wird der vorkonstantinische Ursprung angenommen, ohne dass sich die Berechtigung dazu erweisen lässt. Man wird in den meisten Fällen erst dann eine genauere chronologische Fixirung wagen dürfen, sobald die in Frage kommenden Cömeterien vollständig ausgegraben sind. Die kirchliche Tradition über den Ursprung und die Gründer der einzelnen Cömeterien wird gegenwärtig mit allzu geringer Vorsicht verwerthet.

⁸ Darüber m. Dissertation *De christianorum vett. reb. sepulcr.*, S. 5 ff. Ueber den Excess in Karthago TERTULL., *Ad Scap.* c. 3 (vgl. *Apolog.* c. 37). Die Thatsache, dass einzelne Gänge verschüttet und in S. Callisto eine Treppe abgebrochen gefunden wurde, ist nicht als Vorsichtsmassregel der Christen zu beurtheilen (KRAUS, R. S., S. 398 nach DE ROSSI), sondern erklärt sich aus dem allmählichen Verfall der Katakomben in nachkonstantinischer Zeit.

¹⁰ C. I. L. V, n. 182.

¹¹ RENIER a. a. O. n. 4025:

```
AREAM AT SEPVLCRA CVLTOR VERBI CONTVLIT
ET CELLAM STRVXIT SVIS CVNCTIS SVMPTIBVS
ECLESIAE SANCTAE HANC RELIQVIT MEMORIAM
SALVETE FRATRES PVRO CORDE ET SIMPLICI
EVELPIVS VOS SATOS SANCTO SPIRITV
ECLESIA FRATRVM HVNC RESTITVIT TITVLVM M·A·I·SEVERIANI C·V·
                    EX ING·ASTERI
```
Z. 1: *ad*.

Die andere Inschrift DE ROSSI, R. S. I S. 109. Auch ein vor der Porta Pia gefundener Titulus (*Bull. di archeol. crist.* 1865, S. 54), dessen Christlichkeit indess mir nicht gesichert scheint:

MONVMENTVM VALERI M | ERCVRI ET IVLITTES IVLIAN | ET QVINTILIES VERECVNDES LI | BERTIS LIBERTABVSQVE POSTE | RISQVE EORVM AT (= *ad*) RELIGIONE | M PERTINENTES MEAM HOC A | MPLIVS IN CIRCVITVM CIRCA | MONVMENTVM LATI LONGI | PER PEDES BINOS QVOD PERTIN | ET AT IPSVM MONVMENT(um).

[12] Ueber die Verwaltung der Cömeterien ausführlicher m. Dissertation S. 15 ff.

[13] Im capit. Museum (MARINI, *Arvali* II, S. 695, aber nicht genau); z. vgl. auch die Inschriften: HERCLANIVS ET CLAVDIA | SE VIVVS (vivis) EMERVNT A | AVRENTINO FOSSORE (Lateranmus. X, 32) — SERBVLVS EMIT BISOMV A LEONTIV FOSSORE (ebend. 24). — Ferner, C. J. G. IV, n. 9450, 9510, 9534, 9301 u. a. ö.

[14] Dahin weist, wie zuerst DE ROSSI (R. S. III, S. 545) richtig erkannt hat, die Inschrift (MAI, *Script. vett. nova coll.* V, S. 409, 6): LOCVM VICENTI | QVEM CVMPARA | VIT CVM SVIS SI QVI(s) VOLVERIT REQVI | RERE VENIAT IN CLE(meterium, d. h. *coemeterium*) . . . . . (Der Rest fehlt.) Hinsichtlich der Formulirung solcher Verträge wird man sich nach den durch antike Inschriften gebotenen Beispielen orientiren dürfen, wie: . . . *quot mihi, Licinnio Timotheo, tu, Statia Irene i(us) l(iberorum) h(abens) monumentum s(upra) s(cripti) scelertii n(ummo) (traditur) mancipio dedisti, de ea re dolum abesse afuturumque esse, a te, hercule tuo et ab his omnibus, ad quos ea res pertinebit, haec sic recte dari fieri praestarique stipulatus est Licinius Timotheus, spopondit Statia Irene i(us) l(iberorum) h(abens). Actum pr. Kal. Aug. Impp. dd. nn. (= Imperatoribus dominis nostris). Gallo Aug(usto) II et Volusiano Aug. coss (= consulibus). Iisdem coss. eadem die Statia Irene i(us) l(iberorum) h(abens) donationi monumenti s(upra) s(cripti) sic, ut supra scriptum est, consensi, subscripsi . . . . et assignavi*. Actum (Rom, GRUTER 1081, 1) vgl. WILMANNS, *Exempla Inscript. latt.* I, n. 311 ff.

[15] TERTULLIAN, *Apol.* c. 39: *Modicam unusquisque stipem menstrua die vel cum velit et si modo velit et si modo possit, adponit . . . . Haec quasi deposita pietatis sunt. Nam inde non epulis nec potaculis nec ingratiis dispensatur, sed egenis alendis humandisque*. Näheres in m. Dissert. S. 23 ff.

[16] MARANGONI, *Delle cose gentilesche e profane* u. s. w., Roma 1744, S. 461.

[17] Die Grabstätte liegt an der Ostseite der Via Appia, in kurzer Entfernung südlich von der Kirche *Domine quo vadis*. Die drei fraglichen Arkosolien sind inmitten anderer Gräber in die Seitenwände der Galerie eingeschnitten und bieten keinerlei constructive Besonderheit. Die eine Seitenwand trägt ein Arkosolium (im Folgenden mit I bezeichnet), die andere zwei (II, III). Arkosolium I hat sämmtliche Innenwände bemalt. Die einzelnen Darstellungen sind: a) links unten auf der inneren Seitenwand mit der Ueberschrift ABREPTIO · VIBIES · ET · DISCENSIO Raub der Vibia, welche der auf einer Quadriga dahinfahrende Pluto in seinen Armen als Todte hält. Das Haupt des Gottes ist mit einem Lorbeerkranze bedeckt; sein Purpurmantel flattert im Winde. Die Geraubte trägt ein weisses Gewand. Sie erscheint leblos. Ihre Arme hängen wie abgestorben herab, ihr Haar ist aufgelöst. Dem Wagen voran schreitet Hermes in seiner Eigenschaft als Psychopompos, in der Hand den Caduceus haltend. b) Auf dem Scheitel der Innenwand Todtengericht über Vibia. Auf einem Tribunal sitzen der göttliche Richter DISPATER und neben ihm Proserpina, mit dem räthselhaften Namen ABRACVRA (oder AERECVRA? vgl. RENIER, *Mélanges épigr.*, Par. 1852, S. 80 ff.) bezeichnet. Mit ernstem Antlitze blicken sie nach links, wo in ruhiger Haltung drei weibliche (die mittlere männlich?) Figuren stehen, nach der Ueberschrift die FATA DIVINA. Von der andern Seite nahen sich hintereinander schreitend, zwei Frauen, die vordere VIBIA, die andere ALCESTIS. Ihnen geht voran Mercur,

hier näher bezeichnet MERCVRIVS NVNTIVS. — c) Auf der Rückwand des Arkosoliums zwei ineinander geschobene, chronologisch an die eben beschriebene anschliessende Darstellungen. Links tritt von einem Jünglinge geleitet, der in der Linken einen Kranz trägt und ANGELVS BONVS genannt wird, Vibia durch ein Thor ein, an welchem man geschrieben liest INDVCTIO VIBIES. Rechts eine grössere Gastmahlsscene. An einer Kline sitzen drei männliche und drei weibliche Personen in lebhafter Bewegung. Den eben erwähnten Kranz hält einer der Mahlesgenossen und scheint im Begriff zu sein, denselben der neben ihm sitzenden Jungfrau, welche die Inschrift VIBIA nennt, zu reichen. Weiterhin liest man über den Köpfen der dargestellten Personen BONORVM IVDICIO IVDICATI. Vor der Kline stehen zwei Schüsseln; auf einer liegt ein Fisch; eine dritte bringt von links ein Diener herbei. Zwei andere Diener sind im Vordergrunde mit Blumenpflücken beschäftigt. Rechts steht eine grosse (Wein-?) Amphora. Ausserhalb der Scene und der sie einschliessenden farbigen Umrahmung sind oben die leider nicht mehr vollständig erhaltenen Worte angeschrieben (die Ergänzungen nach GARRUCCI): VINCENTI · HOC O(lim fre)QVE(in)TES · QVOT VIDES· PLVRES ME · ANTECESSERVNT · OMNES · EXPECTO ! MANDVCA · VIBE ·LVDE· E(t) BENI AT ME · CVM VIBES · BENE FAC · HOC · TECVM FERES | NVMINIS · ANTISTES · SABAZIS · VINCENTIVS · HIC (est q)VI SACRA · SANCTA · | DEVM · MENTE PIA · CO(lui)T ·. — d) Rechts unten auf der inneren Seitenwand, a gegenüber, ein von sieben Männern (SEPTE · PII · SACERDOTES), darunter eine inschriftlich VINCENTIVS genannte Person, gefeiertes Mahl. Auf dem Tische vier Schüsseln mit Speisen, nämlich einem Krebs, einem Hasen, einem Kuchen (Pastete?) und einem Fische. Daneben Brode. Unter den Männern, von denen drei in der Linken einen Becher, ein vierter ein Brod hält, tragen drei das Haupt mit purpurnem, hohem Pileus bedeckt.

Wie schon oben bemerkt, bieten diese Gemälde nichts, was die Annahme eines christlichen Ursprunges von vornherein ausschlösse. Die Gastmahlsdarstellungen finden sich fast in derselben Anordnung häufig in der Kunst der Kirche; die Einführung der Vibia (c) zu dem Mahle der Seligen durch den angelus bonus scheint in absichtlichem Gegensatze zu der heidnischen Auffassung zu stehen, welche den Hermes als Todtenführer dachte, und wird, was bisher übersehen ist, vortrefflich illustrirt durch die einer allerdings etwas späteren Zeit angehörenden Worte der fälschlich unter dem Namen Justins gehenden Schrift Quaest. et Resp. ad Orthod. n. LXXV: Ἄγγελοι (scl. ψυχαὶ) γὰρ ὑπὸ τῶν ἀγγέλων εἰς ἀξίους αὑτοῖν τόπους· οἱ μὲν τῶν δικαίων ψυχαὶ εἰς τὸν παράδεισον u. s. w. Die Einkleidung des Hinscheidens der Vibia in die mythologische Scene des Raubes der Persephone ist ein weiteres und allerdings auch weitergehendes Analogon zu den in den christlichen Bilderkreis eingetretenen Darstellungen von Meergottheiten, bacchischen Figuren, dem an den Sirenen vorbeifahrenden Odysseus u. ä. Zudem war der Vergleich des Sterbens weiblicher Personen mit dem Geschicke der Persephone sehr populär, wie aus zahlreichen Grabinschriften hervorgeht. (Vgl. GARRUCCI, in den Mél. d'Archéologie IV, S. 20 ff.). Von einer Anschauung, wie die in dieser ebenfalls römischen christlichen Inschrift (PERRET, Catac. V, pl. 27) ausgesprochenen:

HIC IACET INFELIX PROPRIO CICERCVLA NOMEN
INNOCENS QVI VIX SEMPER IN PACE QVIESCAT
QVI CVM BIS BINOS NATVRA VT CONPLIRET ANNOS
ABSTVLIT ATRA DIES ET FVNERE MERSIT ACERBO

(vgl. Virg. Aen. VI. 429; XI. 28) bis zu jener Darstellung der *abreptio Vibies* ist nur ein Schritt. Was weiterhin die *dissensio* anbetrifft, so genügt es, auf die christlichen Epitaphien hinzuweisen, in welchen gleicherweise von Hades und Tartarus wie von den elysäischen Gefilden die Rede ist. (LE BLANT, *Inscriptions chrét. de la Gaule*, n. 293, 421, 486). Was dem Worte gestattet war, konnte im Allgemeinen der Malerei nicht verwehrt sein.

Die Scene b, an sich gewiss auffällig, erklärt sich hier leicht als Fortführung des in a aufgenommenen Bildes, während c sich dem christlichen Cyklus ohne Schwierigkeit einfügt. Nur die Inschrift BONORVM IVDICIO IVDICATI setzt den mythologischen Faden fort, insofern unter den *boni* ohne Zweifel Pluton und Persephone verstanden sind. Die Scene d endlich lässt sich an sich recht wohl in die Reihe der christlichen Gastmahldarstellungen einfügen; indess die Ueberschrift SEPTE(m) · PII · SACERDOTES vermag ich nicht zu erklären. Doch fügt sich dieselbe leichter der christlichen denn der heidnischen Sphäre ein.

Endlich die Worte der unter c gegebenen längeren Inschrift, die als Anrede des todten Vincentius an die Vorübergehenden zu fassen sind, wiederholen Ausdrücke heidnischer Inschriften, weisen aber, wie aus *cum vibes, benefac, hoc tecum feres* ersichtlich, bestimmter auf Ecclesiast. XI, 9. Freilich würden in grellem Widerspruch dazu die Worte stehen NVMINIS · ANTISTES · SABAZIS und die vorgetragene Erklärung bedeutend modificiren, wenn dieselben wirklich mit GARRUCCI zu lesen wären: *antistes numinis Sabazii*. SABAZIS = *Sabazii* zu erklären, erscheint aber gewagt; die von GARRUCCI angerufene Analogie VIBIES = *Vibiae* ist anderer Art. Gegen die Verbindung von SABAZIS mit NVMINIS spricht ausserdem das eingeschobene ANTISTES. Aus diesen beiden Gründen scheint mir SABAZIS = *Sabazius, Sabbatius* gefasst und mit *Vincentius* als nomen proprium verbunden werden zu müssen. Der Name *Sabbatius (Sabbatia)* und sogar in der Form CABATIC (BOSIO, S. 563) begegnet auch sonst auf altchristlichen Inschriften (z. B. *Bull. di archeol. christ.* 1864, S. 12; vgl. auch das nomen proprium CABBATIC auf einer jüdischen Inschrift C. J. G. IV, n. 9910). Zu der Endung is für ius z. vgl. RITSCHL, *De declinatione quad. lat. recondit. quaestio epigr.*, Bonn 1861 und MOMMSEN, *C. J. L.* I, 210. Ein Analogon ΛΟΥΚΙC st. Λούκιος unter den Epitaphien der Papstkrypte in S. Callisto. Die Einsicht in die Bedeutung des *numinis antistes* ist von dem Verständniss der Inschrift von d abhängig.

Das in die gegenüberliegende Wand eingeschnittene Arkosolium hat folgende Darstellungen: a) Auf der linken Innenwand unten ein sitzender Krieger in voller Rüstung. Ihm gegenüber ein bärtiger Mann, der in der emporgehobenen Rechten ein geschlachtetes Lamm hält, neben welches ein Lorbeerzweig und fünf Sterne gezeichnet sind. b) An der Innenseite, gegenüber, derselbe Krieger knieend und nach einer gleichfalls knieenden weiblichen Gestalt blickend, die einen Blätterkranz trägt und den linken Vorderarm erhebt. c) Im Scheitel des Arkosoliums eine dem Beschauer den Rücken zuwendende Venus, die völlig unbekleidet ist und mit beiden Händen einen goldenen Schleier vor sich hält. Ringsum sind dekorativ geordnet zwei Delphine, zwei Pfauen, ein Papagei, eine Schlange und das Haupt des Oceanus. d) Die Hinterwand des Arkosoliums zeigt zwei Genien, die einen Zweig tragen. e) An der Aussenwand steht rechts und links eine gross ausgeführte männliche Figur, die eine in militärischer, die andere in bürgerlicher Kleidung. Die Personen sind mit den in a abgebildeten identisch.

Es muss darauf verzichtet werden, die Darstellungen, welche sich auf uns unbekannte Episoden im Leben des hier Bestatteten zu beziehen scheinen, zu deuten. Es fehlen dazu die Anhaltspunkte. GARRUCCI sieht in den Gemälden die Weihe eines Mithrasgläubigen zum Range eines *miles* abgebildet; doch sind seine Darlegungen weit entfernt, das räthselhafte Dunkel dieser Scenen zu lichten. Das dritte Arkosolium entbehrt vollständig der Malereien. Wir lesen dort nur die fragmentarische und in ihrem Zusammenhange nicht verständliche Inschrift:

```
          D                                              ·M
    M · AVR                      S · D · S · I · M ·
 QVI BASVA ·  ·OLVPTATEM ·  IOCVM ALVMNIS ·!SVIS · DEDIT ·
    VT LOCV                              EETNATIS SVIS ·
                                EN LOCVS · CARI CL ·
                                SŌ PROLES (palma)
```

V. 2 löst GARRUCCI die Worte S·D·S·I·M· auf in *Sacerdos Dei Solis invicti Mithrae*, aber durchaus willkürlich. Es muss dahingestellt bleiben, was die Worte nach der Intention des Schreibenden besagen. V. 3 liest DE ROSSI, statt des GARRUCCI'schen QVIBASVA, CVIBASVA. Sowohl dieses wie jenes Wort ist dunkel.

Den christlichen Ursprung der aufgeführten Malereien und Inschriften mit Bestimmtheit zu behaupten, liegt keine Berechtigung vor. Die Monumente treten zu sehr aus dem christlichen Cyklus heraus. Noch grössere Schwierigkeiten freilich, wie aus einer Nachprüfung der Argumentation GARRUCCI's zu ersehen ist, stehen der Meinung entgegen, dass die vorliegende Grabstätte den Anhängern einer jener orientalischen heidnischen Mischculte angehöre, von denen Rom damals überschwemmt wurde. Es bleibt unerklärlich, wie sie als solche sich in ununterbrochener Communication mit einem christlichen Cömeterium habe erhalten können. Es ist öfters beobachtet worden (MARCHI, *Mon.* S. 61), dass die Christen, wenn sie in der Aushöhlung ihrer Galerien zufällig auf eine heidnische Grabanlage stiessen, mit einer Mauer von dieser sich abschlossen. Das ist hier nicht nur nicht geschehen, sondern die drei Arkosolien sind im Innern des Cömeteriums durchaus behalten worden. Daher bleibt es immerhin wahrscheinlicher, dass die Gräber Christen angehörten, die zwar nicht Angehörige einer christlichen Secte waren — denn in diesem Falle hätte man ihnen jedenfalls den Gemeindefriedhof verschlossen — deren religiöse Erkenntniss aber durch Gedanken heidnischer Religion und Mythologie inficirt war. Vielleicht ist eine irgendwie begründete Rücksicht, die man auf die Besitzer dieser Gräber und ihrer Angehörigen zu nehmen hatte, die Ursache gewesen, dass die kirchliche Verwaltung nicht nur die Herstellung, sondern auch die Fortexistenz der Gemälde und Inschriften duldete.

Z. vgl. GARRUCCI, *Tre sepolcri con pitture ed iscrizioni appartenenti alle superstizioni pagane del Bacco Sabazio e del Pseudico Mitra*, Napoli 1852; ebend., *Les mystères du syncrétisme phrygien dans les catac. rom. de Prétext.* (in d. *Mélanges d'Archéologie*, Paris 1855, IV, S. 1—541; DE ROSSI im *Bull. di corrisp. archeol.*, 1853, S. 87—91. Vgl. auch FR. LENORMANT in d. *Mélanges d'Archéol.* a. a. O. S. 129—132 und CH. LENORMANT ebend. S. 139—142 (Erwiderung GARRUCCI's S. 143 f.); ARMELLINI, *Le catacombe Romane*, Roma 1880, S. 421—427 (mit Anschluss an GARRUCCI).

[19] DE ROSSI, *Bull. di archeol. crist.* 1864, S. 51; *Osservando, che il Cresimo rescoro venuto da Cipro, il cui epitaffio è in greco, sembra essere succeduto Primigenio, il cui epitaffio è latino, sospetto, che costoro non sieno stranieri morti per caso in Roma ed esuli accolti dalla generosa ospitalità della chiesa romana, ma rescori di setta eretica.* Der Grund ist nicht durchschlagend. Dasselbe gilt von einer römischen griechischen Inschrift (C. J. G. IV n. 9595a), welche auf Grund der Worte ΛΟΥΤ ΡΟΙΣ ΝΓΓΙΟΑΜΕΝΗ ΝΥ | ΗΥΡΟΗ ΑΦΘΟΝΟΗ (= ἄφθιτον) ΑΠΗΟΗ von DE ROSSI (*Bull.* 1869, S. 80 f.; vgl. *Civiltà catt.* 1858, S. 357) als gnostisches Monument

in Anspruch genommen wird, wozu nicht der geringste Anhaltspunkt gegeben ist. Dagegen dürfte eine neuerdings wieder von PERROT (*Exploration archéol. de la Galatie et de la Bithynie*, Paris 1872, t. I S. 362) reproducirte Inschrift aus Ankyra, in welcher das Wort ἑρμιουργός sich findet, gnostischen Ursprunges sein.

¹⁹ Zuerst bemühte sich Damasus († 384) um Conservirung der römischen Katakomben. Seine Restaurationsarbeiten lassen sich zum Theil heute noch nachweisen, ebenso sind noch einige der von ihm gesetzten Inschriften erhalten. Unter seinen Nachfolgern zeigten sich in derselben Richtung vornehmlich thätig: Symmachus, Vigilius, Johann III. († 573), von welchem letzteren der Liber Pontificalis berichtet: *hic restauravit coemeteria s.s. martyrum et instituit, ut oblationes et ampullae vel luminaria per eadem coemeteria omni die dominico de Laterania ministrarentur.* Von Sergius I. († 701) erzählt dieselbe Quelle: *tempore presbyteratus sui impigre per coemeteria diversa missarum solemnia celebrabat.* Bald darnach führte Paul I. († 767), soweit bekannt, die ersten Translationen aus. Der Liber Pontif. darüber: *Hic beatissimus pontifex cum omnibus spiritualibus suis studiis magnam sollicitudinis curam erga sanctorum coemeteria indesinenter gerebat. Unde cernens plurima eorundem sanctorum coemeteriorum loca neglecta ac desidia, antiquitatis maxime demolitione, atque jam vicina ruinae posita, protinus eadem sanctorum corpora de ipsis dirutis abstulit cimiteriis. Quae cum hymnis et canticis spiritualibus infra hanc civitatem Romanam introducens alia eorum per titulos et diaconias seu monasteria et reliquas ecclesias cum condecenti studuit recondi honore.* Hiernach scheinen die von Paul I. ausgeführten Translocationen ziemlich bedeutend gewesen zu sein, wie, nach derselben Quelle, die seiner Nachfolger Sergius II. († 847) und Leo IV. († 855). Z. vgl. PAULINUS, *Die Märtyrer der Katakomben und die röm. Praxis*, Lpz. 1871. Ueber die Wiederaufdeckung eines röm. Cömeteriums i. J. 1578 s. DE ROSSI, *R. S. I.* Die Grabstätte wurde bald darauf zerstört; der genauere Ort ist jetzt nicht mehr nachzuweisen. Ueber die Fructificirung der Katakomben in Beziehung auf Reliquien seit dem 17. Jahrhundert sind z. vgl. die ausführlichen und ohne Zweifel zuverlässigen Angaben BOLDETTI's, zu welchen ich nur als weiteres und, soweit ich sehe, bisher unbeachtetes Material folgende aus S. Maria della Sanità in Neapel gesammelte Altarinschriften, die sich auf die dort befindlichen Reliquien und ihre Herkunft beziehen, hinzufüge: *Eugenia, Virgo et Martyr ex via Appia, anno Dni MDCXVI* (Jahr der Translation) — *Sanctus Antherus, Papa, Martyr sub Julio Maximino Imperatore* — *Sanctus Vitus Martyr ex Coemeterio Calisti* — *Sanctus Hippolytus Martyr ex Coemeterio Calisti* — *Sancta Benedicta, Virgo et Martyr, ex via Salaria, anno Dni MDCXVI* — *Sancta Cyrilla, Virgo et Martyr, ex via Salaria, anno Dni MDCXVI* — *Sancta Venantia, Virgo et Martyr, ex coemeterio Lucinae, anno Dni MDCXVI* — *Sancta Messalina, Virgo et Martyr, ex via Appia, anno Dni MDCXVI* — *Sanctus Cyriacus Martyr, ex via Appia, anno Dni MDCXVI* — *Sanctus Fortunatus Martyr, ex via Salaria, anno Dni MDCXVI* — *Sanctus Liberatus Martyr, ex via Salaria, anno Dni MDCXVI* — *Sanctus Arthemius, Martyr, ex via Salaria, anno Dni MDCXVI* — *Sanctus Almachius Martyr, ex via Appia, anno Dni MDCXVI.*

Etwas später als in Rom scheint man in Neapel mit der Erhebung von Leichen aus den Katakomben begonnen zu haben. Die älteste Nachricht darüber findet sich im Chronicon des JOHANNES DIACONUS, *in Johann. IV.* (Mitte des neunten Jahrhunderts): „*Corpora quoque suorum praedecessorum de sepulcris, in quibus jacuerant, levavit et in ecclesia Stephania singillatim collocans, aptavit unicuique arcuatum tumulum ac desuper eorum effigies depinxit.*" Zudem handelt es sich hier nur um die Gräber der neapolitanischen Bischöfe, soweit man sie überhaupt noch constatiren konnte. Dass man sich hiermit aber in der Folge nicht begnügt hat, beweist die Thatsache, dass die neapolitanischen Katakomben in späterer Zeit als vollständig ausgeleert befunden worden sind. Das Beispiel Roms wird hier Nachahmung veranlasst haben. Doch vermochte ich nicht, über diese Translationen bestimmte Angaben aufzufinden.

[16] MARCHI, *Monumenti* S. 3 ff.; MICH. STEF. DE ROSSI, *R. S.* II. Anhang (vgl. deutsche *R. S.* S. 376 ff.). Ueber die ursprünglich heidnischen Anlagen in *Chiusi*, in *Val d'Ispica* BELLERMANN a. a. O. und *Christl. Kunstbl.* 1879, IV; in *Palazzuolo* und in *Prata* im Schlusstheile und GAHR. JUDICA, *Le antichità d'Acre*, Messina 1819; ROSS a. a. O. III S. 54 (Karpathos). Gegen die Annahme eines heidnischen Ursprunges der Katakomben von S. Gennaro in Neapel m. „*Katak. v. S. Genn.*" S. 59 ff.; ebenso hinsichtlich S. Giovanni in Syrakus m. „*Archäol. Stud.*" S. 137 ff.

Dritter Abschnitt.

Die Sepulcralriten.

Der in den altchristlichen Gemeinden übliche Ritus der Todtenbestattung deckt sich im Allgemeinen mit den in Griechenland und Rom fast gleichartigen Sepulcralformen des Alterthums.[1] Die Modifikationen, welche die Kirche vorzunehmen sich veranlasst fand, sind geringfügig.

Dem Todten schloss man alsbald nach seinem Hinscheiden die Augen und den Mund. Dann wurde der Leichnam gewaschen, gesalbt und in einfache weisse Gewänder oder kostbare, golddurchwirkte Stoffe gehüllt. Ungern sah die Kirche diese prächtige Ausstaffirung der Todten und liess durch ihre Organe dagegen arbeiten. Hieronymus nimmt sogar in einem seiner biographischen Romane Gelegenheit, durch die Hauptperson desselben für diese Anschauung Propaganda zu machen. Ein nennenswerther Erfolg scheint indess diesen Bemühungen nicht entsprochen zu haben.[2]

Daran schloss sich die Aufbahrung im Atrium, und zwar in der Weise, dass die Füsse nach der Eingangsthür gerichtet waren; die Arme lagen entweder am Körper ausgestreckt oder die Hände waren auf der Brust gefaltet. Schon vorher oder jetzt fand die Wehklage (*conclamatio*) statt, die im Orient einen Refrain hatte, in welchen die Anwesenden einstimmten. Versuche, die rituelle Klage zu modificiren oder gar zu beseitigen, sind wohl gemacht worden, haben aber keinen Erfolg gehabt.[3]

Um das Paradebett (*lectus*) standen Pfannen (*acerrae, turibula*), in denen Weihrauch verbrannt wurde, um den Leichengeruch zu ertödten. Es gab Christen, die von diesem Utilitätsmomente zu abstrahiren und in den aufsteigenden Wolken die Erhebung der Seele des Entschlafenen zu Gott symbolisirt zu finden vermochten.[4] Die grosse Masse hat daran nicht gedacht.

Das Lager des Todten und der Raum, in welchem dieses bereitet war, pflegten mit Blumen, aber auch mit Cypressen- und Tannenzweigen geschmückt zu werden. Dagegen verschmähte man die antike Sitte der

Todtenbekränzung. Der Grund ist nicht klar. Ein altchristlicher Apologet weiss auf einen dahin zielenden Vorwurf nur zu antworten: „Ist der Todte glücklich, so trägt er kein Verlangen nach Blumen; ist er unglücklich, so hat er keine Freude daran. Wir setzen keinen welkenden Kranz auf, sondern erharren einen Kranz ewig blühender Blumen von Gottes Hand."[5] Diese Thatsache erscheint um so auffälliger, da in der Kirche Werth darauf gelegt wurde, dem Tode und dem Todten das Düstere und Grauenvolle zu nehmen.

Schon bei dieser häuslichen privaten Todtenfeier scheint die Kirche betheiligt gewesen zu sein. Es geht dies aus einer Mittheilung Tertullians hervor, wonach eine Christin, die schon aufgebahrt lag, während des Gebetes des Presbyters plötzlich die Hände faltete.[6] Doch folgt daraus noch nicht, dass die Anwesenheit eines Presbyters Regel gewesen.

Das Begräbniss fand bei Tage statt. Der Kaiser Julian versuchte, die ältere Sitte des nächtlichen Begräbnisses wieder einzuführen. „Der Tod ist Ruhe," so äusserte er sich in einem darauf bezüglichen Edikte[1]); „für Ruhe aber eignet sich die Nacht. Daher geziemt es sich, meine ich, in ihr die Bestattung der Todten vorzunehmen, da diese bei Tage zu verrichten, aus vielen Gründen unthunlich erscheint. Denn in der Stadt treibt (während des Tages) der Eine dieses, der Andere jenes Geschäft, Alles ist voll von Menschen, die zu Gerichte gehen oder auf den Markt oder vom Markte zurückkehren, oder bei der Arbeit sitzen oder zum Opfer sich begeben: da legen irgendwelche Leute einen Todten auf die Bahre und drängen sich mitten durch die so Beschäftigten. Das ist auf keine Weise zu dulden." Diese Reaction gegen die allgemein verbreitete Sitte wurde mit dem Tode des Kaisers hinfällig.

Die Ausführung des Begräbnisses wurde im Alterthume an Genossenschaften, die sich zu diesem Zwecke constituirt hatten, wie die der Libitinarii in Rom, in Entreprise gegeben. In den Gemeinden wird man in den ersten drei Jahrhunderten bestimmte Personen, sehr wahrscheinlich aus dem Fossorencollegien, dazu delegirt haben. Später, nach der Christianisirung des Staates, kommt die antike Institution der Privatgenossenschaften wieder auf, und daneben tritt eine staatlich geschaffene und beaufsichtigte Societät.[7]

Den Leichenzug begleiteten Fackeln, eine Reminiscenz an die frühere nächtliche Beisetzung. Freunde, Verwandte und die Dienerschaft folgten dem Todten mit lauten Ausbrüchen des Schmerzes. Die masslose Klage und Aeusserung der Trauer, wie sie im Heidenthume üblich, ja durch die Sitte gefordert war, ist im vierten Jahrhundert auch in die Gemeinden

---

[1]) Cod. Theod. IX, 17, 5.

eingedrungen. In Konstantinopel sah man damals im Leichenconduct Frauen, die laut wehklagten, sich die Arme zerkratzten und die Haare ausrauften, „zum Theil aus Trauer", wie ein Beobachter bemerkt, „zum Theil aus Ostentation."*

In dem Cömeterium wurde die Leiche, so wie sie aufgebahrt war, in das Grab gelegt sammt den mancherlei Gegenständen des täglichen Lebens und Gebrauches, welche dem Todten in das „ewige Exil" (*exilium aeternum*) mitgegeben zu werden pflegten. Gewöhnlich goss man über die Leiche eine Kalkschicht, um die Verwesungsmiasmen zu zerstören, was für eine umfangreiche Grabanlage von Wichtigkeit war. Darauf wurde das Grab unter Zurufen der Versammelten wie *vale, in pace, feliciter*, εὐτύχει, εὐτυχῶς, εὐψύχει[1]) geschlossen. Es waren die letzten Abschiedsworte. Die schöne Sitte entstammt dem Heidenthume. Bereits bei Homer lesen wir, dass Achilleus dem auf dem Scheiterhaufen gebetteten Patroklos zurief: „Sei mir gegrüsst, o mein Patroklos!" Auch hier lässt sich nicht mit Sicherheit erkennen, ob die Kirche bei dem Vollzuge der Beerdigung officiell vertreten war. In der Regel wohl nicht. Die bezeugten Fälle scheinen Ausnahmen zu sein. Die Leichenrede (*laudatio funebris*) ist, wie im Heidenthume, so auch in der alten Kirche kein integrirender Bestandtheil der Bestattungsfeier gewesen[*]; sie blieb auf einzelne Fälle beschränkt. Wo sie aber stattfand, ist sie nicht in der engen Katakombengalerie, am Grabe, sondern in den geräumigen Vorsälen, den sog. *scholae*, oder in der Wohnung des Todten und später seit Konstantin auch in dem Kirchengebäude gehalten worden.

Mit der Bestattung und der daran anschliessenden Trauerzeit, über deren Dauer zwar nichts bekannt ist, die aber sehr wahrscheinlich, wie bei den Römern, eine neuntägige war, wurde der Lebende seiner Verpflichtungen dem Todten gegenüber noch nicht ledig.

Im heidnischen Alterthume traten zu dem vom 13. bis 20. Februar gefeierten öffentlichen Todtenfeste, den sog. *parentalia*, mit den *feralia* am 21. Februar als Abschluss, die ebenfalls Parentalia genannten privaten Sepulcralverrichtungen (*sacra privata*). Sie waren mannigfacher Art und wurden nicht überall in ihrer Vollzahl ausgeführt. Den Mittelpunkt bildeten die *rosaria* oder *rosalia*, das Rosenfest, welches im Mai oder Juni in der Weise gefeiert wurde, dass die Angehörigen auf dem mit Blumen geschmückten Grabe den Manen des Todten ein Trank- und Speiseopfer darbrachten und sich dann zu einem Mahl vereinten, bei welchem Rosen gestreut wurden. In ähnlicher Weise pflegte der Tag der Geburt, des Todes oder des Begräbnisses des Hingeschiedenen begangen zu werden.

[1] „Lebe wohl; im Frieden; glücklich; lebe glücklich, sei getrost!"

Auf antiken Epitaphien liest man häufig testamentarische Bestimmungen des Erblassers an die Erben, diese sepulcralen Verrichtungen betreffend. So heisst es in der Grabschrift eines Soldaten der zehnten Prätorianercohorte Namens Marcus Naevius, dass dieser „dem alten ehrwürdigen Collegium der Schiffsbauleute zu Pisa" viertausend Sestertien vermacht unter der Bedingung, dass jene „aus den Zinsen dieser Summe jährlich an seinem Grabe Parentalia und Rosaria feiern." „Wenn sie", fährt die Inschrift fort, „das nicht thuen, so fallen mit derselben Zweckbestimmung jene viertausend Sestertien an die Zimmerleute von Pisa, die dann Namens der Schiffsbauleute jene Feierlichkeiten auszuführen haben." In anderen Epitaphien werden zu diesem Zwecke höhere oder niedere Summen, je nach den Vermögensverhältnissen des Todten, ja sogar Grundstücke angewiesen, ein Beweis, wie hoch solche sepulcrale Ceremonien geschätzt wurden.[10]

Die Christen schlossen sich auch in diesen weiteren Akten möglichst an den antiken Brauch an. An Stelle der staatlichen Parentalia trat das kirchliche Todtenfest, dessen Einrichtung sich bis an das Ende des zweiten Jahrhunderts zurückverfolgen lässt. Es war ein im gemeindlichen Versammlungshause stattfindender gottesdienstlicher Akt, an welchen sich ein Besuch der Grabstätten schloss. Anstatt der im Heidenthume dem Todten dargebrachten Opfer, legten die Anverwandten des Verstorbenen vor dem Altar im Namen des Todten eine Gabe nieder, die aber die antike Bezeichnung „Opfer" (*oblatio, sacrificium*) behielt.[11] Später forderte die Kirche geradezu diese Opfer, welche sie der Armenverwaltung zuwies.[12]

Während des Gottesdienstes wurde im öffentlichen Gebete der Todten namentlich gedacht und die Märtyrer dabei besonders ausgezeichnet. Dass die Todestage dieser daneben einzeln noch besonders kirchlich gefeiert seien, scheint durch bestimmte Aeusserungen altkirchlicher Schriftsteller gefordert zu werden.[13] Doch stehen einer solchen Annahme praktische Bedenken entgegen. Gemeinden, wie Rom, Karthago und Alexandrien hatten doch mindestens je fünfhundert Märtyrer in ihren Diptychen verzeichnet. Wahrscheinlich hat man cumulirt.

Daneben begingen die Angehörigen der Todten an den Geburts-, Sterbe- oder Depositionstage die im Alterthume üblichen privaten Feierlichkeiten. Darunter sind der *dies violationis*, an welchem Veilchen gestreut wurden, und der *dies rosationis* ausdrücklich bezeugt:

Nos tecta fovebimus ossa
Violis et fronde frequenti
Titulumque et frigida saxa
Liquido spargemus odore.[1]

[1] Prudent., *Cath.* X, 169 ff.

Hieronymus[14] bezeichnet es als allgemeine Sitte, dass die Gatten auf das Grab ihrer Frauen Veilchen, Rosen, Lilien und andere Blumen streuen, und deutet den Zusammenhang dieses Brauches mit heidnischer Sepulcralfeier an. Damit verband sich eine Illumination der Grabstätte. Das Todtenmahl wurde in dem den Katakomben vorgelagerten oder in denselben ausgebauten grösseren Raume, an dessen Wände Sitze aufgemauert waren, hergerichtet.

Diese Formen erfahren im vierten Jahrhundert eine bedeutende Verschiebung nach der Seite der heidnischen sepulcralen Riten hin. Der Cultus der Manen bricht durch in der den todten Märtyrern an ihren Gräbern erwiesenen Verehrung. Auf und an diesen wird gegessen und getrunken und gelegentlich auch das Trankopfer (*profusio*) über den Todten ausgegossen. Ambrosius beurtheilt dies nachsichtig als „fast Parentalia" (*quasi parentalia*); im Grunde ist kein Unterschied vorhanden, und die Kirche wusste auf den Vorwurf eines manichäischen Gegners: „mit Wein und Mahlzeiten sucht ihr euch die Schatten der Todten günstig zu stimmen" nur zu erwidern, dass „bessere Christen" sich dergleichen nicht zu Schulden kommen liessen.[15] Es wird über Ausschreitungen geklagt. Ein Mann aus Nordafrika schrieb[16] im vierten Jahrhundert: „Die Trunksucht ist bei uns in Afrika so allgemein verbreitet, dass sie kaum noch als Laster betrachtet wird. Ja, wir müssen sogar sehen, dass an den Gräbern der Märtyrer Christen sich gegenseitig zur Trunkenheit verführen. Das ist nicht minder schlimm, als wenn man dem Bacchus einen Bock opfert; ja, es ist sogar schlimmer, meine ich, wenn man die Sache recht betrachtet." Von derselben Landschaft aus klagt Augustin[17] über die „Pest dieses Uebels" und urtheilt, demselben sei nicht anders abzuhelfen als durch die Auctorität eines Concils.

In Spanien scheinen Ausschreitungen noch bedenklicherer Art vorgekommen zu sein: eine dortige Synode untersagte den Frauen, in den Cömeterien zu übernachten.[18]

Aus dem Zusammenwirken christlicher Superstition, die in den geweihten Elementen des Abendmahls ein Mittel gegen geglaubte dämonische Einflüsse sah, und heidnischen Todtencultus, insofern sich derselbe in dem den Manen dargebrachten Speis- und Trankopfer äusserte, ist die von der Kirche verurtheilte, aber, wie es scheint, weitverbreitete Sitte erwachsen, dem Todten geweihtes Brod und Wein einzuflössen. Dem gegenüber bestimmte ein karthagisches Concil[19] v. J. 397: „Den Körpern der Todten soll das Abendmahl nicht gegeben werden. Denn der Herr hat gesagt: „Nehmet hin und trinket." Leichname aber können weder hinnehmen noch essen."

Wo man den consecrirten Wein dem Todten nicht einflössen wollte oder konnte, hat man in der Absicht, dasselbe Resultat zu erwirken, wenigstens Gläser mit solchem neben die Leiche in das Grab gesetzt oder an der Aussenwand desselben befestigt.[20]

---

[1] J. KIRCHMANN, *De funeribus Romanorum*, Lugd. Bat. 1672; MARQUARDT, *Das Privatleben der Römer*, I Th., Lpz. 1879, S. 333 ff.; HERMANN, *Lehrbuch d. griech. Privatalterthümer*, 2. Aufl. (von STRACK), Heidelb. 1870, S. 313 ff. Eine auch nur annähernd genügende Darstellung der altkirchlichen Sepulcralriten fehlt noch. Das literarische Material, doch nicht vollständig, bei BINGHAM, *Orig. eccl.*, Bd. X.

[2] EUSEB., *h. eccl.* VII, 22, 9 (Worte des Dionysius v. Alexandrien): Καὶ τὰ σώματα δὲ τῶν ἁγίων ὑπτίαις χερσὶ καὶ κόλποις ὑπολαμβάνοντες, καθαιροῦντές τε ὀφθαλμοὺς καὶ στόματα συγκλείοντες, ὠμοφοροῦντές τε καὶ διατιθέντες, προσκολλώμενοι, συμπλεκόμενοι, λουτροῖς τε καὶ περιστολαῖς κατακοσμοῦντες, μετὰ μικρὸν ἐτύγχανον τῶν ἴσων, ἀεὶ τῶν ὑπολειπομένων ἐφεπομένων τοῖς πρὸ αὐτῶν. — TERTULL., *Apol.*, c. 42: *rigere et pallere post lavacrum mortuos possum*. MINUC. FEL., *Octav.* XII, 6 (der heidnische Gegner): *Reservatis unguenta funeribus*. HIERON., *Vita Pauli* c. 17: *Cur mortuos vestros auratis obducitis vestibus? Cur ambitio inter luctus lacrimasque non cessat? An cadavera divitum nisi in serico putrescere nequeunt?* BASILIUS M., *Hom. in divites*, n. 9 (t. II, S. 61 ed. Par. 1722); PRUDENT., *Cath.* X, 46 ff. u. A.

[3] CHRYSOST., *In Joh. Hom.* LXII, n. 5 (VIII, S. 429 ed. Bened. nova); *de Lazaro concio* V, n. 2 (I, S. 937); AUGUST., *De consolatione mortuor.* (t. VI, S. 1159 ff. ed Migne); CYPRIAN., *De mortal.*, c. 22; TERTULL., *De patient.*, c. 7; CONCIL. TOLET. III: *omnibus Christianis prohibitum defunctos flere*.

[4] TERTULL., *Apol.* c. 42: *Tura plane non emimus. Si Arabiae querantur, sciant Sabaei, pluris et cariora suas merces christianis sepeliendis profligari quam diis fumigandis.* *De idol.* c. 11: *Viderint, si eadem merces, thura dico et cetera peregrinitatis ad sacrificium idolorum, etiam hominibus ad pigmenta medicinalia, nobis quoque ad solatia sepulturae usui sunt.* Anders lässt sich das *ad solatia sepulturae* nicht verstehen.

[5] MIN. FEL. 38, 3 ff.: *Nec mortuos coronamus. Ego vos in hoc magis miror, quemadmodum tribuatis exanimi aut sentienti facem aut non sentienti coronam, cum et beatus non egeat et miser non gaudeat floribus. At enim nos exsequias adornamus eadem tranquillitate qua vivimus, nec adnectimus arescentem coronam, sed a Deo aeternis floribus vividam sustinemus.* Vgl. TERT., *De cor. mil.*, c. 14; hier wird als Grund der Abweisung des Kranzes überhaupt, auch seitens der Lebenden, angegeben, dass, während Christus eine Dornenkrone getragen, der Gläubige nicht eine Blumenkrone aufs Haupt setzen dürfe. Diese Motivirung ist ebensowenig stichhaltig wie die obige.

[6] TERTULL., *De anima*, c. 57: „..... vernacula ecclesiae formae et aetate integra, quae cum post unicum et breve matrimonium in pace obdormisset, et dilata adhuc sepultura, interim oratione presbyteri componeretur, ad primum halitum orationis, manus ab lateribus dimotas in habitum supplicem conformasse rursumque mutuo data pace et osculo pacis situi eas reddidisse."

[7] Die Vermuthung, dass die Fossoren bei den Exequien betheiligt gewesen, gründet sich nur auf HIERON., *Epist.* I ad Innoc. (t. I, S. 6 ed. Vall.): „*Clerici* (d. i. *fossores*) *quibus id officium erat, cruentum linteo cadaver obvolvunt et fossam humum lapidibus construentes ex more tumulum parant*. Ueber die *lecticarii* und *decani* in

54   Dritter Abschnitt. Die Sepulcralriten.

Konstantinopel, die nicht mit den Fossoren zu verwechseln sind, *Justin. Novell.* XLIII (vgl. LIX).

⁸ Chrysost., *In Joh. hom.* LXII, n. 4 (VIII, S. 427 ff.): Ἀλλὰ νῦν μετὰ τῶν ἄλλων κακῶν καὶ τοῦτο τῶν γυναικῶν τὸ νόσημα κρατεῖ. Ἐπίδειξιν γὰρ ἐν τοῖς θρήνοις ποιοῦνται καὶ τοῖς κακοποιοῖς, γυμνοῦσαι βραχίονας, σπαράττουσαι τρίχας, χαράδρας ποιοῦσαι κατὰ τῶν παρειῶν. Καὶ τοῦτο ποιοῦσιν, αἱ μὲν ὑπὸ πένθους, αἱ δὲ ὑπὸ ἐπιδείξεως καὶ φιλοτιμίας, αἱ δὲ ὑπὸ ἀνοίας· καὶ τοὺς βραχίονας γυμνοῦσιν, ἐπ'ὄψεσι καὶ ταῦτα ἀνδρῶν. Τί ποιεῖς, ὦ γύναι; γυμνοῖς σεαυτὴν ἀσχημόνως, εἰπέ μοι, ἐπὶ μέσης τῆς ἀγορᾶς . . . καὶ τρίχας τίλλεις καὶ διασχίζεις ἐσθῆτα καὶ μέγα κωκύεις καὶ χορὸν περιιστᾷς καὶ μαινάδων γυναικῶν εἰκόνα διασῴζεις, καὶ οὐχ ἡγῇ τῷ Θεῷ προσκρούειν; *de Lazaro,* Concio V, n. 2 (I, S. 937).

⁹ Eine jetzt im Louvre befindliche Inschrift aus Catanea (DE Rossi, *Bull.* 1868, S. 74 ff.): *cujus corpus pro foribus martyrorum cum loculo suo per presbyterum humatum est III. Nonas Octobres.* Andere Fälle BINGHAM X, S. 59 ff.

¹⁰ WILMANNS, *Exempla Inscript. latt.* 305, 306, 307, 313, 2001, 2176, 2460 u. s. m.

¹¹ C. SAGITTARIUS, *De natalitiis Martyrum in prim. ecclesia,* Jen. 1678 (auctius ed. J. A. SCHMIDT 1696); NICOLAI, *De luctu Christ. s. de ritibus ad sepult. pert.,* Lugd. Bat. 1739.

¹² Can. 95 der sog. 4. Karth. Synode: *Qui oblationes defunctorum aut negant ecclesiis aut difficulter reddunt, tanquam egentium necatores excommunicentur.*

¹³ TERTULL., *De cor. mil.* c. 3; *de monogamia* c. 10; *de exhort. ad cast.* c. 11. CYPRIAN., *Epist.* 39 (S. 78 ed. Goldh.) u. A.

¹⁴ HIERON., ep. XXVI ad *Pammach. de obitu ux.* II: *Ceteri mariti super tumulos conjugum spargunt violas, rosas, lilia floresque purpureos et dolorem pectoris his officiis consolantur. Pammachius noster sanctam farillam ossaque veneranda eleemosynae balsamis rigat.*

¹⁵ AUGUST., *Epist.* XXII ad *Aurel.* (t. II, S. 41 ed. Bened. nova) *Confess.* VI, 2; *de morib. eccles.* c. 34: *Novi multos esse, qui luxuriosissime super mortuos bibant et epulas cadaveribus exhibentes super sepultos se ipsos sepeliant et voracitates ebrietatesque suas deputent religioni; Concil. Turon.* II, c. 22: *sunt etiam, qui in festivitate cathedrae domni Petri apostoli cibos mortuis offerunt.* THEODORET., *hist. eccl.* III, 27; *Concil. Carth.* IV, c. 30; PAULINUS NOL., *Poema* XXIV de S. FEL., *carm.* IX, 559 ff.; AUGUST., *Contra Faust.* XX, 4 (Vorwurf des Gegners): *vos idola concertistis in Martyres, quos votis similibus colitis; defunctorum umbras vino placatis et dapibus.*

¹⁶ PSEUDOCYPRIANUS, *De duplici martyrio* c. 25 (Cypriani Opp. ed. Vind., Append. S. 236): *Porro temulentia adeo communis est Africae nostrae, ut propemodum non habeant pro crimine. Annon videmus ad martyrum memorias christianum a christiano cogi ad ebrietatem? An hoc levius crimen esse quam hircum immolare Baccho? Mihi videtur multo gravius, si rem recta ratione velimus expendere.*

¹⁷ AUGUST., *Epist. ad Aurel.* a. a. O.

¹⁸ Synode v. Elvira c. 35: *placuit prohiberi ne foeminae in coemeterio pervigilent, eo quod saepe sub obtentu orationis latenter scelera committunt.*

¹⁹ *Concil. Carth.* III, c. 6: *placuit, ut corporibus defunctorum eucharistia non detur. Dictum est enim a Domino: accipite et bibite. Cadavera autem nec accipere possunt nec edere.* Auch *Concil. Trull.* c. 133, *Concil. Antissidor.* (an. 578) c. 12. Vgl. GLEICH, *De eucharistia moribundorum et mortuorum,* Viteb. 1690.

²⁰ Die übliche, aber unzutreffende Bezeichnung dafür ist „Blutgläser" *(phialae cruentae, rubricatae).* Ueber dieselben ausführlich im dritten Theile.

Zweiter Theil.
Construction der Katakomben.

Erster Abschnitt.

Die Grundanlage.

Die Construction der Katakomben, im Grossen und Ganzen einheitlich, ist im Einzelnen durch die lokalen Verhältnisse bedingt und gestaltet worden. Neben den die Leistungsfähigkeit und den Leistungswillen bestimmenden socialen Bedingungen der Gemeinden, kam, abgesehen von zufälligen Momenten, die Orts- und die Bodenbeschaffenheit, und zwar diese noch mehr als jene, in Betracht. Felsiger Boden ermöglichte die Herstellung freier, luftiger Räume, bröckeliches, sandiges, weiches Erdreich zwang zu Anlagen von schlupfwinkeligem, gedrücktem Charakter, bei welchen die Länge der Galerien die dürftigen Breitedimensionen aufzuwiegen hatte. So erscheint hier die altchristliche Architektur beengt und an freier Entfaltung gehindert und darf daher nicht ohne Weiteres nach diesen Leistungen beurtheilt werden, sondern in erster Linie nach denjenigen Denkmälern, in denen sie zwanglos zur Durchwirkung kommen konnte. Letzteres war gegeben bei den in ihren Anfängen dem ersten Jahrhundert angehörenden Katakomben S. Gennaro dei Poveri in Neapel, deren Construction daher zuerst aufgezeigt werden möge.

Zur Anlage der Katakomben wurde ein Hügelrücken von ziemlich bedeutender Höhe bestimmt. An der steil abfallenden nordwestlichen Seite desselben schnitt man zuerst einen langgestreckten Raum (Fig. 3, *A*) von ca. 12 m Tiefe und einer durchschnittlichen Breite von 10 m aus. Derselbe bildet den Vorsaal des Cömeteriums und diente zum Vollzuge der sepulcralen Feierlichkeiten, welche in den christlichen Gemeinden üblich waren. Die antike Bezeichnung dafür ist *schola*, auch *triclinium*. Vielleicht war der Raum ursprünglich mit aufgemauerten, rings an den Wänden laufenden Sitzen für die Versammelten versehen. In einem ähnlichen Vorbau der

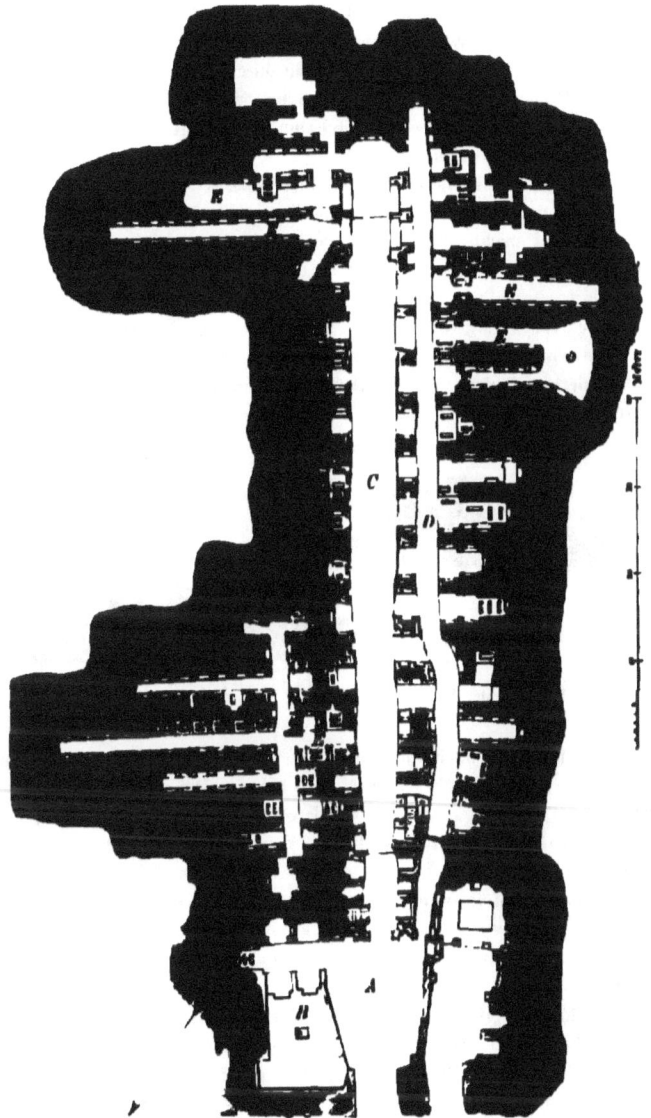

Fig. 3. Grundriss des ersten Stockwerkes von S. Gennaro dei Poveri in Neapel.

Domitillakatakombe in Rom sind noch Reste solcher Sitze bemerkbar. Zum Zwecke der Herstellung der zur Aufnahme der Gräber bestimmten Galerie wurde die Hinterwand der Halle durchbrochen und von hier aus eine gradlaufende, bis zur entgegengesetzten Seite des Hügelrückens heranreichende Galerie (*C*) mit einer durchschnittlichen Breite von 3—5 m und einer Höhe von ca. 4 m eröffnet.

Diese beiden Theile — Vorsaal und Galerie — bilden den Grundstock der Katakombe. Indem sich nun aber das Bedürfniss nach grösserem Raum geltend machte, wurde rechts neben die Hauptgalerie eine schmälere Nebengalerie (*D*) gelegt und durch kurze Gänge mit jener verbunden. Weiterhin wurden von der Nebengalerie aus einzelne kürzere oder längere Corridore rechtwinklig nach rechts abgezweigt (*E*). Dagegen verzichteten die Fossoren auf die Herstellung einer Parallelgalerie zur Linken der Hauptgalerie, offenbar weil die Absicht bestand, ein oberes Stockwerk herzustellen und dieses an die linke Seite der unteren Galerie anzulegen.

Fig. 4. Durchschnitt der beiden Galerien in S. Gennaro dei Poveri zu Neapel.

Eine unten, wenn auch im tiefern Niveau laufende Galerie würde aber die Sicherheit des Oberbaues gefährdet haben. Daher beschränkten sich die Fossoren darauf, nur einige schmale Gänge (*E*) in dieser Richtung von der Hauptgalerie aus durchzuschlagen. Während in dieser Weise die Galerienräume wuchsen, wurden rechts und links neben den Vorsaal kleinere Räume gelegt, von denen der links geordnete (*B*) von vornherein als eigentliche Grabkammer — vielleicht der kirchlichen Vorsteher — bestimmt gewesen zu sein scheint, während der andere erst später mit Gräbern versehen wurde.

In ähnlicher Weise gestaltete sich das Verfahren bei Herstellung des oberen Stockwerkes (Fig. 4 *b*), das in vorsichtiger Berücksichtigung nicht über, sondern neben das untere (Fig. 4 *a*) gelegt wurde. Auch hier bildet ein grosser Saal (s. Titelbild) den Ausgangspunkt der Galerien. Derselbe misst gegen 14 m Länge und eine durchschnittliche Breite von 7 m und wird durch zwei Tufpfeiler in zwei Abtheilungen geschieden; die vordere liegt fast in gleichem Niveau mit der ersten Galerie, die hintere erhebt sich um fünf Stufen. Von der Hinterwand aus vertieft sich die Galerie, welche ebenfalls bis zur anderen Seite des Hügels läuft, aber durchschnittlich doppelt so grosse Breite hat als die untere. Kurz vor Abschluss zweigt sich ein kurzer Corridor nach links ab. Die Verbindung der beiden Stockwerke vermittelten zwei Treppen, von denen eine jetzt vermauert ist.

Bei Herstellung der oberen Etage (Fig. 4 *b*) wurde darauf geachtet, nicht in den Flächenraum der unteren überzugreifen; nur mit einem unbedeutenden Ausbau ist Letzteres geschehen.

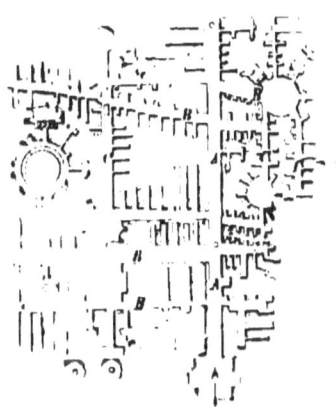

Fig. 5. Theil von S. Giovanni in Syrakus.

Weiter nach Norden, an derselben Hügelwand, finden wir zwei weitere Vorsäle, von denen aber nur einer zu einer längeren Galerie vertieft ist.

Dieses einfache und praktische Verfahren ist, soweit unsere gegenwärtige Kenntniss reicht, überall in Anwendung gekommen, wo gleiche Terrainverhältnisse vorhanden waren und zur Disposition standen. So in S. Giovanni bei Syrakus (Fig. 5). Auch hier concentrirt sich die Anlage auf eine ca. 3 m breite, 2,1 m hohe, gradlaufende Hauptgalerie (*A*), die gegenwärtig sie ist noch nicht vollständig ausgegraben — gegen 144 Schritt misst. Der vordere Theil ist leider zerstört, aber es kann nicht zweifelhaft sein, dass auch hier dem Ganzen ein grösserer Saal vorgelagert war. Von der Hauptgalerie gehen nach beiden Seiten hin zahlreiche Corridore aus, die zum Theil ineinander überlaufen, zum Theil durch gradlinige Galerien in Communication gesetzt sind.

Nur wenig anders ist die Grundanlage der Katakombe zu Girgenti. Dieselbe beginnt mit einem Corridore von 1,5 m Breite, 3 m Höhe und 11,5 m Länge, der in einen grossen Rundsaal von 6,45 m Durchmesser endet. Dieser vertritt offenbar die Stelle des den sepulcralen Feierlichkeiten dienenden Vorsaals, obgleich er von Anfang an, wie aus den Gräberreihen hervorgeht, auch als Begräbnissstätte in Aussicht genommen war. Von hier aus gehen strahlenförmig mehrere kurze Galerien aus.

Eigenthümlich ist, dass in Centralsyrien sogar Privatgrabkammern von geringem Umfange einen Vorraum besitzen, wie auch die heidnischen und die jüdischen Familiengräber. Offenbar haben wir hier die Nachwirkung einer vorchristlichen Sitte. Doch ist die *schola* kein nothwendiger Bestandtheil der christlichen Cömeterien. In Rom finden sich nur wenige Beispiele.

In ähnlicher Weise ist das altchristliche Cömeterium auf Melos angelegt. Dasselbe besteht aus einem „gerade in den Berg führenden Gang, hoch genug, um aufrecht darin stehen zu können, der sich bald in mehrere Arme theilt, die ziemlich parallel untereinander laufen und hin und wieder durch engere Durchgänge miteinander verbunden sind."[1]

Ein anderes Constructionssystem musste nothwendigerweise bei denjenigen Grabstätten in Anwendung kommen, die in weichen, bröckligen Boden anzulegen waren, wie die römischen. Der Boden der näheren Umgebung Roms besteht vorzugsweise aus Pozzolana, Sandtuf, von sehr geringer Festigkeit. Die Pozzolana ist ohne stützendes Mauerwerk für Grabanlagen gar nicht zu verwerthen und daher nur ausnahmsweise, unter dem Drucke bestimmter Verhältnisse, gewählt worden. In diesem Falle wurden die Wände mit Mauerwerk bekleidet und durch Pfeiler und Widerlager die mangelnde Dauerhaftigkeit der Galerien künstlich überwunden. Ein Beispiel dafür bietet die Priscillakatakombe an der Via Salaria Nuova (Fig. 6). Die von den Christen geschaffenen engen Corridore (C) münden in die breiten Gänge eines Arenariums (A), welches, um zum Begräbniss benutzt werden zu können, durch künstliches Mauerwerk, vor allem an den Kanten, dazu tauglich gemacht werden musste. Eine geräumige Grube in der Mitte des Arenariums (B) wurde in einen Luftschacht verwandelt.

Die überwiegende Mehrzahl der römischen Katakomben liegt in körnigem Tuf (*tufa granulare*), der hinsichtlich der Festigkeit in der Mitte steht zwischen dem Steintuf, der als Baumaterial dient, und der Pozzolana. Mit dem Nachtheil, dass sie nur Anlagen von mässigem Umfange in der Breite- und Höherichtung gestattet und den Mineurs mancherlei Beschränkung auferlegt, verbindet diese Bodenart die Vorzüge leichter Bearbeitung und poröser Lagerung, wodurch der Wasserabfluss erleichtert wird. Gerade letzterer Umstand aber war wichtig. Wie sehr eine unterirdische Grabanlage durch Wasser ruinirt und unbenutzbar gemacht werden konnte, bezeugen die Worte einer Inschrift des Damasus, in welcher dieser seine

Bemühungen schildert, das Coemeterium Vaticanum nach dieser Seite hin sicher zu stellen:

```
CINGEBANT LATICES MONTEM TENEROQVE MEATV
CORPORA MVLTORVM CINERES ATQVE OSSA RIGABANT
NON TVLIT HOC DAMASVS COMMVNI LEGE SEPVLTOS
POST REQVIEM TRISTES ITERVM PERSOLVERE POENAS
PROTINVS AGGRESSVS MAGNVM SVPERARE LABOREM
AGGERIS IMMENSI DEIECIT CVLMINA MONTIS
INTIMA SOLLICITE SCRVTATVS VISCERA TERRAE
SICCAVIT TOTVM QVIDQVID MADEFECERAT HVMOR
INVENIT FONTEM PRAEBET QVI DONA SALVTIS
HAEC CVRAVIT MERCVRIVS LEVITA FIDELIS.
```

Diese letztere Thatsache sowie die ziemlich ebene Gestaltung des Terrains in der Umgebung Roms haben den römischen Katakomben ein von dem oben beschriebenen Constructionssystem abweichendes Gepräge gegeben.

Das Verfahren bei der Herstellung der römischen Katakomben gestaltete sich demnach im Allgemeinen folgendermassen:

Die Arbeiter begannen damit, einen ziemlich steil abfallenden Schacht von ungefähr 6 m Tiefe zu eröffnen und diesen mit Treppenstufen zu versehen. Vom Ende der Treppe aus schnitten sie darauf eine horizontal laufende Galerie aus und umschrieben mit derselben einen in der Regel kantigen, langgestreckten Raum von vierseitiger Form. Die Langseiten desselben wurden weiterhin durch Galerien direkt verbunden oder in der Richtung zu einander durch Sackgalerien vertieft. Der so gewonnene Galeriencomplex bildete ein Ganzes für sich, eine *area*. Die Beschaffenheit des Bodens bedingte es, dass die Galerien weder in grosser Weite ausgeschnitten, noch dicht nebeneinander gelegt werden durften. Man brauchte also verhältnissmässig eine weit grössere Terrainfläche als da, wo das Material Steintuf oder Kalkstein war. Daher musste man schon bald in die Lage kommen, weiteren Raum zu schaffen.

Am nächsten würde es gelegen haben, die vorhandenen Galerien durch Fortführung nach Aussen zu verlängern. Aber meistens hatte man sich auf ein bestimmt umgränztes Terrainstück zu beschränken und musste fremdes Gebiet entweder ganz vermeiden oder durfte es nur in geringem Umfange mitbenutzen. Daher hat man nur in seltenen Fällen die Galerien über die anfangs umschriebene Fläche hinausgeführt. Innerhalb dieser aber gab es zwei Wege der Erweiterung: Vertiefung des Fussbodens, womit indess nur wenig erreicht wurde, und Herstellung einer zweiten *area* in tieferem Niveau. Jener Weg ist selten und immer in Verbindung mit dem zweiten eingeschlagen worden. Man ging in Verfolg dieses in derselben Weise vor wie bei dem Ausbau des ersten Stockwerkes. An irgend einem Punkte dieses wurde eine Treppe in die Tiefe angelegt und von derselben aus ein dem oberen Galeriencomplex entsprechender Raum umschrieben und gestaltet. Die Treppe erhielt eine verhältnissmässig bedeu-

Fig. 6. Arenarium in S. Priscilla.

tendere Tiefe, damit die Sicherheit der oberen Galerie durch die neue Anlage nicht gefährdet werde. Zuweilen auch kam aus demselben Grunde das untere Stockwerk ganz oder zum Theil neben das obere zu liegen.

Dieses Verfahren der Erweiterung findet sich zuweilen bis zu fünf Stockwerken fortgesetzt. In der Regel aber beschränkten sich die Erbauer auf drei oder zwei Stockwerke.

Die Verbindung der einzelnen Stockwerke vermittelten gewöhnlich

Treppen; nur ausnahmsweise wurde dieselbe durch allmähliche Senkung der oberen Galerie bewirkt.

Diese allgemeine Darstellung des Constructionssystems der römischen Katakomben wird anschaulich illustrirt durch die Entwickelungsgeschichte des kallistinischen Cömeteriums. Die für die Anlage in Aussicht genommene Bodenfläche misst ca. 62 m Länge bei einer ungeführen Breite von 30 m. Zuerst wurden zwei längs den beiden Langseiten hinlaufende Galerien projektirt. Um sie herzustellen, stiegen die Fossoren an der östlichen Schmalseite vermittelst eines Schachtes, den sie dann in eine Treppe umwandelten, in die Tiefe hinab. Die eine Galerie wurde glatt bis zum Westende der Area fortgeführt, die andere, doch nicht zu gleicher Zeit, zu sechs Grabkammern vertieft. Weiterhin brachte man die beiden Galerien anfangs durch drei Corridore, wozu später noch drei weitere kamen, in Verbindung, während ein siebenter Gang nicht ganz bis zur anderen Seite durchgeschlagen wurde. Endlich setzten die Fossoren in den vorderen, östlichen Raum zwischen den beiden Galerien eine kleine Anlage, die Papstkrypte, und ein anderes Kubikulum von geringerem Umfange.

Die fernere Entwickelung des Cömeteriums vollzog sich dann so, dass die Fläche um die Papstkrypte herum durch weitere Anlagen, doch nicht übermässig, ausgefüllt, und an der Süd- und Westseite durch vorgeschobene Galerien der anfängliche Umring der Area überschritten wurde. Einen weiteren Schritt bezeichnet die Herstellung einer direkten Verbindung mit einem benachbarten Cömeterium.[1]

Weniger regelmässig angelegt ist die erste Area des Cömeteriums S. Agnese an der Via Nomentana. Doch lässt sich auch hier dasselbe System deutlich erkennen. Die Ackerfläche, in welche die Galerien gelegt sind, misst gegen 40 m Länge und 27 m Breite. Drei stark curvirende Galerien, durch zwei Treppen zugänglich und von einem Punkte auslaufend, eröffnen die Anlage. An sie schliessen sich drei gradlaufende Gänge, die durch einen Zwischenraum von ungefähr 6 m geschieden sind und, mit Ausnahme eines einzigen, bis an das Nordostende der Area herantreten. Quergalerien verknüpfen sie.

Neben dieses kleine, für sich existirende Cömeterium wurde im dritten Jahrhundert ein zweites grösseres und regelmässigeres Galeriennetz gelegt, unter Vermeidung jedoch einer unmittelbaren Verbindung mit jenem. Erst in etwas späterer Zeit wurde zwischen beide *areae* eine dritte Anlage gesetzt und durch dieselbe eine direkte Communication zwischen den beiden älteren

---

[1] Näheres über die Areae von S. Callisto im sechsten Theile.

Die Grundanlage. 65

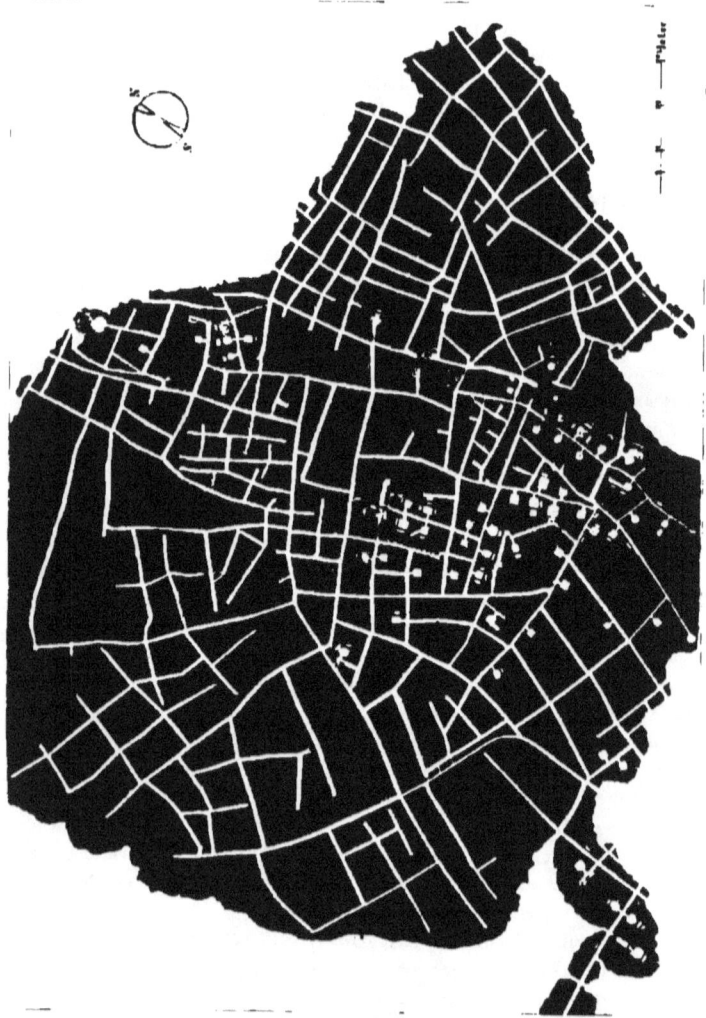

Fig. 7. Theil des Cömeterium Ostrianum an der Via Nomentana.

Complexen bewirkt. Daran schloss sich im vierten und fünften Jahrhundert eine vierte Area, und diese allein liegt zum Theil unter den

5

Galerien der ersten Area; die übrigen Galerien sind ausnahmslos coordinirt. Der Grund, welcher diese Abweichung von dem allgemeinen Constructionssystem der römischen Cömeterien veranlasste, ist vorzüglich in der Bodenbeschaffenheit zu suchen, welche den Fossoren mannigfache Einschränkungen gebot.

Vielfache Aehnlichkeit mit dem Cömeterium S. Agnese haben die beiden Katakomben zu Chiusi. Charakteristisch ist ihnen indess die Neigung zu curvirenden Galerien. Auch das Cömeterium Ostrianum (Fig. 7) vor Rom zeigt in seiner complicirten Anlage deutlich die Projektirung rechtwinkeliger länglicher Einzelstücke, die von Galerien umschrieben und durchschnitten wurden, und neben die dann die Fossoren ähnlich formirte Areae legten. Auf diese Weise entstand durch wiederholte Aneinanderfügung von Terrainstücken das Gesammtcömeterium. Die antike Treppe liegt an dem südöstlichen Rande des Complexes; von hier aus läuft eine kurze Galerie in nordwestlicher Richtung. Von ihr lösen sich nach beiden Seiten Abzweigungen ab; doch entwickelte sich die Hauptmasse der Katakombe aus den nach Westen laufenden Strängen.

In unmittelbarer Nähe der oberen Treppe, in der Galerie, in welche diese mündet, führt eine zweite Treppe zu einem tieferen Stockwerk (auf dem Grundplane hell schraffirt). Dasselbe ist durchaus in den Umkreis der oberen Etage eingelegt, indess beobachtete man dabei die Vorsicht, nicht unmittelbar unter den oberen Galerien die neuen Anlagen auszuhöhlen, sondern diese in die von jenen umschlossenen, noch intakten Ausschnitte einzusetzen. Ausserdem erhielt das tiefere Stockwerk nur eine geringe Ausdehnung.

Eigenthümlich sind diesem Cömeterium die Anhäufung von Grabkammern in dem südwestlichen Theile und die wechselnde Breite der Galerien. Letztere erklärt sich aus der Verschiedenheit der Bodenbeschaffenheit, die bald eine freie Construction gestattete, bald Einschränkung forderte. Einigemal sahen sich die Fossoren sogar in die Lage versetzt, durch künstliches Mauerwerk (auf dem Plane mit schwarz bezeichnet) der mangelnden Festigkeit zu Hülfe zu kommen oder angefangene Galerien aufzugeben.

Als durchaus abweichend von den beschriebenen Systemen und eigenartig construirt stellt sich das christliche Cömeterium von Kyrene dar (Fig. 8). Dasselbe liegt nördlich von der alten Stadt, in dem östlichen Theile der durch den Chaëth geschiedenen umfangreichen antiken Nekropole, und ist horizontal in einem schroffen Felsabhang eingeschnitten in einer Tiefe von 55 m und mit einer anfänglichen Breite von ca. 17 m, die sich aber fortschreitend allmählich bis zu 3,5 m verringert. Der Galerienbau ist durchaus verschmäht. Die Anlage besteht aus einem Conglomerat zu-

sammengeschobener grösserer und kleinerer Cubicula, die sämmtlich mit
schmalen oder breiten Pforten in einen unregelmässigen grablosen Mittelraum münden. Dadurch wird der partikularistische Charakter, den die
Anlage im Grunde hat, wieder aufgehoben oder wenigstens abgeschwächt.
So steht das Cömeterium in der Mitte zwischen heidnischer und christlicher
Constructionsform, das einzige Beispiel dieser Art.

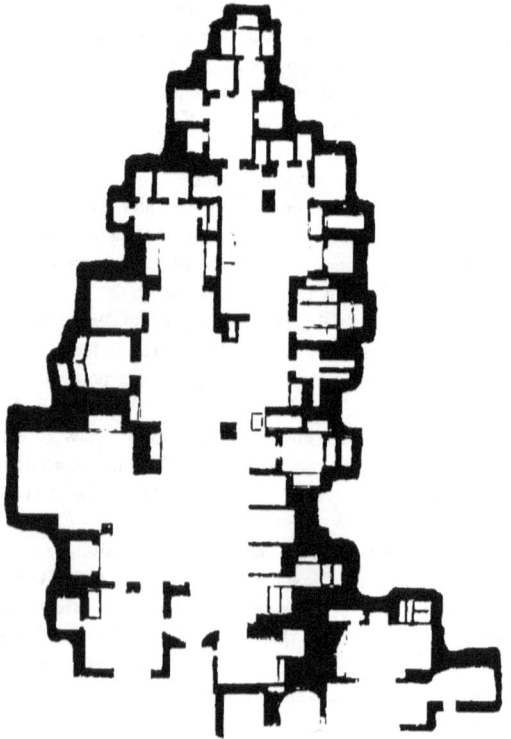

Fig. 8. Katakombe zu Kyrene.

Eigenthümlich ist auch das allmähliche Sichzusammenziehen der
Katakombe in ihrer Breiteausdehnung. Sie läuft zuletzt in eine kunstvoll
dekorirte, kleine Kammer aus, welche offenbar den vornehmsten Platz in
der Grabstätte bildete.

Die Anlagen rechts neben dem Eingange sind augenscheinlich erst
später hinzugekommen.

5*

Der Unterschied also der in festem und der in löslichem Material angelegten Katakomben besteht darin, dass jene eine freiere, grossartigere Architektur haben, sich in die Breite dehnen und ihre Theile coordiniren, diese dagegen enger und verwickelter angelegt sind und ihre Galerien untereinander ordnen.[2]

---

[1] Näheres über die neapol. Katakomben in meiner Schrift *Die Katakomben von S. Gennaro dei Poveri*, Jena 1877; über S. Giovanni in Syrakus meine *Arch. Stud.*, S. 121 ff.; die Katakombe auf Melos bei Ross, *Reisen auf d. griechischen Inseln des agäischen Meeres*, Stuttg. 1844, Bd. III, 145 ff.

[2] Vgl. die Grundrisse bei Marchi, *Monum. delle arti crist. primit. tav.* I; DE Rossi, *R. S.* I, 32, 35; II, 53, 59; III, 42, 46 (Kraus, *R. S.*, Taf. XIII); Armellini, *Il cimit. di S. Agnese tav.* XVII, und die freilich wenig genauen Pläne bei Aringhi, *Roma subt.* II, 197 ff.; Boldetti, S. 548, 558, 562, 564. Ueber das technische Verfahren der Fossoren im Einzelnen findet sich reiches Material in DE Rossi's *Roma sotterranea*; z. vgl. auch Michele Stefano de Rossi, *Qual' metodo tecnico adoperarono i fossori u. s. w.* (R. S. III Apend. S. 700—706), Bruzza, *Arcia* (Kraus' *Realencyklop. d. christl. Alterth.*, S. 97 ff.) und *Bull. di archeol. crist.*, 1879, S. 27 ff.).

Zweiter Abschnitt.

Die constructiven Details.

Nach dieser Darlegung des allgemeinen Charakters des Katakombenbaues sind die einzelnen constructiven Theile näher zu beschreiben. Zunächst kommen die Galerien in Betracht.

Die Galerien, deren antiker Name *cuniculi* lautet, laufen in der Regel in gerader Richtung und haben eine durchschnittliche Breite:

In Rom	von 0,80 — 1	m
„ Neapel	„ 3 — 10	m
„ Syrakus	„ 1,5 — 3	m
„ Girgenti	„ 0,87 — 1,5	m.

Die Differenz bestimmt sich fast ausschliesslich nach der Beschaffenheit des Bodens. Die Seitenwände sind senkrecht abgehauen; die Decke ist bald mehr, bald weniger gewölbt oder flach. Die Galerien laufen in gerader Linie. Sie curviren nur dann, wenn das Material unüberwindliche oder erschwerende Hindernisse entgegenstellte oder bereits vorhandene Constructionen die Herstellung einer geraden Verbindungslinie zwischen zwei Punkten ausschlossen. Häufig lagern sich an die Galerien kleine Kammern (*cubicula*), gewöhnlich von quadratischer, daneben von abgerundeter oder polygonaler Form an. Sie sind durch eine schmale Thür zugänglich und abzuschliessen und dienten als Erbbegräbnisse wohlhabender Familien und zeigen dem entsprechend nicht selten eine künstlerische Architektur. Ein von Bosio gesehenes Architravstück mit der Inschrift CVBICVLVM DOMITIANI und eine andere Inschrift auf dem Architrav eines Cubiculums in S. Callisto: BITVS SIBI ET SVIS zeigen, dass der Name des Besitzers zuweilen über dem Eingange verzeichnet stand. Vielfach pflegten auch die obersten Gemeindevorsteher in einer eigenen Kammer gemeinsam bestattet zu werden. Dahin weist die im Jahre 1854 aufgedeckte sog. Papstkrypte

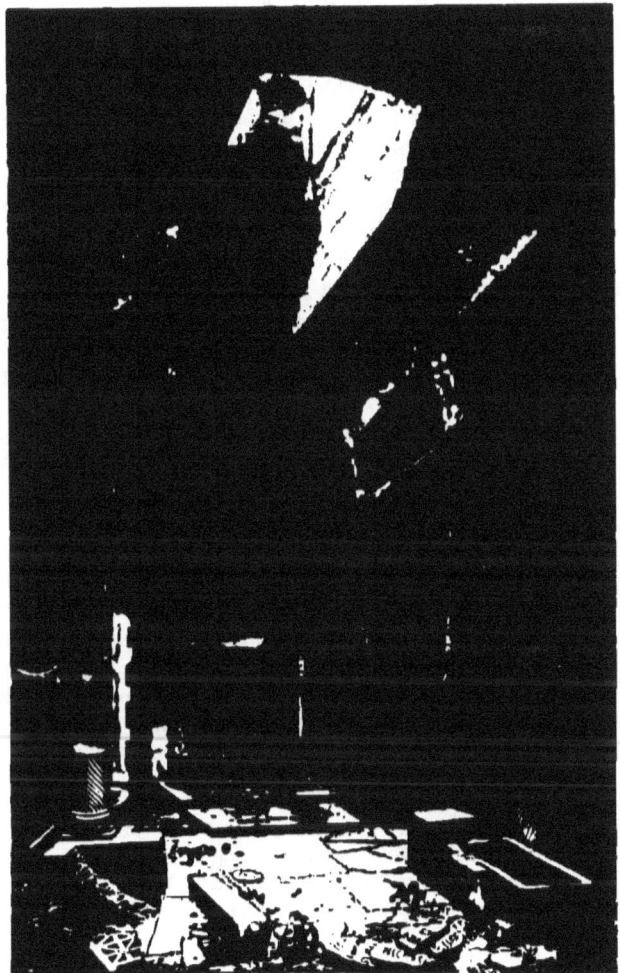

Fig. 9. Papstkrypte in S. Callisto.

(Fig. 9) in S. Callisto zu Rom, welche die Gräber der Bischöfe Urbanus (222—230), Anteros (235—236), Fabianus (236—250), Lucius (253—254),

Eutychianus (275—283) und wahrscheinlich auch Xystus II. (257—258) enthielt.

Sie ist ein regelmässig gebauter Raum von 4,50 m Tiefe und 3,50 m Breite und wurde durch eine Luminare erleuchtet. In die Wände links und rechts sind Loculi eingeschnitten, deren Verschlussplatten die Grabinschriften der angeführten Bischöfe, mit Ausnahme Xystus' II., tragen. Der Raum zuunterst der Langseiten diente zur Aufstellung von Sarkophagen. So wie das Cubiculum gegenwärtig vorliegt, bietet es nicht seine ursprüngliche Gestalt. Schon der Bischof Damasus (366—384) hat sich um Ausschmückung desselben bemüht und hier zwei metrische Inschriften, deren eine sich auf das Martyrium des Xystus bezieht, angebracht. Entweder schon er oder Spätere haben ferner den Fussboden mit Marmor bedeckt, ein Säulenpaar eingestellt und mit durchbrochenen Schranken einen Altarraum abgegrenzt. Letzterer weist darauf hin, dass die Papstkrypte auch als Märtyrerkapelle diente, und die am Eingange zahlreich sich findenden Graffito-Inschriften von Besuchern bestimmen die Stätte als eine hochverehrte.[1]

Römische Bischofsgräber aus älterer Zeit sind nicht aufgefunden. Die Angabe des Liber pontificalis, dass die nächsten Nachfolger Petri neben diesem auf dem Campus Vaticanus beigesetzt seien, hat keinen Anspruch auf Glaubwürdigkeit. Erst im vierten Jahrhundert wird der Campus Vaticanus, die Leidensstätte der Christen in der durch Nero verhängten Verfolgung, als Grabstätte des Petrus bezeichnet, und es erstand dort, wahrscheinlich gleichzeitig mit der constantinischen Basilika, ein Cömeterium, aus welchem gelegentlich Inschriften und figurirte Sarkophage, sämmtlich dem vierten Jahrhundert angehörend, zum Vorschein kamen.

In gleicher Weise ungeschichtlich ist die Tradition, welche eine Grabkammer in S. Sebastiano als die vorübergehende Ruhestätte der Apostel Paulus und Petrus bezeichnet, worüber eine Inschrift des Damasus an Ort und Stelle berichtete:

HIC HABITASSE PRIVS SANCTOS COGNOSCERE DEBES
LIMINA QVISQVE PETRI PARITER PAVLIQVE REQVIRIS
DISCIPVLOS ORIENS MISIT QVOD SPONTE FATEMVR
SANGVINIS OB MERITVM CHRISTVMQVE PER ASTRA SECVTI
AETHERIOS PETIERE SINVS ET REGNA PIORVM
ROMA SVOS POTIVS MERVIT DESCENDERE CIVES
HAEC DAMASVS VESTRAS REFERAT NOVA SIDERA LAVDES.[1]

---

[1] „Hier ruhten einst, so sollst du wissen, der du nach den Stätten (d. h. Gräbern) Pauli und Petri forschest, die Heiligen. Das Morgenland sandte sie als Jünger

Neben der inschriftlich gesicherten Bezeichnung *Cubiculum* für abgeschlossene Grabkammern ging das Wort *crypta* in demselben Sinne, wie es scheint. Dafür zeugt eine aus S. Priscilla stammende Inschrift VNDECIMA CRYPTA GREGORIVS und eine andere unbekannter Herkunft LOCVS TRISONEN *(trisomus)* VICTORIS IN CRVPTA DAMASI. Dagegen lässt ein dritter in der vaticanischen Sammlung befindlicher Stein IN CIMITERIVM BALBINAE IN CRIPTA NOBA fraglich, ob unter *crypta* eine Grabkammer oder eine Galerie verstanden sei. Nach den übrigen angeführten Inschriften ist ersteres wahrscheinlicher. Wenn schliesslich in einer unter Paschalis I. († 820) in S. Prassede gesetzten Inschrift *coemeteria* und *cryptae* synonym gebraucht werden, so beweist dies nur für den Sprachgebrauch jener Zeit, wie ja auch Hieronymus einmal beide Ausdrücke identificirt.

Fig. 10. Grabkammer in der Katakombe zu Kyrene.

Von den in sich abgeschlossenen *cubicula* sind die durch die Katakomben von Syrakus und Girgenti gebotenen geräumigen Rotunden zu unterscheiden, die sich als Centren mehrerer Galerien darstellen und nicht Privateigenthum, sondern vermuthlich Ehrenplätze, über welche die Gemeinde verfügte, waren. Daneben mögen sie, wie die oben erwähnten Vorhallen, bei sepulcralen Feierlichkeiten benutzt worden sein. Dahin weisen die an den Wänden hinlaufenden steinernen Sitze. Erleuchtet und

(gerne gestehen wir's ein), und durch das Verdienst ihres Martyriums sind sie, Christo zu den Sternen folgend, aufgestiegen zu den himmlischen Gefilden und dem Reiche der Seligen. Aber Rom ward gewürdigt, sie als seine Bürger zur Ruhe zu geleiten. Das zu eurem Lobe zu berichten, ihr neuen Gestirne, möge dem Damasus vergönnt sein!"

ventilirt wurden diese Rundsäle, in welchen sich der Höhepunkt der technischen Leistungen der Fossoren darstellt, durch ein rundes Luminare.

Von kunstvollerer Ausführung als die Papstkrypte und die Mehrzahl der abendländischen Cubicula sind die Grabkammern in dem grossen Cömeterium zu Kyrene (Fig. 10). Die Wände sind architektonisch reicher belebt und mit imposanten Grabformen durchsetzt, welche auf classische Vorbilder zurückgehen. Die Malerei ist sparsamer, aber mit glücklicherer Erzielung dekorativer Wirkungen in Anwendung gekommen.

Von der Vorstellung ausgehend, dass in Verfolgungszeiten die Katakomben auch als gottesdienstliche Versammlungsorte gebraucht worden seien, pflegt man einen Theil dieser grösseren Räumlichkeiten als „Kapellen" (*ecclesiolae*) zu beurtheilen. Berücksichtigt man indess allein die Sitte und die Räumlichkeiten vorconstantinischer Zeit, so muss jene Meinung als irrthümlich bezeichnet werden. Es ist ein unanfechtbares Resultat wissenschaftlicher Forschung, dass in den drei ersten Jahrhunderten die Katakomben weder als Sammelort der Gemeinde zur Feier des Gottesdienstes gedient, noch Einrichtungen besessen haben, die diesem Zwecke hätten entsprechen können. Die als „Kapellen" bezeichneten, der vorconstantinischen Zeit angehörenden Räumlichkeiten in den römischen Katakomben sind einerseits so eng, dass sie höchstens eine Versammlung von zwanzig bis dreissig Personen aufnehmen können; andererseits werden sie durch die in ihnen vorhandenen Gräber als Begräbnissstätten, genauer als Privatgrabkammern charakterisirt. Grössere Räumlichkeiten bieten, wie bemerkt, die vor dem vierten Jahrhundert entstandenen Katakomben zu Neapel und Girgenti. Aber in beiden Städten liegen die Cömeterien in der Weise öffentlich und in unmittelbarer Nachbarschaft heidnischer Grabanlagen, dass sie zu heimlichen Versammlungen jedenfalls der untauglichste Ort waren. Dasselbe gilt übrigens auch hinsichtlich der römischen Katakomben. Von den eben erwähnten Momenten völlig abgesehen, stellt sich schon in dem Erforderniss, eine, wenn auch noch so kleine, Gemeinde heimlich darin zusammenzubringen, eine Schwierigkeit dar, welche die Vorstellung von der „Katakombenkirche" unhaltbar macht.[2]

Die Katakomben waren lediglich Begräbnissstätten, und diese ihre Bestimmung motivirte die wenigen sepulcral-religiösen Feierlichkeiten, welche sich an dieselben knüpften.

Luft und geringes Licht wurde den Galerien durch cylindrische oder quadratische Schachte (*luminaria*) zugeführt, welche eine direkte Verbindung des ersten, seltener des zweiten Stockwerkes mit der Oberfläche herstellen. Sie durchbrechen die Decke in der Regel in der Axe der Galerie.[3]

Doch waren sie nicht auf die Galerien beschränkt; sie finden sich auch in den Privatgrabkammern und regelmässig in den Rotunden.

Von den Luminarien sind zu unterscheiden die mit Einschnitten versehenen, ebenfalls verticalen Gänge, welche von den Arbeitern zum Auf- und Absteigen und zum Herausschaffen der Erde benutzt wurden.

Zur Aufnahme der Gräber dienten die Seitenwände der Galerien, in die jene in einer oder in mehreren Reihen übereinander so hineingearbeitet wurden, dass das Grab dem Beschauer die Langseite bot (Fig. 11). Nur

Fig. 11. Inneres einer Katakombe.
(Idealconstruction.)

ausnahmsweise, z. B. in Alexandrien, ist der Loculus nach Analogie jüdischer Gräber mit der Schmalseite in die Wand eingesetzt worden.

Zuweilen auch zog man bei Raummenge die Fussbodenfläche zu diesem Zwecke heran und zwar entweder in der Weise, dass die Gräber vertical nebeneinander in den Boden eingeschnitten und mit starken Platten verschlossen, oder dass in tieferem Niveau eine durch eine Treppe zugängliche vollständige Grabkammer hergerichtet wurde. Jenes geschah häufig, dieses seltener. Statt der Grabkammer hat man in zwei Fällen in S. Agnese nach Massgabe antiker Massengräber einen senkrechten brunnenartigen Schacht in den Boden gegraben und in dessen Wände Loculi eingeschnitten.

Von diesen Anlagen sind die zur Aufnahme von Sarkophagen bestimmten Vertiefungen des Fussbodens zu unterscheiden. Diese finden sich sehr häufig, jene waren immer Ausnahmen. Nur in einem einzigen Falle, soweit bisher bekannt, ist eine Heranziehung des Fussbodens zur Anlage von Gräbern von vornherein in Absicht genommen, in dem Cömeterium bei dem Dorfe Trypiti auf Melos (Fig. 12).

Während hier an den Seitenwänden Arkosolium an Arkosolium sich schliesst, „ist auch der Boden der Stollen (Galerien) zu Gräbern ausgehöhlt, und zwar finden sich in den breiteren Gängen immer zwei Gräber

Fig. 12. Galerie der Katakombe auf Melos.

nebeneinander, und dann und wann eins in seiner Länge quer über den Gang gelegt; in den schmaleren Gängen aber ist immer wenigstens ein Grab in der Mitte. Auch diese Grüfte sind grossentheils sehr tief und geräumig, so dass sie meistens mehr als einen Todten enthalten zu haben scheinen."[1]) Sicilianische Katakomben endlich bieten die Eigenthümlichkeit von freistehenden, aus dem natürlichen Gestein ausgehauenen Sarkophagen, die in den Rotunden und in grösseren gekanteten Räumen regellos durcheinander stehen.

---

[1]) Vgl. die ausführliche Beschreibung im sechsten Theile.

In späteren Zeiten sind häufig aus Raummangel zwischen die älteren Gräberreihen Loculi, besonders Kinderloculi, eingesetzt; auch hat man die Rück- und Seitenwände der Arkosolien zu diesem Zwecke durchbrochen oder die inneren Bogenseiten der Arkosolien durch Platten verbunden und die dadurch geschaffenen Gefächer als Gräber benutzt, ein Verfahren, welches an die Construction der *coemeteria sub dio* erinnert. In äusserster Bedrängniss wurden sogar die unteren, leicht erreichbaren Wandflächen der Lichtschachte herangezogen.

Die einzelnen Gräber schliessen ziemlich dicht aneinander an. S. Agnese in Rom hat, bei einer Galerien-Totallänge von 1603,51 m, 5753 Gräber, darunter 3860 für Erwachsene. Weiter als in Rom sind in Neapel und in Syrakus die Gräber auseinandergerückt, was in den räumlichen Verhältnissen seinen Grund hat.

Die Gräber selbst weisen, abgesehen von den eben genannten Sarkophagen, sechs Hauptformen auf (Fig. 13—18), welche sich in zwei Gruppen scheiden. Die Form Fig. 13, welche die erste Gruppe repräsentirt, heisst gegenwärtig, nach dem Sprachgebrauche der Archäologen des 17. Jahrhunderts, *loculus*. Das Alterthum hatte dafür die allgemeine Bezeichnung *locus*, τόπος, d. h. „Grab", welche auch für die zweite Gruppe üblich war; ausserdem θήκη, θηκίον, σωματοθήκη, τύμβος, *monumentum*, und mit Anlehnung an eine antike Vorstellung *domus (d. aeterna, aeternalis)*, οἶκος (ὁ. αἰώνιος). Daneben führten die der zweiten Gruppe angehörigen Gräber, doch, wie es scheint, erst in späterer Zeit, den Namen *arcosolium, (arcisolium, arcusolium)*, welcher aus *arcus* („Bogen") und *solium* („Grab") zusammengesetzt ist. Die Bezeichnung findet sich u. A. auf folgender Inschrift des Museo Kircheriano:

Fig. 13. Loculus.

Fig. 14. Arkosolium.

Die constructiven Details.

```
DOMVS ETERNALIS
AVR CELSI ET AVR ILAR
ITATIS CONPARI M
EES FECIMVS NOBIS
ET NOSTRIS ET AMIC
IS ARCOSOLIO CVM P
ARETICVLO SVO IN PACEM
```

Domus aeternalis Aurelii Celsi et Aureliae Hilaritatis comparis meae. Fecimus nobis et nostris et amicis arcosolium cum parieticulo suo. In pace.[1]

Die Gruppe der Arkosolien zeigt vier Formen. Die gebräuchlichste war Fig. 14. Fig. 15 trifft man nur vereinzelt in Rom und in Neapel, häufig dagegen in Sicilien, besonders in S. Giovanni zu Syrakus. Fig. 16 gehört gleichfalls zu den selteneren Formen; die reichste Verwendung zeigt S. Gennaro in Neapel. Die Grabform Fig. 17 endlich, welche in der irrthümlichen Voraussetzung, dass sie bei der Feier des Abendmahls in den Katakomben die Stelle des Altars vertreten habe, *sepolcro a mensa* („Altargrab") benannt wird, ist in dieser Gestaltung bisher nur in Rom nachgewiesen. Im Cömeterium von Kyrene findet sie sich dagegen nur mit schwerem, dachförmigem Sarkophagdeckel als Verschluss.

In der Mitte zwischen dem sepolcro a mensa und den Arkosolgräbern liegt die Form Fig. 18, die ich bisher nur in Girgenti und in Palermo beobachtet habe.

Fig. 15. Arkosolium.

Fig. 16. Arkosolium.

Eine weitere Variation wird in der Gruppe Fig. 14—17 dadurch

[1] „Ewiges Haus des Aurelius Celsus und der Aurelia Hilaritas, meiner Gattin. Uns und unsern Freunden haben wir dieses Arkosolium *(cum parieticulo!)* errichtet."

bewirkt, dass die Hinterwand bald vertical absteigt, bald mehr oder weniger kräftig eingehöhlt ist. Auffallend erscheint, dass die Breite des Loculus zwar wechselt, eben nach dem Grössenmasse des Todten, dass dagegen das Arkosolium, mit sehr seltenen Ausnahmen, constant eine der Grösse einer erwachsenen Person entsprechende Breite zeigt, die nur ganz unbedeutend variirt. Schwerlich wird daraus den Schluss zu ziehen gestattet sein, dass das Arkosolium nur ganz vereinzelt als Kindergrab gedient habe.

Auch darin unterscheidet sich das Arkosolgrab von dem Loculus, dass in diesem fast immer zwischen Kopfende und Fussende ein Unterschied der Tiefe innegehalten ist (Fig. 19), unseren Särgen entsprechend, während das Arkosolium diese Massdifferenz nur ganz ausnahmsweise hat.

Fig. 17. Sepolcro a mensa.

Fig. 18. Loculus-Arkosolium.

Arkosolium wie Loculus enthielten in der Regel nur ein Grab; seltener zwei oder mehrere, worauf sich die Ausdrücke *locus bisomus* (-σώμα), *trisomus*, *quadrisomus* beziehen. In den sicilianischen Katakomben, und ausnahmsweise in Rom in S. Ponziano, vertieft sich das Arkosolium öfters zu einem langen, in sich abgeschlossenen Schachte, zuweilen mit einer Anzahl von nahe an zwanzig Gräbern.

Später wurden häufig auch die Seitenwände dieser Arkosolgalerien mit Gräbern versehen. In ähnlicher Weise erscheint in Rom, doch selten und in bescheideneren Dimensionen, das sepolcro a mensa erweitert. Abgesehen von den in Katakomben umgewandelten Arenarien ist es daneben vereinzelt, z. B. in Etrurien und in Fünfkirchen in Ungarn, vorgekommen, dass die Wände des Cömeteriums mit Mauerwerk bekleidet und in dieses dann die Gräber eingeschnitten wurden. Oefters dagegen ummauerte man die Arkosolien.

Die Verwendung von Loculusgräbern oder von Arkosolien giebt keinen Massstab für chronologische Abschätzung einer Katakombe und deren Theile ab. Denn während z. B. in S. Callisto in Rom die Loculi den ältesten, die Arkosolien den jüngeren Anlagen angehören, tritt in anderen römischen Katakomben, sowie in den Cömeterien zu Neapel und in den sicilianischen Katakomben das umgekehrte Verhältniss auf, ein Beweis, dass ein gleichmässiger Fortschritt von der einen Form zu der anderen nicht stattgefunden hat. In der Frage der Anwendung der einen oder der anderen Form waren in den einzelnen Fällen die Raumverhältnisse, zufällige Tradition, noch mehr aber die sociale Lage der Gemeinde und ihrer Angehörigen massgebend. Wohlhabendere Gemeindemitglieder wählten mit Vorliebe das kunstvollere, aber auch kostspieligere Arkosolium, ärmere den mit geringem Aufwande zu erwerbenden Loculus. Das bestätigt neben der Art und Weise der Dekoration und den Inschriften die Thatsache, dass die Hauptgalerien in ihrer ursprünglichen Anlage im Allgemeinen Arkosolien, die Nebengalerien Loculi aufweisen. Erst später, als man durch Raummenge sich bedrängt fühlte, wurden neben und über die Arkosolien der Hauptgalerien Loculi eingesetzt, oft in auffallend grosser Anzahl.

Daneben wirkte, wie bemerkt, lokale Tradition mit. So hat das grosse

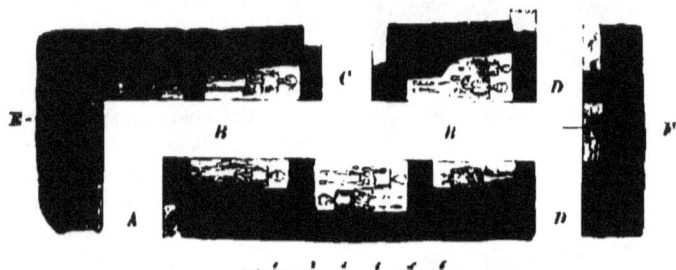

Fig. 19. Loculusgräber in S. Ciriaca (Rom).

Cömeterium zu Kyrene kaum ein halbes Dutzend Loculi, was gewiss nicht zufällig ist, sondern auf Herkommen sich gründet.

Von der Tiefe der Loculi und der Formung der Hinterwand giebt Fig. 19 ein Bild. *A, B, C, D* bezeichnen die Galerien, die dunkel schraffirten Theile den Tuf, in welchem die Katakombe angelegt ist.

Den Verschluss der Einzelgräber bildeten feste Platten *(tabulae)*. Vorzüglich bediente man sich dazu des Marmors, daneben grosser Ziegelstücke. Die Befestigung der Platte geschah vermittelst Mörtels, zuweilen mit Beihülfe eiserner Klammern, wodurch ein luftdichter Verschluss erzielt wurde. Nur ein einziges Mal ist in einer römischen Katakombe, in S. Agnese, das Grab offen gelassen, dafür aber der Eingang des Cubiculums hermetisch verschlossen worden.

Insofern die Einsetzung der Platte den Abschluss der Bestattung darstellte, wurde *tabulam ponere* synonym mit „begraben". Zeugniss dafür ist eine Inschrift aus S. Ciriaca: **BINCENTIVS KARO FILIO KARISSIMO**

BENEMERENTI POSVIT TABVLA QVI BIXIT ANNOS III ET DIES XXII und eine andere aus demselben Cömeterium: POSVIT TABVLA MAGISTER DISCENTI PAMPINO BENEMERENTI.[1] Die jüdischen Gräber hatten eine eigene Art des Verschlusses: sie wurden mit einzelnen Steinen fest zugemauert. Es mag diesem Verfahren die Absicht zu Grunde gelegen haben, die Leichen, die für unrein galten, möglichst abzuschliessen. Doch findet sich ausnahmsweise auch der Tafelverschluss, z. B. in der Katakombe der Vigna Randanini.

Von den oben bezeichneten Hauptgrabformen lassen sich Fig. 13—16 auch in heidnischen, und Fig. 13—15 in jüdischen sepulcralen Anlagen nachweisen. In griechisch-römischen und in phönikischen Grabkammern

Fig. 20. Grabfaçade in Moudjeleia.

sind die Formen Fig. 14 und Fig. 15 besonders beliebt, in jüdischen der Loculus, doch nicht mit Längen-, sondern mit Breitenfront.

Der Eingang der in eine Felswand eingegrabenen Katakomben war ohne Zweifel in den meisten Fällen künstlerisch ausgebaut oder wenigstens architektonisch markirt. Dahin weisen, abgesehen von dem entsprechenden Brauche des Heidenthums, die Reste des im Jahre 1865 wiederaufgedeckten Vorbaues von S. Domitilla und die zum Theil wohl erhaltenen Façaden christlicher Privatgrabkammern in Syrien. Letztere zeigen häufig eine antiken Tempelfaçaden nachgebildete, an die lykischen Felsengräber erinnernde Eingangsseite. So ein Grab in Moudjeleia (Fig. 20).[*]

Wo dagegen die Terrainverhältnisse es bedingten, die Katakombe mit einer absteigenden Treppe beginnen zu lassen, ist wohl die Eingangsöffnung in irgend einer Weise umschlossen und überbaut worden, ent-

[1] Buonarroti, Vetri S. 20, 24.

Die constructiven Details.

weder durch ein festes Gefüge von Wänden oder durch einen Säulenaufbau. Für Beides finden sich Beispiele in Syrien.⁵ Unmittelbar neben dem Eingange, das ist anzunehmen, befand sich die Wohnung des Grabeswächters (τοποφύλαξ), dem die Aufsicht über das Cömeterium zufiel. Einen solchen finden wir sammt dem für ihn ausgeworfenen Gehalt in nachstehender, wahrscheinlich stadtrömischer, Inschrift⁶ erwähnt.

ΕΠ ΤΩΔΕ ΤΩ ΤΟΠΩ ΤΟΥ ΚΑΤΑΓΑΙΟΥ ΠΗ
ΚΑΤΑΠΑΥϹΙΝ
ΠΟΙΗϹΑϹΘΑΙ ΔΩΡΕΑΝ ΤϹΟΠ(Α)Α Ε(ΠΕ)ϹΩΝ ΤΩΠ
ΤΕ ΤΟΠΟΦΥΛΑΚΙ
ΚΑΙ ΦΟϹϹΟΡΙ ✳ ΔΕΚΑ ΠΑΡΑΠΓΕΑΛΩ ΤΕ ΕΠ
ΟΠΟΜΑΤΙ ΚΑΙ
ΜΕϹΕΠΕΙΑ Θ(εο)Υ ΜΗΤΕ ΕΝ ΤΑΙϹ ϹΤΟΑΙϹ ΜΗΤΕ
ΕΝ ΤΩ ΚΗΠΩ
ΠΥΕΔΟΠ Η ϹΩΜΑ ΤΕΘΗΝΑΙ ΠΑΡΕΞ ΤΩΠ
ΑΡΧΗΘΕΝ ΩΡΙϹΜΕ
ΠΩΠ ΠΥΕΔΩΠ ΔΥΟ Ο ΔΕ ΑΠΠϹΟΜΕΠΟϹ ΚΑΙ
Ο ΕΠΙΦΕΡΩΝ
ΤΕΘΗΝΑΙ ΛΟΓΟΝ ΤΩ Κ(υρι)Ω ΔΩϹΟΥϹΙΝ.¹)

Ohne Zweifel war nur ausnahmsweise für eine Einzelgrabstätte ein Wächter bestellt; in der Regel beaufsichtigte derselbe eine ganze Region, wie es auch im Heidenthume der Fall war.⁷

In dem oben erwähnten Vorbau von S. Domitilla glaubt DE ROSSI die Kammer des Grabeswächters noch nachweisen zu können. In nachconstantinischer Zeit scheint das Institut allmählich in Wegfall gekommen zu sein; denn jetzt werden die Gräber häufig dem Schutze der bürgerlichen Gemeinde oder der Kirche empfohlen. In diesem Sinne heisst es auf einer Inschrift in Julia Concordia (Portogruaro) in Oberitalien:

(arca)M COMENDAMVS SANCTE AECLESIAE (c)IVITATIS CONCO(r)DIEN SIVM

Und auf einer anderen⁸ ebendaselbst:

---

¹) „Hier in unterirdischem Grabesraume mir eine Ruhestätte zu schaffen, habe ich als Gabe dem Grabeswächter und dem Fossor zehn Denare bestimmt. Ich bitte aber im Namen und bei der Allgegenwart Gottes, weder in der Säulenhalle noch in dem Garten einen Sarkophag aufzustellen oder einen Leichnam zu bestatten ausser den beiden Sarkophagen, die von Anfang an in Aussicht genommen wurden. Der es begehrt und der es gewährt, soll dem Herrn Rechenschaft dafür ablegen."

FL GIDNADIVS VETERANVS
BENE MERITVS ET EMILIA APRA
DE PROPRIO LABORE SVO ARCA
SIBI CONPARAVERVNT SOLO CON
CORDIENSI POS OVITV NOS SI QVIS VO
LVERIT APERIRE DABIT FISCO SOL X[1]

Flavius Gidnadius (Gennadius!) veteranus bene meritus et Emilia Apra de proprio labore suo arcam sibi comparaverunt solo Concordiensi; post obitum nostrum si quis voluerit aperire, dabit fisco solidos decem.

Das Aussehen der römischen Katakomben in den siebziger Jahren des vierten Jahrhunderts schildert aus späterer Erinnerung HIERONYMUS[2] folgendermassen: „In der Zeit meiner ersten wissenschaftlichen Ausbildung in Rom pflegte ich mit gleichgestimmten Altersgenossen Sonntags die Gräber der Apostel und Märtyrer zu besuchen und in die Gänge hinabzusteigen, welche in der Tiefe der Erde ausgegraben sind und in deren Wänden links und rechts von dem Eintretenden die Leiber der Todten liegen. So dunkel ist der Raum, dass man meinen möchte, es erfülle sich hier das prophetische Wort: „sie müssen lebendig in die Hölle fahren" (Ps. 55, 16). In bestimmten Zwischenräumen mildert von oben (durch die Luminaria) hereinbrechendes Licht die schreckliche Finsterniss, aber so spärlich, dass es nicht durch eine Fensteröffnung, sondern durch einen Spalt einzutreten scheint. Wenn man dann vorsichtig Schritt für Schritt weiter geht und wieder dichte Nacht Einen umhüllt, denkt man unwillkürlich an die Worte Virgils (Aen. II, 755):

„*Grauen rings um mich her, und schreckvoll selber die Stille.*"

Deutlicher beschreibt PRUDENTIUS[2] die Ruhestätte des Hippolytus mit den Worten:

Haud procul extremo culta ad pomoeria vallo
Mersa latebrosis crypta patet foveis.
Hujus in occultum gradibus via prona reflexis
Ire per anfractus luce latente docet.
Primas namque fores summo tenus intrat hiatu
Illustratque dies limina vestibuli.
Inde ubi progressu facili nigrescere visa est
Nox obscura, loci per specus ambiguum,
Occurrunt caesis immissa foramina tectis,

---

[1] „Der wohlverdiente Veteran Gennadius und Emilia Apra haben aus eigenem Vermögen sich diesen Sarkophag auf concordiensischen Boden gekauft. Sollte Jemand nach unserem Tode ihn zu öffnen wagen, der zahlt dem Fiscus 10 Solidi."

[2] PERISTEPH. XI, 153 ff.

Quae jaciunt claros antra super radios.
Quamlibet ancipites texant hinc inde recessus
Arcta sub umbrosis atria porticibus:
Attamen excisi subter cava viscera montis
Crebra terebrato fornice lux penetrat,
Sic datur absentis per subterranea solis
Cernere fulgorem luminibusque frui.

Die Area, welche das Cömeterium umschloss, wurde durch diese letztere Thatsache ihrer ursprünglichen Bestimmung als Garten- oder Ackerstück nicht entzogen. Dies wird nicht nur durch die gleiche Sitte des Heidenthums wahrscheinlich gemacht, sondern durch Inschriften, welche die Area „Garten" (*hortus, hortulus, agellus, agellulus,* κῆπος, *cepotaphium*) nennen, direkt bezeugt. Auch der Schmuck von Säulenhallen und umfangreichen Bauten scheint vielfach, nach dem Vorgange der Antike, der Friedhofsfläche gegeben zu sein.[10]

---

[1] Ueber die Papstkrypte DE Rossi, *R. S.* Bd. II, S. 20 ff.; über die angebliche Ruhestätte des Petrus im Cömeterium ad Catacumbas und auf dem Campus Vaticanus meine *Arch. Stud.,* S. 220 ff.; ebend. über die angebliche Grabschrift des Linus.

[2] Für die entgegengesetzte Ansicht, welche sämmtliche ältere Bearbeiter der *Roma sotterranea* vertreten und in neuerer Zeit besonders MARCHI geltend zu machen gesucht hat, werden angeführt a) literarische Quellen: CYPRIAN, ep. LXXX: *Xistum autem in cimiterio animadversum sciatis.* (Auch LIPSIUS, *Chronol. d. röm. Bisch.,* S. 212 ff.) Von einer Gemeindeversammlung ist indess in diesen Worten nicht die Rede. Wenn eine Inschrift des Damasus (GRUTER, *Inscript.* 1173, 13) eine solche hier voraussetzt, so beweist dies noch nichts, da Damasus auch sonst im Besitze getrübter Ueberlieferungen erscheint. — In dem oben (S. 38, Anm. 7) angeführten Edikte Valerian's ferner, auf welches man sich weiterhin beruft, ist zwischen den gottesdienstlichen Versammlungen (σύνοδοι) und dem Betreten der Katakomben genau unterschieden. So auch *Acta Cypriani* (RUINART S. 216): *Sanctissimi imperatores Valerianus et Gallienus … praeceperant, ne in aliquibus locis conciliabula fiant ne caemeteria ingrediantur.* Wenn dagegen in einer Verordnung des Maximinus (EUSEB. IX, 2: πρῶτον μὲν εἴργειν ἡμᾶς τῆς ἐν τοῖς κοιμητηρίοις συνόδου διὰ προφάσεως πειρᾶται) geradezu von einer σύνοδος in den Katakomben die Rede ist, so handelt es sich auch hier nur um sepulcrale Feierlichkeiten. Denn bis zu dem Vorgehen des Kaisers gegen die Christen hatte die Kirche vollständigen Frieden, also keine Veranlassung, ihre Gemeindeversammlungen in die Verborgenheit der Katakomben zu hüllen. Die notorisch in nachconstantinischer Zeit, im fünften und sechsten Jahrhundert entstandenen literarischen Quellen (angeführt bei DE Rossi, *R. S.* III, S. 478 ff.) müssen hier unberücksichtigt bleiben. — b) Die Monumente: 1. eine dreitheilige Anlage in S. Callisto (DE Rossi, *R. S.* III, S. 295). Selbst wenn zugegeben wird, dass die drei Kammern ursprünglich keine Gräber hatten, so ist damit nicht die Möglichkeit ausgeschlossen, dass hier Sarkophage standen. Ausserdem vermag der Raum höchstens dreissig Personen zu fassen. 2. Eine Grabkammer in der Nähe des Cubiculums des Bischofs Eusebius (DE Rossi, *R. S.* II, S. 297 ff.). Hier kommen dieselben Gegenmomente

zur Wirkung. 3. Dasselbe gilt von den sog. Kapellen in S. Agnese und im Cömeterium Ostrianum (ARMELLINI, S. *Agnese* tar. 5, 6; MARCUI a. a. O. tar. 17, 25, 28, 35, 37). Zudem sind hier Gräber vorhanden. Die angeblichen Bischofssitze im Cömeterium Ostrianum (Abb. bei ROLLER, *Cat.* pl. LXIII) dienten als Ehrensitze bei Begehung der sepulcralen Feierlichkeiten und finden sich mit derselben Bestimmung auch in heidnischen Grabanlagen. In der genannten Katakombe stehen diese aus dem natürlichen Gestein geschnittenen Stühle wechselnd in der Mitte der Hinterwand, in einer Ecke derselben, an der rechten Seiten- und an der Thürwand. Erst in nachconstantinischer Zeit, als die Märtyrerverehrung aufblühte, legte man in und über den Katakomben kapellenartige Räume an oder wandelte Cubicula und Galerien in solche um. So entstanden in Neapel das sog. Oratorio di S. Giovanni in der unteren und eine grössere Kapelle in der oberen Galerie, in Rom die Basiliken S. Domitilla, S. Agnese u. a. Die ältere und neuere Literatur über die Frage bei DE ROSSI, *R. S.* III, S. 478.

[3] Die seltsam schwankende Linie der Luminarien in der Hauptgalerie von S. Giovanni in Syrakus erklärt sich daraus, dass die Galerie in eine antike Wasserleitung eingebrochen ist, und einzelne Schachte dieser als Luminarien benutzt worden sind. Vgl. m. *Arch. Stud.*, S. 137.

[4] Vorhalle von S. Domitilla, abgeb. bei DE ROSSI, *Bull. di archeol. crist.* 1865, S. 96. Die syrischen Denkmäler: DE VOGÜÉ, *La Syrie centrale. Architecture.* ff. pl. 88, 82, 89, 95.

[5] VOGÜÉ a. a. O. pl. 74, 75, 77, 78.

[6] C. J. Gr. IV, n. 9546; auch CHRYSOST., *De Daride hom.* I (Bd. IV, S. 864 ed. Bened. nova).

[7] Die oben S. 14 Anm. 1 mitgetheilte Inschrift ist ein Beleg, dass ein Grabeswächter mehrere sepulcrale Anlagen beaufsichtigte. Denn der Wächter der Flaviae Thymelo übt zugleich die Aufsicht über das Grab des Alphius. Meine *Diss. de christ. rell. reb. sepulcr.*, S. 30 ff.

[8] Vgl. auch C. J. L. V, 2, n. 8749, 8745; *Bull. di archeol. crist.*, 1878, S. 135; ferner C. J. L. V, 2, n. 8728, 8738, 8740, 8755, 8697, 8723, 8724 u. s. w.

[9] HIERONYMUS, *In Ezech.* c. 9: *Dum essem Romae puer in liberalibus studiis erudirer, solebam cum ceteris ejusdem aetatis et propositi diebus dominicis sepulcra apostolorum et martyrum circumire crebroque cryptas ingredi, quae in terrarum profundo defossae ex utraque parte ingredientium per parietes habent corpora sepultorum. Et ita obscura sunt omnia, ut propemodum illud propheticum compleatur: descendant in infernum viventes. Et raro desuper lumen admissum horrorem temperat tenebrarum, ut non tam fenestram quam foramen demissi luminis putes. Rursumque pedetemtim acceditur et cara noctis circumdatis illud Vergilianum proponitur: „horror ubique animo, simul ipsa silentia terrent."* — Auch LUTHER besuchte während eines Aufenthaltes in Rom i. J. 1511 die Katakomben. Er sagt darüber in seinen Tischreden (Ww. Erlang. LX, S. 192): „In Rom in S. Calixti Kirche liegen begraben 176,000 heiliger Körper und 45 Päpste Märtyrer; sie liegen unter der Erden. Denselben Ort heissen sie Crypta, die Höhle." (Vgl. auch Bd. XL, S. 107.)

[10] Vgl. die Inschrift oben S. 81; ferner IN ORTO METRODORI (Salona — C. J. L. III, n. 2207); IN SARCOPHAGO IN HORTVLIS NOSTRIS SECESSIMVS (DE ROSSI, *R. S.* I, S. 109). Dazu eine römische antike Inschrift ORELLI n. 4585, in welcher es heisst: HVIC · MONVMENTO · CEDET HORTVS · IN · QVO · TRICLIAE VINIOLA · PVTEVM · AEDICVLAE — — · ITA · VTI · CVM MACERIA A · ME · CIRCVM · STRVCTA · EST; ferner ORELLI n. 4561 (AGELLVS CONCLVSVS); *Bull. di corrisp. archeol.* 1870, S. 16 ff. (IN AGELLVLIS MEIS SECESSI). Vgl. DE ROSSI, *R. S.* I. S. 207; III, S. 429.

Dritter Theil.
Die Bildwerke der Katakomben.

Erster Abschnitt.

Entwickelungsgang der altchristlichen Kunst.

In dem Volksthume, aus dessen Mitte das Christenthum hervorging, war ebensowenig Fähigkeit für künstlerisches Schaffen wie Lust und Drang dazu vorhanden. Die Freude am Schönen, wie es durch die bildende Kunst geboten wird, und der ästhetische Sinn gingen dem Juden ab. Auch da, wo die Angehörigen dieses Volkes in der Diaspora in eine Culturwelt mit blühender Kunst sich hineingestellt fanden und mannigfache Anregungen ihnen nahetreten mussten, haben sie sich diesen gegenüber entweder schroff ablehnend verhalten oder nur in geringfügiger Weise und widerstrebend nach dieser Seite hin Concessionen an ihre Umgebung gemacht.

Der bildliche Schmuck der Lampendeckel und der Grabsteine ist selten mehr als die flüchtige, blos andeutende Zeichnung des siebenarmigen Leuchters. In der Goldgläserfabrikation zeigt sich ein grösseres Entgegenkommen des Judenthums in der Richtung auf die zeitgenössische Kunst hin. Doch sind auch hier menschliche Gestalten verschmäht, und der Cyklus erscheint auf eine dürftige Zahl stereotyp wiederholter Darstellungen eingeschränkt. Man fühlt deutlich den Zwang durch, an sich zu halten und dem der inneren Neigung widerstrebenden Modedrucke nicht allzusehr nachzugeben.[1]

Nur einmal, soweit bisher bekannt, hat eine rückhaltlose Hingabe an die Sitte der Zeit seitens des Judenthums stattgefunden. In dem schon mehrmals erwähnten jüdischen Cömeterium in der Vigna Randanini sind zwei Grabkammern in einer Weise ausgemalt, die völlig überrascht. Die Decke des einen Cubiculums zeigt in der Mitte, von einem Kreise umschlossen, eine Victoria, welche einen neben ihr stehenden Jüngling krönt.

Um diese Gruppe ordnen sich, geschickt vertheilt und in mannigfach geformte Felder eingesetzt, Pfauen und Vögel.

Aehnlich ist das Deckenbild der zweiten Grabkammer entworfen. Im Centrum steht hier eine weibliche Gestalt, die in der Linken ein Füllhorn hält und mit der Rechten eine Opferschale ausgiesst. An den vier Ecken sind nackte, leicht schwebende Genien gemalt. Daneben finden sich von Einzelfiguren Greifen, Enten, ein Hahn, ein Bock und kleine Vögel.

Die Composition dieser Malereien und die Mehrzahl der in ihr beschlossenen Einzelbilder erinnert so sehr an die cömeteriale Dekoration der Christen, dass der Schluss berechtigt erscheint, das Judenthum sei hier den durch die christliche Kunst gebotenen Vorlagen gefolgt. Welche zufälligen Verhältnisse diese Nachahmung herbeigeführt haben, lässt sich nicht errathen. Dass sie aussergewöhnlicher Art waren, ergiebt sich aus der Einzigartigkeit dieses Falles, und so kann dieses eine Beispiel nicht berechtigen, das Urtheil über die Stellung des antiken Judenthums zur Kunst, wie es oben formulirt wurde, umzustossen oder auch nur zu modificiren.

Das Christenthum hat, solange es an palästinensischem Boden haftete, an dieser nationalen Eigenart selbstverständlich Theil gehabt. Daraus erklärt sich, dass in Palästina selbst ältere christliche Denkmäler durchaus fehlen. Indess hatte dieser Zustand nur eine Dauer von wenigen Jahren. Der „Herold des Morgenlandes und des Abendlandes", der Apostel Paulus, erschloss dem Evangelium die griechisch-römische Welt und leitete damit eine Entwickelung ein, die nach wenigen Dezennien das Heidenchristenthum zur Majorität in der Kirche erhob.

Diese Majorität gehörte bis dahin einem Culturleben an, dem Kunstthätigkeit und Vorliebe für Kunst charakteristisch waren und in welchem man diese als unentbehrliches Bedürfniss des Daseins zu betrachten gewohnt war, wobei es für unsere Frage gleichgültig bleibt, wie weit wirkliches Verständniss und wie weit Nachgiebigkeit gegen die allgemeine Sitte dabei wirksam waren. Die in diesen Anschauungen und Verhältnissen aufgewachsenen Menschen hatten keine Veranlassung, ihr Interesse für die Kunst und deren Schöpfungen in dem Taufwasser zu begraben. Sie fanden im Christenthume kein Moment, dass ihre künstlerischen Neigungen und Liebhabereien als solche negirt hätte. Nur insoweit die Kunst idololatrischen oder unsittlichen Charakters war, begegnete ihr hier mit Recht Widerspruch. Wenn Einzelne in der Kirche, wie Tertullian und Clemens v. Alexandrien, in dieser Beziehung Gebrauch und Missbrauch nicht zu scheiden verstanden und jenen mit diesem verwarfen, so folgte ihnen die Mehrheit auf diesem Wege nicht. Das beweist die Thatsache, dass die Gemeinden der ersten Jahrhunderte allein in den Katakomben einen überaus reichen Kunstschatz hinterlassen haben, woraus sich auf eine rege und leistungsfähige Mitarbeit an der Kunstthätigkeit der alten Welt und auf ein gutes Verständniss für dieses Gebiet zurückschliessen lässt. Die bis in die jüngste Zeit beliebte Meinung, dass die alte Kirche in der Kunstübung durch jüdische Traditionen und eigenen Rigorismus beengt gewesen sei und erst seit Constantin d. Gr. diese Schranken zu durchbrechen angefangen habe, kann daher als den offenbaren Thatsachen widersprechend nicht mehr in Frage kommen. Gleich irrthümlich freilich ist die in populären und wissenschaftlichen Schriften römisch-katholischer Verfasser übliche Identificirung von Kunstinteresse und Bilderverehrung.³

Durch die Thatsache lebendiger Theilnahme der Gemeinden an der Kunstthätigkeit ihrer Gegenwart scheint die Erklärung des bekannten 36. Kanons der Synode zu Elvira v. J. 306: *Placuit picturas in ecclesia non esse debere, ne quod colitur et adoratur in parietibus depingatur* — noch erschwert zu werden; jedenfalls fordert sie, dass sämmtliche bisherigen Interpretationen ausser Cours gesetzt werden. Es ist hier nicht der Ort auf dieselben im Einzelnen einzugehen. Die neuestens beliebt gewordene Deutung, dass jenes Verbot sich allein auf Gegenstände des Cultus und der Anbetung beziehe und durch die Absicht motivirt sei, solche Darstellungen nicht der Zerstörung und Verunehrung seitens der Heiden preiszugeben¹), kann am wenigsten in Betracht kommen. Davon liegt im Kanon nicht die geringste Andeutung: es werden Bilder in den Kirchen überhaupt verboten, und dieser Entscheid wird damit begründet, dass es sich nicht zieme, die göttlichen Personen — denn um diese handelt es sich allein in dem *quod colitur et adoratur* — zu malen. Das Verbot traf demnach in seiner Consequenz auch die Katakombenmalerei, insofern in dieser Darstellungen Christi üblich waren, und richtet sich gegen jede religiöse Malerei; denn eine solche ist ohne Darstellungen dessen *quod colitur et adoratur* nicht denkbar. Der Kanon hat also eine entschieden bilderfeindliche Tendenz und war wahrscheinlich die Reaction gegen ein mächtiges Eindringen der bis dahin in die Cömeterien gebannten Kunst in die Basiliken. Welche lokale Verhältnisse weiterhin den Kanon geschaffen, lässt sich nicht errathen. Folge ist ihm jedenfalls nicht gegeben worden.

Die bildende Kunst wird in ihren drei Hauptgebieten durch altchristliche Monumente belegt, jedoch nicht gleichmässig. Die Malerei hat das entschiedene Uebergewicht. Die Skulptur zeigt in den drei ersten Jahrhunderten eine offenbare Abneigung gegen das Statuarische und erscheint fast ausschliesslich in der verkümmerten Form des Graffito. Auch im vierten bis

---

¹) HEFELE, *Conciliengeschichte*. 2. Aufl. I, S. 170. In Uebereinstimmung damit DE ROSSI (*R. S.* III, S. 475) und KRAUS (*R. S.*, S. 221 ff.).

sechsten Jahrhundert bewahrt sie diese Stimmung, indem sie sich mit Vorliebe auf das Relief bezieht. Die Motive scheinen sowohl religiöse gewesen zu sein, insofern die statuarische Figur den Götterbildern eigenthümlich ist, als auch technische, da die Herstellung von Statuen eine Kunstfertigkeit voraussetzt, die in den Gemeinden im Allgemeinen fehlte. Doch darf die Arbeit der christlichen Künstler auf dem Gebiete des Statuarischen nicht allein nach den uns vorliegenden Denkmälern bemessen werden, da diese fast ausschliesslich aus den Katakomben beschafft sind, in denen für Statuen keine Verwendung war. Es ist anzunehmen, dass das christliche Haus des Statuenschmuckes nicht ganz entbehrte.

Am wenigsten hat die altchristliche Architektur in den drei ersten Jahrhunderten Gelegenheit gehabt, sich zu bethätigen und eigenartig zu entwickeln. Die Katakombenbauten gehören eher in das Gebiet des Kunsthandwerks als der Kunst.

Der Kunstwerth der altchristlichen Denkmäler steht im Allgemeinen, wie nicht anders zu erwarten, hinter demjenigen der gleichzeitigen heidnischen Werke zurück. Nur wenige Schöpfungen christlicher Hand erreichen die Höhe der Vollendung besserer Erzeugnisse der griechisch-römischen Kunst, wie die Wand- und Deckenmalereien in zwei Vorsälen der Katakomben von S. Gennaro dei Poveri in Neapel und in der Eingangsgalerie von S. Domitilla in Rom, sowie eine jetzt im Lateranmuseum befindliche Statue des guten Hirten. Diese Thatsache wird daraus zu erklären sein, dass Künstler nur in sehr geringer Anzahl in die Kirche einzutreten sich bereit gefunden haben, da die geänderte religiöse Stellung eine Einschränkung der bisherigen Kunstthätigkeit, genauer Verzichtleistung auf Herstellung idololatrischer oder durch die christliche Ethik als unsittlich beurtheilter Darstellungen bedingte, wodurch der Erwerb der Künstler schwer geschädigt werden musste. Indess darf auch in diesem Falle der vorliegende Monumentencomplex nicht als absoluter Massstab für die Beurtheilung der christlichen Kunstleistung nach dieser Seite hin gedacht werden, da die vorhandenen Malereien, welche etwa vier Fünftel der vorconstantinischen Monumente christlichen Ursprunges ausmachen, in engen unterirdischen Räumen und bei ungenügendem Lichte auszuführen waren.

Die christliche Kunst ist auf dem Boden der antiken Kunst entstanden, hat diese als Voraussetzung. Es gab eine Zeit, wo die Kunst in der Kirche die unverändert heidnische war. Die Verhältnisse mussten nothwendigerweise diese mit Unrecht in Frage gestellte eigenthümliche Sachlage schaffen. Das Kunstbedürfniss konnte in christlichen Kreisen durch eine christliche Kunst nicht befriedigt werden, weil man eine solche nicht besass und zu improvisiren nicht vermochte. So begnügte man sich vorerst mit der Kunst des Heidenthums, insoweit dieselbe die sittlich-religiöse Stimmung der Gemeinde nicht verletzte. Man konnte sich hierzu um so leichter entschliessen, da die Antike sepulcrale Malereien in grosser Auswahl und darunter zahlreich auch solche bot, welche den Voraussetzungen, von denen die Gemeinde ausging, genügten.

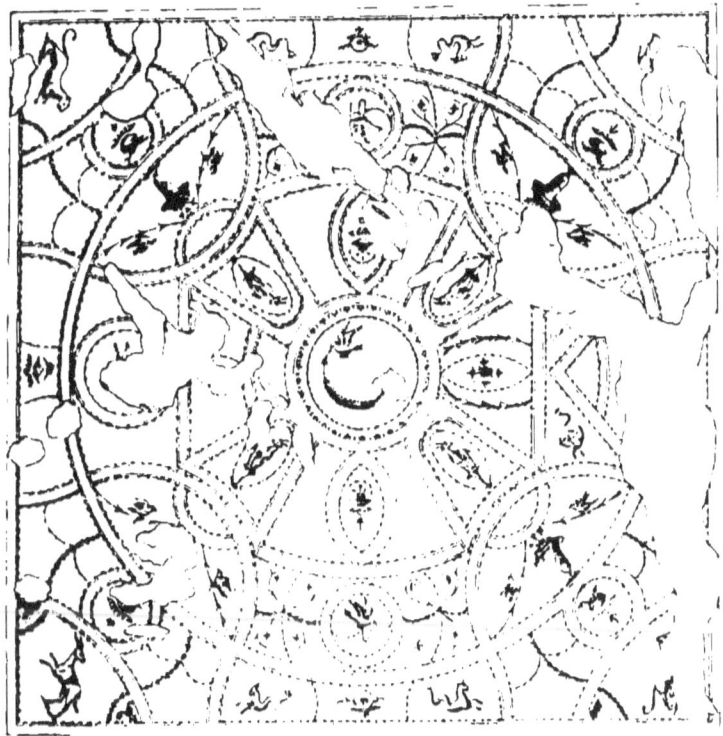

Fig. 21. Deckengemälde in den neapolitanischen Katakomben.

Einen instruktiven Beleg für diese Stufe bietet das dem ersten Jahrhundert angehörende Deckengemälde im unteren Vorsaale der Katakomben von S. Gennaro de' Poveri in Neapel (Fig. 21).

Hier finden wir keine einzige spezifisch christliche Figur, wohl aber Stücke aus dem auch in heidnischen Grabkammern beliebten Bacchuscyklus: Panther, Steinböcke, Seepferdchen. Die eine Guirlande tragende, auffliegende Taube im Centrum ist nicht ein ausschliesslich christliches Sujet und gestattet in dieser Umgebung keine Umdeutung im Sinne christlicher Symbolik. Dasselbe gilt von der Anfangsgalerie der Domitilla-Katakombe in Rom. Christliche Figuren und Zeichen fehlen. Dagegen sind auf den Arkosolwänden der rechten Seite Landschaftsbilder im Stile der in Pompeji erhaltenen ausgeführt. Auf einem derselben sieht man sogar einen Spendeakt vor einer Herme. Auch der mit erntenden Putti besetzte gewaltige Weinstock, welcher das Tonnengewölbe der Galerie überrankt, ist ein antikes Dekorationsstück und ermangelt des symbolischen Inhaltes. Endlich sei noch, um von kleineren Stücken abzusehen, die Dekoration der sog. *crypta quadrata* in S. Pretestato zu Rom erwähnt, deren Gewölbe mit stilisirten Pflanzen sowie mit Psychen und Eroten, die Getreide schneiden und einheimsen, geschmückt sind. Zwar tritt gegenwärtig in dieses durchaus antike Ensemble die Gestalt des guten Hirten ein, aber eine genaue Prüfung zeigt deutlich, dass dieselbe erst in späterer Zeit nachträglich in das bereits fertige Ganze eingetragen wurde.

Diese Lage, wie natürlich sich dieselbe auch darstellt, war ein Nothbehelf und von vornherein nur als provisorisch gedacht. Die Schöpfung einer eigenen christlichen Kunst war das von den christlichen Künstlern zu erstrebende Ziel. Und je mehr seit dem Ende des ersten Jahrhunderts die Kirche äusserlich und innerlich erstarkte, um so grösser musste der Drang werden, auf dem Gebiete der Kunst sich von dem Heidenthume zu emanzipiren. Der erste Schritt nach dieser Richtung hin war die Eintragung von Einzelfiguren christlichen Charakters in das übernommene Ganze, jedoch mit dem weiteren Ziele einer Vermehrung und Verstärkung dieses Einzelnen und der endlichen Gewinnung eines Complexes, den man schliesslich an die Stelle des Frühern setzen könnte.

Diesen Versuch illustrirt das leider fragmentarische Deckengemälde des oberen Vorsaals der genannten neapolitanischen Katakombe, welches dem beginnenden zweiten Jahrhundert anzugehören scheint (Fig. 22).

Das Bild ist in seinem Grundtone und in seiner Grundanlage durchaus heidnisch. Die Victoria, die Eroten und Psychen, die Panther, der Greif, die Seepferdchen, die Masken, die Frauenköpfe und die Granatäpfel sind beliebte Stücke antiker Dekorationsmalerei; ohne Rücksicht auf ihren heidnisch-sepulcralen Inhalt hat der christliche Künstler sie herangezogen. Andererseits hat er seine Selbständigkeit oder wenigstens ein Streben nach Selbständigkeit dadurch bezeugt, dass er in dieses Ganze Figuren und Gruppen einschob, die dem christlichen Gedankenkreise entstammen und als die ersten Fundamente christlicher Kunst anzusehen sind: die thurmbauenden Jungfrauen, der Säemann, Adam und Eva. Aber sie sind wie versuchsweise geschaffen und treten in ihrer Wirkung gegenüber den concurrirenden heidnischen Figuren zurück.

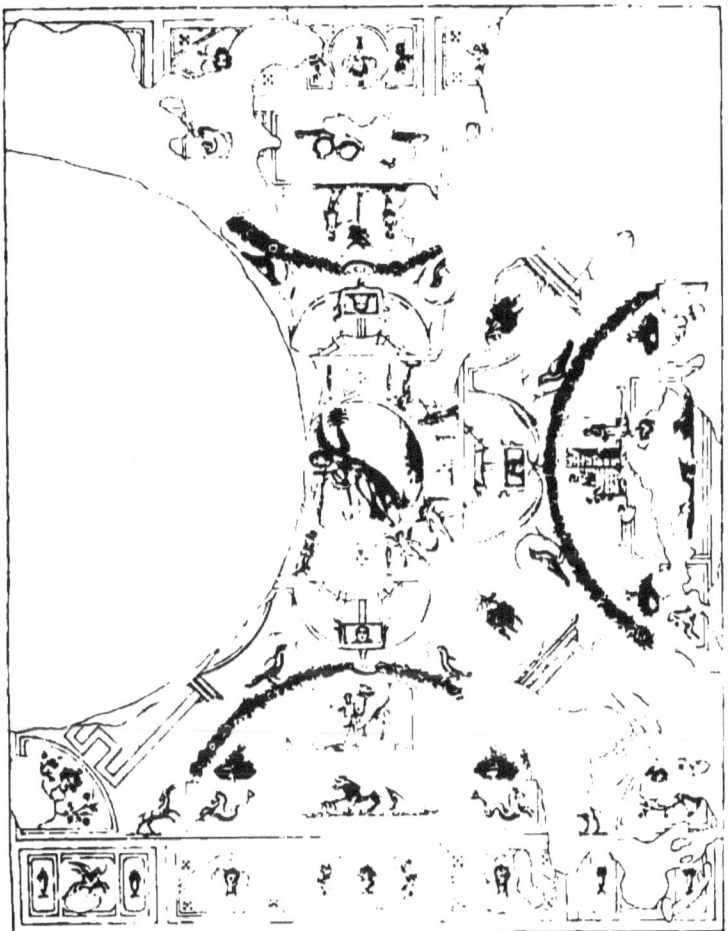

Fig. 22. Deckengemälde in den neapolitanischen Katakomben.

Das Wandgemälde stellt demnach den ersten uns bekannten Versuch dar, der Kunst in der Kirche den Charakter des Christlichen aufzuprägen.

Die Anfänge drängten weiter. Die Ausscheidung des Heidnischen vollzog sich in wachsendem Umfange. Sehr wahrscheinlich schon um die

Mitte des zweiten Jahrhunderts, jedenfalls aber in den letzten Dezennien desselben kehrte das frühere Verhältniss sich vollständig um: das Christliche wird das Dominirende, das Antike sinkt zu einem untergeordneten, accessorischen Momente herab. Diese Lage spiegeln sämmtliche Bildwerke diesseits der Grenzscheide des zweiten und des dritten Jahrhunderts wieder.

Indess hinderte eine solche Emancipation nicht einen ununterbrochenen Contact der christlichen mit der antiken Kunst. Jene hat auch in der Folgezeit aus dieser Anregung und Stützung in reicher Fülle entnommen. Reminiscenzen an die Antike klingen in der altkirchlichen Kunst überall durch, ganz abgesehen von den Einzelstücken, welche jene an diese abgegeben hat. Ja, die christliche Kunst der ersten Jahrhunderte erscheint da auf der Höhe ihrer Formvollendung, wo die Antike den kräftigsten Einfluss auf sie übt, nämlich an der Wende des zweiten und des dritten Jahrhunderts. Seitdem geht es mit beiden Grössen rasch abwärts. Die heidnische Kunst, unfähig ihre eigene Existenz zu behaupten, tritt aus der Sphäre der Einwirkung auf die christliche Kunst zurück und veranlasst dadurch auch den Verfall dieser, wie die Monumente zeigen. Unter Constantin d. Gr., wo römische und christliche Cultur ineinandertreten, wird ebendadurch und durch unmittelbares Eingreifen des Kaisers noch einmal eine Hebung der christlichen Kunst auf dem Gebiete der Sarkophagsculptur und der Goldgläserkunst erwirkt; doch nur vorübergehend. Seit dem Ende des vierten Jahrhunderts erscheint die christliche Kunst in voller Auflösung. Die splendide Privilegirung talentvoller Maler durch ein Edict der Kaiser Valentinianus, Valens und Gratianus v. J. 374 vermag nicht, den hereinbrechenden Ruin zu hemmen.[3]

Im Laufe ihrer Entwicklung schuf sich die altchristliche Kunst einen reichen Bildercyklus. Den grössten Umfang erreicht dieser am Ausgange des dritten Jahrhunderts. Das vierte Jahrhundert fügt zwar in der Plastik und Goldgläserfabrikation neue Stücke hinzu, giebt aber zugleich eine grosse Anzahl bereits vorhandener Figuren und Gruppen wieder auf, ist daher in Wirklichkeit nur wenig reicher als das dritte Jahrhundert.

Die altchristliche cömeteriale Kunst ist, soweit sie nicht antike Ueberlieferung, eine Schöpfung des volksthümlichen christlichen Geistes, weder herangezogen noch in ihrer Einzelentwickelung regulirt durch die kirchliche Behörde, sondern aus der Gemeinde herausgewachsen. Die Theologie hat nicht den geringsten Einfluss auf die damalige Kunst geübt, und gerade dieser Umstand erhöht den Werth dieser letzteren insofern, als sie sonach als ein unmittelbares und ungetrübtes Zeugniss des volksthümlichen christlichen Glaubens, der durchaus nicht immer mit der zeitgenössischen Theologie sich deckt, zu betrachten ist.[4]

¹ Versuche, bei den Juden wirkliche Kunstthätigkeit und Kunstinteresse nachzuweisen, sind u. A. gemacht worden von HERZFELD, Ueber die Kunstleistungen der Hebräer und alten Juden, zwei Vorträge, Braunschw. 1864. Solche Unternehmungen sind bis jetzt erfolglos geblieben. — Abbild. der Malereien in Vigna Randanini bei GARR., Stor., t. 489.

² Ausser den älteren Darstellern BOSIO-SEVERANO, ARINGHI, BOLDETTI, BOTTARI u. A., in neuerer Zeit z. B. GRILLWITZER, Die bildlichen Darstellungen in den römischen Katakomben als Zeugen für die Wahrheit der christkatholischen Lehre, Graz 1874; OTT, Die ersten Christen über und unter der Erde, Regensburg 1878; GARRUCCI, Storia dell' arte cristiana; KRAUS, R. S., S. 216: „die Entdeckung so vieler Gemälde aus den ältesten Zeiten hat die katholischen Schriftsteller selbstverständlich veranlasst, entschiedener als je zuvor das Zeugniss des Alterthums für ihre Theorie und Praxis betreffs der Bilderverehrung anzurufen." Auch Real-Encykl. d. chr. Alt. „Bilderverehrung." Dagegen NAVILLE, De l'existence d'un art religieux chrétien dès les premiers siècles (Revue chrét. 1875, S. 568 ff.).

³ Die moderne kirchliche Alterthumswissenschaft — die Früheren sind auf die Frage nicht eingegangen — lässt die Hauptfiguren der Kunst in der Kirche durch christliche Künstler von vornherein selbständig entworfen und geschaffen sein. Nur das Accessorische habe man der Kunst des Heidenthums entlehnt, und dieses habe nur dekorativen Zwecken gedient (KRAUS a. a. O., S. 226 nach dem Vorgange DE ROSSI's). Die oben angeführte entgegengesetzte Anschauung zuerst in meiner Schrift „Die Katak. v. S. Gennaro" (Jena 1877) S. 68 ff., jedoch mit der Einschränkung, dass in Rom die Entwickelung der ältesten christlichen Kunst den gewöhnlichen Vorstellungen conform sich vollzogen habe. Spätere genauere Untersuchungen haben diese Einschränkung als unnöthig und unberechtigt erwiesen und mir gezeigt, dass auch in Rom die christliche Kunst auf dem Boden der heidnischen erwachsen ist. Wie unrichtig auch RAOUL-ROCHETTE (Trois Mémoires sur les antiquités chrét., Paris 1839. — Discours sur les types imitatifs qui constituent l'art du Christianisme, Paris 1834. — Tableau des Catacombes, Paris 1837) die altchristliche Kunst beurtheilt, wenn er sie als christlich überfirnisste Antike abschätzt und ohne diese als Stütze ihr keine Entwickelungsfähigkeit zuerkennt, so hat doch sein viel citirter Ausspruch: „un art ne s'improvise pas" volle Wahrheit, der, soweit bekannt, nirgends widersprochen ist. Es würde aber nichts anderes als eine den Gesetzen kunsthistorischen und überhaupt kulturgeschichtlicher Entwickelung widersprechende Improvisation sein, wenn die Kunst der Kirche sofort mit ihren Hauptfiguren fertig ins Leben getreten wäre und nur den Einschlag, einzelne Stücke ihres Gewandes, der Antike entlehnt hätte. — Die beachtenswerthen Edicte Konstantins v. J. 334 und 327 (Cod. Theod. XIII, 4, 1 und 2) lauten: Architectis quam plurimis opus est; sed quia non sunt, sublimitas tua in provinciis Africanis ad hoc studium eos impellat, qui ad annos ferme duodeviginti nati liberales literas degustaverint. Quibus ut hoc gratum sit, tam ipsis quam eorum parentes ab his quae personis iniungi solent, columna esse immunes iubique qui discant, salarium competens statui. — Artifices artium brevi subito comprehensarum, per singulas civitates morantes, ab universis muneribus vacare praecipimus, si quidem ediscendis artibus otium sit accommodandum, quo magis cupiant et ipsi peritiores fieri et suos filios erudire: architecti, laquearii, albarii, tignarii, medici, lapidarii, argentarii, structores, mulomedici, quadratarii, barbaricarii, scansores, pictores, sculptores, diatritarii, intestinarii, statuarii, musivarii, aerarii, ferrarii, marmorarii, deauratores, fusores, blattiarii, tesellarii, aurifices, specularii, carpentarii, aquae libratores, vitriarii, clavarii, fullones, figuli, plumbarii, pelliones. Vgl. auch n. 3. Dazu die Verordnung der Kaiser Valentinianus, Valens und Gratianus vom Jahre 374 (Cod. Theod. XIII. 4, 4): Picturae professores, si modo ingenui sunt, placuit neque sui capitis censione neque uxorum aut etiam liberorum nomine tributis esse

manifices, et ne mercem quidem barbaram in cenaculi adscriptione profiteri, ad negotiatorum quaque collationem non devocari, si modo ea in mercibus habeant, quae sunt propria artis ipsorum, pergulas et officinas in locis publicis sine pensione obtineant, si tamen in his usum propriae artis exerceant. Neve quemquam hospitem inviti recipiant, lege praescripsimus, neve pedaneorum judiciis sint obnoxii, potestati, arbitrioque habeant, consistendi in civitate, quam elegerint. Neve ad prosecutiones equorum vel ad praebendas operas devocentur; neve a judicibus ad efficiendos sacros cultus aut publicorum operum expeditionem sine mercede cogantur. Quae omnia sic concessimus, ut, si quis circa eos statuta neglexerit, ea teneatur poena, qua sacrilegi coercentur.

¹ Die allgemeine Anschauung geht gegenwärtig dahin, dass die altchristlichen Künstler unter Aufsicht der kirchlichen Behörde gearbeitet hätten, und grössere Compositionen, wie die Wandgemälde der Sakramentskapellen und die Reliefs eines bekannten Sarkophags aus S. Paolo fuori le mura auf *doctores ecclesiae* zurückzuführen seien (MARTIGNY, *Dict.*, S. 351; DE ROSSI, *R. S.* II, S. 346 u. s. ö.; KRAUS, *R. E. Bilderverehrung*, S. 159 [DE WAAL]; *R. S.*, S. 326). Dieser Annahme steht der allgemeine Charakter der altchristlichen Kunst, der auf eine freie Entwickelung hinweist, nicht minder entgegen wie das Vorhandensein zahlreicher heidnischer Stücke, das andauernde Schwanken einzelner Typen und die vielfachen Widersprüche zwischen den Bildwerken und dem Wortlaute der biblischen Erzählungen. In jenen grösseren Compositionen aber sind die Einzelgruppen nicht durch einen fortlaufenden Gedanken innerlich mit einander verknüpft, sondern stehen nur äusserlich nebeneinander.

Zweiter Abschnitt.

Der symbolische Cyklus.

Innerhalb des Bildercyklus der altkirchlichen Kunst lassen sich zwei Hauptgruppen von Darstellungen unterscheiden: historische und symbolische. Letztere ist nach Umfang und Inhalt die hervorragendere und bildet den Grundstamm des Cyklus; erst im Laufe der Zeit haben sich an dieselbe die historischen Darstellungen angesetzt, ohne indess zu gleicher Werthschätzung wie die symbolischen zu gelangen.

Das Zurückstellen historischer Stoffe ist übrigens auch der antiken Kunst charakteristisch, und die hier wirksamen Motive sind zum Theil dieselben wie in der christlichen Kunst. „Die griechische Kunst ist in ihrem Wesen so sehr eine aus dem Innern hervorgehende Production und hängt in ihrer geschichtlichen Entwickelung so sehr mit Religion, Mythologie und Poesie zusammen, dass die Darstellung des äusseren erfahrungsmässigen Lebens immer nur eine untergeordnete Stelle in ihr einnehmen konnte. Und auch wo äussere Erfahrung dem Künstler Stoff giebt, sind Darstellungen bestimmter einzelner Facta viel seltener als eine Auffassung der Erscheinung in ihren allgemeinen Zügen. Häufiger werden eigentlich historische Darstellungen bei den Römern, wo an Triumphbogen und Ehrensäulen grosse Kriegszüge der Kaiserzeit vollständig entwickelt und auch auf den Münzen manche Ereignisse, früher als Auszeichnungen einzelner Geschlechter, dann als Ehrenthaten der Kaiser, nicht bloss mythisch angedeutet, sondern auch unmittelbar vorgestellt werden; doch finden sich auch in Rom historische Gegenstände ausser diesem Kreise von Denkmälern selten."[1])

---

[1]) MÜLLER, *Handb. d. Archäologie d. Kunst*, 3. Aufl. Stuttg. 1878. S. 724 f.

Die symbolischen Darstellungen lassen sich am zweckmässigsten in folgende drei Classen zerlegen:

A. Antik-sepulcrale Darstellungen.

Dieselben sind entweder im vollen Bewusstsein ihres Inhaltes und eben um dieses willen in den christlichen Bilderkreis aufgenommen oder zufällig in denselben hineingeflossen. Sie herrschen vor im zweiten Jahrhundert, wo der christlichen Kunst volle Selbständigkeit noch fehlte, und im vierten, wo heidnische und christliche Cultur in eine eigenartige Vermischung traten. In der Mehrzahl entstammen sie antiken Sarkophagen und sind Symbole oder Allegorien der dem heidnischen Volksthume geläufigen Vorstellungen vom Tode und vom Jenseits.

Die lieblichsten und die beliebtesten Figuren dieser Gattung sind Eros und Psyche. Den Kern des poesievollen antiken Märchens, das sich an diese beiden Namen knüpft, ist der Gedanke des sich Wiedersehens und Wiederfindens sich liebender Seelen im Jenseits. Es wird in ihm vorausgesetzt, „dass der Körper ein Kerker der Seele, dass die Seele hier auf Erden in der Erinnerung an ein glückliches Zusammensein mit Eros in früheren Aeonen, aber verstossen von ihm und voll fruchtloser Sehnsucht ihr Leben hinbringt, bis der Tod sie wieder vereinigt."[1]) Bald in Umarmung aneinander geschmiegt, bald in fröhlichem Reigen sich schwingend (Fig. 22, S. 93) sehen wir sie in den Katakomben, bald mit Erntearbeit oder Blumenpflücken (Fig. 23) beschäftigt. Es ist nicht anzunehmen, dass der sepulcrale Inhalt dieser Figuren den Gemeinden unbekannt war, wenn es auch zuweilen den Anschein hat, als ob die Eroten und Psychen nur, um die Dekoration zu beleben, gemalt worden seien.

Fig. 23. Psyche.
(Vorraum von S. Domitilla in Rom.)

---

[1]) MÜLLER, a. a. O. S. 626.

Nur einmal sind auf altchristlichen Monumenten bisher nachgewiesen die Dioskuren, die Repräsentanten von Tag und Nacht, von Leben und Tod, die den Aufgang und den Niedergang des Lebens bezeichnen. In dieser Bedeutung zeigt sie uns ein Sarkophag in Arles. Neben einem jugendlichen Ehepaare, das sich zärtlich aneinander lehnt, steht ein jugendlicher Dioskur mit gezäumtem Rosse als Symbol des mit fröhlicher Hoffnung aufwärts steigenden Lebens. An dem andern Ende desselben Sarkophags erscheint ein bärtiger Dioskur; er begleitet dasselbe Ehepaar, das sich diesmal mit dem Ausdruck stiller Trauer die Hand reicht, um auf immer Abschied zu nehmen. Der bärtige Dioskur tritt also hier als Verkündiger des Lebensendes auf.

Häufig begegnen Figuren aus dem bacchischen Kreise: Panther, Steinbock, Masken. Der bacchische Thiasos gründet sich auf den Dionysosmythus; dieser aber dramatisirt den im Jahreslaufe sich vollziehenden Process des Aufblühens und des Absterbens der Natur und damit den Wechsel von Leben und Tod. Daher bildet der bacchische Zug mit seinem stürmisch dahinfluthenden Enthusiasmus einen der beliebtesten Gegenstände antiker Sarkophagsculptur.

Freilich die Scene als Ganzes konnte die christliche Kunst nicht übernehmen: der bekränzte Gott, der weinselige Silen, die rasenden Mänaden standen in zu scharfem Gegensatze zu dem Geiste jener Kunst. Wenn trotzdem einmal auf einem christlichen Sarkophage der Zug der Bacchanten und Bacchantinnen gesehen wird, so ist dies ein Ausnahmefall, der vielleicht auf besondere Umstände, die wir nicht kennen, sich gründen mag, immerhin aber einen Selbstwiderspruch bedeutet und mit einem Sarkophage der Villa Ludovisi, der uns inmitten eines christlichen Ehepaars und biblischer Darstellungen die Juno pronuba vorführt, die äusserste Grenzlinie der christlichen Kunst nach der Seite der antiken hin bezeichnet. Dagegen unterlag es keinem Bedenken, Einzelstücke des bacchischen Cyklus, wie die oben genannten, aufzunehmen. Diese Fragmente ersetzten gleichsam das Ganze. Dass man sich dieselben aneignete, ist ein deutliches Zeichen der Abhängigkeit des christlichen volksthümlichen Bewusstseins von den sepulcral-symbolischen Vorstellungen der Antike. Die Deckengemälde der neapolitanischen Katakomben (Fig. 21 u. 22) zeigen in auffallend reicher Auswahl Figuren des bacchischen Cyklus; neben dem Panther und dem Steinbock die Maske und die Handpauke, welche beide bei den bacchischen Umzügen zur Verwendung kamen. Aber auch die römischen Wandmalereien bieten diese Stücke in grosser Anzahl, wenn auch nicht so reichlich in ein Bild gesammelt.

Weniger ängstlich ist die christliche Kunst in der Aufnahme von Scenen aus dem Nereidencyklus gewesen, der mit seinem Hinweis auf die

Reise zur Insel der Seligen im Alterthume gleichfalls ein beliebtes Sepulcralsymbol war. Hier fand sie in der That, wenn sie von Poseidon und Amphitrite abstrahirte, nichts, das sie hätte ablehnen müssen. Und so begegnen uns denn auf Wandgemälden und Sarkophagen häufig Nereiden, Tritonen, Seepferdchen, Delphine und was sonst noch jenem Kreise angehört.

Noch entschiedener spricht sich der Todesgedanke im Gorgoneion aus, dem Bilde des vernichtenden Todesschreckens. Die christliche Kunst hat, in Widerspruch freilich mit der christlichen Auffassung des Todes, auch dieses Mittel sepuleraler Symbolik nicht verschmäht. Sowohl auf Wandgemälden als auch auf Sarkophagen starrt das Haupt der Medusa dem Beschauer entgegen. Daneben diente, wie in der Antike, das Gorgoneion als Schutz gegen den bösen Blick.

Ebenfalls der antiken Gräbersymbolik gehört an der Granatapfel, die der Persephone heilige Frucht. In einer Nebengalerie von S. Gennaro bilden die Granatäpfel fast ausschliesslich die Dekoration. Auch in Rom sind sie nicht selten; ebenso bietet sie die Eingangsgalerie der Katakombe zu Girgenti. Daneben ist der Mohn zu nennen, der den Schlaf und weiterhin den Todesschlaf symbolisirt.

Nicht das geringste Interesse beansprucht unter diesen Stücken die Darstellung der Sirenen. Zwei Sarkophage in S. Callisto zeigen sie uns, die „Leichensängerinnen und Dienerinnen der Persephone", wie Euripides sie nennt. Musicirend stehen die Zwittergestalten aus Weib und Vogel am klippigen Ufer, während das Schiff mit dem an den Mast gebundenen Odysseus, der hier den Todten vorstellt, vorbeifährt.

In Misskennung der durch antike Darstellungen und literarische Zeugnisse gesicherten sepuleralen Bedeutung der Sirenen hat man nach Massgabe der Aussage eines Kirchenschriftstellers in diesen Abbildungen ein Bild des Christen erkennen wollen, der unbekümmert um die Versuchungen der Welt durch das Meer des Lebens dahinfahre.[1]) Indess die Scene duldet nicht eine solche willkürliche Losreissung aus einer durch Tradition geheiligten Symbolik.[1]

Dieses Fortwirken heidnischer Symbolik kann nicht auffallend erscheinen. Die alten volksthümlichen Vorstellungen und Bilder waren der Anschauung so sehr vertraut und hatten sich dem Gedächtniss in dem Grade eingeprägt, dass sie sich nicht auf einmal beseitigen liessen, sondern erst im Laufe der Zeit überwunden werden konnten. Es liegt kein Grund vor, zu bezweifeln, dass in den meisten Fällen die sepulerale Bedeutung den ausführenden Künstlern und den Anschauenden bewusst war und

---

[1]) De Rossi, R. S. I. S. 344; III. S. 345.

blieb, wenn auch vielleicht abgeschwächt. Dagegen haben einige weniger prägnante Figuren ihren ursprünglichen Inhalt vielfach verloren und sind zu Ornamenten erblasst, wie der Delphin und die Maske.²

Der Delphin ist in der altchristlichen Malerei und ebenso auf den Sarkophagreliefs und den Lampen und Ringen fast immer Ornament. Daneben findet er sich, doch selten, mit derselben Symbolik wie der IXOYC oder als Anspielung auf den Namen des Verstorbenen oder sein Gewerbe, worüber weiter unten zu handeln ist.

Mit Anschluss an ältere Erklärer hat die moderne archäologische Exegese den Thatbestand dadurch verwirrt, dass sie die Stücke dieser Gruppe entweder christianisirt, mit christlichem Inhalte erfüllt oder sie zu inhaltslosen Ornamenten herabdrückt.³ Von der Umdeutung der Darstellung des an den Sirenen vorbeifahrenden Odysseus war bereits die Rede. Die Gruppe Eros-Psyche ferner wird als eine solche charakterisirt, „die längst alles mythologisch-religiösen Inhaltes entkleidet, eine allgemeine menschliche Bedeutung gewonnen hatte."

Diese Auffassung versteht nicht den Entwicklungsgang der altchristlichen Kunst und das Culturleben jener Zeit, und ist in der ungeschichtlichen Vorraussetzung befangen, dass das Volksthum in der alten Kirche dem heidnischen Volksthume gegenüber, aus dem es hervorgegangen, spröde und mit Entschiedenheit abweisend sich verhalten habe. Die altkirchliche Literatur indess und weiterhin die Monumente zeigen uns das christliche Volksthum der ersten Jahrhunderte in das Leben des Heidenthums bis zu einem gewissen Punkte eingeschoben und in mannigfaltiger Berührung mit demselben. Auch kann es nicht Zufall sein, dass in den Katakomben gerade diejenigen Stücke heidnischer Kunst Aufnahme erlangt haben, an welche das Heidenthum eine sepulcral-symbolische Bedeutung zu knüpfen gewohnt war.

Andererseits ist es bezeichnend für die Stellung des Christenthums zum Judenthum in den ersten Jahrhunderten, dass kein einziges der Symbole dieses letzteren von der christlichen Kunst aufgenommen ist. Denn die mit dem siebenarmigen Leuchter, diesem Hauptsymbol der Juden, bezeichneten, gelegentlich in den Katakomben gefundenen Lampen sind nicht Produkte christlicher Künstler, sondern durch den Zufall des Marktverkehrs in die Hände von Christen gekommen.

B. Christianisirte Darstellungen heidnischen Ursprungs.

Zeigte sich in der eben beschriebenen Gruppe die christliche Kunst rein receptiv, so hat sie doch auch auf der anderen Seite ihren Drang nach

Selbstständigkeit darin bekundet, dass sie in einer Reihe von Darstellungen heidnischer Herkunft den Inhalt im Geiste christlich-religiöser Anschauung modificirte. Doch ist die Zahl dieser Stücke eine sehr geringe. Es gehören dahin der Pfau und der Phönix. Beide symbolisiren in der Antike ganz allgemein die Unvergänglichkeit. Hier konnte demnach die christliche Vorstellung von dem Fortleben nach dem Tode leicht und ungehindert eintreten und ihren Inhalt einlegen. So wurde der Pfau, der auch in der jüdischen sepulcralen Symbolik Eingang gefunden hat, ein beliebter Gegenstand der altchristlichen Kunst (Fig. 24); er tritt unmittelbar neben den Darstellungen aus der heiligen Geschichte auf. Sparsamer ist von dem Bilde des Phönix Gebrauch gemacht worden. Dies erscheint um so auffallender, da die altkirchlichen Schriftsteller sich mit Vorliebe auf den Phönix und sein wundersames Geschick als Beweis für die Auferstehung berufen. Schon im ersten Jahrhundert schreibt der römische

Fig. 24. Lamm und Pfau.
(Epitaph aus S. Callisto.)

CLEMENS: „es giebt einen Vogel, der Phönix genannt wird. Fünfhundert Jahre lebt dieser eines Geschlechtes. Wenn dann die Stunde seines Todes kommt, so bereitet er sich aus Weihrauch, Myrrhen und anderen Gewürzen ein Grab, begiebt sich hinein, sobald seine Zeit erfüllt ist, und stirbt. Aus dem verwesenden Fleische aber entsteht ein Wurm, der sich aus den Ueberbleibseln des todten Vogels nährt, bis er flügge geworden ist. Nun erstarkt, nimmt er das Grab seines Vorfahren auf und trägt es aus Arabien nach Aegypten in die Stadt Heliopolis, und vor Aller Augen legt er es herbeifliegend auf den Altar der Sonne nieder und kehrt dann zurück, woher er gekommen. Die Priester haben auf Grund genauer Beobachtungen ermittelt, dass er jedesmal nach Ablauf von fünfhundert Jahren sich einstellt. Werden wir also etwas Grosses und ganz Aussergewöhnliches darin finden, wenn der Schöpfer aller Dinge die zum Leben erweckt, die in treuem Glauben gewissenhaft ihm gedient haben, da er uns sogar an einem Vogel die Herrlichkeit seiner Verheissung offenbar macht?" Und ein Anderer fragt in demselben Sinne: „Sollten die Menschen einmal untergehen, während die Vögel Arabiens der Auferstehung gewiss sind?"

Auf den Bildwerken ist das Haupt des Phönix mehrmals von einem Nimbus oder einer Strahlenkrone umgeben.

Ebenfalls dem antiken symbolischen Gedankenkreise gehört das Schiff an, als Sinnbild des dem Hafen ewiger Ruhe zueilenden Lebens. In einem griechischen Gedichte heisst es in diesem Sinne:

Reise des Lebens, wie voll von Gefahr! Von den Stürmen ergriffen,
Scheitern wir kläglicher oft als auf dem Meer der Pilot.
Tyche sitzet am Steuer und lenkt das zerbrechliche Fahrzeug.
Wie durch Wellen des Meers geht die bedenkliche Fahrt.
Diesen begünstigt der Wind, dem stürmt er. Aber zuletzt nimmt
Unter der Erde der Nacht Hafen die Schiffenden auf.[1]

„Den Hafen hab ich gefunden!" ruft in einer antiken Grabschrift der Todte aus, und „Der Hafen Aller ist der Tod" lesen wir bei Epiktet.[2]

Indess ist auf altchristlichen Monumenten das Symbol nur vereinzelt zur Verwendung gekommen. So sieht man auf einem römischen Epitaph (Fig. 25) auf wogendem Meere ein Schiff mit geschwelltem Segel abgebildet. Der danebenstehende Leuchtthurm mit flammendem Lichte deutet an, dass der ersehnte Hafen nahe. Die Inschrift lautet: **FIRMIA VICTOR(I)A QVE** *(quae)* **VIXIT ANNIS LXV.**

Zuweilen indess bezeichnet das Schiff lediglich das Gewerbe des Verstorbenen; so auf einem römischen Grabsteine, dessen christlicher Ursprung freilich nicht ausser Zweifel zu stehen scheint, mit der Inschrift:[3]

Fig. 25. Schiff und Leuchtthurm. (Grabstein aus S. Gordiano in Rom.)

```
       D (Fisch) M
    M · AVRELIO · ER
         MAISCO
      BENE MERENTI
   QVEN OMNES SODALES
       SVI QVERVNT
           (Boot)
```

Z. 5: *quem.* Z. 6: *queruntur.*

Das Boot weist hier, wie aus dem Inhalte des Epitaphs sich ergiebt, auf die Schiffer- oder Fischerinnung hin, welcher der Todte angehörte.

In dieselbe Kategorie fallen Palme, Kranz und Krone, im Alter-

---

[1] *Anthol. Palat.* X, 65 ff.
[2] RAOUL-ROCHETTE, *Deuxième Mém.*, S. 217 ff.
[3] „Dem wohlverdienten M. Aurelius Hermaiscus, den alle seine Kameraden beklagen."

thume Sinnbilder des Sieges, im Christenthume des Sieges über den Tod und seine Macht: *palma et corona idem significant, quae non dantur nisi victori.*[1]) Ferner der Oelzweig, dort Symbol des Friedens, hier des Friedens im Tode, der Anker, in der antiken Symbolik Bild der Hoffnung, in der christlichen der Hoffnung auf Erwachen aus dem Tode; Orpheus, dort der mit seinem Saitenspiel die Natur bezaubernde und beherrschende Sänger, hier wie die Sibylle Vorläufer und Prophet des Christenthums mit Bewahrung des sepulcral-symbolischen Inhaltes der nach ihm benannten Mysterien.⁴

Fig. 26. Orpheus.
(Deckengemälde in S. Domitilla.)

So zeigt ihn uns ein vortrefflich entworfenes Deckengemälde in S. Domitilla (Fig. 26). In phrygischer Kleidung sitzt der Sänger auf einem Felsstücke und schlägt die Leier. Allerlei Thiere, wilde und zahme, sammeln sich um ihn, dem Gesange lauschend:!

---

[1]) Victor. Pictav., *In Apocal.* IV, 10.

*Silvestres homines sacer interpresque deorum
Caedibus et victu foedo deterruit Orpheus,
Dictus ob hoc lenire tigres rabidosque leones*[1]).

Um das Mittelstück gruppiren sich, durch je ein landschaftliches Stück geschieden, biblische Darstellungen: Daniel unter den Löwen, die Auferweckung des Lazarus, David mit der Schleuder(?), das Quellwunder des Mose. Das Gemälde gehört wohl noch dem zweiten Jahrhundert an.

Sämmtliche Erklärer seit BOSIO-SEVERANO fassen Orpheus als Repräsentanten Christi, „wie er alle Kräfte der Natur in sich vereinigt, Herr über Leben und Tod ist und in seinem ewigen Reiche die mannigfaltigsten Gegensätze versöhnt, gleichwie der thrakische Heros durch seinen Gesang wilde Thiere, Vögel, selbst Bäume und Felsen gerührt". Dieser Auffassung stehen gewichtige Bedenken entgegen. Christum unter dem Bilde des Orpheus, dessen Persönlichkeit der Mittelpunkt weitverbreiteter heidnischer Mysterien geworden war, darzustellen, den Sohn Gottes, wie ihn die Gemeinde fasste, in eine populäre heidnische, mythologische Figur zu kleiden, würde ein Wagniss sein, welches der christlichen Kunst, so wie wir sie kennen, nicht im entferntesten zuzutrauen ist. Ein solches Verfahren lässt die eben detaillirte Uebernahme heidnischer Sujets weit hinter sich und ist durchaus nicht damit zu vergleichen. Aber es liegt zu jener Identificirung des Orpheus mit Christo auch nicht der geringste Grund vor. Wie die Kirchenschriftsteller die Sibyllen zu Propheten des Heils umgeschaffen haben und an den Namen dieser eine pseudepigraphische Literatur sich geknüpft hat: in derselben Lage erschien der thrakische Sänger der theologischen und wahrscheinlich auch der volksthümlichen christlichen Anschauung. Die unter seinem Namen gehenden Dichtungen, die Orphica, charakterisiren ihn als Vertreter des Monotheismus und, nach dem Urtheil der christlichen Theologen, als Verkündiger der kommenden Erlösung. Ja, diese vergleichen die ihm nachgerühmten wunderbaren Wirkungen auf die lebende und die unbelebte Natur mit den sittlichen und religiösen Wirkungen Christi in der Menschheit, aber nur um den höheren Werth dieser letzteren hervorzuheben, Orpheus als Antitypus Christi zu bezeichnen. Die Persönlichkeiten haben sie, was erklärlich genug, nie in Vergleich gestellt. Somit wird jede Veranlassung hinfällig, die Orpheusbilder der altchristlichen Monumente zu Christo in Beziehung zu setzen. Vielmehr hat einmal die graduell gleichwerthige, aber verschieden motivirte Popularität der Figur in ausserchristlichen und in christlichen Kreisen.

---

[1]) HORAT., *De arte poet.*, 391 ff.

dann die entschieden sepulcral-symbolische Bedeutung des Orpheus in den orphischen Mysterien, in denen der eschatologische Gedanke vorwaltete, die Aufnahme der Darstellung in den christlichen Cyklus bewirkt.

Endlich fällt unter diese Rubrik das uralte, schon in Indien nachweisbare Zeichen 卍, das sog. *Svastika*, welches dort als glückbringendes Zeichen galt. Doch hat es in der christlichen Symbolik seinen ursprünglichen Inhalt vollständig aufgegeben und nur eine allgemein hieratische Färbung bewahrt, die eben seine Aufnahme motivirte. Die Bezeichnung *crux gammata* für das Svastika gründet sich auf die unrichtige Voraussetzung, dass dasselbe das Kreuz habe verhüllen sollen.[5]

Auf dem Epitaph einer Römerin Namens Lucilla (Fig. 27) steht das Svastikasymbol seltsam genug unmittelbar neben dem Monogramme Christi.

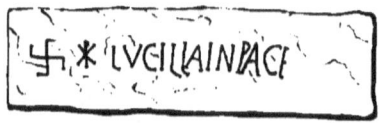

Fig. 27. Svastika-Symbol.
(Grabstein aus S. Ciriaca in Rom.)

C. Christliche Darstellungen.

Diese Gruppe, welche die durch die christliche Kunst aus dem Geiste des Christenthums heraus geschaffenen Darstellungen begreift, nimmt im altchristlichen Bilderkreise numerisch wie inhaltlich den ersten Rang ein. Die Vorwürfe entstammen überwiegend den heiligen Schriften Alten und Neuen Testamentes mit Einschluss der Apokryphen. Der Besitzstand der ersten vier Jahrhunderte an biblisch-symbolischen[1]) Darstellungen ist folgender:

I. Alttestamentliche.

† Schöpfung der Eva.
* Sündenfall.
* Noah.
* Opferung Isaak's.
† Durchgang durch das rothe Meer.
* Quellwunder des Mose.
* Empfang des Gesetzes.
* Hiob.
* Himmelfahrt des Elias.
† Vision Ezechiel's.
* Jona.
* Daniel.
* Drei Männer im feurigen Ofen.

II. Neutestamentliche.

* Wunder zu Kana.
† Heilung der Schwiegermutter Petri.
* Sämann. (?)

---

[1]) Die biblisch-historischen sind weiter unten zu erwähnen. Die mit * bezeichneten finden sich schon vor dem vierten Jahrhunderte, die mit einem † nur auf Sarkophagreliefs, Epitaphien oder Goldgläsern.

* Guter Hirt.
* Heilung des Gichtbrüchigen.
† Heilung der Blutflüssigen.
† Jairi Töchterlein.
* Heilung des Kranken am Teiche Bethesda.
* Wunderbare Speisung.
* Zinsgroschen.
* Blindenheilung.
† Jüngling zu Nain.

* Auferweckung des Lazarus.
† Auferstehung.
* Mahl der Jünger am galiläischen Meere.
* Schiffbruch des Paulus vor Malta.

III. Annexe.

* Der gute Hirt.
* Der Fisch.

In dieser Reihe erfreuen sich besonderer Beliebtheit: Noah, Jona, Daniel, Wunder zu Kana, wunderbare Speisung, Auferweckung des Lazarus.

Die Darstellung Noah's ist einfach und charakteristisch für das Wesen der altchristlichen Symbolik. Noah wird als bärtiger Mann oder als Jüngling in einem kleinen viereckigen Kasten stehend, welcher die Arche bedeutet, abgebildet; die Arme hält er halb emporgehoben, um den Oelzweig in Empfang zu nehmen, den eine herbeifliegende Taube ihm zuträgt. Zuweilen steht die Arche auf festem Boden. So auf einem Gemälde an der Hinterwand eines Arkosoliums in S. S. Saturnino e Trasone in Rom (Fig. 28). Neben Noah sehen wir hier in betender Haltung den Todten.

Fig. 28. Noah und Orans.

Nur in einem einzigen Falle, auf einem i. J. 1780 bei Trier gefundenen, jetzt im Museum daselbst aufbewahrten Sarkophage des fünften Jahrhunderts ist die Scene vollständig, indem zu Noah seine Familie und einige der von ihm aufgenommenen Thiergattungen hinzugefügt sind. Der Kunst des vierten und fünften Jahrhunderts ist überhaupt charakteristisch, die überlieferten Gruppen und Einzelfiguren zu bereichern und zu detailliren, ein offenbares Zeichen des Unvermögens dieser Verfallzeit.

Die Front eines Sarkophages im Lateranmuseum zeigt in der Arche statt Noah eine Frau, welche betend die Arme ausbreitet und, wie aus der Beischrift hervorgeht, die in dem Sarkophage beigesetzte Todte ist. Diese seltsame Thatsache erklärt sich aus der auch sonst nachweisbaren Sitte, das Bild des Todten unmittelbar in die biblischen Scenen einzuschieben.

An dem Sichbegnügen mit der Hauptfigur, wie die älteren Noah-Darstellungen es zeigen, wird ersichtlich, dass die Künstler nicht eine historische Darstellung geben, sondern nur einen Gedanken andeuten wollten, dessen Verständniss dem Beschauer sofort zu erschliessen jene einzige Figur für die damalige Anschauung genügend war.

Eine eigenthümliche ausserchristliche Parallele zu den Noah-Darstellungen bilden die unter Septimius Severus, Macrinus und Philippus d. Ä. geprägten Münzen von Apamea in Phrygien (Ἀπάμεια ἡ Κιβωτός), welche auf dem Revers das Doppelbild zeigen: Noah und seine Gattin in der Arche befindlich und ebendieselben auf festem Lande in der Haltung Bittflehender stehend. Auf dem Dache der Arche sitzt eine Taube. Links fliegt eine zweite mit einem Oelzweige herbei.

Die Legende NCO oder NCOG, auf eine Wand der Arche geschrieben, sichert die Identität und schliesst in Gemeinschaft mit den Abbildungen des Raben und der Taube die naheliegende Beziehung auf Deukalion und Pyrrha aus. Es ist demnach in dieser kleinasiatischen Commune eine Einwirkung der alttestamentlichen Fluthgeschichte zu constatiren. Wie und unter welchen Verhältnissen das möglich gewesen ist, muss dahingestellt bleiben. Dass „die Volkstradition des Ortes die Erinnerung an Noah und die Arche festgehalten habe"[1]) ist eine gewagte Vermuthung. Eher dürfte hier an den Einfluss einer starken und in der Stadt vielgeltenden jüdischen Gemeinde zu denken sein. Ein unter Septimius Severus geprägtes Exemplar trägt auf dem Avers den nach rechts gewandten Kopf des Kaisers. Die Umschrift des Revers lautet: ΕΠΙ ΑΡΤΩΝΟΟΕΤΟΥ ΑΡΤΕΜΑ Γ ΑΠΑΜΕΩΝ.[2]) Genau dieselbe Darstellung bieten die unter Philippus ausgegebenen Münzen; der Revers hat die Worte: ΕΠΙ Μ ΑΥΡ ΑΛΕΞΑΝΔΡΟΥ Β ΑΡΧΙ ΑΠΑΜΕΩΝ.[3]) Ein Vergleich der Apameischen Münzen mit den Noah-Darstellungen der Katakomben lässt keinen Zweifel darüber, dass jene auf die Gestaltung dieser nicht einwirkend gewesen sind. Auch sind die christlichen Noah-Bilder älter als die Prägungen von Apamea. Ebenso ist die von RAOUL-ROCHETTE versuchte Ableitung jener aus antiken Darstellungen der Danaë und des Perseus neben der Kiste, die beide umschlossen hatte, auf Grund der Differenz in der Composition der Scene und in der Fassung der Einzelfiguren abzuweisen.

Jona erscheint in verschiedenen Situationen dargestellt, aber vorwiegend in dem Momente, wo er, von dem Seeungethüme ausgeworfen,

---

[1]) KRAUS, R. S., S. 278 Anm. 1.
[2]) „Unter Artemas, zum drittenmale Agonothet — (Geld) der Apameer."
[3]) „Unter M. Aurelius Alexander, Oberpriester zum zweitenmale — (Geld) der Apameer."

unter schattiger Laube ruht. Sein Aussehen ist das eines Jünglings oder eines Knaben. Die leicht hingegossene Gestalt mit den selig verklärten Zügen, durch das schattige Gewächs vor des Tages Hitze geschützt und da ruhend, als ob sie immer fortruhen möchte, ist ein Zeugniss desselben Geistes, in welchem der Gläubige auf den Grabsteinen den Tod der Seinen einen „friedevollen Schlaf", ein „Ausruhen in Frieden", ein „sich Niederlegen zum Schlafen" nannte. Andere Scenen zeigen ihn unter der Kürbislaube ruhend oder in dem Augenblicke, wo die Schiffsmannschaft ihn über Bord wirft. Meistens sind diese drei Scenen neben einander gestellt, wie auf einem Bilde in S. Priscilla (Fig. 29), seltener in eins zusammengeschoben.

Fig. 29. Auferweckung des Lazarus und Geschichte Jona's.

Die beliebteste Figur alttestamentlicher Geschichte war Daniel. Sie hat sich bis tief in das Mittelalter hinein in der von der altchristlichen Kunst überlieferten Auffassung erhalten. Mit zum Gebet ausgebreiteten Armen und unbekleidet zwischen zwei Löwen stehend, die begehrlich zu ihm aufblicken, so hat ihn die vorconstantinische Kunst ausnahmslos gezeichnet:

Ecce feri norunt sanctis deferre leones
Atque famem cohibere metu ratemque vereri.[1]

Erst im vierten Jahrhundert sind mit Anschluss an die apokryphe Erzählung „vom Drachen zu Babel" weitere Figuren hinzugetreten: Habakuk, der von einem Engel herbeigeführt, dem Propheten Speise zuträgt, und der König von Babel, der seinen Gefangenen beobachtet. Auch darin ist

---

[1] Ambrosius.

die spätere Kunst über die ältere hinausgeschritten, dass sie, jedoch nur in ganz vereinzelten Fällen, den Propheten mit einem mantelartigen Gewande bekleidete, was ein Zeichen des Aufhörens unbefangener künstlerischer Anschauung ist und ein Vorzeichen der Kunst des Mittelalters.

Fig. 30. Daniel.

Die ältere Auffassung tritt uns in der vorstehenden Abbildung eines Wandgemäldes in S. Domitilla (Fig. 30) entgegen. Das Gesicht des Propheten ist hier Portrait des Todten. Die beiden Männer, die links und rechts neben ihm sitzen, werden durch die vor ihnen stehenden Behälter mit Schriftrollen (*scrinia*) als Propheten oder kirchliche Lehrer bezeichnet, die näher zu bestimmen uns die Mittel fehlen.

Wandmalereien, Sarkophagreliefs, Lampen, Epitaphien und andere Monumente des christlichen Alterthums zeigen das beliebte Bild. Der constante Typus erscheint noch im sechsten Jahrhundert, im vaticanischen Codex des Kosmas Indikopleustes, bewahrt. Nur darin entfernen sich, wie bemerkt, die späteren Darstellungen von den älteren, dass sie den Propheten anfangs mit einem schmalen gürtelartigen Tuche, dann mit Tunika und endlich mit vollständiger phrygischer Gewandung bekleiden. Die ersten Beispiele dieser Art in der Malerei bieten zwei Bilder in den neapolitanischen Katakomben, in der Sculptur ein Sarkophagfragment in S. Vitale zu Ravenna, letzteres mit der Eigenthümlichkeit, dass in die den mantelartigen Ueberwurf Daniel's auf der Brust zusammenhaltende Agraffe das Monogramm Christi gezeichnet ist.

Als Pendant zu Daniel findet sich häufig die **Auferweckung des Lazarus**. Als Mumie zubereitet, von Binden umwunden, steht dieser in der Thür eines auf mehreren Stufen sich erhebenden Grabeshauses; ihm gegenüber Christus, in antiker Gewandung, in der halb ausgestreckten

Rechten ein dünnes Stäbchen haltend und mit demselben den Lazarus berührend (vgl. Fig. 29). Dieser Stab ist nicht als Herrscherstab, als Symbol höherer Gewalt zu fassen, sondern als Nachbildung des Zauberstabes, der *virgula divina (venenata)*, mit welcher die Götter und Zauberer des Alterthums zu manipuliren pflegten. Daher führt ihn der wunderthuende Christus fast immer: bei der Erweckung des Jünglings zu Nain, der Wandelung des Wassers in Wein, der wunderbaren Speisung und sonst.

Dem oben ausgesprochenen Principe gemäss hat die Kunst des vierten Jahrhunderts die Scene reicher ausgestattet. Auf den Sarkophagreliefs dieser Zeit sieht man fast überall, wo die Auferweckung des Lazarus dargestellt ist, zu den Füssen Jesu eine Frauengestalt, Maria oder Martha, in der Weise antik-religiöser oder höfischer Adoration (προσκύνησις) hingestreckt. Auch Zuschauer, Jünger und Volk, beleben die Scene. Das Grabeshaus ist antiken und zwar griechischen Mustern nachgebildet, in Abweichung von dem Texte (Joh. 11, 38), wo von einer in den Felsen gehauenen Krypte (σπήλαιον) und nicht von einem freistehenden Monumente die Rede ist. Nur ein Wandgemälde und vier Goldgläser[1]) schliessen hier genauer an den Schrifttext an. Bemerkenswerth ist, dass ein Fresko in den sog. Sacramentskapellen in S. Callisto den Lazarus mit mädchenhaften, kindlichen Zügen und in ein lang herabfallendes Gewand gekleidet zeigt. Offenbar portraitirt auch hier die Figur den Todten bzw. die Todte.

In auffallend reducirter Form pflegte das Wunder zu Kana dargestellt zu werden: Christus berührt vermittelst eines Stabes einen der kurzen, am Halse eingezogenen Krüge, die in einer Anzahl von gewöhnlich sechs neben ihm am Boden stehen. Nur in einem einzigen Falle, auf einem Wandgemälde des vierten Jahrhunderts in S. S. Pietro e Marcellino, tritt zugleich die Hochzeitsgesellschaft vor den Beschauer hin. An einem etwas gebogenen schmalen Tische sitzen da essend und trinkend drei weibliche und drei männliche Personen, darunter am linken Ende des Tisches Christus, das Gesicht rückwärts wendend und, wie aus dem Gestus des Befehlens hervorgeht, die Worte Joh. 2, 7 sprechend. Vor dem Tische stehen vier grosse Mischkrüge von antiker Form. Das Bild ist zugleich das einzige Beispiel einer Darstellung dieser Scene durch die Malerei.

Das Sujet tritt erst ziemlich spät auf. Die ältesten Beispiele gehören dem vierten Jahrhundert an. Die Zahl der Krüge bewegt sich zwischen zwei und sieben. Auf den Goldgläsern herrscht die Siebenzahl vor, was offenbar in der mystischen Bedeutung der Sieben seinen Grund hat.

---

[1]) BOTTARI, t. 187; GARRUCCI, *Vetri* I, 2; III, 1, 6, 8.

Derselben Reduction erscheint die wunderbare Speisung unterzogen. An Stelle der Gefässe sind hier nur brodgefüllte Körbe getreten. Doch hat die Sarkophagsculptur diese Auffassung fast allgemein aufgegeben und Christum dargestellt, wie er mit halb erhobenen Armen die Fische und die Brode, die ihm links und rechts von den Jüngern dargereicht werden, segnet. Diese Reliefs sind liturgisch werthvoll, insofern daraus der Ritus erhellt, nach welchem in der alten Kirche der administrirende Geistliche die Consecration der Abendmahlselemente vollzog. Aus der Gestaltung der Brode erhellt zugleich die Form des Abendmahlsbrodes.

Die Zahl der Körbe wechselt wie bei der obigen Scene die Zahl der Gefässe. Immer aber ist die von den Evangelien angegebene Summe fünf bzw. sieben überschritten worden. Die Fische dagegen sind stets zwei. Die kreuzförmigen Einschnitte der Brode sind nicht symbolisch zu deuten, sondern entsprechen dem wirklichen Thatbestande, wie antike Abbildungen und die in Pompeji gefundenen Brode bezeugen.

Fig. 31. Der gute Hirt.
(S. Priscilla in Rom.)

Die populärste Figur des altchristlichen Bilderkreises stellt der gute Hirte dar. Neben den Grabmonumenten zeigen denselben zahlreiche Gegenstände des täglichen Lebens und Gebrauches, Ringe, Becher, Gläser, Lampen. Mit Vorliebe wurde er als bartloser Jüngling mit kurzem Haupthaar abgebildet. Als Kleidung hat er die aufgeschürzte, seltner die aufgelöste Tunika. Die Lenden sind gegürtet, die Füsse durch Sandalen geschützt. An einem Schulterbande hängt die Hirtentasche oder die Hirtenflöte; auf den Achseln lässt er ein Lamm ruhen. Neben ihm am Boden stehen zwei oder mehr Schafe und blicken vertrauensvoll zu ihm auf (Fig. 31).

Zuweilen auch finden wir den Hirten inmitten einer grösseren Heerde, auf seinen Stab gelehnt oder auf blumiger Aue sitzend, während die Heerde ringsum weidet. Oder ihn umstehen statt der Schafe die durch diese symbolisirten Todten, als deren Herr und Beschützer der gute Hirt gedacht ist. Doch ändert sich seit Mitte des vierten Jahrhunderts diese Symbolik in der Weise, dass die Schafe in der Umgebung des Herrn vorwiegend als Bild der Apostel vorgestellt werden. Diese Auffassung ist später besonders auf Mosaiken beliebt geworden. Der Ausdruck des Antlitzes ist fast immer freundlich und milde, seltner ernst und melancholisch.

Die Zahl der Darstellungen des guten Hirten beträgt gegenwärtig gegen hundertundfünfzig. Davon entfällt die Mehrheit auf die Malerei. An den guten Hirten allein hat sich, soweit unsere Kenntniss reicht, in vorkonstantinischer Zeit die christliche statuarische Sculptur versucht.

Trotz der in diesen Darstellungen vereinzelt hervortretenden antiken Reminiscenzen, wobei freilich nicht in herkömmlicher Weise an den widdertragenden Hermes (Ἑρμῆς κριοφόρος, νόμιος) des Alterthums zu denken ist, fehlt jeglicher Grund, den guten Hirten anders denn als eine durch die christliche Kunst selbständig geschaffene Figur vorzustellen. Heute noch pflegen im Orient und auch in Italien Lämmer in dieser Weise von den Hirten getragen zu werden.[1]) Auch die unvollkommene sardisch-phönikische Kunst hat einen widdertragenden Hirten zu schaffen vermocht, und ebensowenig fehlt eine solche Figur in der ägyptischen und in der altcyprischen Kunst. Unter den griechisch-römischen Monumenten erinnert am meisten an die christlichen Darstellungen ein Hirte auf einem Wandgemälde des Palatins.[2]) Aus diesem und andern antiken Bildwerken gleichen Inhalts geht hervor, dass das Vorhandensein eines ein Schaf tragenden Hirten nicht ein absolutes Zeugniss für den christlichen Ursprung eines Denkmals ist, was bis in die neueste Zeit hinein öfters übersehen worden ist.

Die in dem Bilde des guten Hirten ruhende Symbolik schliesst, mit Ignorirung von Stellen wie Joh. 9, 12 ff., Luc. 15, 5 f., an die alttestamentliche Vorstellung vom Gott-Hirten (Ezech. 34, 14, 15; Ps. 23; 47; 49, 15; 79, 13; 80, 2; 95, 7 u. s. ö., vgl. auch Matth. 25, 32 ff.) an und ist sepulcralen Inhaltes. Christus in der Gestalt des guten Hirten ist auf altchristlichen Bildwerken nicht etwa als Lehrer und Führer der Christenheit gedacht, sondern als der Gebieter und Beschützer der Todten, die er vor der Macht des Todes birgt und hinführt zu den grünen Auen des Paradieses. Es stellt sich sogar als wahrscheinlich dar, dass bei Ausbildung und Consolidirung dieser Vorstellung die spätere antike Auffassung des Hades, welche diesen als den wohlwollenden Gastgeber der Unterwelt und Hirten der Todten, die zu ihm eingehen, vorstellte, mitgewirkt habe.

Fast immer erscheint der gute Hirt mit dem einen oder dem andern

---

[1]) Ch. Fellow, *Discoveries in Lycia*, Lond. 1841. S. 175.
[2]) Seemann, *Kunsthist. Bilderbogen*, n. 189, 4.

pastoralen Utensile, wie Milcheimer, Tasche, Stab, Flöte ausgestattet. Dieselben dienen ausschliesslich illustrativen Zwecken und ertragen keine symbolische Auslegung.

Mit Recht wird allgemein anerkannt, dass dieser Classe von Katakombenbildern ein symbolischer Inhalt zukommt. Der hieratische Charakter, die andeutende Form, sowie die lose Anknüpfung an den Schrifttext und die Ausführung im Einzelnen lassen darüber keinen Zweifel. Es fragt sich, wie dieser Inhalt näher zu bestimmen ist.

Als die Archäologen des siebzehnten Jahrhunderts zum erstenmale diese Frage zu beantworten unternahmen, gingen sie von der Voraussetzung aus, dass der christliche Bilderkreis eine Illustration der altkirchlichen Literatur sei. Folgerichtig interpretirten sie daher jenen nach Massgabe dieser. Dieselbe allegorische Auslegung, welcher die kirchlichen Schriftsteller huldigten, fanden sie in den Bildern wieder. Sie gelangten auf diesem Wege dazu, den Complex der symbolischen Darstellungen als eine in die Bildersprache übersetzte Dogmatik und Ethik aufzufassen, welche den Zweck verfolge, den Anschauenden zu belehren. Am weitesten ist darin PAOLO ARINGHI gegangen. Die Späteren sind ihm gefolgt. In der kirchlichen Alterthumswissenschaft behauptet jene Exegese noch heute die Herrschaft. Die Schule DE ROSSI's hat, besonders in ihren populären Abzweigungen, das Moment des Apologetischen und Polemischen gegenüber der Häresie und dem Schisma und die Beziehung auf die Zeitgeschichte hinzugefügt.

Bei BOSIO-SEVERANO (*R. S.*, S. 593) wird als Zweck der Bilder bezeichnet „*per tener vivi nella memoria li principali misterij della Fede, per significar' l' adempimento dell' antiche figure, per recitar loro medesimi al disprezzo delle cose terrene e della vita stessa, alla prontezza del patire, alla speranza della gloria, alla charità fraterna e particolarmente all' imitatione de' Santi et alla veneratione delle sacre Imagini, havendo quasi tutte particolar misterio et contenendo molti sensi spirituali, de' quali poteano approfittarsi quelli che ve le ponero.*" Das ist im Grossen und Ganzen auch noch die Meinung der Neueren; z. B. MARTIGNY, *Dict. Discipline du secret.*, S. 601: „*Toute la religion, ses dogmes, ses enseignements moraux, ses espérances, ses promesses sont figurés dans un language hiéroglyphique, dans un vaste système de symbolisme sacramt organisé,*" und DE WAAL (KRAUS, *R. E. Bibl. Darstell.*, S. 157a): „Die biblischen Scenen waren immer nur die Hülle, unter der sich für den Eingeweihten eine tiefere Idee verbarg, nur Symbole und Typen der Geheimlehren des Christenthums, den Heiden unverständlich, den Katechumenen eine Art *biblia pauperum*, den Gläubigen aber wie ein Buch, das zu immer wiederholtem Lesen reizt, und in welchem man immer neue Schönheiten und tiefere Gedanken entdeckt .... Was der Verstorbene im Leben geglaubt hatte, was seine Stärkung gewesen war in den Stürmen der Verfolgung, was er und was für ihn die Zurückgebliebenen im Tode hofften, das suchten die Künstler durch biblische Bilder anzudeuten." Vgl. ferner KRAUS, *R. S.*, S. 234 ff.; GARRUCCI, *Storia dell' arte crist.* I, S. 33, 45; auch PIPER, *Ueber den christl. Bilderkreis*, Berlin 1852, S. 11 u. A. Mit Beziehungen auf zeitgenössische kirchengesch. Ereignisse: KRAUS a. a. O., S. 274, 286; MARTIGNY a. a. O., S. 440; GARRUCCI a. a. O., S. 47 u. s. ö. Apologetische und polemische Verwerthung: DE ROSSI, *R. S.* I, S. 348 ff., S. 387 ff., S. 343; *Bull.* 1863, S. 80; 1864, S. 15; *R. S.* II, S. 131 ff.; III, S. 448 u. ö. WOLTER, *Die röm. Kat. und ihre Bedeut. f. d. kath. Lehre von d. Kirche*, Frankf. 1866; *Die röm. Kat. u. d. Sacram. d. kath. Kirche*, Frankf. 1866; STORNAJUOLO, *Dell' importanza delle ultime scoperte nei cimit. crist. di Roma*, Napoli 1875; GARRUCCI, *Storia dell' arte cristiana*, Prato 1873 ff. Aber auch schon PAOLO ARINGHI, *R. S. Praef.*

Die bezeichnete Voraussetzung beruht auf einer irrigen Anschauung. Abgesehen davon, dass eine unterirdische Grabstätte eine wenig geeignete Localität ist, hier über Glaubenswahrheiten zu belehren, weisen die häufige Wiederholung derselben Bilder in derselben Galerie, das abkürzende Darstellungsverfahren, welches als das untauglichste Mittel der Belehrung erscheinen muss, und der Umstand, dass die Katakomben nur höchst selten von einer grösseren Anzahl Menschen besucht wurden, also die Bilder ihren Zweck nur in sehr unvollkommener Weise hätten erfüllen können, daraufhin, dass es sich in jenen Darstellungen nicht um Illustrirung des kirchlichen Dogmas und um Unterweisung in demselben handelte. Wie in griechisch-römischen Gräbern und auf deren Monumenten der bildnerische Schmuck dazu diente, Vorstellungen vom Tode und vom Jenseits auszudrücken, so haben in demselben Sinne die christlichen Gemeinden ihre Cömeterien mit Darstellungen versehen, welche ihnen die aus dem Tode errettende Macht Gottes und seines Christus tröstend vor Augen stellte. Wie man gewohnt war, in der gottesdienstlichen Predigt die Machtthaten Gottes im A. T. und die Wunder Christi im N. T., insonderheit die Todtenerweckungen und Heilungen, als Beweise angeführt zu hören dafür, dass Gott nicht nur die Macht, sondern auch den Willen habe, aus des Todes Gewalt und Banden zu erretten, so sollten diese tröstlichen Vorbilder und Ereignisse auch aus dem Bilderschmucke der Gräber zu dem Beschauer reden und den Gedanken der Auferstehung und der Fortdauer im Jenseits ausprägen. Daraus erklärt sich die grosse Anzahl der Wunderdarstellungen. Aber auch andere biblische Scenen sprachen nach der Vorstellung jener Zeit dieselben Gedanken aus. Die Gruppe Adam und Eva erinnerte daran, dass der Gott, welcher das erste Menschenpaar bildete, auch vermöge, aus Staub und Verwesung einen neuen, himmlischen Leib zu bilden. Die Opferung Isaak's rief eine Rettungsthat Gottes wach, „die ein nach menschlicher Berechnung dem Tode verfallenes Leben im entscheidenden Momente befreit und dem Leben zurückgiebt" (vgl. Brief a. d. Hebr. 11, 17 ff.). Das Mahl der Jünger am galiläischen Meere symbolisirte das Abendmahl, durch dessen Genuss, wie angenommen wurde, der Auferstehungsleib gewirkt und genährt werde. In dem guten Hirten offenbart sich Christus als Herr und Schützer der Todten, in dem Fische als den, der im Abendmahle den Seinen sich mittheilt und sie zur Unsterblichkeit speist.*

Die altchristliche Kunst steht hier genau in Parallele zu der antiken sepulcralen Symbolik und Kunst. Dieser auch hat sie die Eigenthümlichkeit entlehnt, den Todten in die symbolischen Darstellungen selbst hineinzusetzen. Wie auf antiken Sarkophagen die Figur Meleager's, Endymion's, Jason's u. A., auch von Göttern, häufig nur Bild des Todten ist, auf dessen Geschick die Darstellung Bezug nimmt, so bietet die sepulcralsymbolische Kunst der Kirche zahlreiche Beispiele, dass die Todten unter der Maske von Personen der heiligen Geschichte, wie Noah's, Jona's, Daniel's erscheinen. Daraus erklärt sich, dass diese Personen oft als Jünglinge gebildet oder zu halbwüchsigen Knaben reducirt werden. Das extremste Beispiel bezeichnet die oben erwähnte Ersetzung Noah's durch ein Weib.

In Beziehung auf die antike Sitte, den Todten die Maske von Göttern zu geben, sei hier nur auf eine im vorigen Jahrhundert bei S. Sebastiano in Rom gefundene heidnische Grabinschrift hingewiesen, in welcher es heisst:

HVIC · MONVMENTO · CEDET ·
HORTVS · IN · QVO · TRICLIAE ·
VINIOLA · PVTEVM · AEDICVLAE ·
IN · QVIBVS · SIMVLACRA · CLAVDIAE ·
SEMNES IN · FORMAM · DEORVM

Dieser parallele Gang heidnischer und christlicher Sitte ist nicht zufällig: er beruht auf einer gleichen Richtung religiösen Strebens und religiöser Anschauung, die nur in der Form, nicht in ihrer Grundlage auseinandergehen. Die Betonung der Fortdauer und die Bemühung, durch religiös-sittliche Leistung sich diese zu sichern, ist dem absterbenden Heidenthume ebenso charakteristisch wie den in der Heidenwelt lebenden Gemeinden. Die Mysterien verdankten ihre Fortdauer bzw. ihre Erneuerung vor Allem der Thatsache, dass sie Träger und Pfleger eschatologischer Gedanken waren, und die glückliche Propaganda der synkretistischen asketischen Religionsgenossenschaften, welche mit dem Ende der Republik im römischen Reiche so zahlreich aufschiessen, erklärt sich aus derselben Thatsache. Das *renatus in aeternum* der Mithrasdiener ist nur ein Ausdruck für das, was dort versprochen und erstrebt wurde.

Auch in den Gemeinden steht der Unsterblichkeitsglaube und der Auferstehungsgedanke entschieden im Vordergrunde des religiösen Bewusstseins. Kein Artikel hat in der vorkonstantinischen Kirche eine reichere Literatur hervorgerufen. Eine grosse Summe von Zeugnissen liegt uns vor, aus denen die centrale Bedeutung dieses Dogmas, man darf nicht sagen, in der Theologie, aber in der Gemeinde erhellt. Die Auferstehung, welche die Kirche voraussetzte und verkündete, ist eines der wichtigsten Momente in ihrer Missionsarbeit gewesen.

Dieser Werthschätzung entspricht der Inhalt des altchristlichen Bildercyklus. Die Gemeinde hat damit die Gedanken und die Erweise der Auferstehung und der Fortdauer im Jenseits in ein Bild umgesetzt, nicht, um sich damit ein neues Mittel der Belehrung zu schaffen — eines solchen bedurfte sie nicht — sondern als Ausdruck ihrer festesten Ueberzeugung und in zweiter Linie in der Absicht der Selbsttröstung.

Das eben erwähnte Symbol des Fisches ist in der Reihe der biblischen Darstellungen aufzuführen, weil es offenbar den Worten Matth. 7, 9 ff. (und die Parallelen) seinen Ursprung verdankt. Schlange und Fisch werden hier einander gegenübergestellt. Da aber die Schlange in der altchristlichen Symbolik den Teufel bezeichnet, so musste es nahe liegen, in dem Fische Christum zu finden.

Die altchristliche Kunst kennt den Fisch allein in der angegebenen sacramentalen Bedeutung. Am klarsten offenbart sich dieser Inhalt auf einem Wandgemälde in S. Lucina (Annex von S. Callisto). Dasselbe zeigt zwei schwimmende Fische, deren jeder auf seinem Rücken ein geflochtenes Körbchen trägt, das einen Becher rothen Weines und mehrere Brode umschliesst (Fig. 32). Deutlich wird hier der IXOYC-Christus als derjenige bezeichnet, der sich in den Elementen des Abendmahls zum Genuss darbietet.

Dasselbe besagt die Inschrift eines Grabsteines im Kircher'schen Museum zu Rom: IXOYC ZWNTWN ("Fisch der Lebendigen"), da die „Lebendigen" die an der Sacramentsgemeinschaft Theilhabenden sind.

Fig. 32. Eucharistischer Fisch.

Noch deutlicher spricht sich diese Symbolik aus in einem i. J. 1839 auf dem Friedhofe Saint-Pierre l'Estrier bei Autun gefundenen und seitdem vielfach commentirten fragmentarischen Epitaphe:

IXOYOC O... ION ΓENOC HTOPI CEMN̄
XPHCE ΛABW... N AMBPOTON EN BPOTEOIC
ΘECΠECIWN YΔAT... N THN CHN ΦIΛE ΘAΛΠEO
  ΨYX...
YΛΛCIN AENAOIC ΠΛOYTOΔOTOY COΦIHC

ⲤⲰⲦⲎⲢⲞⲤ ⲀⲄⲒⲰⲚ ⲘⲈⲖⲒⲎⲆⲈⲀ ⲖⲀⲘⲂⲀⲚ ...
ⲈⲤⲐⲒⲈ ⲠⲒⲚⲀⲰⲚ ⲒⲬⲐⲨⲚ ⲈⲬⲰⲚ ⲠⲀⲖⲀⲘⲀⲒⲤ
ⲒⲬⲐⲨⲒ ⲬⲞ ... ⲀⲢⲀ ⲀⲒⲀⲀⲒⲰ ⲆⲈⲤⲠⲞⲦⲀ ⲤⲰⲦ ...
ⲈⲨ ⲈⲨⲆⲞⲒ ⲘⲎⲦⲎⲢ ⲤⲈ ⲀⲒⲦⲀⲌⲞⲘⲈ ⲪⲰ ⲦⲞ ⲐⲀⲚⲞⲚ
                                                    ⲦⲰⲚ
ⲀⲤⲬⲀⲚⲆⲒⲈ ... ⲈⲢ ⲦⲰⲘⲰ ⲔⲈ ... ⲢⲒⲤⲘⲈⲚⲈ ⲐⲨⲘⲰ
ⲤⲨⲚ Ⲙ ⳰ ⳰ ⳰ ⲞⲒⲤⲒⲚ ⲈⲘⲞⲒⲤⲒⲚ
Ⲓ ⳰ ⳰ ⳰ ⲘⲚⲎⲤⲈⲞ ⲠⲈⲔⲦⲞⲢⲒ̈Ⲟ

1. Ἰχθύος ο(ὐρανίου θε)ῖον γένος, ἤτορι σεμνῷ
   Χρῆσε, λαβὼ(ν ζωὴ)ν ἄμβροτον ἐν βροτέοις
   Ἠεσπεσίων ὑδάτ(ω)ν· τὴν σὴν, φίλε, θάλπεο ψυ(χὴ)ν
   Ὕδασιν ἀενάοις πλουτοδότου σοφίης.
5. Σωτῆρος ἁγίων μελιηδέα λάμβαν(ε βρῶσιν),
   Ἔσθιε πινάων, ἰχθῦν ἔχων παλάμαις.

   Ἰχθύι χ(ορτα⁚)ἄρα, λιλαίω, δέσποτα σῶτερ.
   Εὖ εὕδοι μήτηρ, σὲ λιτάζομε, φῶς τὸ θανόντων.
   Ἀσχάνδιε (πάτ)ερ, τώμῷ κε(χα)ρισμένε θυμῷ,
10. Σὺν μ(ητρὶ γλυκερῇ καὶ ἀδελφει)οῖσιν ἐμοῖσιν
    Ἰ(χθύος εἰρήνῃ σέο) μνήσεο Πεκτορίοιο.

Erhalte Dir, göttlich' Geschlecht des himmlischen Fisches, ein heiliges Herz, nachdem Du unter Sterblichen unsterbliches Leben aus göttlichem Wasser empfangen. Geliebter, erfrische Deine Seele mit dem unerschöpflichen Wasser der Reichthum spendenden Weisheit. Empfange die honigsüsse Speise des Heilands der Heiligen. Iss mit Verlangen; in Deinen Händen hältst Du den Ichthys.

Mit dem Ichthys sättige mich nun — das ersehne ich — mein Herr und Heiland. Sanft schlummere die Mutter; das erflehe ich von Dir, Du Licht der Todten. Aschandios, mein Vater, theuer meinem Herzen, sammt der süssen Mutter und meinen Brüdern, im Frieden des Ichthys gedenke Deines Pektorios.

Während die vier ersten Verse der Grabschrift auf die Taufe anspielen, beziehen sich die drei anschliessenden auf Christus-Ichthys als den, welcher im Abendmahle den Gläubigen zum Genusse sich mittheilt und sehnlichst von ihnen als die „honigsüsse Speise" begehrt wird.

Die Inschrift ist von Pektorios seinen in derselben angegebenen Verwandten errichtet worden, und zwar scheint der jüngst erfolgte Tod der Mutter die äussere Veranlassung dazu gewesen zu sein. Das Ganze besteht aus zwei Theilen: V. 1—6, welche durch das Akrostischon ΙΧΘΥΣ ausgezeichnet sind, und V. 7—11. Jene spricht die Todte, diese der Sohn. Die Inschrift in ihrer jetzigen Gestalt gehört frühestens dem Ende des vierten Jahrhunderts an. Doch verräth sich V. 1—6 deutlich als ein älteres Stück, das vielleicht noch in das zweite Jahrhundert zurückreicht und wahrscheinlich Rest eines altkirchlichen Hymnus ist.

Einen ähnlichen Ausdruck hat derselbe Gedanke in der Grabschrift eines phrygischen Bischofs Namens Aberkios gefunden, der am Ende des zweiten Jahrhunderts starb und sich selbst folgendes Epitaph bestimmte:

Ἐκλεκτῆς πόλεως τόδε (μνῆμ') ἐποίησα πολίτης
Ζῶν, ἵν' ἔχω καιρῷ σώματος ἔνθα θέσιν.
Τοὔνομ' Ἀβέρκιός εἰμι, μαθητὴς ποιμένος ἁγνοῦ,
Ὃς βόσκει προβάτων ἀγέλας ὄρεσιν πεδίοις τε,
Ὀφθαλμοὺς ὃς ἔχει μεγάλους, κατὰ πάνθ' ὁρόωντας.
Οὗτος γὰρ μ' ἐδίδαξε (τὰ ζωῆς) γράμματα πιστά,
Εἰς Ῥώμην ὃς ἔπεμψέ με (τὴν) βασιλείαν ἀθρῆσαι,
Καὶ βασίλισσαν ἰδεῖν χρυσόστολον, χρυσοπέδιλον·
Λαὸν δ' εἶδον ἐκεῖ λαμπρὰν σφραγῖδα ἔχοντα.
Καὶ Συρίης πέδον εἶσεῖδον καὶ ἄστεα πάντα,
Νίσιβιν, Εὐφράτην διαβάς· πάντας δὴ ἔωθεν
Ἔσχον (ἐμοί) συνομηγυρέας. Πίστις δὲ προσῆγε
Καὶ παρέθηκε τροφήν, ἰχθὺν (δὲ μιῆς;)ἀπὸ πηγῆς,
Παμμεγέθη, καθαρόν, ὃν ἐδράξατο παρθένος ἁγνή.
Καὶ τοῦτον ἐπέδωκε φίλοις ἔσθειν διὰ παντός,
Οἶνον χρηστὸν ἔχουσα, κέρασμα διδοῦσα μετ' ἄρτου.
Ταῦτα παρεστὼς εἶπον Ἀβέρκιος ὧδε γραφῆναι,
Ἑβδομηκοστὸν ἔτος καὶ δεύτερον ἦγον ἀληθῶς.
Ταῦθ' ὁ νοῶν εὔξαιτο ὑπέρ μου πᾶς ὁ συνῳδός,
Τύμβον (μή)τις ἐμοῦ ἕτερον ἐπάνω θήσειε·
Εἰ δ' οὖν, Ῥωμαίων ταμείῳ δισχίλια χρυσᾶ,
Καὶ χρηστῇ πατρίδι Ἱεροπόλει χίλια θήσει.

„Ein Bürger edeler Stadt, habe ich bei meinem Lebzeiten dieses Grabmal errichten lassen, damit, wenn die Zeit kommt, mein Leib hier eine Stätte habe. Aberkios ist mein Name, Jünger bin ich des heiligen Hirten, der die Heerde weidet auf Bergeshöhen wie im Flachland — grosse Augen hat er, überall hin blickende. Dieser lehrte mich das lebenspendende Wort des Glaubens; nach Rom (dann) sandte er mich, die königliche Stadt zu schauen und zu sehen die Herrscherin im goldenen Gewande, goldbeschuht. Und ich sah dorten das Volk blitzende Ringe tragend. Die Ebene Syriens auch schaute ich und alle Städte — hineilernd durch Nisibis und das Euphratthal.

Ueberall hatte ich von Osten (?) Genossen im Gottesdienst. Der Glaube aber erzeugte und legte als Nahrung vor den Fisch aus der einen Quelle, den gar grossen, reinen, welchen die heilige Jungfrau empfangen hatte. Diesen gab er den Freunden ganz zu essen, guten Wein darreichend, gemischten, sammt Brod. — Also zu schreiben, bestimmte ich Aberkios selbst; zweiundsiebenzig Jahr — das ist in Wahrheit mein Alter. Jeder mir Gleichgesinnte, der dieses liest, bete für mich. Niemand errichte ein Grab über meinem Grabe. Wer es thut, muss dem römischen Fiskus zweitausend und der trefflichen Stadt Hierapolis tausend Goldstücke zahlen."

Dieselbe Symbolik liegt in den bisher nur in S. Callisto, in den sog. Sacramentskapellen als Wandgemälde viermal und einmal auf einem Sarkophagrelief im Museo Kircheriano nachgewiesenen Darstellungen des Mahles der Sieben (Joh. 21, 12 ff.). Die sieben Gastmahlsgenossen, welche um die Kline geeint die Hände nach den beiden Fischen ausstrecken, die vor ihnen liegen, während vor dem Fische brodgefüllte Körbe — eine Reminiscenz an das Speisungswunder — stehen, repräsentiren die um den Altar des Herrn sich sammelnde Gemeinde.

Abb. in meinen *Arch. Stud.*, S. 24, 30, 44, 45; vgl. S. 266 ff. Derselben Gruppe gehören als verkürzte Darstellungen an: der dreifüssige Tisch, dessen Platte zwei Brode und einen Fisch trägt und der links drei, rechts vier brodgefüllte Körbe zur Seite hat (a. a. O., S. 29) und ein geschnittener, im Museum zu Spalato befindlicher Stein, welcher einen dreifüssigen Tisch und auf demselben einen lebendigen Delphin zeigt (a. a. O., S. 55 und *Bull.* 1880, S. 100). Mit Recht hat de Rossi (*Bull.* 1865, S. 45 ff.; *Spicil. Solesm.* III, S. 568) diese Classe als eine eigenartige von den übrigen Gastmahlsdarstellungen der altchristlichen Kunst, auf denen Männer und Frauen in wechselnder Zahl erscheinen, getrennt. Zur weiteren Illustrirung der Symbolik jener Bilder dient Pseudo-Prosper Aquit., *De promiss. et praed. Dei* p. II, c. 39: *(Christus) satians ex se ipso in littore discipulos et toti se offerens mundo* ΙΧΘΥΣ . . . . . *cujus ex interioribus remediis quotidie illuminamur et pascimur.* Auch Augustinus, Tract. CXXIII *in Ev. Joh.: „piscis assus Christus est."* Die bis in die erste Hälfte des dritten Jahrhunderts zurückreichenden Stellen für die sacramentale Bedeutung vollständig gesammelt von Pitra im *Spicil. Solesm.* III, S. 499 ff. Dazu Ignat., *Ad Eph.*, c. 20; Iren., *Adv. haer.* V, 2, 2; IV, 18, 4; Gregor. Nyss., *Orat. catech.*, c. 37; Chrysost., *In Joh. evang.* XLVI, c. 3; *in Matth. hom.* LXXXII, c. 5; *de poenit. hom.* IX.

Aus dieser Werthschätzung des Symbols erklärt sich die reiche Verwendung desselben auf Grabsteinen. Von diesen aus verbreitete es sich in die Sphäre des Privatlebens, wurde auf Hausutensilien und Schmucksachen als Ornament übernommen und verlor dadurch mehr und mehr seine ursprüngliche Bedeutung und sank fast zum Werthe eines Ornamentes herab. Weiterhin wurde die eucharistische Symbolik dadurch abgeschwächt, dass sich im dritten Jahrhundert eine anagrammatische Spielerei an das Wort ΙΧΘΥΣ knüpfte. Man löste es auf in das Bekenntniss:

Ι	ησοῦς	Jesus
Χ	ριστός	Christus
Θ	εοῦ	Gottes
Υ	ιός	Sohn
C	ωτήρ	Heiland

Unter diesen Umständen konnte es möglich werden, dass das Wort ΙΧΘΥC in das Monogramm Christi eingeschoben und ΙΧΘΥC und ΧΡΙCΤΟC parallel gebraucht wurden, ohne dass dabei an Christus als Sacramentsspender gedacht war. So trägt ein auf einem altchristlichen Chalcedon abgebildeter Thron die Inschrift ΙΧΥΟ (= ἰχθύς), womit der thronende Christus bezeichnet wird.

In einigen wenigen Fällen erscheint auch der Delphin als Träger der Symbolik des Fisches. Andererseits wird, wie schon bemerkt, auch der Fisch verwendet, um dem Namen des Verstorbenen oder sein Gewerbe anzudeuten.

Ist der Fisch als ein specifisch christliches Symbol zu betrachten, so muss es um so auffallender erscheinen, dass in einem der Deckengemälde des jüdischen Cömeteriums an der Via Appia zwei Gruppen von drei bzw. vier Fischen so angeordnet dargestellt sind, dass einer der Fische auf einem hohen Körbchen, wie sie im Speisungswunder gebraucht werden, gelegt ist, während die anderen daneben am Boden hingestreckt sind. Daran schliessen sich, in besondere Umrahmung gesetzt, Körbe mit Brod gefüllt.

Diese Composition erinnert an das eben erwähnte Bild in den Sacramentskapellen, welches einen Fisch nebst Brodstücken auf einem dreifüssigen Tische zeigt.

Ob hier das Judenthum in mechanischer Weise ein Symbol der christlichen Gemeinden, ohne Einsicht in die Bedeutung desselben, übernommen oder jene Darstellung eine bestimmte persönliche Beziehung hat, lässt sich nicht entscheiden.

Ebenfalls dem biblischen Kreise entstammt die Taube. Dieselbe gehört ursprünglich der Arche Noah's zu, löst sich aber schon frühzeitig von derselben ab, ohne jedoch ihre Bedeutung als eines Sinnbildes des Friedens, in dessen Besitze der Todte gedacht wird, aufzugeben. Nicht selten freilich schwächt sich dieser Inhalt in dem Grade ab, dass die Taube rein ornamental verwendet wird. So erscheint sie besonders auf den Deckengemälden. Auch wo sie an einer Traube pickend oder auf dem Rande einer Schale sitzend und in ähnlichen Situationen abgebildet ist, hat sie nur die Bedeutung eines Ornamentes oder eines Genrebildes und symbolisirt nicht etwa, wie angenommen wird, die Seele, welche die Freuden des Paradieses geniesst.

Das Lamm, und das Schaf überhaupt, ist Sinnbild des Gläubigen als eines Gliedes der Heerde Christi. In späterer Zeit consolidirt sich das Symbol auf die zwölf Apostel und auf Christus; die Beziehung auf die Gemeinde schwindet.

Ausser diesen mittelbar oder unmittelbar durch die hl. Schrift gegebenen Gegenständen sepulcral-symbolischen Inhaltes besitzt die altchristliche Kunst nur wenige andere Stücke gleichen oder ähnlichen Werthes. Dahin gehören: Bäume, Leuchter und Pilaster zur Bezeichnung der Eingangspforten des Paradieses.[1]

Aus der Reihe der symbolischen Darstellungen sind folgende neuestens in der deutschen *R. S.* als solche aufgeführte zu streichen: der Hase, nicht Bild „jener, die ihr Heil in Furcht und Zittern zu wirken berufen sind", oder Erinnerung „an die Vergänglichkeit des Irdischen und den raschen Lauf des Menschen durch dieses Leben" (KRAUS, a. a. O., S. 263), sondern der Antike entnommenes Dekorationsstück. Hier hatte der Hase ursprünglich eine Beziehung auf den Aphroditecultus, diese aber im Laufe der Zeit durchaus verloren. Auf christlichen Epitaphien ist der Hase in gleicher Weise wie die S. 187 angegebenen Bildwerke zu erklären. Vielleicht kommt auch die Bedeutung von Lepus als Schmeichelname in Betracht (meine *Arch. Stud.*, S. 278 n. 56). — Der Ochse ist nicht nach CASSIODORUS (*In Psalm.* LXV, VIII) als Bild der Prediger zu fassen (KRAUS, a. a. O.), sondern charakterisirt denjenigen, auf dessen Grabe er sich findet, als Landmann oder Fuhrmann. — Die Lampe weist gleichfalls auf die sociale, handwerkliche Stellung des Verstorbenen hin und kann nicht als „Symbol des ewigen Lichtes, das herabgekommen ist, in der Finsterniss zu leuchten" (a. a. O. S. 264), betrachtet werden. — Ebensowenig ist die Wage „ein Appell an die ewige Gerechtigkeit Gottes, ein Nothschrei der verfolgten Gemeinde", oder gar Hinweis auf die Psychostasie (R. ROCHETTE, *Denx. Mém.*, S. 243), sondern sie bezeichnet den Inhaber des Grabes als einen Kaufmann. — Das Dreieck findet sich in den Katakomben nur in der Bedeutung eines Richtinstrumentes, nicht als Symbol der Trinität. Ausserdem sind aus dem traditionellen Cyklus noch auszuscheiden: die Ameise (MÜNTER, *Sinnbilder* I, S. 27), das Fass (ebend. S. 47), der Fels (S. 53), der Hahn (S. 55), das Haus (S. 56), der Kelch (S. 66), der Wagen (S. 112), die Leier (S. 84).

An diesen sepulcral-symbolischen Bilderkreis schliessen sich, doch nicht vor dem vierten Jahrhundert, einige wenige Darstellungen an, die zwar symbolischen Inhalt haben, aber keine Beziehung auf Tod und Auferstehung nehmen. Sie sind die ersten Vorläufer der mittelalterlichen Symbolik, und ihre Zahl nimmt mit dem Verfalle der altchristlichen Kunst zu. Solche Darstellungen sind der Hirsch, Sinnbild der nach dem Taufwasser und überhaupt nach himmlischer Gnade verlangenden Seele, mit Anschluss an Ps. 42, 2, aus einem Bache trinkend dargestellt, und das Lamm, insofern es Christum oder die Apostel bezeichnet. Von höherem Alter dagegen und heidnischen Ursprungs sind: der Fuss (oder die blosse Sohle) und die

Hand. Dieselben sind in derselben Weise zu verstehen wie auf antiken Monumenten, d. h. als Votivae.

<small>Antike und christliche Inschriften mit Abbildungen des Fusses und der Sohle bei Levi, *Epitaph. Severae Mart.* Panormis 1734, S. 68 ff.; Boldetti, S. 419 (mit der Inschrift IN DEO), Caylus, *Recueil* III, 63, Passeri, *Lucern. fict.* II, 73. Die Monumente weisen zum Theil auf eine glücklich zurückgelegte Reise (PRO · ITV · AC · REDITV · FELICI, SALVOS · IRE SALVOS · REDIRE), zum Theil auf Heilung von Fuss- und Beinleiden hin; so liest man auf einer durch zwei Füsse ausgezeichneten Inschrift (Fabretti VI, n. 117): LICINIA · PHILETE | PRO · SALVTE · SVA · ET · SVOR · | D · S · P · (*de suo posuit*). Erinnert sei auch an die in Pompeji gesammelten Terracotta-Votiva im Museo Nazionale zu Neapel (II. Saal der Terracotta-Sammlung). Zur Classe der Votive und nicht der Amulette, wie Martigny (*Dict. Amul.* S. 37) und Kraus (*R. E. Amul.* S. 51) annehmen, gehört auch ein von Fabretti (*Inscript.* S. 594 n. 122; reproducirt bei Mart. und Kraus a. a. O.) abgebildeter Gegenstand von der Form einer Hand, die ein Spruchband trägt mit der Inschrift: ƆHCCC.</small>

Diese nur vereinzelt auftretenden nicht-sepulcralen Symbole überragt weit sowohl numerisch wie inhaltlich das kirchengeschichtlich bedeutungsvolle Monogramm des Namens Christi. Der Schöpfer desselben ist Konstantin d. Gr. Auf dem Zuge gegen Maxentius im Herbst 312 liess er die Schilde seiner Soldaten mit den verschlungenen Buchstaben ΧΡ zur Bezeichnung des Namens ΧΡΙϹΤΟϹ versehen und bald darauf das kostbare Labarum, dessen Motiv derselbe Namenszug bildete, anfertigen. Von der Armee aus verbreitete sich das Zeichen in die Gemeinde und gelangte hier rasch zu grosser Beliebtheit, indem es zugleich mannigfachen Variationen unterlag. Während aber, wie es scheint, sein Ursprung auf Superstition sich gründet und es auf Superstition der Armee berechnet war, consolidirte sich in der Kirche die Bedeutung des Monogramms zu einem christlichen Bekenntniss und zu einem Schibolet der Kirche, sowohl der heidnischen Religion gegenüber wie dem Arianismus. Denn es ist schwerlich Zufall, dass mit den arianischen Streitigkeiten auch der häufige Gebrauch des Monogrammes Christi aufhört.

Die Hauptformen des zahlreich variirten Monogrammes sind:

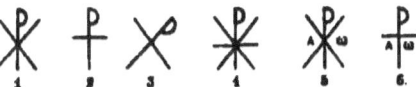

Nr. 1 scheint das ursprüngliche konstantinische Monogramm gewesen zu sein. Es tritt auf den Monumenten zuerst auf und wird von Eusebius vorausgesetzt. Lactantius dagegen beschreibt, wenn nicht eine ungenaue Ausdrucksweise anzunehmen ist, Nr. 3 als die ursprüngliche Form. Nr. 2 erscheint auf Münzen schon unter Konstantin, aber ganz vereinzelt und vor

Nr. 1 durchaus zurücktretend. Dieses Verhältniss von ☧ und ☧ bleibt auch in der Folgezeit dasselbe. Auf Inschriften, die mit Sicherheit zu datiren sind, tritt in Rom ☧ zum erstenmal i. J. 323, ☧ i. J. 355 auf, in Gallien dagegen ☧ i. J. 377, ☧ seit etwa 400. Die durch Ineinanderschiebung von Nr. 1 und 2 gebildete Variation ☧ erscheint schon 347 auf römischen Epitaphien. Jünger als diese sämmtlichen Formen sind die durch Einfügung von α—ω (Apok. 1, 8) gewonnenen Nr. 5 und Nr. 6. Auch die Umschreibung des Monogrammes durch einen Kreis und die Aufpflanzung desselben auf ein spitz zulaufendes Piedestal und Bereicherungen anderer Art gehören einer späteren Zeit an.

Als in keinerlei Zusammenhang mit dem Monogramme stehend sind zu betrachten die jenem ähnlichen oder genau entsprechenden Zeichen numerischen oder religiösen Werthes auf vorchristlichen Münzen. Ebensowenig lässt sich die Beurtheilung des konstantinischen Signum als eines doppelsinnigen Symbols, „wobei sich Jeder seine eigenen Gedanken machen konnte", wahrscheinlich machen.

Das Monogramm kam vorwiegend auf Grabsteinen, Lampen und Ringen zur Verwendung; daneben zeigen es Goldgläser, Gemälde, Amulette, Medaillen, Münzen und andere Gegenstände.

<small>Die auf die Geschichte des Monogrammes bezügliche Literatur ist ziemlich umfangreich. Es seien hier nur angeführt: DE ROSSI, *De titulis Christianis Carthaginiensibus* (Spic. Solesm. IV, Paris 1858); GARRUCCI, *Numismatica constant.* (Anhang zu *Vetri antichi* u. s. w. dess. Verfassers); MARTIGNY, *Dict. Monogramme du Christ.*, S. 476; RAPP, *Das Labarum und der Sonnencultus* (Jahrbb. d. Vereins v. Alterthumsfreunden i. Rheinl., Heft XXXIX, XL. Bonn 1866, S. 116 ff.); BRIEGER, *Zum konstant. Monogramm ("Konstant. d. Gr. als Religionspolitiker",* Gotha 1880. Anhang. S. 38—45). Diese letztere kurze Abhandlung enthält das Beste, was in dieser Frage bisher geäussert ist. Die Form des konstantinischen Monogrammes beschreibt EUSEBIUS (V. C. I, 31): τῆς σωτηρίου ἐπηγορίας τὸ σύμβολον, δύο στοιχεῖα τὸ Χριστοῦ παραδηλοῦντα ὄνομα, διὰ τῶν πρώτων ὑπεσήμαινον χαρακτήρων, χιαζομένου τοῦ P κατὰ τὸ μεσαίτατον, womit zweifelsohne Nr. 1 gemeint ist. Anders LACTANTIUS (de mort. pers. 44): *transversa N littera summo capite circumflexo*, was wörtlich genommen auf Nr. 3 weist. Dass diese Form die anfängliche gewesen, ist weniger wahrscheinlich, als dass LACTANTIUS ungenau beschrieben habe oder nicht genügend unterrichtet gewesen sei. Auf den Monumenten lässt sich jedenfalls unter Konstantin diese Form nicht nachweisen. Erst unter Magnentius taucht sie auf. Die vorherrschende Form ist ☧ nicht nur unter Konstantin, sondern auch in späterer Zeit. Die älteste mit Sicherheit zu datirende Inschrift, die es zeigt, gehört dem Jahre 323 an (DE ROSSI, *Bull.* 1863. S. 22 f.), doch ist anzunehmen, dass schon bald nach 312 die Gemeinde sich des Zeichens bemächtigt habe. Dagegen ist es bisher nicht gelungen und wird schwerlich je gelingen, die Existenz des Monogrammes, sei es als eines Symbols, sei es als</small>

Abkürzung im Context in vorkonstantinischer Zeit nachzuweisen. Die von DE ROSSI (*Inscript. christ.* I, S. 28 f., n. 26) angeführte Inschrift:

(VI)XIT

..... GAL · CONSS

kann nicht in Betracht kommen, da der Name des Mitconsuls fehlt, aus diesem allein aber zu erkennen sein würde, ob 298, 317 oder 330, in welchen Jahren ein Gallicanus Consul war, in der Inschrift gemeint ist. Ueber den monumentalen Befund in Rom und Gallien s. LE BLANT S. XII ff., über den numismatischen BRIEGER, a. a. O. S. 41 f. Gegen die beliebte, in Deutschland besonders durch RAPP vertretene Ansicht, dass zwischen dem Monogramme Christi und den Zeichen gleicher Art auf vorchristlichen Münzen ein Zusammenhang bestehe, mit Recht BRIEGER (S. 40). Vgl. auch CH. LENORMANT, *Des signes de Christianisme, qu'on trouve sur quelqu. mon. numism. du IIIe siècle* (CAHIER et MARTIN, *Mél. d'Arch.* III, S. 190 ff.).

Später als das Monogramm tritt in dem christlichen Bilderkreise das Kreuz auf, was auffallend erscheint gegenüber der Thatsache, dass die Sitte des sich Bekreuzigens schon am Ende des zweiten Jahrhunderts in der Kirche sich nachweisen lässt und die Phantasie der theologischen Schriftsteller im Aufsuchen von Typen des Kreuzes sich erging. Wahrscheinlich wirkte hier die Stimmung mit, welche Darstellungen der Passionsgeschichte, insbesondere der Kreuzigung, bis in das vierte bezw. das fünfte Jahrhundert hinausschob. Dass die Gemeinden als Ersatz für das gemiedene Kreuzeszeichen sog. verhüllte Kreuze (*cruces dissimulatae*) sich geschaffen, wie den Anker, das Svastika und das T, ist eine ungeschichtliche, weder aus dem Monumentenbefunde noch den literarischen Quellen zu begründende Vorstellung.

Auf Inschriften begegnet das Kreuz in Rom seit dem Ende des vierten Jahrhunderts, in Gallien fast ein halbes Jahrhundert später. Doch bezeugen ein Wort Julians und Münzen, dass das Kreuz schon vordem bei den Christen zur Darstellung gelangt ist, doch schwerlich vor dem vierten Jahrhundert.

Die Formen des Kreuzes, soweit sie durch cömeteriale Monumente repräsentirt werden, sind + und ✝ (*crux immissa*). Die Form T (*crux commissa*) lässt sich wenigstens nicht mit Sicherheit nachweisen. Das sog. Andreaskreuz X (*crux decussata*) fehlt; es ist eine Fiktion des Mittelalters.

Ueber die *cruces dissimulatae*, deren Existenz jeglichen Grundes entbehrt, MARTIGNY, *Dict. Croix*, ZÖCKLER, *Das Kreuz Christi*, S. 119 ff. Dagegen *Zeitschr. f. Kgsch.* 1879, S. 479, und BRIEGER, a. a. O. S. 38 Anm. 1. Doch scheint das Monogramm Nr. 2 äusserlich den Uebergang zu den Kreuzesdarstellungen angebahnt zu haben. Besonders ravennatische Sarkophage des fünften Jahrhunderts zeigen zahlreiche Monogramme dieser Gattung, bei welchem der Kopf des ☧ so sehr verkleinert und verkümmert ist, dass der Eindruck des Ganzen entschieden der des Kreuzes ist. Daraus folgt freilich noch nicht, dass die Christen des vierten Jahrhunderts in dem Monogramm das Kreuz verborgen sich vorgestellt.

Zur Literatur: ZESTERMANN, *Die bildl. Darstellung des Kreuzes und der Kreuzigung Jesu Christi*, Leipz. 1867. 1868 (Programme der Thomasschule); FULDA, *Das Kreuz und die Kreuzigung*, Breslau 1878; V. SCHULTZE, *Kreuz* (in HERZOG u. PLITT, *Real-Encykl.*, 2. Aufl.).

[1] Die oben S. 98 abgebildete Darstellung der Psyche befindet sich in einem an den Vorbau der Domitilla-Katakombe seitwärts angelehnten Cubiculum aus dem Anfange des dritten Jahrhunderts. Die Goldgläser und die Sarkophage zeigen, darin sich enger an die Antike anschliessend als die Malerei, die beiden Figuren fast immer in Umarmung. Die Zahl der Abbildungen dieser Gruppe beträgt gegen zwölf. Der sepulcral-symbolische Charakter der Darstellung ist gesichert. Daneben galt sie im Alterthume — und vereinzelt auch in der altchristlichen Kunst — als Ausdruck ehelicher Liebe und überhaupt freundschaftlichen Verhältnisses. — Der Sarkophag zu Arles mit den Dioskuren bei LE BLANT, *Les sarcophages chrét. d'Arles*, pl. XXIII. Ein Sarkophag in der Kathedrale zu Tortona mit gleicher Darstellung (BOTTAZZI, *Degli emblemi u. s. w. dell' ant. sarcofago esistente nella chiesa di Tort.*, Tortona 1824) ist nicht christlich (vgl. PIPER, *Myth. u. Symb.* I, S. 200 ff.). Aber beachtenswerth für die sepulcrale Bedeutung die Ueberschrift über den beiden Figuren ΟΥ ΑΘΙϹ ΑΘΑΝΑΤΟϹ ΟΛΡΓΘ ΟΥΓΘΝΘ; vgl. auch MÜLLER a. a. O., S. 641, 706. — Sirenen: die eine Darstellung zeigt ein kleines, von drei Personen bemanntes Schiff. Die eine rudert, eine zweite sitzt am Steuer, die dritte, eben Odysseus, steht aufrecht an den Mast gefesselt. An der einen Seite des Schiffes stehen zwei, an der anderen eine Sirene, beflügelte Weiber mit Krallenfüssen. Rechts schliesst an die Darstellung eine gross ausgeführte Maske an. Das zweite Sarkophagrelief zeigt eine ähnliche Anordnung der Scene; nur stehen die Sirenen etwas entfernt auf einer Klippe.

[2] Die genauere Angabe der Monumente, auf denen die angeführten Darstellungen sich finden, in meinen *Arch. Stud.*, S. 11—14, 116—115.

[3] DE ROSSI, *R. S.* vol. II, S. 351 ff.; 358 ff.; vol. III, S. 343, 345; KRAUS, a. a. O. S. 232.

[4] Abbildungen des Pfauen: GARRUCCI, *Storia* vol. II, t. 14, 15, 41, 72, 79, 92, 104, 105. Sein Fleisch galt in der Volksmeinung als unverweslich (AUGUST., *De civ. Dei* XXI, 4). Darauf wird sich die sepulcrale Verwendung des Pfauen gründen. Der Phönix: DE ROSSI, *Inscript.* I, S. 155 (n. 385), *R. S.* vol. II, S. 313. MARTIGNY, *Dict. Phénix*. Die angeführten Stellen CLEMENS ROM. I, 25; TERT., *De resurr.* c. 13; dazu PIPER a. a. O. I, S. 456; CLEMENS ROM. ed. Lips. 1876, S. 47 ff., Anm., und P. CASSEL, *Der Phönix und seine Aera*, Berlin 1879. Orpheus ist bisher auf Wandgemälden zweimal in S. Domitilla (BOSIO, S. 239, 255; GARRUCCI, t. 25, 30) und einmal in S. Callisto (DE ROSSI, *R. S.* II, t. 18; GARRUCCI, t. 4, 1) nachgewiesen. Weiterhin zeigt ihn ein in Ostia zum Vorschein gekommener Sarkophag (GARRUCCI, t. 307, 3), jetzt im Lateranmuseum, und ein anderer sardinischer. Einfacher als das oben S. 104 abgebildete Deckengemälde sind die beiden anderen Bilder entworfen. Auf dem einen erscheint O. in ähnlicher Haltung; nur erhebt er redend oder singend die linke Hand. Auch sind die Thiere zum Theil nicht dieselben.

Das andere, an der Decke eines Cubiculums in S. Callisto, nähert sich der Auffassung des guten Hirten. Allein ein Schaf und ein Lamm stehen dem Hirten zur Seite. Aehnlich das Relief aus Ostia. Ausserdem begegnet die Darstellung öfters auf Lampen und geschnittenen Steinen. Doch steht der christliche Ursprung nicht immer fest (PIPER, *Myth. u. Symb.* I, S. 83, 123). Vgl. zu dem Bilde JUSTIN. M., *Cohort* 14, 15, 36; EUSEB., *De laud. Const.* 14; CLEMENS AL., *Cohort.* 1 (S. 2 ff. ed. Potter). Hinsichtlich der Palme und des Kranzes sei hingewiesen auf einen Grabstein (PERRET V, 42, 3) mit einem Graffito, dem Bilde des Todten, welche, vorwärtsschreitend, in der Rechten einen Kranz, in der Linken einen Palmzweig hält. Daneben die Worte (i)NO-CENTIA DVLCIS F(i'ia).

⁸ Das Zeichen findet sich u. A. auf japanischen Denkmälern (GEORGI, *Alphabetum Tibetanum*, S. 460, 725) in Etrurien (CAYLUS, *Recueil d'Antiquités* II, pl. 22), auf keltisch-gallischen Münzen (MIONNET, *Suppl.* I, pl. 6). Vgl. E. BURNOUF, *Dict. sanscr.* s. v. *Sraslika*.; GARRUCCI, *Vetri*, S. 242 ff.; MÜNZ, *Archäol. Bemerkungen über das Kreuz*, S. 25 ff.; DE ROSSI, *Bull.*, 1868, S. 88 ff.; ZÖCKLER, *Das Kreuz Christi*, S. 141 ff. Auf christlichen Denkmälern trifft man es, doch im Allgemeinen selten, im dritten und vierten Jahrhundert und zwar entweder auf Inschriften oder in die Gewandung eingesetzt. Einen bestimmten Inhalt verbanden die Christen mit dem Zeichen nicht, wenigstens lässt sich ein solcher nicht nachweisen. Dass es wegen seiner Aehnlichkeit mit dem phönicischen Tau, d. h. als verstecktes Kreuzeszeichen recipirt worden sei (DE ROSSI, ZÖCKLER a. a. O.), ist eine unbegründete Vermuthung.

⁴ Die Darstellung Noah's gehört der Malerei wie der Sculptur an, überwiegt jedoch in ersterer. Auf Goldgläsern ist bisher nur ein Beispiel nachgewiesen (GARRUCCI, *Vetri* 2. Aufl. II, 7). Die Anfänge lassen sich bis in die erste Hälfte des zweiten Jahrhunderts zurückverfolgen. (Erste Galerie in S. Domitilla vgl. *Bull. di archeol. crist.* 1865, S. 43.) Das Bild bewahrt fast durchgehends seinen bestimmten Typus. Als Abweichungen sind zu verzeichnen, dass die Arche ein zurückgeschlagenes oder aufliegendes Dach hat, mit Füssen versehen und ornamentirt ist (BOTTARI, t. 172; ALLEGRANZA, *Mon. crist. di Milano*, t. 5; BOTT. 72. 65, 101, 120, 123, 142; Sarkophag im Lateran unter Pil. XV; MAFFEI, *Mus. Veron.*, S. 279, 1). Häufig steht die Arche auf einem Felsen oder auf ebener Bodenfläche (BOTT. 165, 171). Der Oelzweig fehlt zuweilen (BOTT. 101, 131 [87 wohl nur abgestossen]). Noah vorwiegend jugendlich, seltener bärtig; einmal ganz unbekleidet, in einem anderen Falle nur mit phrygischer Mütze (BOTT. 101; DE ROSSI, *R. S.* II, 47, 42). Ein Relief zeigt ihn aus der Arche herausschreitend (CAHIER et MARTIN, *Mél.* III, pl. 30). Eine weibliche Gestalt in der Arche auf einem Sarkophage im Lateran (unter Pil. XV); zweimal auch ein Knabe (BOTT. 123; MAFFEI, *Mus. Ver.*, S. 279, 1 [Mädchen?]). — Ueber den Trier'schen Sarkophag vgl. BRAUN, *Erklärung eines antiken Sarkophags in Trier*. Bonn 1850. Ueber die Apameamünzen ECKHEL, *Doct. n. vet.* III, S. 132; FALCONERI, *Dissert. de nummo Apam.* u. s. w., Romae 1668; CH. LENORMANT bei CAHIER et MARTIN, *Mél. d'Archéol.* III, S. 199 ff.; GARRUCCI, *Vetri*, S. 27 f. Obgleich damit den folgenden Ausführungen vorgegriffen wird, sei hier, mit Anschluss an die gegebene Beschreibung der Noahdarstellungen, der symbolische Inhalt derselben entwickelt. Schon die Verknüpfung der Noahbilder mit biblischen Darstellungen, deren sepulcrale Bedeutung keinem Zweifel unterliegt, lässt an einen gleichartigen Inhalt denken. In vielen Fällen ferner ist Noah offenbar Portrait des Todten, nimmt also direkt Bezug auf diesen. Damit steht in Uebereinstimmung, dass die Arche auch die Form eines Sarkophags hat, einmal sogar abgerundet und mit Löwenköpfen verziert, also antiken Aschenurnen nachgebildet ist (GARR., *Vetri* II, 7; BOTTARI 59, 172). Zudem ist die lateinische Uebersetzung des κιβωτό; der Septuaginta, *arca*, zugleich Bezeichnung für Grab, Sarkophag (LIVIUS XL, 29; PLINIUS XIII, 27, 1; GRUTER, *Inscript.* 482, 2;

CAJI *Digest.* XI, 7, 7 u. s. ö.). Der in der Arche stehende Noah bezeichnet demnach den im Grabe ruhenden Todten. Wie jener vor den drohenden Wassern gerettet wurde, so wird der Verstorbene als durch Gottes Macht aus den Banden des Todes errettet und mit dem durch die zweigtragende Taube symbolisirten himmlischen Frieden begnadet vorgestellt. Das Bild hat also eine durchaus sepulcrale Bedeutung. Andern die römisch-katholische Interpretation seit BOTIO-SEVERANO; KRAUS, a. a. O. S. 280: „Nichts anderes wird hier ausgedrückt, als dass der Gläubige, nachdem ihm in der Taufe seine Sünden nachgelassen sind, vom heiligen Geiste das Geschenk des himmlischen Friedens empfangen hat, und vor dem Verderben, das der Welt wartet, in die mystische Arche der Kirche hineingerettet worden." Diese Auslegung beruht auf einer irrigen Auffassung der Symbolik des altchristlichen Bilderkreises. — Auf die drei oben (S. 109) angegebenen Scenen aus dem Leben des Jona oder eine derselben beschränkt sich in der Regel die altchristliche Kunst. Selten hat sie den Propheten weiterhin auf einem Felsstücke sitzend und das Haupt nachdenklich mit der Hand stützend (vgl. Jona 4, 5) oder am Ufer stehend abgebildet. Vgl. BOTTARI, t. 122, 142, 187 u. s. ö. Die Laube, unter welcher Jona ruht, ist mit einer einzigen Ausnahme (Fünfkirchen) stets eine Kürbislaube, ein Beweis, dass hier die Septuaginta- und Itala-Uebersetzung des Hebräischen קִיקָיוֹן (Jona 4, 6 ff.) massgebend gewesen, während die Vulgata *hedera* hat. RAOUL-ROCHETTE (*Prem. Mém. sur les antiqu. chrét.,* S. 111), seiner exegetischen Tendenz folgend, hat die Scenen mit antiken Darstellungen des von einem Seeungethüme verschlungenen und nach drei Tagen wieder ausgespieenen Herakles (HELLANIC. *fragm.* CXXXVII, S. 145, ed. Sturz) und der Befreiung der Andromeda als formalen Typen in Verbindung gebracht. Indess entsprechen die, zudem nur in sehr geringer Anzahl vorhandenen und schwerlich populären Darstellungen dieser Mythen durchaus nicht den Jonas-Scenen, wie sie die christliche Kunst gefasst hat. Dagegen erinnern diese unverkennbar an die in der Antike in hohem Grade beliebten Abbildungen des ruhenden Endymion, des Repräsentanten friedlichen und durch das Nahen der Gottheit lieblich gestalteten Todesschlummers. Wenn ferner auf den Darstellungen des ruhenden Jona, welcher unter den Scenen des Cyklus sich deutlich als die fundamentale documentirt, zuweilen die Laube ganz fehlt oder durch einen Baum ersetzt wird und der Prophet mit geschlossenen Augen daliegt oder gar ein Widder in die Scene eintritt, so erklären sich diese Eigenthümlichkeiten allein aus den Endymion-Bildern, welche Endymion vorzugsweise unter einem Baume ruhend und von seiner Heerde umgeben zeigen. So ist anzunehmen, dass der ruhende Endymion jedenfalls formal, wahrscheinlich aber auch inhaltlich, die Darstellung des ruhenden Jona motivirt und beeinflusst habe und dass aus dieser die übrigen Scenen des Jona-Cyklus sich nachträglich entwickelten. Der Seedrache, welcher den Jona verschlingt, hat genaue antike Vorbilder. Vgl. meine *Arch. Stud.* S. 75—83. — Ebend. S. 163 ff. über Daniel; S. 58 ff. über die Auferweckung des Lazarus; S. 161 über das Wunder zu Kana; S. 161 f. über die Speisung; S. 65 ff. über den guten Hirten. — LE BLANT, *Recherches sur l'accusation de magie dirigée contre les prem. chrét.* (*Mém. de la société des Antiquaires de France* t. XXXI) hat die wenig glaubhafte Behauptung ausgesprochen, dass die Verwendung der *virgula* in der altchristlichen Kunst Veranlassung zu der gegen die Christen gerichteten Anklage auf Magie gegeben habe. — Die ausführliche Begründung meiner Auffassung des altchristlichen Bilderkreises als Ganzen in meinen *Arch. Stud.* S. 1—21. Zu ähnlichem Resultate ist auf anderem Wege, nämlich unter Anleitung der Funeralliturgieen (*commemoratio pro mortuis*) LE BLANT (*Étude sur les sarcophages chrét. d'Arles*) gekommen. Doch verleugnet der Verf. in der Interpretation der einzelnen Monumente seine Erkenntniss wieder.

[1] Der erste Zeuge für die anagrammatische Auflösung des Wortes IXOYC ist am Ende des dritten Jahrhunderts OPTATUS MILEV. in *De schism. Donatt.* III, 2:

Der symbolische Cyklus.

Piscis nomen secundum appellationem Graecam in uno nomine per singulas litteras turbam sanctorum nominum continet, ΙΧΘΥΣ, quod est latine Jesus Christus Dei Filius Salvator. Weiterhin AUGUSTIN., De civit. Dei XVIII, 23; PSEUDO-PROSPER AQUIT., a. a. O.; ausführlicher der Verf. des Tractatus quattuor contra paganos (Opp. S. Maximi Taurin. Romae 1784, S. 730). Diese Umwandlung des Symbols in ein Bekenntniss ist frühestens in der zweiten Hälfte des dritten Jahrhunderts erfolgt. Denn wenn TERTULLIAN aussagt (De bapt. c. 1): nos pisciculi secundum ἰχθὺν nostrum Jesum Christum in aqua nascimur, und es bei ORIGINES (In Matth. III, S. 584 ed. Bened.) heisst: Χριστὸς ὁ τροπικῶς λεγόμενος ἰχθύς, so geht aus diesen Worten hervor, dass Beide den ἰχθύς als Symbol Christi, nicht als Bekenntniss zu Christo beurtheilten. In den älteren wie in den neueren Darstellungen der altchristlichen Fischsymbolik sind diese beiden Gesichtspunkte vermischt worden.

Die Zahl der Ichthysdarstellungen ist ziemlich gross. Doch werden fortwährend nach dem Vorgange DE ROSSI's (Spicil. Solesm. a. a. O.) Monumente in dieselbe eingeschlossen, die entweder heidnischen Ursprungs sind oder deren Ichthysabbildungen sich auf das Gewerbe oder den Namen (Pelagius, Marinus, Maritima, Maria) des Todten beziehen, also der symbolischen Bedeutung ermangeln. Als solche sind in der deutschen Bearbeitung der Forschungen DOM PITRA's und DE ROSSI's von FERD. BECKER (Die Darstellung Jesu Christi unter dem Bilde des Fisches, 1. Auflage. Breslau 1866) folgende aufzuführen: Inschrift vom Campus Vaticanus (BECKER, S. 81); die Fische ursprünglich Anspielung auf den Namen Amias (von amia, amias, ἀμία, ἀμίας, „Thunfisch"); das ΙΧΘΥΣ ΖΩΝΤΩΝ spätere Zuthat von christlicher Hand (meine Arch. Stud., S. 229 ff.). Dieselbe Bedeutung scheint dem Fische zu eignen auf einem Epitaphe aus S. Ermete (B. S. 39), welches einem M · AVR · AMMIANVR zugehört. Der Titulus B. n. 44 S. 47 unten ist sehr wahrscheinlich heidnisch; der Fisch weist auf eine Fischerinnung hin; n. 67 Anspielung auf den Namen Pelagia, ebenso wohl n. 80, da der fragmentarische Name SAL... wohl auf sal „Meer" zurückzuführen ist, n. 91 heidnisch und die Fische Illustration des Namens Maria (v. mare). Auch eine Reihe von geschnittenen Steinen ausserchristlichen Ursprungs werden für die Ichthyssymbolik in Anspruch genommen. Aber selbst der Nachweis christlicher Provenienz sichert der Fischdarstellung auf einem solchen Monumente noch nicht den symbolischen Inhalt; der Fisch kann auch inhaltloses Ornament, bildnerischer Schmuck sein. In diesem Sinne hat CLEMENS V. Alex. (Paed. III, 11) den Fisch zur Darstellung auf Ringen empfohlen.

Ueber den Ursprung des Fischsymbols hat bisher Sicheres nicht ermittelt werden können. Die obige Erklärung lege ich hier zum ersten Male vor. Wenn es feststeht, dass das bekannte Akrostichon das Symbol bereits voraussetzt (die entgegengesetzte Ansicht in meinen Arch. Stud. bereits rectificirt, Christl. Kunstbl. 1880, S. 90 f.), und man ferner berücksichtigt, dass der Fisch zu den beliebtesten Symbolen gehörte, so wird man dazu geführt, zunächst den Ursprung in der heil. Schrift zu suchen. Hier bietet Matth. 7, 10 einen Anhaltepunkt. Ἰχθύς und ὄφις werden als Gegensätze gegeben. Ὄφις ist schon im N. T. (Apok. 12, 14. 15; 2. Cor. 11, 3) nach Massgabe von 1. Mose 3 Bezeichnung des Teufels, und auch die altchristliche Kunst stellt diesen als Schlange mit Menschenhaupt dar. Dadurch war nahegelegt, den ἰχθύς, der im Gegensatze zu ὄφις genannt wird, eine Beziehung auf Christus zu geben, und zwar um so mehr, da das unmittelbar vorhergehende ἄρτος (als Gegensatz zu λίθος) sofort an die Selbstbezeichnung Christi als ἄρτος ὁ ἀληθινός, d. τῆς ζωῆς (Joh. 6, 32, 35, 48) erinnern musste. — Der Versuch von MERZ (Christl. Kunstbl. 1880, S. 97—99), aus ὄψον (woher ὀψάριον, Joh. 21, 9) in der Bedeutung „Fleisch, Fisch" in der Weise den Ursprung des Symbols zu erklären, dass man den Worten: „Christus giebt sein Fleisch zu geniessen", substituirt habe: „Christus giebt sich als Fisch zu geniessen", lässt unbefriedigt, indem er ein zu künstliches Verfahren voraussetzt. Auch ist eine volksthümliche Identificirung von „Fisch" und „Fleisch" nicht zu erweisen. Die auf das Ἰχθύς-Symbol bezüglichen Denkmäler hat nach Dom PITRA und DE ROSSI (*Spicil. solesm.* Bd. III) zusammengestellt F. BECKER, a. a. O. Z. vgl. auch O. POHL, *Das Ichthys-Monument von Autun*. Berlin 1880. Die obige Reconstruction der Inschrift von Autun ist mit Ausnahme von Z. 2, wo ich die Ergänzung ζωήν der anderen ειρήν vorziehe, die von O. POHL, mit welcher ich im Allgemeinen übereinstimme (vgl. *Theol. Lit.-Zeitg.* 1880). Die Literatur bei POHL, S. 1—3. Der von POHL vorgeschlagenen Dreitheilung (Z. 1—6; 7 und 8; 9—11) kann ich nicht zustimmen. Z. 7 mit der Bitte um Mittheilung des Ichthys schliesst genau an Z. 6 an und ist der Erfolg der hier gegebenen Aufforderung. — Die Inschrift des Abercius in PITRA's *Spicil. Solesm.* III. S. 533 f. Sinnbild des Christen ist der Fisch in der altchristlichen Symbolik nicht gewesen (meine *Arch. Stud.*, S. 40 ff.). — Ueber den Delphin DE ROSSI, *Bull.* 1870. S. 49 (vgl. dazu STEPHANI in den *Comptes rendus de la comm. archéol. pour l'année* 1864. St. Petersbourg 1865, S. 204) und *Real-Encykl. d. christ. Alt.* „Delphin" (am Schlusse des Nachtrages dazu sind meine daselbst angezogenen Worte unrichtig aufgefasst worden). Wo der Delphin nicht die Symbolik des Ἰχθύς trägt, ist er Ornament oder weist auf den Namen oder das Gewerbe des Todten hin. Unrichtig KRAUS, *R. S.*, S. 203: „Der Delphin galt als Sinnbild der Schnelligkeit und des Eifers in Aneignung des Seelenheils". Ueber den oben erwähnten Chalcedon SAGGI in den *Dissert. dell' Accademia di Cortona* VII, S. 44 (vgl. tav. II, 13), PITRA, *Er. Kal.*, 1858, S. 19, BECKER, a. a. O. S. 80.

Keine Darstellung hat die altchristliche Kunst öfters wiederholt als die Taube. Dieselbe begegnet nicht nur auf Epitaphien — und zwar hier am häufigsten — sondern auch auf Wandgemälden, Sarkophagen, Gold- und gravirten Gläsern und auf zahlreichen anderen Gegenständen. Gewöhnlich wird sie einen Palmen-, Oliven- oder Lorbeerzweig, seltener einen Kranz tragend abgebildet. Wie sie Noah als Herold des Friedens (*a primordio divinae pacis praeco* wird sie von TERTULLIAN, *Adv. Valent.* c. 2 genannt) erschien, so symbolisirt sie den friedlichen Todesschlummer, das Ruhen *in pace*. Darum fliegt sie mit dem Zweige dem Verstorbenen entgegen oder wendet sich seinem Namen zu und wird von Inschriften begleitet wie GENSANE PAX ISPIRTO (*spiritu*) | TVO (BOLDETTI, S. 418), GIPHI IH COI (S. 412), und besonders häufig von der Formel IN PACE. Ein im Lateranmuseum befindliches Epitaph (Pil. IX, 38) trägt unter dem Graffito einer zweigtragenden Taube das Wort PAX. Auch wenn der Zweig fehlt, bleibt die Symbolik dieselbe. Eine solche Verkürzung konnte bei der Verbreitung und Popularität der Taube, ohne den symbolischen Inhalt in Gefahr zu stellen, recht wohl vorgenommen werden. Und nicht diesem Umstande, sondern der Thatsache, dass auch die Antike die Taube als beliebtes Dekorationsstück kannte und dieselbe sich zu ornamentaler Verwendung vortrefflich eignet, ist es zuzuschreiben, dass in der christlichen Kunst die Taube nicht nur als Symbol, sondern auch als Ornament diente. Möglich, dass auch im letzteren Falle die Symbolik vereinzelt noch schwach fortgewirkt hat; aber im Grossen und Ganzen scheiden sich beide Gebiete. Schon in S. Lucina dient die Taube als Einfassung von biblischen Scenen, also zu ornamentalen Zwecken, und wechselt darin mit Blumenornamenten ab (DE ROSSI, *R. S.*, t. IX, vgl. II, t. XII). Besonders beliebt ist die Verwendung der Taube in den Deckengemälden; sie füllt hier gewöhnlich die Eckfelder. Ornamental ist sie auch gemeint, wenn sie auf Frucht- oder Blumenkörben, neben oder auf Vasen, an Früchten pickend oder Guirlanden tragend dargestellt ist. Ebenso auf Goldgläsern, wo sie z. B. die jüdische מנורה begleiten (GARRUCCI, *Vetri* V, 6, 7) und auf Säulen neben Maria (IX, 10) und die heil. Agnes (XXII, 1, 7) gestellt sind. Ornamental ist die Taube ferner auf Ringen (so schon im Alterthume) und auf den Lampendisken. Die entwickelte symbolische Bedeutung der Taube wird zugestanden, aber ausserdem in ihr, seit SEVERANO, ein Bild der Seelen der Verstorbenen, besonders der Märtyrer erkannt. In neuerer Zeit hat DE Rossi hierfür zwei Epitaphien angezogen. Das eine (*R. S.* II, t. XXVII, 19), aus S. Callisto, lautet:

DASVMIA · QVIRIACE · BONÆ FEMIN(ae)
PALVMBA · SENE FEL · QV(a)E VIXIT (annis)
LX · VI · DEPOSSITA IIII · KA(l m)ARTI(as)
IN PACE ·

Es handelt sich hier nur um einen einfachen Vergleich, wie auch auf der anderen in S. Prassede befindlichen Inschrift (DE Rossi, *Inscript.* I, S. 421, n. 937; *Bull.* 1864, S. 12): PALVMBVS SINE FEL HELIORVS *(Heliodorus)* u. s. w. und auf einer dritten in S. Callisto (*Bull.* 1868, S. 7).

Wie fest die ursprüngliche symbolische Bedeutung im Bewusstsein der Gemeinde wurzelte, beweist, dass die durch Matth. 3, 16 (und die Parallelen) nahegelegte Symbolik — die Taube als Bild des heil. Geistes — in der altchristlichen Kunst durchaus zurücktritt und auf einige wenige Taufdarstellungen (DE Rossi, *R. S.* I, t. XIV; *Bull.* 1876, t. 1) beschränkt blieb. Und auch diese, offenbar spätere Symbolik wird einigemal dadurch wieder in die ältere zurückgeleitet, dass die den heil. Geist darstellende Taube einen Zweig trägt.

Auf die Gläubigen beziehen sich die Schafe, welche in der Umgebung des guten Hirten erscheinen. Die Bezeichnung der Apostel durch dieses Symbol besonders auf Sarkophagen und Mosaiken; letztere zeigen zugleich sehr häufig Christum als Lamm, mit Vorliebe in der Weise, dass dasselbe auf einem Berge, aus welchem die vier Paradiesesströme hervorquellen, steht, ausgezeichnet durch Nimbus und ein Kreuz tragend. Bezeichnung des Paradieseseinganges GARRUCCI, t. 100, 1, 2; 101, 1, 2; 102, 2 u. s. ö.

Dritter Abschnitt.

Der historische Cyklus.

Gegenüber dem symbolischen Cyklus kommt der historische nur in zweiter Linie in Betracht. Obgleich im vierten Jahrhundert gefördert und gemehrt, ist er nie zu besonderer Bedeutung und Ausbildung gelangt. Der Grundcharakter der altchristlichen Kunst ist symbolisch. Das Historische ist im Verlaufe der Geschichte nur daneben hereingekommen.

Den Anfang der historischen Darstellungen bezeichnen Hinweise auf den Todten, seine Stellung, sein Gewerbe, seine Lieblingsbeschäftigung. So finden sich auf Epitaphien Abbildungen von Handwerkszeug, Gewerbe-Utensilien, und von Dingen, welche Producte handwerklicher und gewerblicher Thätigkeit sind oder zu derselben in irgendwelcher Beziehung stehen: Hammer, Meissel, Picke, Winkelmass, Loth, Zange (Schmied, Zahnarzt), Ofen (Bäcker), Spiegel, Kamm (Kammmacher), Fass (Weinhändler, Fassbinder), Lanze (Soldat), Griffel und Rolle (Kalligraph, Gelehrter), chirurgische Instrumente u. s. w. Nicht immer lassen sich die einzelnen Gegenstände mit Sicherheit bestimmen.

Fig. 33. Wage und Gewicht.
(Epitaph aus einem römischen Cömeterium.)

In dieser Weise sind auch die Darstellungen ruhig stehender oder laufender Pferde zu beurtheilen: sie bezeichnen, wie auf antiken sepulcralen Monumenten, das Grab als dasjenige eines Pferdeknechtes, Fuhrmannes, Circusdieners oder eines Siegers in der Rennbahn. Auf einem sardinischen Epitaphe sieht man ein rennendes Pferd, in dessen Schenkel das Monogramm Christi eingebrannt ist.

Dieselbe reale Bedeutung hat das Pferd auf heidnischen Monumenten, und in gleicher Weise sind die christlichen Abbildungen zu fassen, und nicht symbolisch, wie allgemein geschieht. Denn in den hierfür angezogenen Schriftstellen (1 Cor. 9, 24; 2 Tim. 4, 7) handelt es sich nicht um ein Wettrennen zu Wagen, sondern um einen Wettlauf zu Fuss. Ferner befindet sich das Pferd auf christlichen Monumenten meistens in ruhiger Stellung oder es schreitet langsam vor. Auch ist zu beachten, dass mehrmals Epitaphien von Knaben das Bild des Pferdes haben, während doch bei diesen von einem Rennen nach der Krone des Lebens füglich nicht die Rede sein kann.

Aber auch die Todten selbst werden in Ausübung ihrer berufsmässigen Arbeit abgebildet. So finden sich Schmiede, die auf einem Ambosse hämmern (Fig. 34), Fossoren, welche Galerien ausgraben, ein Schneider, der in seinem Magazin einen Kunden bedient, ein Wirth, der einen Becher kredenzt, ein Kunstschreiner, welcher vor einem von ihm angefertigten Tische, seinem Meisterstücke, steht, ein Gladiator in Kampfesstellung. Ein römisches Wandgemälde zeigt eine Gemüsehändlerin, die ihre Waare feilbietet. Auch Hirten sehen wir, die mitten in ihrer Heerde stehen oder sitzen, Landleute, die Samen streuen oder ein Ochsengespann führen, Lastträger, welche Ballen schleppen, Schiffer, die rudern.

Fig. 34. Schmiede.
(Grabstein aus S. Domitilla.)

Ueberall tritt hier der Todte lebend und thätig uns entgegen. Dadurch wird der Schmerz und die trauernde Sehnsucht in dem Beschauer zurückgedrängt und der Gedanke der Fortdauer mit den Lebenden erweckt. Diese Art der Darstellung, die im Grunde der christlichen Werthschätzung weder des Lebens noch des Todes entspricht, ist ein Erbstück der Antike.[1]

Nicht selten auch wird der Todte auf den Epitaphien oder den Gemälden in einer unserem Portrait ähnlichen Weise dargestellt, und zwar bald die obere Körperhälfte desselben, bald der Kopf allein.

Handelt es sich bei diesen Abbildungen um bestimmte oder unbestimmte Andeutung der socialen Stellung des Verstorbenen, so zeigen andere Darstellungen Einzelne oder Gruppen in Ausübung einer religiösen Handlung. Am zahlreichsten sind in dieser Classe die sog. Oranten, Figuren in betender Handlung, mit halb erhobenen Armen in Frontrichtung. Wir haben in ihnen Portraits der Todten zu sehen, die auf diese Weise als solche bezeichnet werden, die in Glauben und vertrauensvollem Gebete aus dem Leben schieden. Dass diese Darstellungen in überwiegender Anzahl Frauen angehören, erklärt sich aus der tieferen religiösen Anlage und Stimmung des Weibes und ist zugleich ein Zeugniss für die gesteigerte Werthschätzung der Frau im Christenthume.

Vorwiegend werden die Oranten in ganzer Figur abgebildet, seltener in halber, wie auf der Rückwand eines Arkosoliums in der oberen Galerie von S. Gennaro in Neapel (Fig. 35). Beachtenswerth ist hier das Monogramm ☧ über dem Haupte der Matrone und die aufgeschlagenen, mit dem Namen der Verfasser (derjenige des Lucas ist zerstört) bezeichneten Evangelienbücher.

Fig. 35. Orans.
(Neapel.)

Auch sonst finden sich die Namen der vier Evangelisten auf altchristlichen Monumenten und zwar gewöhnlich in der in der alten Kirche vorherrschenden Reihenfolge. So liest man auf einem Sarkophage in Arles **MATTEVS, MARCVS, LVCANVS, IOANNIS**. Daneben trifft man bekanntlich in den literarischen Quellen andere Anordnungen und dem entsprechend auch auf den Monumenten, z. B. auf einem Sarkophagfragmente aus dem Ende des vierten Jahrhunderts in Spoleto *(Matthäus Jo)* **ANNES LVCAS MARCVS**. Die in Fig. 35 gegebene Folge **IOANNIS, MARCVS, MATHEVS**, *Lucas* hat kein Analogon in der kirchlichen Literatur.[3]

Mit Unrecht werden diese Bilder zum Theil als Marienbilder oder als Personification der Kirche gefasst. Weder das eine noch das andere kann erwiesen werden. Maria erscheint, wie auch die hl. Agnes, zum ersten Male auf Goldgläsern des fünften Jahrhunderts als Orans; die Kirche dagegen ist in altchristlicher Zeit wohl als Frau (Mosaik in S. Sabina auf dem Aventin), nie aber als Orans dargestellt worden.

Die Oranten stehen gewöhnlich in der Mitte biblischer Bilder. Neben einzelnen Figuren finden sich ganze Familien in dieser Haltung.

Unter die Rubrik religiöser Acte fallen auch die Familienmahle. Der erste Eindruck freilich weist nicht in diese Richtung. Denn die Mehrzahl dieser Bilder zeigt eine heitere Festgenossenschaft von Männern und Frauen, die um einen mit Speisen bedeckten und von umfangreichen Weinkrügen garnirten Tische sitzen und schmausen und trinken. *„Agape mische mir"* (AGAPE MISCE MI) — *„Irene, reiche warmes Wasser"* (IRENE DA CALDA) lesen wir auf einem römischen Gemälde als Ruf der Tischgenossen. Wir werden dadurch an die Gastmahlsbilder auf antiken Monumenten erinnert. Andererseits aber legen bestimmte Anzeichen nahe, dass diese Gruppen religiös wenigstens gedacht sind, wenn es auch dem Künstler nicht immer gelungen ist, dieses Grundmotiv klar zum Ausdrucke zu bringen. Das heilige Symbol des Fisches und die mit erhobenen Händen vollzogene Danksagung machen dies zweifellos. Dazu zeigen einige dieser Bilder einen tiefernsten Charakter. So wird mit Recht allgemein angenommen, dass dieser Cyklus als ein Abbild der kommenden Paradiesesfreude, in welcher die Glieder der Familie sich wieder zusammenzufinden hofften, vorgestellt wurde.

Fig. 36. Himmlisches Mahl.
(S. Agnese in Rom.)

Diese Mischung von Ernst und Freude tritt uns in einem römischen Arkosolgemälde (Fig. 36) entgegen. Sieben Personen, darunter drei weibliche, sitzen hier an dem Tische, auf welchem auf drei Schüsseln drei Fische aufgetragen sind. Daneben liegen zwei Brodstücke, wie es scheint. Weiter vorn stehen sieben Becher und zwei grössere Krüge.

Ernster erscheint eine leider fragmentarische Darstellung in S. Domitilla. Auf einem Ruhepolster sitzt mit stiller Trauer sich anschauend ein jugendliches Ehepaar. Vor ihnen steht ein dreifüssiger Salontisch, auf welchem ein Fisch und mehrere Brodstücke liegen. Von rechts tritt ein Diener herzu, um, wie es den Anschein hat, Wein herzuzutragen. Das häusliche Familienmahl eines jungen Paares, welches der Tod auseinandergerissen, wollte der Künstler darstellen, aber er erhob es durch Hinzufügung des heiligen Symbols des Fisches aus der irdischen Wirklichkeit und wandelte es damit in das himmlische Gastmahl um, bei welchem „im Frieden des Ichthys" die Gatten sich wiederzufinden bestimmt sind.

Aus der Zahl der kirchlichen Handlungen sind nur zwei, Taufe und Eheschliessung zu realer Darstellung gelangt. Die Taufdarstellungen vorkonstantinischer Zeit, deren Zahl sich auf drei beläuft, zeigen sämmtlich erwachsene Täuflinge, in zwei Fällen Knaben von etwa zwölf Jahren, im dritten Falle einen Jüngling. Der Act wird durch Untertauchen vollzogen.

Hochzeits- und Ehedenkmäler[3] sind in verhältnissmässig grosser Anzahl vorhanden: Gatte und Gattin reichen sich in der Regel die Hand zum Zeichen fester Vereinigung oder zum Abschiede im Tode, wie auch auf antiken Denkmälern. Der Act der kirchlichen Eheschliessung selbst findet sich nur einmal, auf einem Goldglase des vierten Jahrhunderts, andeutungsweise dargestellt. Die Verlobten, vor einem schmalen hohen Altare stehend, legen die Hände ineinander. Beigefügt ist die Umschrift: VIVATIS IN DEO.[1])

Wenn wir vom Abendmahle absehen, das, wie erwähnt, nur symbolisch dargestellt zu werden pflegte, so fehlen im altchristlichen Bilderkreise sonstige gottesdienstliche Handlungen durchaus. Man hat freilich auch Darstellungen der Diakonenweihe, der Verschleierung einer Jungfrau, der Busse und anderer kirchlichen Acte nachweisen wollen, indess beruhen diese Fälle auf unrichtiger Auslegung. Wohl aber lassen sich aus zahlreichen historischen wie symbolischen Bildern werthvolle, auf kirchliche und gottesdienstliche Handlungen bezügliche Details entnehmen.[4]

Märtyrerbilder fehlen bis zur Mitte des vierten Jahrhunderts durchaus. Erst ein Goldglas aus dem Ende des vierten oder dem fünften Jahrhundert giebt das erste Beispiel in der sehr realistisch gehaltenen Darstellung der Zersägung des Jesaia: zwei Männer sind damit beschäftigt, den aufrecht stehenden, nackten Propheten zu zersägen; reichlich fliesst das Blut aus der Wunde herab. Derselben Zeit mag das Martyrium des

---

[1]) „Möget ihr in Gott leben!"

hl. Achilleus auf einer Säule in der Unterkirche von S. Domitilla in Rom angehören. Das Relief zeigt den Märtyrer, wie er von einem Soldaten, der in der erhobenen Linken ein Schwert hält, vorwärts gestossen wird.

Diese Thatsache ist nicht weniger auf die nüchterne Abschätzung des Martyriums in der Gemeinde als auf die Abneigung der altchristlichen Kunst, das Leiden darzustellen, zurückzuführen."

Die Reihe des Bildercyklus mit persönlicher Beziehung beschliesst eine Gruppe, die durch einen scherzhaften, spielenden Zug charakterisirt wird und wohl aus eben diesem Grunde vorwiegend durch Denkmäler, welche Kindergräbern angehören, repräsentirt wird. Es sind dies die Darstellungen, die nur dazu dienen, den Namen des Todten im Bilde zu wiederholen. In dieser Weise wird der Name Porcella durch ein Schwein, Dracontius durch einen Drachen, Aquilinus (-na) durch einen Adler, Leo durch einen Löwen, Capriola durch ein Böcklein, Perna durch einen Schinken (Fig. 37) illustrirt.

Fig. 37. Epitaph aus S. Agnese in Rom.

Von dieser Classe sind indess die Thiergestalten zu scheiden, die wie Hund, Kaninchen, Taube, kämpfende Hähne nur eine besondere Liebhaberei der Todten bezeichnen."

Zahlreicher sind die biblisch-historischen Darstellungen. Als Ausgangspunkt zur Schöpfung derselben dienten die biblisch-symbolischen Bilder. An diese wurden weitere Scenen angelehnt, die geschichtlich mit jenen im Zusammenhange stehen, aber von vornherein mit Verzichtleistung auf einen symbolischen Charakter derselben. Anfangs wurde hierbei mit Vorsicht und Maass verfahren; nur vereinzelt ist in vorkonstantinischer Zeit der Versuch gemacht, zu dem biblisch-symbolischen Cyklus einen Annex zu schaffen. Erst im vierten Jahrhundert wird das Verfahren ungebundener und allseitiger.

Die Geschichte des Sündenfalls wird weitergeführt durch eine in der Schrift selbst nicht begründete Darstellung: die Zuweisung des neuen Lebensberufes an das erste Menschenpaar durch Christus. In der Mitte zwischen Adam und Eva steht in jugendlicher Gestalt Christus und reicht jenem ein Aehrenbündel, dieser ein Lamm als Symbole der ackerbauenden und viehzüchtenden Thätigkeit des Menschengeschlechts.

Aus welcher Quelle diese Composition geflossen ist, lässt sich nicht erkennen. Die kirchliche Literatur bietet keinen Anhaltspunkt zur Erklärung. Demnach ist anzunehmen, dass das Motiv einer volksthümlichen Ueberlieferung entstammt, die sonst keine Spur zurückgelassen hat.

An das Quellwunder des Mose lehnt sich die diesem vorhergehende Misshandlung des Propheten seitens des murrenden Volkes (Exod. 17, 2) an. Mehrere Männer ergreifen Mose, um ihn zu zwingen, ihrer Noth abzuhelfen. Die zeitliche Folge dieser beiden Begebenheiten ist übrigens dem Bewusstsein der Künstler vielfach total verloren gegangen, so dass sie das Quellwunder zuweilen vor die Aufruhrscene stellen.

Die Geschichte der drei Männer im feurigen Ofen wird weiter geführt durch Darstellung ihres Auftretens vor dem Bildnisse des Königs Nebukadnezar, welches sie anzubeten aufgefordert sind. Auf einer dünnen Säule erhebt sich die Büste des Herrschers. Daneben steht ein Trabant oder der König. Die drei Hebräer, die in phrygischer Kleidung und in wohlgeordneter Reihenfolge auftreten, geben mit entschiedenem Gestus ihren Abscheu vor der ihnen gestellten Zumuthung zu erkennen.

Neben Daniel in der Löwengrube tritt die Tödtung des Drachen. Aus einer felsigen Höhle windet sich dieser, den Kopf hoch aufrichtend, heraus. Daniel tritt ihm unerschrocken entgegen und schiebt ihm den von ihm gekneteten Kuchen in den geöffneten Rachen. Einmal reicht er statt des Kuchens ein Ei. Das ist nicht Zufall, sondern bewusster Protest gegen eine antike Sacralsitte. Die Schlange nämlich, die im Alterthume freilich auch als κακοδαίμων, aber vorwiegend als ἀγαθοδαίμων galt und als Hausthier gehalten wurde, hatte einen eigenen Cult hervorgerufen, der sich u. A. darin äusserte, dass man ihr Eier als Opfer darbrachte; die Gemeinden aber betrachteten in Abhängigkeit vorzüglich von der Geschichte des Sündenfalles die Schlange ausschliesslich als κακοδαίμων, als Symbol des Bösen. Und so musste diese Schlangenfütterung seitens Daniels, die der Schlange zum Verderben gereichte, als ein um so schneidigerer Hohn auf die durch religiöse Motive verursachte cultische Schlangenfütterung des Heidenthums erscheinen, wenn das Mittel dasselbe war. Eigenthümlicher Weise führt auf einem roh ausgeführten Sarkophage in der Vorhalle von S. Lorenzo fuori le mura Daniel in der einen Hand eine Fackel. Dem Verfertiger des Monumentes haben demnach antike Darstellungen des die lernäische Schlange tödtenden Herakles vorgeschwebt, den bei dieser Arbeit sein Freund Jolaos mit der Fackel unterstützte.

Andere alttestamentliche historische Darstellungen sind: Opfer Kains und Abels, Mannaregen, Wachtelfang in der Wüste, Hiob trauernd, David mit der Schleuder und im Kampfe mit Goliath, Tobias beim Fischfang, Susanna.[7]

Reicher ist der neutestamentliche historische Cyklus. Besonders den letzten Lebenstagen Jesu sind Motive in grosser Anzahl entnommen: der Einzug in Jerusalem, die Verläugnung Petri, Christus vor Pilatus, die symbolische Händewaschung des Pilatus, die Dornenkrönung und die Kreuztragung.

Ein Sarkophag im Lateranmuseum vereint in guter Vertheilung und in grösserer Vollständigkeit, als sonst der Fall ist, mehrere dieser Scenen. Die rechte Hälfte des Sarkophags zeigt zunächst Christus, wie er von einem römischen Legionar begleitet zu Pilatus herangeführt wird. Redend erhebt er die rechte Hand. In der anschliessenden Scene sieht man Pilatus auf einer Sella, das Haupt nachdenklich in die Hand stützend. Neben ihm sitzt ein Begleiter und vor ihm steht ein dreifüssiges Tischchen, auf welchem ein kunstvolles Gefäss steht. Von links naht ein seltsamerweise bekränzter Diener, in der Linken eine Schale, in der Rechten einen Henkelkrug haltend. Damit wird der Act der Händewaschung eingeleitet. Charakteristisch ist der hier und auch sonst immer, wo diese Scene zur Darstellung kam, scharf hervortretende Zug der Trauer und Niedergeschlagenheit bei dem römischen Procurator. Gewiss liegt hier dieselbe Tendenz zu Grunde, die auch in der altkirchlichen Literatur sich geltend macht, die römische Staatsregierung und ihre Organe von der Schuld an der Hinrichtung Jesu freizustellen.

Die Doppelgruppe an der linken Seite des Sarkophags führt die Dornenkrönung und die Kreuztragung vor. In eigenthümlicher Weise wird jene vollzogen. Die Hände bequem über einandergelegt, blickt Jesus mit fast heiterem Antlitze dem Beschauer entgegen. Zu seiner Seite steht ein Soldat und ist im Begriff, eine Krone, die mehr einer *corona civica* denn einer Dornenkrone ähnelt, vorsichtig auf das Haupt Jesu zu legen. In der Linken hält er in der Scheide verborgen das kurze Schwert. Offenbar ging die Intention des Künstlers dahin, die Dornenkrönung nicht als einen Act der Verhöhnung, sondern königlicher Auszeichnung darzustellen. Zwischen dem einen und dem anderen hatte schon die kirchliche Literatur die Brücke geschlagen. Doch hat hier offenbar nicht diese, sondern die Abneigung der altchristlichen Kunst, das Leiden darzustellen, durchgewirkt.

Sehr einfach stellt sich die Kreuztragung dar. Jesus fehlt ganz. Das winzige, aus vier Balken bestehende Kreuz trägt ein knabenhafter Jüngling, Simon von Kyrene. Hinter ihm geht ein Soldat.

Getheilt werden diese vier Scenen durch das konstantinische Heereszeichen, das Labarum. Unter demselben ruhen, klein ausgeführt, zwei Krieger: sie stellen die Grabeswächter vor.

Eine Darstellung der Kreuzigung fehlt in der altchristlichen cömeterialen Kunst. Der Grund liegt in derselben Stimmung, welche die Umwandlung der Dornenkrönung bewirkte. Erst ein jetzt im British Museum befindliches Elfenbeintäfelchen des fünften Jahrhunderts hat, soviel wir bis jetzt wissen, den Bann gebrochen. Das Spottcrucifix, das i. J. 1856 in einem Zimmer des palatinischen militärischen Pädagogiums, mit einem spitzen Instrumente in die Wand geritzt, gefunden wurde, gehört freilich einer früheren Zeit, wahrscheinlich dem Anfange des dritten Jahrhunderts an, rührt aber nicht von christlicher Hand her.

Dem früheren Leben Jesu gehören an: die Huldigung der Magier, der bethlehemitische Kindermord, die Taufe, mehrere Parabeln, das Gespräch mit der Samariterin u. A. Der Apostelgeschichte sind nur zwei historische Scenen entnommen: die Auferweckung der Tabitha und das Verhör Pauli vor dem cyprischen Proconsul.[8]

---

[1] In der Reihe der zahlreichen Darstellungen dieser Classe seien nur einige näher bezeichnet: Die Waage: ARINGHI II, S. 139 auf einer Inschrift aus dem Ende des 4. Jahrh.; PERRET, vol. V, pl. 22, 37; ARMELLINI, S. *Agnese*, t. XV, 1. — Gefässe: DE ROSSI, *R. S.* II, t. 41, 39, 54; 43, 39; BOLDETTI, S. 366, 378 u. s. [nicht im Sinne von *eus Christi* nach Angabe einer römischen Inschrift: DIONYSI VAS ☧ (*Bull.* 1867, S. 27)]. — Die Zange pflegte früher mit Vorliebe als Märtyrerwerkzeug gefasst und darnach das betreffende Grab als Märtyrergrab beurtheilt zu werden (BOLDETTI, S. 316; DE ROSSI, *Bull.* 1864, S. 37 f.). Ebenso der Ofen, aus welchem Flammen emporschlagen (PERRET V, pl. 58, 1; 22, 35); es liegt am nächsten, an eine Bäckerei zu denken, worauf auch einmal die Inschrift BITALIS PISTOR weist. Doch kann damit auch eine Garküche oder eine ähnliche Einrichtung bezeichnet sein. — Darstellungen des Pferdes: BOLDETTI, S. 215 (vgl. *Bull.* 1872, S. 136, wo aus dem Namen VICTOR ein falscher Schluss gezogen ist), LUPI, *Epit. S. Sev.*, S. 2 Anm. 3; tab. IX. 1, 2; BOLDETTI, S. 335; FABRETTI, *Inscript.*, S. 549; SPANO, *Scoperte archeol. in Sardegna*, Cagliari 1873, S. 39 (dazu *Bull.* 1872, t. XI, 1 und F. BECKER, *Die heidn. Weiheformel* D · M, Gera 1881, S. 14); DE ROSSI, *Inscript.* I, S. 575 (vgl. S. 75, n. 123); *R. S.* III, t. 30, 38; ARMELLINI, *S. Agnese*, t. 14, 1. Eine religiös-symbolische Bedeutung des Pferdes wird allgemein angenommen, lässt sich indess nicht erweisen. Darüber *Christl. Kunstbl.* 1881, n. 3 und meine *Arch. Stud.*, S. 278 f. In demselben historischen Sinne das Pferd sehr häufig auf antiken Denkmälern, z. B. DETSCHKE, *Ant. Bildwerke in Oberitalien* IV, n. 174, 178, 431, 466 u. s. w.

Abbildungen von Handwerkern und Gewerbtreibenden in Ausübung ihres Berufes: Schmied (DE ROSSI, *R. S.* II, t. 45, 55; Lateranmus., *Pl.* XVI, 33; GREGORUTTI, *Le antiche lapidi di Aquileja*, Trieste 1877, S. 193, n. 653). — Fossor (GARR., vol. II. t. 7, 8, 40, 41, 42, 43, 50; BOLD., S. 369 u. s. ö.). — Wirth (BOLDETTI, S. 367; PERRET V, pl. 72, 1: ANTILOGVS PINCERNA; DE ROSSI, *R. S.* II, t. 37, 29; GARRUCCI, *Vetri*, t. XXX, 2). — Schreiner (PERRET V, pl. 52, 38). — Soldat (GARR., t. 69, 1; BOLDETTI, S. 315). — Gladiator (MARUCCHI, *Di un ipogeo recentemente scoperto nel cimit. di S. Sebast.*, Roma 1879, tav. 11; daselbst unrichtig symbolisch erklärt. Dagegen *Zeitschr. f. Kgsch.* 1879, S. 659 f.). — Bildhauer (FABRETTI, *Inscript.*, S. 587). — Gemüsehändlerin (DE ROSSI, *R. S.* Bd. III, t. 13). — Schneider (GARR., *Vetri* XXXIX, 6). — Hirte (LE BLANT, pl. XIX; ROLLER, *Cat.*, pl. XLII. n. 3, 4, 7; XLIII, n. 1 [vgl. die antiken Darstellungen aus dem Hirtenleben bei MATZ u. DUHN,

Antike Bildwerke in Rom II, S. 270—277]). — Sáemann (meine *Arch. Stud.*, S. 276, n. 49). — **Maulthiertreiber** (PERRET V, pl. 73, 10). — Auch **Magistratspersonen** (Sarkophag in S. Ciriaco zu Ancona).

[2] LE BLANT, *Les sarcoph. d'Arles*, pl. 4; über die Form Lucanus vgl. LETRONNE, *Inscript. de l'Égypte*, t. II, S. 57, 479.

[3] Ueber die Oranten, insbesondere über die in denselben vermutheten Mariendarstellungen s. meine *Arch. Stud.*, S. 83, 178 ff., 271, 273 u. s. — Abbild. von Familienmahlen: BOTTARI, t. 106, 119, 127, 129, 141, 148; *Bull.* 1865, S. 42 (KRAUS, *R. S.*, S. 269); BECKER, *Die Darst. Chr. u. d. Bilde d. Fisches*, S. 121 (vgl. auch Fig. 15). Mit Anschluss an DE ROSSI richtig KRAUS, a. a. O. S. 270 von einem Bilde in S. Domitilla: „Die Scene war dem gemeinen Leben entnommen, aber der Künstler dachte dabei an die Seligkeit des himmlischen Festmahles". — Taufbilder in meinen *Arch. Stud.*, S. 26, 38 und KRAUS, S. 139. Das am letzteren Orte reproducirte Wandgemälde wird von DE ROSSI und KRAUS als Darstellung der Taufe Christi erklärt. Mit Unrecht. Eine Darstellung Christi in völliger Nacktheit ist in der altkirchlichen Kunst undenkbar. — Hinsichtlich der Ehe- und Hochzeitsdenkmäler sei verwiesen auf: *Gazette archéol.* 1878, pl. I (Sarkophag in Arles); GARR., *Storia*, t. 303, 304; *Vetri* 26, 11; 26, 12; 28, 4; 28, 6; 29, 3, 4 u. s. w.; BOLDETTI, S. 514, n. 70. Näheres in der *Real-Encykl. d. christl. Alterth.* „Ehe und eheliche Verhältnisse" (KRAUS) und meine *Arch. Stud.*, S. 104 ff.

[4] Bereits BOSIO (*R. S.*, S. 549) erkannte in einem Gemälde in S. Priscilla die Ordination einer Jungfrau dargestellt. Die Neueren (MARTIGNY, *Dict. Vierges chrét.*, S. 794; GARRUCCI, vol. II, S. 83, vgl. tav. 78, 1; KRAUS, *R. S.*, S. 327; LEHNER, *Die Marienverehrung in den ersten Jahrhunderten*, Stuttg. 1881, S. 289) haben sich diese Beurtheilung angeeignet. Dieselbe gründet sich aber auf ungenaue Prüfung oder auf die mangelhafte Abbildung Bosio's. „Das Gemälde stellt irgend eine Familienscene dar, die zu verstehen uns freilich die Mittel fehlen, die aber in der antiken wie in der christlichen Kunst zahlreiche Parallelen hat" (s. meine *Arch. Stud.*, S. 181 ff.). Noch verfehlter ist die Umdeutung einer in S. Ermete gemalten Scene zu einer Diakonenweihe (MARTIGNY, *Dict. Ordinat.*, S. 548; MARRIOTT, *Vestiarium Christian.*, Lond. 1868, t. XVII; KRAUS, *R. E.*, S. 357; *R. S.*, S. 327 nach älteren Erklärern). Das Bild stellt vielmehr den von zwei Aposteln begleiteten Todten, der betend die Arme ausbreitet, dar, eine häufig begegnende Composition. Im Hintergrunde sitzt auf einer auf hoher Basis aufgestellten Cathedra Christus, in der Linken ein aufgerolltes Blatt haltend, die Rechte im Gestus des Redens erhebend, wie auch sonst auf altchristlichen Monumenten. Eine Darstellung der Busse hat DE ROSSI auf einem Gemälde in den Katakomben von Neapel erkennen wollen. Ueber das Unberechtigte dieser Auffassung meine *Kat. v. S. Genn.*, S. 40.

[5] Die Thatsache, dass Märtyrerbilder aus der Zeit vor der Mitte des vierten Jahrhunderts fehlen, wird allgemein anerkannt. Nur DE ROSSI hat einmal einem Gemälde in S. Callisto (Abb. *R. S.* II, tav. XXI) eine Deutung nach dieser Seite hin zu geben versucht. Dasselbe giebt einem hohen Tribunale einen bartlosen Mann, dessen Haupt mit einem Kranze bedeckt ist. Er streckt den rechten Arm vor sich hin aus, als wolle er gegen etwas Unerhörtes Einspruch erheben. Ihm gegenüber steht in purpurgestreifter Dalmatika ein Jüngling, mit siegesfreudigem Gesichtsausdruck, zwischen Beiden ein Greis mit langem Haupt- und Barthaar. Im Hintergrunde steht eine vierte männliche Figur mit dem Ausdrucke eines nicht betheiligten stillen Beobachters. DE ROSSI (*R. S.* II, S. 219 ff.) sieht hier das Verhör eines oder zweier Märtyrer vor der Obrigkeit, wahrscheinlich vor dem Kaiser selbst, und ist sogar geneigt, in den beiden vor das Tribunal Geforderten die heil. Parthenius und Calocerus, deren Martyrium in das Jahr 250 gesetzt wird, zu erkennen. Die Gründe, welche diese Hypothese ausschliessen und die Scene als Illustration zu Apostelgesch. 13, 6 ff.

Dritter Abschnitt. Der historische Cyklus.

— Verhör des Apostels Paulus vor dem cyprischen Proconsul — bestimmen, im *Christl. Kunstbl.* 1879, S. 180 ff. — Das Martyrium des Jesaia; die älteste Darstellung dieser Legende, GARR., *Vetri* I, 3, des Achilleus; *Bull.* 1875, t. IV.

⁶ Porcella: BOLDETTI, S. 376. — Dracontius: ebend. S. 386. — Aquilina (-us): ebend. S. 397; DE ROSSI, *R. S.* I, t. 22, 12. — Leo: ebend. II, t. 45, 73. — Perua: ARMELLINI, *S. Agnese*, t. 14, 4 (oben S. 137, Fig. 37). — Passer: auf einem Epitaphe im Museo Nazionale zu Neapel. — Anser (?): DE ROSSI, *R. S.* a. a. O., n. 59 (S. 314 unrichtig für einen Phönix erklärt). — Melitius: BOLD., S. 409 (hier also der Fisch nicht symbolisch). Dieselbe Spielerei auf heidn. Monumenten, z. B. Taurus: FABRETTI, S. 187, n. 425. — Ueber Darstellung der Lieblingsthiere meine *Arch. Stud.*, S. 115 f.; 275, n. 40, 41; S. 276, n. 46 (wo auch die heidnischen Parallelen angegeben); dazu BOLDETTI, S. 360 (Hahn), 363 (Lamm), 368 (Tauben), 370 (Hase); MATZ und DUHN, *Antike Bildwerke in Rom* II, n. 2534 (Hähne).

⁷ Beispiele: GARR., t. 35, 2; 39, 2; 73, 2; 308, 4; 310, 4; 314, 3; 333, 1 u. s. w.

⁸ Beispiele: GARR., t. 64, 2; 301, 3; 316, 4 u. s. w.; LE BLANT, *Sarcoph. d'Arles*, pl. 8, 9, 15, 26. Ueber das palatinische Spottcrucifix GARRUCCI, *Il crocifisso graffito in casa dei Cesari*, Roma 1857; F. BECKER, *Das Spottcrucifix der römischen Kaiserpaläste*, Breslau 1866; F. X. KRAUS, *Das Spottcrucifix vom Palatin*, Freib. 1872.

Vierter Abschnitt.

Ikonographische Darstellungen.

Neben die symbolischen und historischen Bilder sind als eine besondere Classe die ikonographischen Darstellungen zu stellen, Abbildungen von Personen, die in der heiligen Geschichte in besonderer Weise hervortreten. In der altchristlichen Kunst kommen als solche Jesus, Paulus und Petrus und Maria in erster Linie in Betracht.

Ein einheitlicher Typus lässt sich hier nirgends nachweisen. Der allgemeine Entwickelungsgang der Kunst und daneben vereinzelt auch der Wechsel theologischer oder volksthümlich-religiöser Vorstellung wirkt stets auch mehr oder minder umgestaltend auf jene Typen zurück.

In den Evangelien und überhaupt in der neutestamentlichen Geschichte findet sich keine Andeutung über die äussere Gestalt Jesu.[1] Mit Unrecht hat man aus der an Jesum gerichteten Seligpreissung des Weibes: „Selig ist der Leib, der dich getragen hat, und die Brüste, die du gesogen hast" (Luk. 11, 27) einen Schluss auf ein eindrucksvolles, schönes Aeussere Jesu machen wollen.[1])

Trotzdem oder vielleicht aus eben diesem Grunde bildeten sich schon frühzeitig in der Kirche Vorstellungen darüber, die aber nicht auf einer zuverlässigen historischen Ueberlieferung basiren, sondern nach der Jesaianischen Schilderung des leidenden Gottesknechtes orientirt sind. Justin d. M., Clemens v. Alexandrien, Tertullian, Origenes und andere Kirchenschriftsteller vorkonstantinischer Zeit bezeichnen in diesem Sinne die Gestalt des Herrn als unscheinbar und hässlich. Daher konnte Celsus in seiner Streitschrift den Vorwurf erheben: „Da der göttliche Geist [nach Meinung der Christen]

---

[1]) Hase, Geschichte Jesu, Leipzig 1876, S. 263.

in Jesu gewohnt hat, so hätte er an Gestalt und Gesichtsbildung alle anderen Menschen übertreffen müssen. Sie selbst gestehen aber, dass sein Körper klein, ungestaltet und unansehnlich gewesen sei."[2] Indess seit dem vierten Jahrhundert beginnt diese Vorstellung sich zu wandeln. Die äussere Gestalt Christi wird jetzt nach dem Worte bemessen: „Du bist der Schönste unter den Menschenkindern" (Psalm 45, 3), und die Hässlichkeit und Unansehnlichkeit, von welcher der alttestamentliche Prophet spricht, wird in die Leidenszeit eingeengt. „Nicht allein, wenn er Wunder that", heisst es in diesem Sinne bei CHRYSOSTOMUS, „war er bewundernswürdig; überhaupt, wenn man ihn ansah, erschien er voll grosser Holdseligkeit. Dieses andeutend sang der Prophet: „Du bist der Schönste unter den Menschenkindern". Wenn aber Jesaia sagt: „Er hatte keine Gestalt noch Schöne", so meint er die Zeit seines Leidens, die Misshandlung, die er am Kreuze hängend ertrug."[3]

Dieser Umschwung in theologischen Kreisen hat sich offenbar unter der Einwirkung der Kunstdenkmäler vollzogen. Denn es ist bezeichnend und ein weiterer Beweis für die mannigfache Divergenz der theologischen und der volksthümlichen Anschauung in der alten Kirche, dass in den ersten vier Jahrhunderten die volksthümliche Kunst, unbekümmert um die entgegengesetzte theologische Auffassung, nur einen edelen Typus Christi besessen und verwendet hat.

Dieser Typus schwankt im Einzelnen. Das Wort eines Kirchenlehrers[1]): *Dominicae facies carnis innumerabilium cogitationum diversitate variatur et fingitur, quae tamen una erat, quaecunque erat* zeichnet die Sachlage vollkommen richtig. Doch erhält sich der Grundton des ersten Typus bis zur Mitte etwa des vierten Jahrhunderts durchaus unverändert. Eine grosse schlanke Figur mit jugendlichem, mildem Antlitz, kurzem Haar, in der zeitgenössischen, aus Tunica und Pallium bestehenden Gewandung, so tritt uns diese älteste Auffassung entgegen. Erst in einer späteren Entwickelung gestaltet sich das Gesicht länglich, und wird das kurze Haar durch lang herabfallende Locken ersetzt. Die Füsse sind entweder völlig nackt oder mit Sandalen versehen. Die eine Hand hält in der Regel eine Rolle, als Zeichen höherer Würde nach antiker Sitte.

So führt ihn uns ein Gemälde in S. Pretestato (Fig. 38) vor. In antiker Gewandung schreitet Jesus von zwei Jüngern begleitet langsam nach rechts. Sein Gesichtsausdruck, wie auch der der Jünger, ist edel. Von rückwärts naht sich ihm ein Weib, die Blutflüssige, um sein Gewand zu

---

[1]) AUGUSTINUS, *De trinitate* VIII. 4.

berühren (Matth. 9, 19 ff.). Nie wohl ist diese evangelische Erzählung in so classischer, edeler Weise dargestellt worden.

Dieser Typus ist eine selbständige christliche Schöpfung. Der beliebten Annahme einer Einwirkung des Apollotypus steht die thatsächliche Divergenz beider Darstellungen im Grossen wie im Einzelnen entgegen.

Die Frage liegt nahe, ob sich in diesem ältesten Typus eine im Allgemeinen richtige Tradition erhalten habe. Dies dürfte mit gewissen Einschränkungen zu bejahen sein. Die ältesten Darstellungen dieser Gattung liegen dem Anfange des zweiten Jahrhunderts nicht fern. Es ist aber nicht anzunehmen, dass Christus damals zum erstenmale in der kirchlichen Kunst dargestellt sei. Wie das

Fig. 38. Christus und die Blutflüssige.

Christusbild zu allen Zeiten mit der christlichen Kunst auf das engste verknüpft war, so ist wahrscheinlich, dass schon vorher, im ersten Jahrhundert, Darstellungen Christi existirten, die nicht auf uns gekommen sind. Die Vorliebe des Alterthums für Portraitbüsten berühmter Männer ist bekannt. Man darf voraussetzen, dass auch die dem vornehmen Stande angehörenden römischen Christen ein Verlangen trugen, ein Bild Christi zu haben. Für jene Annahme spricht ferner, dass im zweiten Jahrhundert die Karpokratianer sich rühmten, ein echtes Bild Christi zu besitzen. Hat es aber bereits im ersten Jahrhundert Bilder Christi gegeben, so dürften diese, das ist vorauszusetzen, in den allgemeinen Zügen wenigstens dem geschichtlichen Christus entsprochen haben, da ohne Zweifel damals eine allgemeine Tradition über das Aeussere desselben in der Kirche, vorab in der grossen römischen Gemeinde, die mit dem Orient in ununterbrochenem Verkehr stand, existirte.

Der älteste Bericht über eine Portraitdarstellung Jesu findet sich bei EUSEBIUS (*Kirchengeschichte* VII, 18). Derselbe sagt bei Gelegenheit einer

Erwähnung der Stadt Paneas (Caesarea Philippi): „Da ich gerade diese Stadt erwähne, so darf ich nicht eine Erzählung übergehen, die der Nachwelt erhalten zu werden wohl verdient. Es besteht nämlich die Ueberlieferung, dass die Blutflüssige, welche nach dem Berichte der heiligen Evangelien bei dem Heilande Erlösung von ihrem Leide fand, von dorther stamme; ihr Haus wird noch in der Stadt gezeigt, und es hat sich noch ein merkwürdiges Monument von der durch den Heiland ihr erwiesenen Gnade erhalten. Es steht nämlich auf einer steinernen Basis vor der Thür des Hauses derselben die eherne Statue eines Weibes, die auf die Kniee niedergesunken ist und, einer Flehenden gleich, die Hände nach vorn ausstreckt. Ihr gegenüber steht, von demselben Material angefertigt, die Statue eines aufgerichteten Mannes, der mit einem Doppelmantel geziemend bekleidet ist und dem Weibe die Hand entgegenstreckt. Zu seinen Füssen, auf derselben Basis, sprosst eine fremdartige Pflanze auf, welche bis an den Gewandsaum der Erzstatue reicht und ein Heilmittel wider allerlei Krankheit ist. Diese männliche Statue soll ein Portrait Jesu sein. Sie hat sich bis auf unsere Tage erhalten; ich selbst habe sie bei einem Aufenthalte in der Stadt gesehen. Es kann auch nicht Wunder nehmen, dass diejenigen Heiden, welchen vor Zeiten von unserem Heilande Wohlthaten erwiesen sind, solches gethan, wie ich denn auch aus jener Zeit erhaltene Gemälde seiner Apostel Paulus und Petrus und auch Christi selbst gesehen habe."

Nachdem man früher die Gruppe, die unter Julian zerstört wurde, für die Darstellung eines Kaisers und einer personificirten Provinz erklärt hatte, ist neuerdings diese Deutung aufgegeben und versucht worden, in richtiger Erkenntniss der Schwierigkeiten, die sich derselben entgegenstellen, die männliche Figur als Asklepios, die weibliche als Hygieia oder als eine Geheilte und die beigegebene Pflanze als officinelle Pflanze zu erweisen. Auch diese Erklärung erscheint nicht annehmbar. Denn es ist nicht denkbar, dass die Volksmeinung eine jener populären Asklepiosdarstellungen, an denen das antike Heidenthum so reich war, misskannt und bona fide in ein Christusbild umgewandelt habe. Vorab, wenn der Heilgott bärtig gefasst war, was doch jedenfalls der Fall gewesen, ist eine solche Identificirung jedenfalls ausgeschlossen. Denn am Anfange des vierten Jahrhunderts, wo Eusebius die Statue sah und die Existenz jener Volksmeinung constatiren konnte, war der bärtige Christustypus noch nicht vorhanden. Es liegt demnach kein Grund vor, die Richtigkeit der von Eusebius constatirten Ueberlieferung der christlichen Gemeinde zu Paneas in Zweifel zu ziehen. Darstellungen von ähnlicher Anordnung weist die altchristliche Kunst auch sonst auf. Dagegen ist das apokryphe Abgaros-Christusbild, in dessen Besitz die Stadt Edessa sich befand, nicht vor dem fünften Jahrhundert entstanden. Die sog. Veronikabilder vollends gehören erst dem Mittelalter an.⁴

Mit dem alten Typus tritt seit der Mitte des vierten Jahrhunderts in Concurrenz ein zweiter, gewinnt jenem in wachsendem Umfange ununterbrochen Terrain ab und erlangt kurz vor Abschluss der altchristlichen Kunstperiode die Oberhand, ohne indess die ältere Auffassung vollständig beseitigen zu können: die heitere Jünglingsgestalt wird zum bärtigen, ernsten Manne.

Zuerst setzt dieser Typus in die Scenen ein, in welchen Christus in jenseitiger Existenz als himmlischer König gedacht oder in feierlicher Weise die Jünger um sich sammelnd und von erhabenem Thronsitze zu ihnen redend dargestellt ist. Wo er dagegen, sei es wunderthuend, sei es in irgend einer anderen Handlung in die menschlichen Verhältnisse unmittelbar eintritt, haftet der ältere Typus noch längere Zeit fest. Man pflegt diesen später gekommenen Typus als kallistinischen zu bezeichnen auf Grund eines angeblich in S. Callisto (in Wirklichkeit in S. Domitilla) befindlichen Brustbildes, welches seit Bosio-Severano als Christusbild gedeutet wird. Dasselbe zeigt das Brustbild eines mit kurzem Kinn- und Lippenbart versehenen, langlockigen Jünglings, der das Pallium so umgeworfen trägt, dass die Hälfte des Oberkörpers unbedeckt bleibt. Indess ist dieses Wandgemälde aus der Reihe der Christusbilder zu streichen und vielmehr als Portrait eines Römers zu beurtheilen.

Mit der jüngeren Auffassung bürgert sich zugleich der Nimbus ein, ein Erbstück der Antike, welcher derselbe als künstlerische Reduction des Lichtschimmers galt, von dem man sich die göttlichen Wesen in ihrer Erscheinungsform umhüllt vorstellte.

Im heitersten Schimmer
Glänzte sie hell durch die Nacht als Göttin an Maass und Gestaltung

heisst es bei Virgil¹) von Aphrodite.

Die Form des Nimbus ist, wie auf pompejanischen Gemälden, anfangs die einfache kreisrunde. Erst im sechsten Jahrhundert wird der Kreis durch das Monogramm oder ein Kreuz gespalten und mit Λ — ω und Ornamenten gefüllt.⁵

Die Umwandlung des älteren Typus in den jüngeren ist ein natürliches Symptom der damaligen Kunstentwickelung. In dem Maasse als seit dem Ende des dritten Jahrhunderts der Verfall der Kunst vorwärts schreitet,

---

¹) Virgil. Aen. II, 589 f.

geht die Fähigkeit, ideale Gestalten zu schaffen, verloren. Ein realistischer Zug gelangt mehr und mehr zur Herrschaft. Seine Wirkung äussert sich in allen Figuren des altchristlichen Bilderkreises jener Zeit; so auch in den Christusdarstellungen. Man verstand nicht mehr, die jugendliche Schönheit des traditionellen Typus festzuhalten, und stieg daher zur Wirklichkeit hinab und bildete den Christus nach dem Muster der Alltagsmenschen, die man um sich sah.[6] Den Realismus suchte man andererseits durch pompöse Ausstaffirung und ernste Haltung der Figur abzuschwächen.

Ein Beispiel dafür haben wir in dem Relief eines südgallischen Sarkophags (Fig. 39). Das harte, fast rohe Bild ist der echte Ausdruck des Strebens, die Majestät und göttliche Erhabenheit Jesu auf Kosten des künstlerischen Gefühles zur Anschauung zu bringen.

Fig. 39. Thronender Christus.
(Sarkophagrelief in Arles.)

Die Erde wird jetzt zum Schemel der Füsse Christi oder zu seinem Throne gemacht. Er sitzt auf hohem Stuhle und führt in der Hand ein mit edeln Steinen besetztes Kreuz oder eine Rolle. Oder um ihn ordnen sich in feierlicher Haltung die Jünger oder nahen ihm in Prozession; zu seinen Füssen liegen Anbetende ausgestreckt, Hände und Gesicht zum Zeichen der Anbetung mit einem Tuchstücke verhüllend.[7]

Die abwärtsgehende Richtung in der Entwickelung des jüngeren Typus setzt sich seit dem fünften Jahrhundert ununterbrochen fort. Am Ende der altchristlichen Periode sind seine Charakteristika: lang herabfallendes Haar, mageres schmales Gesicht mit halbkreisförmig gezogenen, buschigen Augenbrauen, tief eingesenkten Augen und ein kalter, ernster, häufig sogar unfreundlicher Ausdruck, der nur selten durch einen Zug schmerzlichen Leidens menschlich erwärmt erscheint. Die ganze Figur hat etwas

Asketisches und erinnert an die in Selbstqual um des Himmelreichs willen sich abmühenden und sich verzehrenden Einsiedler und Mönche jener Zeit.

Die Darstellung Gottes im Bilde ist von der altchristlichen Kunst nicht vermieden worden. Sie zeigt darin weiterhin ihre Unabhängigkeit von der Kunst des Judenthums gleicherweise wie von der theologischen Anschauung, hinsichtlich welcher nur auf den 36. Kanon der Synode von Elvira (oben S. 89) und Aeusserungen AUGUSTINUS (*De fide et symbolo*, c. 7; *Confess.* VI, 3; *De catechiz. rud.*, c. 35) verwiesen sei; bei letzterem heisst es (*De fide et symb.* 7) beispielsweise: *Nec ideo tamen quasi humana forma circumscriptum esse Deum Patrem arbitrandum est, ut de illo cogitantibus dextrum aut sinistrum latus animo occurrat, aut id ipsum, quod sedere Pater dicitur, flexis poplitibus fieri putandum est, ne in illud incidamus sacrilegium, quo exsecratur Apostolus eos, qui commutaverunt gloriam incorruptibilis Dei in similitudinem corruptibilis hominis: totum enim simulacrum Dei nefas est christiano in templo collocare.* In den drei ersten Jahrhunderten begnügt sich die Kunst freilich damit, die Anwesenheit Gottes und sein Eingreifen in die Handlung durch eine Hand oder einen Arm, aus den Wolken gereckt, bloss anzudeuten, dazu offenbar angeleitet von dem alttestamentlichen bildlichen Sprachgebrauche „Hand", „Arm des Herrn". Beispiele bieten fast sämmtliche Darstellungen der Opferung Isaaks und des Empfanges des Gesetzes seitens Mose's (GARR., t. 43, 1; 48, 2; 49, 2; 67, 2 u. s. w.). Im vierten und im fünften Jahrhundert wird diese andeutende Form zwar nicht aufgegeben, aber daneben kommen, doch nur auf Sarkophagreliefs, Darstellungen Gottes in ganzer Figur auf (GARR. 333, 2; 350, 2; 366, 3; 373, 3; meine *Arch. Stud.*, S. 145; LE BLANT, *Sarcoph. d'Arles*, pl. 6). Den Uebergang von jener Stufe zu dieser illustriren ein Diptychon in Brescia (ODORICI, *Monum. crist. di Brescia* VII, 17), das nur den Kopf Gottes, und ein Sarkophagrelief in Syrakus (*Gazette archéol.* 5ème livr.), welches Gott in halber Figur zeigt. Ausnahmslos ist übrigens von den Künstlern eine Annäherung an antike Göttertypen vermieden worden; sie bilden Gott als kurzbärtigen Mann und in der Regel mit kurzem Haar. Der Gesichtsausdruck entbehrt durchaus eines idealen Zuges, die Gewandung ist die antike, Tunika und Pallium. Ausnahmslos erscheint Gott sitzend; doch ist sein Stuhl nicht ein majestätischer Thronsitz, sondern die einfache, mit dem üblichen Stragulum (PLIN. XVI, 37, 68) bedeckte Cathedra. Daneben dient als Sitz Gottes ein Felsstück (BOTTARI, t. 51 u. s. ö.).

Den heil. Geist kennt die altchristliche Kunst nur unter dem Bilde der Taube. Die Darstellungen sind übrigens selten (s. oben S. 131).

Darstellungen der Dreieinigkeit fehlen. Mit Unrecht ist als solche die Anfangsscene eines aus S. Paolo fuori le mura stammenden, jetzt im Lateranmuseum befindlichen Sarkophags bezeichnet worden (meine *Arch. Stud.*, S. 148 ff.). Man sieht dort neben dem thronenden Gotte, der die Schöpfung des Weibes vollzieht, zwei Männer, von denen der eine hinter der Rücklehne des Stuhles steht, während der andere, Gott anblickend, die rechte Hand auf das Haupt der Eva legt. Diese Figuren sind Engel. Denn in Uebereinstimmung mit der biblischen Vorstellung hat die Kunst der ersten fünf Jahrhunderte die Engel ausnahmslos als Jünglinge oder als bärtige Männer gefasst. Anfangs erscheinen sie noch ohne Flügel (BOTT. 51, 137; ODORICI, a. a. O. VI, 19 u. s. ö.). Später verlor sich dieser Typus in den aus der Antike übernommenen jugendlichen Figuren der Eroten und Genien. Die Entwickelung lässt sich genau verfolgen.

Später als Bilder Christi treten Darstellungen der beiden Hauptapostel Paulus und Petrus auf. Die ersten Beispiele liegen in den

Wandgemälden der Sacramentskapellen in S. Callisto vor. Beide sind ideal aufgefasst, als Jünglinge. Eine Portraitirung war vom Künstler nicht beabsichtigt. Diese Auffassung erhält sich bis zum vierten Jahrhundert. Da, etwa um 350, tritt auch hier zu dem älteren Typus ein neuer, realistischer und gewinnt rascher, als bei den Christusbildern der Fall war, die Oberhand. Anfangs erscheinen Paulus und Petrus noch als kräftige, jugendliche Männer, aber das fünfte Jahrhundert bereits führt, auf den Goldgläsern, den greisenhaften, altehrwürdigen Typus ein, welcher nachher mit geringen Modificationen traditionell geworden ist. In diesem Typus, insbesondere in der Darstellung eines in der vatikanischen Bibliothek aufbewahrten Bronzereliefs, ein authentisches Bild der beiden Apostel oder wenigstens eine ziemlich klare Reminiscenz an ein solches zu sehen, verbietet der Umstand, dass der traditionelle Typus ein Produkt geschichtlicher Entwicklung ist, welches die christliche Kunst erst nach mehr als dreihundertjähriger Existenz, wo sie keine richtige Ueberlieferung hinsichtlich der äusseren Erscheinung jener Männer mehr haben konnte, und in Abweichung von einer älteren Auffassung zum Dasein gebracht hat. Soweit unsere gegenwärtige Monumentenkenntniss reicht, ist die altchristliche Kunst zu keiner Zeit im Besitze eines Portraits der Apostel Paulus und Petrus gewesen.

Die Karpokratianer hatten, wie Bilder Christi, so auch solche des Apostels Paulus (IREN. I, 25, 6). Auch EUSEBIUS (Kgsch. VII, 18) bemerkt, Bilder der Apostel Paulus und Petrus gesehen zu haben. Ob diese historische Portraits gewesen, muss dahingestellt bleiben. Hinsichtlich der Bilder der Karpokratianer ist dies nicht unwahrscheinlich. Dagegen sind die uns erhaltenen Abbildungen Idealschöpfungen. Die Verschiedenheit der Typen und die genau erkennbare Entwicklung derselben, die endlich mit den traditionellen Typen der beiden Apostel abschliesst, setzen dies ausser Zweifel.

Eine, übrigens aus der dogmatischen Stimmung der Zeit leicht erklärliche Eigenthümlichkeit ist, dass im fünften Jahrhunderte mehrmals der das Quellwunder vollziehende Mose durch Petrus ersetzt erscheint, wie aus der Beischrift hervorgeht. Es prägt sich hierin die kirchenpolitische Werthschätzung des Petrus, zu der man im Verlaufe der Jahrhunderte gelangt war, aus.

Bisher sind drei Beispiele nachgewiesen: zwei Goldgläser in der vatikanischen Sammlung[1]) und eine in Podgoritza gefundene, jetzt in Paris in

---
[1]) KRAUS, R. S., S. 340.

Privatbesitz befindliche Glaspatene.¹) Letztere trägt eingeritzt eine Reihe biblischer, mit Inschriften versehener Darstellungen. Die Worte neben dem die Wasserquelle öffnenden Petrus lauten: **PETRVS VIRGA PERQVODSET FONTIS CIPERVNT QVORRERE** (*Petrus virga percussit, fontes coeperunt currere*). Die drei Monumente gehören dem fünften Jahrhundert an.

Ebensowenig wie im Besitze eines Portraits der beiden Apostel ist die altkirchliche Kunst im Besitze eines historischen Bildnisses der Maria gewesen.⁸ Aus den ersten fünf Jahrhunderten sind gegen fünfzig Mariendarstellungen auf uns gekommen. Unter diesen zeigt nur ein ganz verschwindend kleiner Theil die Jungfrau allein, die übrigen in Verbindung mit dem Jesusknaben. Das älteste Beispiel bietet ein fragmentarisches Wandgemälde in S. Priscilla (Fig. 40), welches kurz nach der Mitte des zweiten Jahrhunderts entstanden zu sein scheint. Dasselbe findet sich in einem Cubiculum hoch an dem Saume der Thürwand, also an einem ganz untergeordneten Platze, was beachtenswerth ist.

Maria ist sitzend dargestellt. Ihre Gewandung besteht aus Tunika und Stola; ihr Haupt bedeckt ein lose aufgelegtes, auf den Rücken und zu beiden Seiten herunterfallendes Kopftuch.

Fig. 40. Die heilige Familie.
(Wandgemälde in S. Priscilla.)

Auf dem Schoosse hält sie den völlig nackten Knaben, der das Gesicht rückwärts dem Beschauer zuwendet. Neben Beiden steht ein jugendlicher, mit Pallium bekleideter Mann und streckt nach Mutter und Kind die Arme als Ausdruck seiner Freude aus.

Der Künstler hat in der Figur Josephs die Stimmung ausdrücken wollen, welche der „Prophet der Syrer", Ephräm von Nisibis in einer seiner Hymnen mit den Worten malt:

¹) De Rossi, *Bull. di archeol. crist.* 1877, t. V.

Voll Liebe herzte Joseph
Den Sohn gleichwie ein Kindlein
Und diente ihm als Gott.
Er freuete sich seiner
Als des alleinig Guten
Und trug auch heilge Scheu
Vor ihm als dem Gerechten.
O, des erhabnen Wunders.

Wer gab mir den Sohn
Des Höchsten zum Sohne?
Voll Eifer gegen deine
Mutter gedacht' ich,
Sie zu scheiden von mir.
Ach wusst' ich ja nicht,

Dass ihr reinster Schooss
Den köstlichsten Schatz trug,
Mich Armen so schnell
Zum Reichsten zu machen.

David der König,
Mein Ahne umwand
Mit der Krone sein Haupt.
Ich sank tief herab,
Ward statt eines Königs
Ein Zimmermann nur.
Nun schmücket mich wieder
Des Königs Krone;
Denn im Schoosse liegt mir
Der Herr aller Kronen.

Ohne Grund hat man in der Figur einen alttestamentlichen Propheten erkennen wollen; es ist vielmehr Joseph, der hier, wie auch sonst in der altchristlichen Kunst und zwar in jugendlicher Fassung neben Maria und Jesus erscheint. Die Priscilla-Gruppe steht einzigartig in der Reihe der Marienbilder. Sie entbehrt jeglicher Spur der Einwirkung einer bestimmten dogmatischen Reflexion oder auch nur eines besonders gesteigerten religiösen Bewusstseins in der Seele des Verfertigers. „Das stille Glück der heiligen Familie, eine eigentlich innerhäusliche Scene vorzuführen, war die Absicht des Künstlers, und er hat dieselbe so sehr innerhalb der Sphäre des rein Menschlichen und mit Vermeidung all' des feierlichen Apparates, durch welche die Epigonen Mutter und Kind auszuzeichnen sich abmühen, zur Ausführung gebracht, dass allein der Stern diese Familie als die von Bethlehem kennzeichnet."[1]

Weiter führt das zweite in der Reihe der Marienbilder, ein Fresko im Cömeterium S. S. Pietro e Marcellino an der Via Labicana vor Rom. Die Jungfrau ist hier aus der Abgeschiedenheit des Familienlebens herausgetreten.

Auf einem hohen thronartigen Stuhle, wie derselbe in den letzten Zeiten altchristlicher Kunstentwicklung für den lehrenden Christus hergerichtet wird, empfängt sie, den Knaben auf dem Schoosse haltend, die Huldigung der Magier. Eine an dem Halse eng anliegende weisse, von

---

[1] Meine *Arch. Stud.*, S. 191.

zwei dunkelblauen Streifen durchzogene Tunika mit geringem Faltenwurf reicht bis an die Knöchel ihrer nackten Füsse herab. Das Haupt ist unbedeckt, die Anordnung des über die Schläfe herunterfallenden und hinten zusammengenommenen dunkelbraunen Haares durchaus künstlerisch. Der Knabe zeigt ein frisches, anmuthiges Kindergesicht. Von links und von rechts naht sich ein Magier, in der Hand eine Schüssel mit Gaben für den Jesusknaben tragend. Die Jungfrau blickt ihnen freudig entgegen:

> Hic pretiosa magi sub virginis ubere Christo
> Dona ferunt puero myrrhaeque et turis et auri:
> Miratur genetrix tot casti ventris honores
> Seque Deum genuisse hominem regem quoque summum.[1]

Die seltsame Gewandung, in welcher sie auftreten, ist die phrygische und ihnen auch sonst eigenthümlich. Die Zweizahl erklärt sich aus der unsicheren Tradition hinsichtlich der Zahl der Magier, die bis zum Ende des vierten Jahrhunderts zwischen zwei, drei und vier schwankt. Später consolidirte sich die Zahl auf drei.

„Was den Gesammtcharakter des Bildes anbetrifft, so lässt sich nicht verkennen, dass die freie Ungezwungenheit, welche die Gruppe in S. Priscilla auszeichnet, hier einer reflectirenden Auffassung gewichen ist, und dass die traute Familienscene sich in einen officiellen Act gewandelt hat. Aber auf der andern Seite wird diese Stufe der Entwicklung mit der ihr vorhergehenden durch einzelne Berührungen verknüpft. Die Züge von Mutter und Kind haben einen natürlichen ungezwungenen Ausdruck: der verschämt zu Boden gerichtete Blick der ersteren und das freie, offene Antlitz des Knaben wirken ausdrucksvoll nebeneinander. Auch das unverschleierte Haupt der Jungfrau mit seinen edeln Linien und die fein gezeichneten nackten Füsse bezeugen dem Künstler, dass die Entwicklung, in welcher die Kunst vorwärts ging, ihn noch nicht in dem Grade beeinflusste, um in ihm die Traditionen der Antike völlig ersticken zu können. So liess ihn auch sein inniges Verständniss für das Begehren und Wünschen einer Kinderseele darin von der evangelischen Erzählung abweichen, dass er die Schüsseln der Magier, statt mit Weihrauch, Gold und Myrrhen, mit einer Puppe und anderem kindlichen Spielzeug füllte."

Das Wandgemälde scheint dem Anfange des dritten Jahrhunderts anzugehören. Die chronologisch anschliessenden Darstellungen entfernen sich mehr und mehr von der ursprünglichen freien Auffassung, werden in der

---

[1] PRUDENTIUS, *Dittochaeon*. XXVII.

Gesammtcomposition wie in den Details gebundener und ceremonieller. Sie zeigen in der Mehrzahl Maria auf einem thronartigen Stuhle, in schwerer, tief herabfallender Gewandung, das Gesicht ernst oder durch ein unnatürliches Lächeln entstellt. In feierlichem Zuge schreiten die Magier mit Geschenken heran. Bald auch, doch nicht vor dem vierten Jahrhundert, wird die Scene unter dem Einflusse einer ausserkanonischen Erzählung erweitert durch Hinzufügung von Ochs und Esel; auch erscheinen die Magier jetzt mit Pferden und Kameelen. Hauptsächlich die Sarkophagreliefs repräsentiren diese Bereicherung der Scene.

In allen diesen Darstellungen bildet unstreitig der Jesusknabe den Mittelpunkt des Ganzen. Das ändert sich im fünften Jahrhundert. Während die Malerei und die Sarkophagsculptur noch fortführt, Maria in Verbindung mit Jesus darzustellen, löst die Goldgläserkunst Maria aus der Huldigungsscene los und stellt sie entweder allein dar oder begleitet von Paulus und Petrus oder der hl. Agnes. Ein Goldglas römischen Ursprungs aus dem fünften Jahrhundert bietet ein Beispiel dieser Art.

Maria ist, wie auch sonst auf den Goldgläsern, als Orans abgebildet. Die beiden Bäume, die neben ihr im Vordergrund stehen, und die beiden Säulen im Hintergrunde, auf denen zwei Tauben ruhen, bezeichnen den Eingang zum Paradies. Demnach ist Maria hier, wie auch sonst auf den Goldgläsern, als Fürbittende bei Gott gedacht. Die Bilder dieser Gattung sind die ersten monumentalen Zeugnisse einer Marienverehrung. „Nicht mehr der Reflex, der von der Hoheit des menschgewordenen Gottessohnes, den ihre Arme tragen, ausgeht, giebt ihr den Glanz und die Feierlichkeit höherer Würde, sondern die Gottesmutter tritt jetzt für sich selbst Verehrung fordernd und geniessend auf."*)

---

[1] Zur neueren Literatur: W. GRIMM, *Die Sage vom Ursprung der Christusbilder*, Berlin 1843 (für die älteste Zeit durchaus ungenügend); H. HOLTZMANN, *Entstehung des Christusbildes der Kunst (Jahrbb. für prot. Theol.* 1877, S. 189 ff.); A. HAUCK, *Die Entstehung des Christustypus in der abendländischen Kunst*, Heidelb. 1880 (FROMMEL u. PFAFF, *Samml. e. Vorträgen* III, 2; darüber *Theol. Literaturbl.* 1880, S. 213); R. LIPSIUS, *Die edessenische Abgarsage, kritisch untersucht*, Braunschweig 1880. Weiterhin z. vgl. die grösseren Bearbeitungen des Lebens Jesu von KEIM und HASE, ferner MARTIGNY, *Dict. Jésus-Christ.* S. 386 ff., L. VEUILLOT, *Vie de Jésus-Christ*, Paris 1873.

[2] JUSTINUS M., *Dial. c. Tr.* 85, 88 (ἄτιμος, ἀειδὴς καὶ ἐξουθενημένη παρουσία); CELSUS b. ORIG., *c. Cels.* VI, 75 f.; CLEMENS ALEX., *Paed.* III, 1 (S. 252 ed. Potter), *Strom.* II, 5 (S. 440), III, 17 (S. 559), VI, 17 (S. 818, wo zugleich die vorausgesetzte Thatsache begründet wird); TERTULL., *De carne Christi* c. 9 (nec humanae honestatis

corpus fuit, nedum coelestis claritatis) u. A. m. Die Stellen gesammelt bei PEARSON, *Expositio Symboli Apost.*, Francof. 1690. S. 157 ff. und P. E. JABLONSKI, *De origine imaginum Christi Domini (Opuscula.* Lugd.-Bat. 1809, III, S. 377 ff.).

³ CHRYSOST., *In Psalm.* XLIV (t. V, S. 162, ed. Montf.); HIERONYMUS, *Ad Princip. virg.* (Opp. ed. Maur. II, S. 684).

⁴ Ueber die Statue zu Paneas HASE, *De monum. Panead. dissert. duo (Sylloge dissert. et observatt.* p. II); BRAUNORE, *Abhandlung über die Bildsäule zu Paneas* (KRAMER, *Samml. z. Kirchengesch.* I, Leipz. 1748); MÜNTER, *Sinnbilder und Kunstvorstellungen* I, S. 14 ff. — H. STARCK, *Ueber die Epochen d. griech. Religionsgeschichte* (*Verhandlungen d. Vers. d. deutsch. Philol. u. Schulmänner zu Frankf. a. M.* 1863, S. 54, ff.); HOLTZMANN a. a. O. (beide für Asklepios); LIPSIUS, *Die edess. Abgarsage*, S. 63 f.

⁵ Vgl. GARRUCCI, t. 67, 1; 58, 1; 105.

⁶ Diese Umwandlung soll nach HOLTZMANN (a. a. O.) darin ihren Grund haben, dass die Kirche sich das Christusbild der Gnostiker, für welches der Typus des Asklepios-Serapis die Unterlage gebildet habe, aneignete. Indess ist über einen Zusammenhang des gnostischen Typus mit dem bezeichneten heidnischen nichts bekannt und mehr als unwahrscheinlich, dass die Kunst der Grosskirche sich der häretischen Tradition anbequemt habe. Zudem ist bei Aufstellung jener Hypothese übersehen worden, dass zwischen dem bärtigen Typus der christlichen Kunst und dem Asklepios-Serapistypus nicht die geringste Aehnlichkeit besteht, dass ferner der bärtige Typus successive sich ausbildet und die Petrus- und Paulusbilder genau dieselbe Entwickelung zeigen. In der cömeterialen Kunst kenne ich nur ein Beispiel einer Christusfigur, in welcher eine Aehnlichkeit an den Zeustypus durchschimmert, ein Sarkophagrelief des fünften Jahrhunderts im Museo Kircheriano (meine *Arch. Stud.*, S. 264, n. 10). Zu vgl. dazu die von THEOPHANES (*Chronogr.* ed. Bonn I, S. 174 ad annum 455) aufgezeichnete charakteristische Legende: Τῷ δ'αὐτῷ ἔτει ζωγράφον τινὸς τὸν σωτῆρα γράψαι τολμήσαντος καθ'ὁμοιότητα τοῦ Διὸς, ἐξηράνθη ἡ χείρ u. s. w. Ueber eine Gemme mit Darstellungen Jupiters, Apollos und Dianas und dem Monogramme Christi zu vgl. PIPER, a. a. O. I, S. 115 ff., wo das Monument richtig erklärt ist. — In anderer Weise hat HAUCK (a. a. O.) die Motive des bärtigen Typus bestimmt. Jenes Bild jugendlicher Schönheit habe sich mit der Vorstellung der Gemeinde der nachnicänischen Zeit nicht mehr gedeckt, die Ueberzeugung von der vollen Gottheit Christi ein anderes Bild gefordert. So musste denn der ältere Typus „in der nachkonstantinischen Zeit dem alles verschlingenden Interesse, die gottgleiche Macht des Erlösers zur Anerkennung zu bringen, sich anpassen. Dieser Absicht entspricht ja nun auch der neue Typus: es ist der Eindruck des Mächtigen, Erhabenen, Uebermenschlichen, den er hervorrufen will. Daher die mächtige Stirn, das gewaltige Auge, die bis zur Uebertreibung kühn geschwungenen Brauen, der starke Hals und Nacken, das dichte, lang herabwallende Haar, der Lippen und Wangen bedeckende Bart. Vornehmlich die Fülle des doppelt gescheitelten, in dichten Strängen auf den Nacken fallenden Haares ist für diesen jüngeren Christustypus charakteristisch." Aus diesen Worten geht hervor, dass H. einen Typus im Auge hat, der hart an der abschliessenden Grenze der altchristlichen Kunstperiode liegt und dem ersten Aufkommen des bärtigen Typus um volle zweihundert Jahre fern steht, und der demnach in dieser Frage gar nicht in Betracht kommen kann. Der bärtige Typus von seinen Anfängen in der Mitte etwa des vierten Jahrhunderts bis zur Mitte des fünften Jahrhunderts, der sich aber durchaus nicht einer „raschen Verbreitung" erfreute, sondern nur langsam Boden gewann, lässt noch nichts von der „vollen Gottheit" sehen, sondern unterscheidet sich von seinem Vorläufer allein durch männlichen Ernst und eine gewisse Gebundenheit, Eigenthümlichkeiten, welche sämmtliche ikonographische Darstellungen jener Zeit zeigen, wie von den Paulus- und Petrusbildern oben bemerkt wurde. Dass anderer-

Vierter Abschnitt. Ikonographische Darstellungen.

seits die Kunst auch in den unbärtigen Typus einen erhabenen, majestätischen Ausdruck zu legen wohl verstand, beweisen zahlreiche Fälle (GARR., t. 32, 1; 67, 1; 83, 92, 3; Sarkophage in Ravenna; Mosaik in S. Vitale ebendaselbst). Endlich wird von H. der Einfluss der dogmatischen Entwickelung auf die Kunst überschätzt. — Der Nimbus ist der Antike entnommen; er bezeichnet dort den Lichtschimmer, von welchem man sich göttliche Wesen umflossen dachte (HOMER, *Hymn.* V, 188 f.; VIRGIL., *Aen.* II, 588 ff.; II. 615 ff.). Pompejanische Wandgemälde bieten ihn in dieser Weise in grosser Anzahl. Auch auf cömeterialen Wandgemälden tragen ihn zwei Eroten (GARR., t. 60, 1) und Helios (56, 5). Von den Göttern und Heroen ging der Nimbus auf die Kaiser über (SERVIUS *ad Ancid.* III, 587: *proprie nimbus est, qui Deorum vel Imperatorum capita quasi clara nebula nuhere fingitur*) und überhaupt auf hervorragende Personen. So tragen ihn Antoninus Pius, Konstantin d. Gr., Konstantius, Justinian und Theodora (Mosaik in S. Vitale zu Ravenna), aber auch Herodes (Mosaik in S. Maria Maggiore). Vor der Mitte des vierten Jahrhunderts scheint Christus den Nimbus nicht erhalten zu haben. Das erste Beispiel in S. Costanza in Rom, weiterhin in S. Pudenziana. Im fünften Jahrhundert erhalten auch Engel und Apostel den Nimbus und anschliessend Maria und die Heiligen.

[7] GARRUCCI, t. 321, 3, 4; 322, 2; 323, 4; 324, 1; 325, 1; 326, 1; 327, 2; 329, 1 u. s. w.; LE BLANT, *Sarcoph. d'Arles*, pl. 4, 9, 17, 24; Sarkophage in Ravenna.

[8] Lit.: CAVEDONI, *Sacra imagine della beata vergine Maria*, Modena 1855; DE ROSSI, *Imagines selectae deiparae Virginia*, Roma 1863 (mit Atlas; unvollendet); MARTIGNY, *Dict. Vierge*; KRAUS, *R. S.*, S. 301 ff., WITHROW, *Catacombs of Rome*, Lond. 1877, S. 305 ff.; V. SCHULTZE, *Die Marienbilder der altchristl. Kunst* (in den *Arch. Stud.*, S. 177—219); v. LEHNER, *Die Marienverehrung in den ersten Jahrhunderten*, Stuttgart 1881 (S. 282 ff.).

[9] Ein Verzeichniss der Mariendarstellungen der altchristlichen Kunst in meinen *Arch. Stud.*, S. 211—219 (41 Nummern), und bei LEHNER, a. a. O. S. 286 ff. (87 Nummern mit 81 Abbildungen; diese höhere Zahl ist dadurch erreicht, dass L. auch frühmittelalterliche Monumente berücksichtigt, z. B. Taf. III, 21—24; VII, 69, und Darstellungen als Marienbilder in Anspruch nimmt, die es in Wirklichkeit nicht sind, z. B. Taf. I. 3, 4, 18, 19; VII. 74, 72, 71, 73, 75).

Fünfter Abschnitt.

Personifikationen.

Der entschiedenen Neigung der griechisch-römischen Menschheit, Begriffe in bestimmte greifbare Formen und Gestalten umzugiessen, entspricht die grosse Anzahl personificirter Darstellungen, welche die antike Kunst geschaffen. Die Kräfte und Erscheinungen der Natur, Zeit und Raum, Länder und Städte, politische und rechtliche Institutionen, Tugenden und Laster sind auf diese Weise gleichsam in Fleisch und Blut gewandelt, in menschliche Persönlichkeiten umgesetzt.

Die christliche Kunst hat sich dieser reichen Fülle populärer Gestalten gegenüber keineswegs ablehnend verhalten, obgleich für sie durchaus keine Nöthigung vorlag, sich derselben zu bemächtigen. Und diese freiwillige Entlehnung ist ein weiteres Symptom des engen Zusammenhanges antiker und christlicher Kunst.

Eine der seltensten Personifikationen der classischen Kunst ist der Himmel *(Coelus)*, wie denn auch die religiöse Vorstellung geringe Neigung zeigte, ihn persönlich aufzufassen. Nur ein christliches Monument, der Sarkophag des Junius Bassus v. J. 359, zeigt uns den Himmelsgott und zwar in der Anordnung, dass er, ein bärtiger, mit dem Oberkörper sichtbarer Mann, über seinem Haupte ein bogenförmig ausgespanntes schmales Gewandstück hält, welches das Himmelsgewölbe bezeichnet und als Schemel für die Füsse eines thronenden Christus dient. In der Antike leistet der Himmelsgott denselben Dienst dem Zeus, und es kann kein Zweifel darüber sein, dass das christliche Relief eine in bewusster Absicht unternommene Parallelisirung der antiken Darstellung ist.[1]

Für den Sonnengott hatte das Alterthum verschiedene Darstellungsformen: bald erscheint er den von vier Rossen gezogenen Wagen führend, bald ohne diesen in ganzer oder halber Figur oder auf das Haupt reducirt. Immer aber zeichnet ihn der kreisförmige Nimbus oder ein Strahlenkranz aus. Die erstgenannte Auffassung findet sich im christlichen Bilderkreise nur einmal, auf einem römischen Wandgemälde, im Scheitel eines Arkosoliums. Der Gott steigt dort über den Wolken auf, mit der Rechten die Zügel der zwei Rosse, die seinen Wagen ziehen, haltend. Ein kreisförmiger Nimbus umgiebt sein Haupt. Zwei Jonascenen, die daneben geordnet sind, weisen darauf hin, dass die Anwesenheit des Sonnengottes durch Jona 4, 8 motivirt ist. Deutlicher tritt der Sonnengott in seiner Funktion als Strahlen versendend auf in einem Gemälde in S. Callisto. Hier erscheint er nur als ein Kopf mit flatternden Locken, auf einem Wolkenkissen ruhend, aus dem heraus Strahlen auf den ruhenden Jona herabschiessen. Sehr eigenthümlich ist die Darstellung der Sonne auf einem Goldglase des vierten oder fünften Jahrhunderts: sie ist hier als Jüngling gefasst, dessen Brust ein faltiges Gewand bedeckt und dessen Haupt von einem Strahlenkranz umgeben ist. In der Rechten hält die knabenhafte Figur eine Kugel, welche offenbar die durch die Sonne erleuchtete Erde vorstellen soll. Den Sonnengott in Verbindung mit der Mondgöttin finden wir auf einer bekannten Lampe des Berliner Museums mitten unter biblischen Figuren, und zwar sind beide als Brustbilder und nach antiker Weise gefasst. Sol und Luna sollen auch wohl die mit Strahlennimbus ausgezeichneten Köpfe vorstellen, die sich einigemal an den Ecken christlicher Sarkophage ausgehauen finden. Die Herübernahme dieser Personifikation aus der Antike wurde dadurch erleichtert, dass auch das Alte Testament (Ps. 19, 6) eine Schilderung der Sonne als einer männlichen Persönlichkeit hat.

Bemerkenswerth ist, dass bei den Darstellungen der Himmelfahrt des Elias der antike Sonnenwagen sammt den vier Rossen ausnahmslos und in genauer Nachbildung verwendet wurde.[2]

Unter den wechselnden Personifikationen der Erde im Alterthume hat die christliche Kunst nur eine übernommen, die Darstellung der Erde unter dem Bilde eines halbnackten Weibes. Auf einem Deckengemälde in S. Callisto ruht sie in dieser Auffassung bequem am Boden hingestreckt, das Haupt bekränzt, in der Hand ein Füllhorn tragend. Auf einem ebenfalls römischen Sarkophage dagegen dient sie, ein bogenförmig gespanntes Gewand über dem Haupte haltend, in gleicher Weise wie der Himmelsgott als Schemel der Füsse Christi, in Illustrirung der Worte Apostelgesch. 7, 49: „Der Himmel ist mein Stuhl und die Erde meiner Füsse Schemel." Ausserdem sieht man sie am Boden hingestreckt, neben einem mit Aepfeln gefüllten Korbe, ein Füllhorn haltend. Eine eigenartige Variation dieses Typus zeigt ein nordafrikanischer Sarkophag: auf demselben setzt der thronende Christus seine Füsse auf einen riesigen Frauenkopf. Ohne Zweifel ist mit demselben die Erde gemeint.³

Hinsichtlich der Jahreszeiten hatte sich im Alterthume allmählich die Vierzahl festgestellt und zwar wurden jene entweder durch die Horen oder durch Genien, welche Arbeiten des Frühlings, des Sommers, des Herbstes und des Winters vollbringen, dargestellt. Die Horen scheinen nur einmal, auf einem römischen Wandgemälde, vorzukommen, und auch hier ist die Deutung nicht ganz sicher. Häufiger begegnen die Genien auf Sarkophagen wie auf Gemälden. Auf einem Relief im Lateranmuseum vollziehen sie, rings um den guten Hirten gruppirt, in geschäftiger Thätigkeit die Arbeiten des Jahres: schneiden Getreide, brechen Trauben, keltern, heimsen ein. Noch voller und individueller sind die Scenen auf dem Sarkophage des Junius Bassus gestaltet. Ein von Ciacconio copirtes Wandgemälde in S. Zefirino ferner zeigt vier mit den Arbeiten der vier Jahreszeiten beschäftigte Knaben und dabei die Inschriften **HYEMS VER AESTAS AVTVMNVS**.

Ohne Zweifel hat der sepulcrale Inhalt dieser Darstellungen, der Gedanke des in ewigem Wechsel sich vollendenden Lebens, den schon die antike Symbolik hatte, die Uebernahme dieser Scenen in den christlichen Bilderkreis veranlasst.⁴

Die bekannten Personifikationen der Flüsse und des Meeres erfreuen sich im altchristlichen Bilderkreise besonderer Beliebtheit. Der Flussgott wird nach Maassgabe der Antike als bärtiger Mann mit entblösstem Oberkörper gebildet. In der Hand führt er ein Ruder oder ein Schilfrohr und lehnt sich leicht hingegossen auf eine Urne, aus der zuweilen ein Wasserstrom sich ergiesst. Bei der Taufe Christi fehlt der personificirte Jordan selten. Ausserdem erscheinen der Tigris und das rothe Meer in dieser Auffassung. Erde und Meer als Weib und Mann personificirt zeigen mehrere Goldgläser am Boden aneinander geschmiegt ruhend und von Eroten umgeben.⁵

Die Siegesgöttin ist in der altchristlichen Malerei bisher nur einmal nachgewiesen. Auf einem Deckengemälde in Neapel (Fig. 22, S. 93) sieht man sie hinschwebend, in der Hand eine Palme, den Siegespreis, haltend. Eine ähnliche Darstellung findet sich in dem jüdischen Cömeterium der Vigna Randanini. Oefters erscheint ein Victorienpaar als Träger des Clipeus auf Sarkophagen.⁶

Die sinnige antike Symbolisirung des Todes in der Darstellung eines Genius, der mit trauerndem Gesichtsausdruck sich auf eine umgewendete Fackel stützt, hat auch die christliche Kunst übernommen, aber nur spärlich Gebrauch davon gemacht, wohl aus dem Grunde, weil jene Personifikation der christlichen Auffassung des Todes nicht entspricht.[7]

Specifisch christliche Personifikationen fehlen in dem cömeterialen Bilderkreise. Denn die Orans als Bild der Kirche zu fassen, wie vielfach geschieht, ist ausgeschlossen.[8] Erst die Mosaik hat im fünften Jahrhundert diese Personifikation geschaffen.

---

[1] Vgl. PIPER, *Myth. u. Symb.* II, S. 44 ff. Der Sarkophag des Junius Bassus bei GARR., t. 322, 2; das Goldglas GARR., *Vetri* 1, 3. Gegen BELLERMANN (*Die altchristl. Begräbnisst.*, S. 51 Anm. 1), der hier einen Flussgott erkennen will, mit Recht PIPER a. a. O.

[2] Die Darstellungen: GARR., t. 56, 5 (daselbst unrichtig auf den gen Himmel fahrenden Christus bezogen), t. 27. Vgl. PIPER a. a. O. S. 124 ff.

[3] Die Darstellungen verzeichnet bei PIPER, S. 59 ff.; vgl. ferner GARR., t. 308, 2; 309, 1, 2, 4; 331, 3; 321, 3.

[4] PIPER, a. a. O. S. 323 ff.; GARR., Bd. I. S. 267; Abbildungen GARR., t. 21. 1; 37; 88; *Vetri*, t. 40, 1, 2.

[5] GARR., t. 31, 1; 73, 2; 308, 2, 5; 309, 1—4; 324, 2 u. a. ö. Dazu PIPER, S. 493 ff.

[6] Z. B. auf einem altchristlichen Sarkophage in Palazzo Lancelotti in Rom (MATZ u. DUHN, *Antike Bildw. in Rom* II, n. 2534).

[7] GARR., t. 297, 1, 2; 299, 2 u. ö.

[8] Darüber meine *Arch. Stud.*, S. 179 f.

Sechster Abschnitt.

Die Malerei.

Die Anwendung ornamentaler und figürlicher Malerei in den Katakomben beruht auf Nachahmung antiker Sitte, welche, von der Beurtheilung des Grabes als eines zweiten Hauses des Todten geleitet, dieses dem Hause der Lebenden entsprechend auszuschmücken liebte. Die kirchliche Verwaltung freilich hat nicht selbst die malerische Decoration der Cömeterien in die Hand genommen oder auch nur indirect veranlasst, sondern der persönlichen Entschliessung der Einzelnen anheimgestellt. Daraus erklärt sich, dass die Galerien als Ganzes, deren Herstellung der kirchlichen Administration zufiel, der Farben und in der Regel auch der Kalkbekleidung ermangelten. Wo kleine Galeriestücke mit Malereien bedeckt sich finden, wie im Eingange von S. Domitilla, ist dies auf gemeinsames Vorgehen der Besitzer der einzelnen Grabstätten zurückzuführen. Dagegen sind die Vorhallen und die für Beisetzung der kirchlichen Oberen bestimmten Räumlichkeiten ohne Zweifel von Seiten der Gemeinde mit Farbenschmuck versehen worden.

Die mit der Stuccoüberschichtung und der Bemalung der Wandflächen verknüpften Kosten bedingten es, dass die Ausübung jener Sitte nur Wohlhabenden gestattet blieb. Dem entsprechend sind vorzüglich die vornehmen Familien zugehörenden Privatgrabkammern mit Malereien versehen, in zweiter Linie die Arkosolien der Galerien und nur ausnahmsweise die Loculi und ihre Umgebung.

In den Cubicula richtete sich die decorative Thätigkeit der Maler, genau wie in antiken Grabkammern, vorwiegend auf die Decke. Die Fläche ist meistens geschickt und mit gutem künstlerischen Verständnisse getheilt. Gewöhnlich wurde in der Mitte ein Hauptbild in grösseren Dimensionen abgegrenzt und um dasselbe Figuren oder Scenen, die durch stilisirte Blumen und andere Ornamente eingefasst sind, geordnet. Einfacher stellt sich im Allgemeinen der Schmuck der Seitenwände dar; häufig ist hier die weisse Fläche nur durch rothe oder blaue Linien etwas zerkleinert und hier und dort ein kleiner Vogel oder eine Taube oder auch biblische Scenen geringen Umfanges eingesetzt. Nicht selten beschränkt sich die Bemalung der Seitenwände auf die Innenwände der Arkosolien und den nächsten äusseren Raum derselben.

Ganz vereinzelt erscheinen auch die Loculi bemalt. In diesem Falle ist das Bild über oder neben das Grab gesetzt, seltener ruht es auf der zu diesem Zwecke mit einer Stuccolage überdeckten Verschlussplatte.[1]

In welchem Verhältnisse in den Cömeterien die Technik *a fresco* (ἐφ' ὑγροῖς) und die Leimfarben- und Temperamalerei zur Anwendung gekommen sind, darüber fehlen noch genauere und zuverlässige Untersuchungen. In älterer Zeit scheint man vorwiegend *a fresco* gemalt zu haben, im dritten und vierten Jahrhundert *a secco*. Enkaustische Malereien sind, wie es scheint, in den Katakomben nicht vorhanden, obgleich die Anwendung derselben seitens eines christlichen Malers einmal ausdrücklich bezeugt wird.[2] Als Unterlage diente eine Kalkschicht, deren Qualität im Laufe der Zeit im Allgemeinen immer geringer wird.

Bei Ausführung der Gemälde beschränkte sich der Künstler auf die einfachsten Mittel. Sowohl örtliche Schwierigkeiten wie die Rücksicht auf die unvollkommene Beleuchtung führten ihn dazu. Sein Streben musste vorzüglich darauf gerichtet sein, die Umrisse der Figuren kräftig hervortreten zu lassen; die Detailmalerei konnte er, weil sie doch nicht zur Geltung kam, zurückstellen. Daraus erklärt sich die Farbenarmuth der cömeterialen Malereien. „Auf einem lichten Grunde wurden alle Fleischpartieen der Figur gleichmässig mit einem warmen gelbrothen Ton untermalt; die Schatten trug man dann mit einer tiefen und satten Tinte in breiten Maassen ohne Detailzeichnung auf und versah die Umrisse der Gestalten, sowie Augen, Nase und Mund mit flüchtigen, schwarzen Conturen. Bei den Gewändern wandte man mit leidlichem Sinn für malerische Zusammenstellung die drei Grundfarben (blau, roth und gelb) an."[3] Zuweilen findet man auch die Umrisse der Zeichnung leicht in den Kalk eingeritzt und dann mit dunkeler Contur überdeckt.

Die Extremitäten der menschlichen Figuren sind zumeist sehr flüchtig ausgeführt, oft nur angedeutet; die Gewandung ist häufig nass gemalt. Verzeichnungen treten verhältnissmässig häufig entgegen. Doch sind hier Blüthezeit und Verfallzeit wohl zu scheiden und locale Traditionen zu berücksichtigen. Was letztere anbetrifft, so nehmen z. B. die neapolitanischen cömeterialen Malereien eine hohe Stufe ein; selbst was in Neapel im vierten und fünften Jahrhundert geschaffen wurde, steht den ältesten Fresken der römischen Katakomben im Allgemeinen gleich.

Das Ornamentale, rein Decorative gelingt den altchristlichen Künstlern besser als das Figürliche und die Gruppe, ein Beweis, dass sie in erster Linie Decorationsmaler waren. Ebendaraus erklärt sich das ängstliche Festhalten an der Auffassung, wie sie für einzelne Typen traditionell war.

Die Vernachlässigung der Perspective theilt die christliche Kunst mit der Antike, doch erscheint dieselbe dort noch grösser als hier.[4]

Die einzelnen Gemälde und Gemäldecomplexe chronologisch zu bestimmen, lässt sich nur ermöglichen unter genauer Berücksichtigung des zugehörigen architektonischen und epigraphischen Materials. Daneben bieten der Stil, der künstlerische Werth, der Farbenton, die Beschaffenheit des Stucco und in einzelnen Fällen das Vorhandensein bestimmter datirbarer Grössen, wie des Nimbus und des Monogrammes, Anhaltspunkte. Antike Malereien der drei ersten Jahrhunderte, die sich zeitlich genauer umgrenzen lassen, können, da sie unter ganz anderen Verhältnissen entstanden sind, nur mit Vorsicht als chronologische Hilfsmittel herangezogen werden.

Dem ersten Jahrhundert gehört unter den uns bekannten christlichen Malereien nur eine sehr geringe Anzahl an, wie ein schon mehrfach erwähntes Deckengemälde in den neapolitanischen Katakomben, fast sämmtliche Fresken in der Eingangsgalerie von S. Domitilla und die ursprüngliche Decoration der Crypta quadrata in S. Pretestato. Im zweiten Jahrhundert sind u. A. entstanden: ein Deckengemälde in S. Gennaro und Einzelnes in S. Lucina und in S. Priscilla.[5]

Uebermalungen haben in altchristlicher Zeit nicht stattgefunden, öfters im Mittelalter.[6]

Die Mosaikmalerei hat in den Katakomben nur ganz vereinzelt eine Stätte gefunden. In Rom sind nur drei Fälle bekannt, darunter ein Stück mit den Darstellungen Daniels und des Lazarus.[7]

---

[1] Beispiele: GARR., tav. 36, 1; 73, 1; 93, 2.
[2] Bestimmte Urtheile lassen sich in dieser Frage noch nicht aussprechen. Die geäusserten Vermuthungen sollen nur das Wahrscheinlichere ausdrücken. Ist doch auch die Technik der antiken Malerei in mancher Hinsicht noch nicht klar gestellt. Eingehende Untersuchungen pompejanischer Wandgemälde haben O. DONNER (bei W. HELBIG, *Wandgemälde der vom Vesuv verschütt. Städte Campaniens*, Leipz. 1868, S. I—CCXXVII) zu dem Resultate geführt, dass die überwiegende Mehrzahl derselben *a fresco* gemalt sei und dass daneben nur in ganz untergeordneter Weise Leimfarben-

und Tempera-Malerei angewendet sei, enkaustische Malerei aber gar nicht. — Von dem Gnostiker Hermogenes sagt Tertullian (*Adv. Hermog.* c. 1): *Tingit illicite, nubit assidue, legem Dei in libidinem defendit, in artem contemnit, bis falsarius et cauterio et stilo.* — Cauterium (καυτήριον, ῥαβδίον διάπυρον, *Digest.* XXXIII, 7, 17; Plut., *De num. vind.* 22) ist der Glühstab, durch welchen das Einbrennen und Verschmelzen der mit Wachs durchsetzten Farben bewirkt wurde. Unrichtig Münter, *Sinnb.* II, S. 7.

[3] Crowe und Cavalcaselle, *Gesch. d. ital. Malerei*, deutsch von Jordan, Leipz. 1869, I. Bd. S. 3 Anm. 4.

[4] Garr., tav. 24; 67, 1; 70, 2; 73, 1, 2; 82, 2 u. s. ö.

[5] Neuerdings hat Lefort, *Chronologie des peintures des catac. romaines* (*Revue archéol.* 1880, S. 153 ff.) den Versuch gemacht, die Wandgemälde der römischen Cömeterien zu datiren. Die Zuversichtlichkeit, mit welcher dabei verfahren wird, ist um so weniger angebracht, da Lefort in vielen Fällen, wie es scheint, nur nach ihm vorliegenden Copien, die in der Mehrzahl einfache Umrisszeichnungen sind, urtheilt. Wenn auch nicht in Abrede gestellt werden kann, dass hier und da das Urtheil Lefort's zutrifft, so haben seine Abschätzungen im Grossen und Ganzen keinen Werth. Ein solches Unternehmen kann nur mit den Mitteln sorgfältiger topographischer Untersuchung der einzelnen Cömeterien und ihrer Theile, in denen jene Bilder sich finden, und auf Grund genauer Prüfung der Originale ausgeführt werden. Und selbst wenn diese Voraussetzungen erfüllt sind, wird man vielfach in die Lage kommen, auf ein bestimmtes Urtheil zu verzichten. Gegen die Nachweise Lefort's hat auch Roller (*Catac.*, S. 379 f.), obgleich mit der Methode einverstanden, in einigen Punkten Einsprache erheben zu müssen geglaubt.

[6] Beispiele in Neapel (meine *Kat. v. S. G.*, S. 13, 25; Garr., t. 91; 94, 3), Alexandrien.

[7] Armellini, *S. Agnese*, S. 213 f.; Marchi, *Monum.*, tav. XLVII.

Siebenter Abschnitt.

Die Sculptur.

Als die Kirche unter Konstantin d. Gr. in ein geändertes Rechtsverhältniss zu dem antiken Staate trat, war die Malerei, in welcher die altchristliche Kunst fast ihre ganze Thätigkeit erschöpfte, auf dem Wege des Verfalles. Die neuen Verhältnisse haben diese Entwickelung nicht aufzuhalten vermocht. Ohne merkliche Störung setzt diese ihre Richtung abwärts fort. Dagegen gelangt unter unmittelbarer Einwirkung der neu geschaffenen kirchenpolitischen und socialen Lage ein Zweig des Kunstgebietes zu reicher Entfaltung, welcher bis dahin weder Entwickelungstrieb noch Lebensfähigkeit gezeigt hatte, die Sarkophagsculptur, das Relief.

Bei allen Culturvölkern, welche die Bestattung übten, scheint der Gebrauch steinerner Särge üblich gewesen zu sein. Die frühere Sitte, dieselben mit einem die Verwesung beschleunigenden, vorzüglich bei Assos in Mysien gebrochenen Alaunschiefer (σαρκοφάγος λίθος) auszulegen, liess in der griechisch-römischen Culturwelt neben den Bezeichnungen πυελοί, *arcae* den Namen σαρκοφάγοι, *sarcophagi* (Nebenformen *sarcophaga, sartophaga*) entstehen.

Die Verwendung von Sarkophagen hat in der Antike zu keiner Zeit gänzlich aufgehört. Von der phönikischen Küste an bis tief nach Gallien hinein lassen sie sich von den ältesten Zeiten an in ununterbrochener Kette nachweisen. Die weite Verbreitung der Feuerbestattung im Abendlande hat nur vorübergehend ihren Gebrauch eingeschränkt. Die Kirche hat sie dann wieder populär gemacht. Sie wurde durch besondere Umstände dazu veranlasst.

Die Eile, welche unter Konstantin die Christenheit vielfach zeigte, die unterirdischen Grabstätten aufzugeben und coemeteria sub dio anzulegen, ist ein untrügliches Zeichen, dass man sich in jenen nicht mehr behaglich fühlte. Die Katakomben waren unter eigenartigen Verhältnissen entstanden und, als diese selbst nicht mehr existirten, dennoch beibehalten worden, theils aus Anhänglichkeit an die Tradition, theils in Anbetracht der staatsrechtlichen Stellung der Kirche, welche ein allzuoffenes Hervortreten dieser letzteren nicht räthlich machte. Als nun dieses zweite Motiv im vierten Jahrhundert wegfiel, zeigte sich die Werthschätzung der Tradition in diesem Punkte zwar nicht so stark, das herkömmliche coemeteriale Constructionssystem als das ausschliessliche auch ferner zu behaupten, aber doch kräftig genug, es als das vorherrschende hier, als das gleichberechtigte dort noch länger als ein Jahrhundert zu erhalten. Freilich, eine Concession musste man, auch wo die unterirdischen Anlagen weiterhin in Gebrauch blieben, dennoch der Zeitrichtung machen. In den vornehmen Familien nämlich, und zwar vorwiegend, das darf als sicher angenommen werden, in solchen, die den äusseren Verhältnissen Rechnung tragend sich in die Kirche aufnehmen liessen, wird es seit Konstantin üblich, anstatt der aus dem natürlichen Gestein gehauenen Gräber, sich der im Heidenthum beliebten Steinsärge zu bedienen und zwar in den Katakomben, aber in jenen sich beisetzen zu lassen. Dieses Verfahren konnte um so weniger auffallend erscheinen, da schon aus älterer Zeit vereinzelte Fälle dieser Art vorlagen. Die weniger Begüterten freilich blieben, wenn sie bei der Katakombenbestattung beharrten, an die frühere Sitte gebunden.

Wenn in vorkonstantinischer Zeit nur vereinzelt von Sarkophagen Gebrauch gemacht ist, so lässt sich dies weder aus der Mittellosigkeit der Masse der christlichen Gemeinden erklären, noch aus der bedrückten Lage der Kirche dem Staate gegenüber. Denn bekanntlich hat diese fast das ganze dritte Jahrhundert hindurch Frieden gehabt und in dieser Zeit ihre Missionsarbeit mit grossem Erfolge in die höheren Kreise getragen. Da man nun im Heidenthume gewohnt war, die Sarkophage mit Reliefschmuck zu versehen und keine Veranlassung vorlag, von dieser Sitte abzugehen, so wurde die christliche Kunst, die vordem nur vereinzelt und in einfachster Weise solche Monumente geschaffen hatte, veranlasst, der Sarkophagsculptur in weiterem Umfange ihre Arbeit zuzuwenden. In kurzer Zeit hat sie sich mit der Technik vollkommen vertraut gemacht. Hinsichtlich der Sujets verzichtete sie von vornherein darauf, Neues zu schaffen. Dazu war sie nicht fähig, wenn sie auch gewollt hätte; andererseits verlangten dies die Besteller nicht von ihr. Daher schliesst sie sich genau in den Rahmen des überlieferten Cyklus ein, und erst, nachdem ihr die Praxis eine gewisse Sicherheit gegeben, überschreitet sie an einzelnen Punkten die Grenze, ohne indess das Grenzgebiet zu verlassen. Gegen

Ende des vierten Jahrhunderts zeigt sie sich am reichsten. Zudem erscheint die Technik gut, die Composition geschickt, die Auffassung ungezwungen. Seit der Mitte des fünften Jahrhunderts aber verkümmern diese Qualitäten. Die Einzelausführung wird vernachlässigt, was ein Zeichen mangelnder Arbeitsfreudigkeit ist. Die Figuren werden entweder lang aufgezogen oder zu breiten, plumpen Massen zusammengedrückt. Ein bestimmter Gesichtsausdruck wird nicht mehr ernsthaft erstrebt, selten erreicht. Zugleich verengert sich der Cyklus.

Das gilt von der Entwickelung im Allgemeinen. Vereinzelt haben z. B. in Südgallien und in Ravenna gute Schulen noch bis in das sechste Jahrhundert fortgedauert.

Die Zahl der uns erhaltenen altchristlichen Sarkophage ist eine verhältnissmässig bedeutende. Rom weist den höchsten Procentsatz auf. In zweiter Linie kommt Ravenna, in dritter Arles in Betracht.

Die umfangreichste Sammlung bietet das Lateranmuseum. Ausserdem finden sich in Rom Sarkophage und Sarkophagreliefs: im Museo Kircheriano (m. Verzeichniss in d. *Arch. Stud.*, S. 256—279), in den vatikanischen Krypten (DIONIGI, *Crypta Vat.*, 2. Aufl. Rom 1828), in der Vorhalle von S. Maria di Trastevere, desgl. von S. Marco und S. Lorenzo fuori le mura, im Klosterhof von S. Paolo fuori l. m., in Villa Ludovisi und Albani, in der Katakombe S. Callisto u. s. w. In Ravenna ist eine grosse Anzahl in S. Appollinare in Classe aufgestellt. Andere in der Kathedrale, in S. Vitale, im Mausoleum der Galla Placidia, in S. Maria, in Porto u. s. w.

Ausserdem finden sich Sarkophage und Sarkophagtheile in Palermo, Syrakus, Ravello, Salerno, Neapel, Ancona, Pisa, Padua, Venedig, Verona, Mantua, Mailand, Lucca, Tolentino, Spalato, Paris, Lyon, Avignon, Marseille, Toulouse, Bordeaux, Madrid, Barcellona, Saragossa, Algier u. sonst.

Auf deutschem Gebiete weist allein Trier ein Exemplar aus ziemlich später Zeit auf.[1] Nicht sämmtlich entstammen diese Sarkophage unterirdischen Cömeterien. Eine grosse Anzahl gehört oberirdischen Grabanlagen an, wie die Monumente in Spalato; andere waren in Kirchen aufgestellt, so der bekannte Sarkophag aus S. Paoli fuori le mura.

Das beliebteste Material für Sarkophage war weisser Marmor, seltener Porphyr, Kalkstein, Terracotta. Die Gestalt des eigentlichen Sarkophagkörpers hat nur wenig variirt, häufiger die des Deckels. Dieser hat bald die Form einer einfachen Platte, bald stellt er sich als ein hoher dachförmiger oder gerundeter Aufbau mit mehr oder weniger reicher Ornamentik dar, bald ist er ein Mittleres zwischen dieser und jener Form. Die Verbindung zwischen ihm und den Sargkörper wird durch Einfugung hergestellt und diese weiterhin durch eiserne Klammern verstärkt und gesichert. In Ravenna herrscht der gewölbte Deckel vor. Die Länge des Sarges überschreitet in der Regel um ein Geringes die Grösse einer normal ausgewachsenen Person.

Ich führe folgende von mir vorgenommene Messungen an. Von dreiundsechzig Exemplaren des Lateranmuseums maassen achtundvierzig etwas über 2 m, die Länge der übrigen bewegte sich zwischen 1,50 und 2 m. In Ravenna ergab sich als vorherrschendes Längenmaass 2,15, in Mailand 1,75—2 m. Der Sarkophag in Trier misst 2,175 m, der in Syrakus 2,50, der in Ancona 2,33 m Länge.

Kindersarkophage sind nur in ganz geringer Anzahl vorhanden. Die Breite wechselt, je nachdem der Sarkophag für Aufnahme einer oder zweier Personen bestimmt war. Die Ornamentation beschränkt sich in der Regel auf die Vorderwand, seltener sind auch die beiden Schmalseiten reliefirt und nur ausnahmsweise die Hinterwand. Die Bevorzugung der Vorderwand erklärt sich aus der Aufstellung in den Nischen, wodurch nur die vordere Seite sichtbar wurde. Diese Eigenthümlichkeit theilen die altchristlichen Sarkophage mit den heidnischen.

In technischer Ausführung schlossen sich die christlichen Künstler, was selbstverständlich ist, ebenfalls an die antike Ueberlieferung an.

Ein zuerst von FABRETTI mitgetheilter römischer Grabstein zeigt uns die Werkstätte eines Verfertigers von Sarkophagen Namens Eutropos. Links sehen wir den Meister selbst, in der Linken einen Becher haltend, die Rechte zu einem Redegestus erhebend, in aufrechter Stellung. Zum zweiten Male erscheint er weiter im Hintergrunde auf einem Bretterstuhle sitzend und zwei Bohreisen haltend, welche ein Lehrjunge oder Geselle vermittelst eines Riemens in Bewegung setzt. Andere Instrumente liegen am Boden zerstreut. Rechts steht ein zweiter, bereits vollendeter Sarkophag, in welchen der Name des todten Künstlers ΕΥΤΡΟΠΟΣ eingeschrieben ist. Von der Höhe fliegt eine Taube mit einem Zweige herbei.

Das Epitaph stammt, nach einer Mittheilung FABRETTI's, der es zuerst publicirte, aus dem Cömeterium *S. Helena* an der Via Labicana und scheint dem dritten Jahrhundert anzugehören. Die Bezeichnung des Todten als ΑΓΙΟΣ und das von ihm gehaltene Glas, welches als Blutglas beurtheilt wurde, gab irriger Weise Veranlassung, Eutropos für einen Märtyrer zu erklären.

Ein Sarkophagbildhauer Namens Daniel wird ferner in einem Edicte Theodorichs d. Gr. erwähnt. Der König berief ihn aus Rom nach Ravenna und gab ihm das Recht freier Ausübung seiner Profession."

Wie in der Technik, so lehnt sich auch in dem Modus der Flächentheilung die christliche Sarkophagsculptur an die Antike an. Entweder füllt eine Figurenreihe die ganze Höhe der Wand oder diese ist durch eine schmale Leiste der Länge nach in zwei parallelogramme Theile geschieden, in deren jedem sich die Darstellungen auf wagerechter Grundlage entfalten. Ein Incinanderschieben der Gruppen, wie der S. 176 Fig. 41 abgebildete Sarkophag zeigt, gehört zu den Ausnahmen.

Eine Abscheidung der einzelnen Scenen durch Arkaden oder Bäume, deren Zweige dann zuweilen ineinander verästet sind, begegnet im vierten Jahrhundert nur ganz vereinzelt. Später, als man anfing, Einzeldarstellungen den Gruppen vorzuziehen, griff man häufiger zu diesem geschmackvollen Ausbau der Scenerie. In Ravenna ist dies eigentlich Regel. Auch Arles bietet verhältnissmässig zahlreiche Beispiele.

In die Mitte der Längenlinie, mit Annäherung an den oberen Sarkophagrand, pflegte, gleichfalls nach antiker Sitte, die die Grabschrift tragende Tabula, gewöhnlich in gefälliger Umgrenzung und von zwei Eroten gehalten, oder das in eine Muschel gesenkte Brustbild des oder der Todten gesetzt zu werden. Meistens stellen die Büsten ein Ehepaar dar. In diesem Falle ist die Anordnung fast immer so, dass die Matrone als Ausdruck zärtlicher Liebe die Linke auf die Schulter des Gatten legt und ihn liebevoll anblickt. Dieser selbst führt in der Linken eine Rolle, das Zeichen seines höheren Standes. Daneben finden sich Portraits von Freundesoder Brüderpaaren und einzelnen Männern, Frauen und Knaben. Auch zeigen einzelne Sarkophage, in Rom indess selten, den Kopf des Verstorbenen an den beiden oberen Ecken der Vorderwand oder auch des Deckels, wofür sich auch in der Antike Beispiele finden.[3] Der Deckel ist selten, und dann gewöhnlich flach, reliefirt. Die Sarkophage wurden in der Regel ohne vorhergegangene Bestellung fertig in den Magazinen der Marmorarii gekauft und dann erst die nur roh umrissenen Gesichtszüge der Büsten zu Portraits ausgearbeitet, soweit dies möglich war. In vielen Fällen indess unterblieb dies, wie antike und christliche Exemplare zeigen.

Die landschaftliche Scenerie wurde von den christlichen Künstlern noch mehr vernachlässigt als von den heidnischen. Darin stehen sich Maler und Bildhauer durchaus gleich.

Wo Bildwerke fehlen, ist die Vorderwand wenigstens mit Wellenlinien (*strigiles*) bearbeitet. Ein Beispiel dafür haben wir in einem sehr alten Sarkophage aus S. Lucina, dessen Deckel die Inschrift trägt **BLASTIANE PAX TECVM**.

Doch auch hier ist oft eine Einzelfigur, der gute Hirt oder eine Orans, in die Mitte eingesetzt. Im Allgemeinen ist diese Einfachheit der Ausstattung ein Zeichen hohen Alters. Im vierten und fünften Jahrhundert gehören solche Sarkophage zu den grössten Seltenheiten.

Die besonders in Etrurien beliebte Sitte, die Relieffiguren mit Farbe zu überziehen oder wenigstens stärker zu markiren, scheint in der altchristlichen Sarkophagsculptur erst ziemlich spät aufgekommen zu sein und nur vereinzelt Nachahmung gefunden zu haben. Mir sind nur drei Beispiele bekannt: ein Fragment im Museo Kircheriano, ein Sarkophag in Arles, beide mit Spuren früherer Vergoldung, und der i. J. 1872 in S. Giovanni bei Syrakus entdeckte Sarkophag. Auf den Reliefs dieses letzteren sind noch an verschiedenen Stellen Farbspuren — gelb, roth, braun — wahrnehmbar; zwischen die einzelnen Figuren sind auf den Untergrund Rosen gesetzt, und auch die Randleisten und der Inschriftenrahmen waren farbig markirt und über die Tabula das Monogramm ☧, begleitet von $A - \omega$, gemalt. Dieselbe Sitte ist bei phönikischen, griechischen und römischen Sarkophagen mehrfach nachgewiesen. Auch der im jüdischen Cömeterium der Vigna Randanini aufgefundene Sarkophag hat bemalte und vergoldete Figuren.⁴

Was den Inhalt der Sarkophagreliefs anbetrifft, so erscheint derselbe auf den vorliegenden Monumenten, mit Ausnahme der eigenartigen ravennatischen, ziemlich gleichartig. Der Grundstamm ist der durch die Malerei geschaffene Cyklus. Wenn von diesem Einzelnes abgeworfen oder gewissen Modificationen unterzogen ist, so bedingten dies das Material und die davon abhängige Technik sowie die Zweckbestimmung der Sarkophage.

Es kam den Bildhauern vor Allem darauf an, Gruppen mit kräftig hervortretenden, plastischen Gestalten zu haben. Das in der Malerei übliche Verfahren, eine ganze Scene in eine einzige Figur zusammenzuziehen, jene durch diese blos anzudeuten, empfahl sich hier nicht, wo man in einer Linie dicht nebeneinander eine ganze Reihe von Scenen zu setzen hatte. Man würde ein unordentliches, zusammenhangsloses Ganze von übeler Wirkung geschaffen haben. Deshalb betrachteten es die Sarkophagbildhauer als ihre erste Aufgabe, die Einzelfiguren durch Gruppen zu ersetzen. Pflegte bis dahin das Quellwunder des Mose so dargestellt zu werden, dass Mose mit einem Stabe den Felsen berührt, ohne irgendwelche landschaftliche oder figürliche Umgebung, so umringt ihn jetzt eine Anzahl Juden, die sich begierig zu dem hervorströmenden Quell herandrängen. Zu Daniel, der vordem allein inmitten der Löwen stand, treten der König von Babel, der Prophet Habakuk und andere Personen. In gleicher Weise completirt sich die Auferweckung des Lazarus, das Speisungswunder, die Opferung Isaaks und andere Sujets der Malerei. Dadurch wird einerseits ein energisches Hervortreten der Hauptfiguren bewirkt, andererseits die Isolirtheit der Einzelscenen, wie sie in der Malerei erscheint, aufgehoben und ein gefälliges Ineinandergreifen derselben erzielt.

Dass hierbei die antiken Sarkophagreliefs als Anleitung gedient haben, wird sich schwerlich in Abrede stellen lassen. Insbesondere scheint der Zusammenschluss der Gruppen auf solchen Einwirkungen zu beruhen. Einmal ist sogar, und zwar mit gutem Erfolge, der Versuch gemacht, die rasche, wilde Bewegung des bacchischen Thiasos auf antiken Sarkophagen nachzuahmen, nämlich in der der Malerei völlig unbekannten Darstellung des Durchzugs der Israeliten durch das rothe Meer. Auf Sarkophagen in Rom, Pisa, Arles, Spalato[5] und anderwärts finden wir diese, die ganze Langseite füllende, stürmisch dahinfliessende Scene mit den wirkungsvollen Contrasten der ruhig wandernden Israeliten und des verfolgenden, in Verwirrung gerathenen, mit der Wasserfluth kämpfenden ägyptischen Heeres. Und aus diesem reich detaillirten Ganzen heben sich auf der einen Seite die imposante, langsam vorwärtsschreitende ernste Gestalt des „Knechtes Gottes" und auf der anderen Seite der kriegerische, im Gewühl der Seinen und in der Noth der Wellen verzweifelt Rettung suchende Pharao nachdrücklich hervor.

Es lässt sich nicht leugnen, dass diese Scenen, was künstlerische Wirkung anbetrifft, hoch über den übrigen Schöpfungen altchristlicher Sculptur stehen. Ueberhaupt machen sich jetzt entschiedener und mit grösserem Erfolge künstlerische Erwägungen geltend. Die Rücksicht auf die Symbolik tritt zurück. Nicht nur erhalten Gruppen von ausgeprägt sepuleraler Bedeutung eine mehr historische Unterlage, sondern als die Bildhauer dazu übergehen, den überkommenen Cyklus zu erweitern, ist für sie dabei nicht sowohl der symbolische Inhalt eines Sujets maassgebend als das Mehr oder Minder künstlerischer Darstellbarkeit. Das zeigt eine Prüfung der neu geschaffenen Gruppen. Wir finden da u. A. Kain und Abel, die Gott opfern, das Einsammeln des Manna, den Zweikampf zwischen David und Goliath, die drei Ebräer vor dem Bildnisse Nebukadnezars, den Besuch der Maria bei Elisabeth, Mariä Verkündigung, den Einzug in Jerusalem, den Verrath des Judas, die Dornenkrönung, die Kreuztragung — alles rein historische Darstellungen.

Auf der andern Seite freilich verräth diese neue Kunst ihre Unselbständigkeit darin, dass sie mit wenigen Ausnahmen sich darauf beschränkt, die neuen Sujets aus den gegebenen herauszuspinnen. Der an Motiven so reiche Inhalt der biblischen Geschichte existirt für sie, soweit er nicht bereits von der Malerei angeeignet war, so gut wie gar nicht. Sie specialisirt im Grossen und Ganzen nur. Schüchtern nur greift sie hier und dort weiter hinein; aber was sie nimmt, ist karg bemessen.

Ein weiteres Zeichen des Mangels wirklicher Leistungsfähigkeit dieser Kunst ist die Stereotypie der Einzelgruppen, nicht etwa blos an demselben Orte, was nicht auffallend erscheinen könnte, sondern im ganzen Abendlande, ausgenommen Ravenna. Der Aufzug der Magier vor Maria, die Verleugnung Petri, der Einzug in Jerusalem werden in Syrakus, Rom, Mailand, Arles und anderen Orten fast bis auf das Einzelnste übereinstimmend gebildet. Der Gestus, die Richtung des Gesichts, die Gewandung ist dieselbe. Und das gilt mehr oder weniger von der Mehrzahl der durch die Reliefs gebotenen Darstellungen.

Diese Thatsache, welche in der Malerei keine entsprechende Analogie hat, lässt sich nur daraus erklären, dass den Künstlern jener Zeit dieselben Zeichnungen vorlagen, von denen sie sich abhängig machten, Zeichnungen, die vielleicht von Rom aus verbreitet wurden. Es lässt sich dies um so mehr vermuthen, da die Existenz altchristlicher Inschriftenvorlagen erwiesen ist.

Diese Vorlageblätter scheinen indess nicht Gruppenreihen, sondern nur isolirte Einzelgruppen geboten zu haben. Sonst müsste doch irgend einmal die Reihenfolge dieselbe sein, was aber bisher nirgends beobachtet ist. Die Aneinanderreihung blieb demnach dem Belieben des Künstlers überlassen. Er liess sich dabei allein von künstlerischen Erwägungen oder, wenn er handwerksmässig dachte und arbeitete, von dem Streben nach möglichster Variation leiten, um seinen Kunden stets Neues zu bieten. Die Meinung, dass durch die Folge der Gruppen eine fortlaufende Gedankenreihe sich hinziehe, bedarf noch des Erweises. Der Umstand, dass die Scenen fast in alle denkbaren Combinationen gestellt sind, lässt einen solchen Gedanken nicht aufkommen. Zudem wird man einer Kunst, welche von vornherein das Streben zeigt, die alte Symbolik zu zerbrechen und sich auf reale Grundlagen zu stellen, nicht eine solche Leistung zumuthen können.

Unter den Neueren hat besonders der Jesuit Rafael GARRUCCI die Neigung, die Sarkophaggruppen als durch einen einheitlichen Gedankengang verbunden anzusehen und diesen zu eruiren. Welche Resultate dabei erzielt werden, möge folgende Erklärung eines bekannten Sarkophags im Lateranmuseum seitens jenes Gelehrten[1] zeigen: „Der erste Theil stellt die Schöpfung des Menschen dar und seine Erhebung zu dem supranaturalen Zustande. Es folgt dann eine Gruppe, in welcher die beiden Stammeltern

---

[1] GARRUCCI, Storia dell' arte crist. I, S. 45.

als bereits aus dem Zustande der Gnade und der justitia originalis gefallen vorgeführt werden; aber mit ihnen ist der verheissene Erlöser dargestellt, der in seiner Hand ein Lamm und ein Aehrenbündel trägt, beide Symbole seines Fleisches (?) und des zweifachen Opfers: das blutige wird durch das Lamm, das unblutige durch die Aehren symbolisirt. In der unteren Reihe (des Sarkophags) ist der zweite Theil dieser Gedankenentwickelung dargestellt. Die Vorausverkündigung des Sohnes Gottes, des zukünftigen Erlösers, hat sich bereits erfüllt; die Jungfrau und ihr göttlicher Sohn haben der Schlange den Kopf zertreten. Der verlorene Mensch, dargestellt durch die drei Magier, wendet sich von seinen bösen Wegen ab und huldigt dem Erlöser. Der Glaube, der die Völker erleuchtet, ist durch den Blindgeborenen dargestellt, der das Licht seiner Augen aus den Händen des erlösenden Messias erhält. Der Erlöser offenbart sich der Welt durch jene Zeichen, welche bereits von den Propheten geweissagt waren, nämlich durch seine Wunder — und das ist der zweite Theil dieser bewunderungswürdigen Composition. Unter den Wundern scheinen diejenigen gewählt worden zu sein, welche den Anfang, die Mitte und das Ende der Predigt Christi anzeigen. Das erste ist das Wunder zu Kana, das letzte dasjenige in Bethanien, das mittlere das in der Wüste vollbrachte. Bei dieser Auswahl scheint der Künstler auch von dem schönen Gedanken geleitet gewesen zu sein, an die Auferstehung und an die Eucharistie, sei es als Opfer, sei es als Sacrament, zu erinnern, zwei Dogmen, welche die Angelpunkte sind, an denen unser Glaube und das Leben der Kirche hängt. Diese Kirche repräsentiren ausdrucksvoll die drei Darstellungen des vierten Theils dieser dogmatischen Abhandlung. Dieselben beziehen sich sämmtlich auf Petrus, dessen Primat in der von Christo gegründeten Kirche das Lebensdogma der Kirche gerade in jener Zeit war, wo die donatistischen Dogmatiker fabelten, dass nur unter ihnen die wahre Kirche zu finden sei." Aehnlich lauten die Erklärungen bei DE ROSSI und KRAUS.

Unter den vorhandenen Darstellungen kehrt eine gewisse Anzahl häufiger wieder als die übrigen. So zeigen zwölf römische Sarkophage:

> Die Auferweckung des Lazarus . . . 9 mal
> Das Quellwunder . . . . 8 „
> Daniel unter den Löwen . . . . . . 7 „
> Heilung des Blindgeborenen . . . . 7 „
> Hochzeit zu Kana . . . . 6 „
> Wunderbare Speisung . . . . 6 „
> Opferung Isaaks . . . . 5 „
> Aufruhr gegen Mose . . . . 5 „

Verleugnung Petri . . . . 5 mal
Adam und Eva . . . . 4 „
Heilung des Gichtbrüchigen . . . . 4 „
Einzug in Jerusalem . . . . 3 „
Empfang des Gesetzes . . . . 2 „
Die Magier vor Jesu . . . . 2 „
Auferweckung des Jünglings zu Naïn 2 „

Ausserdem noch eine Reihe von Darstellungen, wie Schöpfung der Eva, Abel und Kain, Jona, Heilung der Blutflüssigen u. a. je einmal. Wenn man von den Jonascenen absieht, die in Relief schwer auszuführen waren, so haben wir hier ziemlich dasselbe numerische Verhältniss der einzelnen aufgeführten Darstellungen zu einander wie in der Malerei.

Neben den an die biblische Erzählung anknüpfenden Darstellungen bieten die Sarkophagreliefs, darin den Wandgemälden parallel gehend, solche, die sich auf das Leben des Verstorbenen beziehen.

Wir sehen da Schmiede, in der Esse arbeitend, Jäger, die Thiere erlegen oder mit den erbeuteten heimziehen, Magistratspersonen in Ausübung ihrer amtlichen Thätigkeit. Fischer und Hirten charakterisiren den Todten als einen solchen, der für das Landleben besondere Vorliebe hatte oder in dasselbe hineingestellt war.[7]

Diese genrehaften Darstellungen, welche auf antiken Reliefs genaue Vorbilder haben, sind wohl zu scheiden von den ähnlichen Figuren symbolischen Inhaltes, die hier und dort auf Gemälden entgegentreten. Die Identificirung Beider ist öfters Veranlassung gewesen, heidnische Monumente als christliche in Anspruch zu nehmen.

Auf einem Sarkophage zu Arles reicht sich ein junges Paar als Zeichen ehelichen Verlöbnisses die Hand; in einer zweiten Scene nehmen sie mit dem Ausdrucke stiller Trauer Abschied von einander. Auch sonst sind häufig Ehepaare in ganzer oder halber Figur abgebildet.[8] Ein interessantes Beispiel dieser Art bietet ein auf der Stätte des alten Salona gefundener, jetzt im Museum zu Spalato befindlicher Sarkophag.

Die eine Seite der Front zeigt einen bärtigen Mann, der in der Linken eine Rolle gesenkt hält, die andere eine Matrone, welche ein Kind säugt. Um Beide gruppiren sich in grosser Anzahl Knaben und Mädchen und erwachsene männliche und weibliche Personen. Dadurch wird der Verstorbene als Inhaber oder Leiter einer Schule bezeichnet, die eine ähnliche Organisation gehabt zu haben scheint, wie die Katechetenschule zu Alexandrien, d. h. für Personen beiderlei Geschlechtes und für Erwachsene wie Unerwachsene, eingerichtet war. In der Mitte zwischen dem Ehepaar steht der gute Hirt. Der christliche Ursprung des Monumentes ist ohne Grund bezweifelt worden.°

Auf anderen Denkmälern sehen wir ganze Familien, oder Mutter und Tochter, sich umschlungen haltend. Ein römisches Relief zeigt uns musicirende Frauen; ein anderes eine Familienandacht: ein auf einem Stuhle sitzender älterer Mann liest aus einer Rolle vor; um ihn haben sich betend und zuhörend mehrere Frauen gesammelt.[10]

Wir haben demnach auch hier die in der Malerei zu beobachtende, in ihrem letzten Grunde auf die Antike zurückgehende Sitte, auf den Sepulcralmonumenten das Bild des Todten in seiner Umgebung, in seiner Beschäftigung zu fixiren.

Die altchristlichen Sarkophagreliefs lassen sich, wie schon angedeutet wurde, in zwei Gruppen von verschiedenem Typus scheiden. Den einen möchte ich den römischen nennen, da er in Rom nicht nur geschaffen, sondern auch von dort aus verbreitet worden ist, den andern den ravennatischen. Jenem gehört die Mehrzahl der abendländischen Monumente bis nach Südgallien und Spanien an; Einwirkungen dieses lassen sich an den Sarkophagen in Padua und Ferrara spüren. Der Unterschied beider liegt darin, dass der römische Typus enger an den früheren Bilderkreis anschliesst, das Figürliche betont und eine entschiedene Neigung zu Gruppendarstellungen hat, während der ravennatische und seine Descendenten im gegebenen Falle Einzelfiguren vorziehen, überhaupt aber das Figürliche vor dem Ornamentalen zurückstellen.

Ein Vergleich der römischen und der ravennatischen Mosaiken zeigt, dass auch hier eine, freilich weit geringere Divergenz vorliegt. In einer neueren Publication[1]) ist dieselbe einer gewagten Hypothese zu Liebe arg übertrieben und mit ungenügender Kenntniss der einschlägigen Monumente als eine totale zu erweisen versucht worden, ein Unternehmen, dessen Fruchtlosigkeit auch dem laienhaften Blicke sofort einleuchtet und durch volltönende Worte sich nicht verdecken lässt.

Betrachten wir zuerst an der Hand einzelner Monumente den römischen Stil.

Der Fig. 41 abgebildete Marmorsarkophag zeigt eine ziemlich regellose Anordnung der Einzelbilder. Der Grund mag darin liegen, dass der Künstler die Jonascenen als die Hauptscenen fasste und ihnen demgemäss einen grösseren Raum gestattete.

Die obere Reihe beginnt links mit der Auferweckung des Lazarus. In Abweichung von den Wandgemälden vollzieht Jesus hier das Wunder

---

[1]) J. P. Richter, *Die Mosaiken von Ravenna*, Wien 1878.

Fig. 41. Sarkophagrelief im Lateranmuseum.

durch das gesprochene Wort. Zwei Frauen, Maria und Martha, sind ihm zur Seite. Die eine ist auf die Knice gesunken und wendet in Aufregung und Ueberraschung ihr Antlitz dem Grabe zu, in dessen Thür in mumienhafter Umhüllung der Auferweckte erscheint. Die andere ist in Bewegung auf das Grab hin begriffen. Die beiden männlichen Figuren hinter Jesu repräsentiren allgemein die Zuschauerschaft. Die Scene ist voll Bewegung und geschickt componirt.

Die anschliessende Gruppe stellt das Quellwunder des Mose dar. Der Volksführer lässt vermittelst seines Stabes aus dem Felsen einen reichen Wasserfluss hervorspringen, zu dem sich begierig drei Juden neigen, mit den Händen das Wasser auffangend.

Weiter folgt, durch einen Palmbaum abgetrennt, eine zweite Scene des Wüstenzuges: das Aufsammeln des Manna. Dass zwei Personen am Boden hingestreckt liegen, soll die Gier, mit welcher die Schmachtenden die Speise aufraffen, ausdrücken.

Ebenfalls dem alten Testamente gehört die Hauptgruppe des Sarkophags an, die Geschichte des Jona. Auf stürmischem Meere sehen wir links das Schiff. Das Segel ist geschwellt. Die beiden Halbfiguren oben bezeichnen die eine die Sonne, die andere den Sturm.

Die Mannschaft des Schiffes ist im Begriff, den Propheten über Bord zu werfen. Das Seeungethüm steht schon mit aufgesperrtem Rachen bereit, ihn aufzunehmen. Dicht daneben sehen wir es wieder, wie es den Propheten an's Land schleudert, und weiter oben ruht dieser behaglich hingestreckt unter einem Kürbisgewächs, ein Bild des in friedlichem Todesschlummer Gebetteten. Zwischen die beiden letzten Gruppen drängt sich, klein ausgeführt, offenbar weil der Raum nicht reichte, Noah in der Arche, die auf demselben Wasser schwimmt, in welchem die Jonasscenen vor sich gehen. Er streckt die Arme aus und ergreift mit der einen Hand den Oelzweig, das Symbol des Todesfriedens, den ihm die Taube herbeiträgt.

In diese biblischen Scenen sind drei mit genrehaftem Gepräge eingeschlossen, rechts oben ein Hirt, der neben zwei, aus einem Stalle hervorlugenden Schafen steht, und unten an derselben Seite ein Fischer, der an einem von Thieren belebten Ufer angelt, indem ein Knabe ihm die Angelruthe stützt. Gegenüber nimmt derselbe Fischer aus der Hand dieses das Körbchen, welches die gefangenen Fische enthält, in Empfang. Diese drei Darstellungen sind nicht symbolisch zu deuten. Sie bezeichnen vielmehr zwei Seiten des ländlichen Lebens, zu denen der Todte in irgend einer Beziehung stand.

Die Ausführung des Reliefs ist eine gute, und wie sehr auch das Durcheinander der Gruppen stört, die Composition im Einzelnen zeugt von Geschicklichkeit und künstlerischem Gefühl.

Von grosser Vollendung und durch edele Gruppirung ausgezeichnet ist ein anderer, ebenfalls im Lateranmuseum befindlicher Sarkophag (Fig. 42), auf welchen bereits Bosio Bezug nimmt. Der Künstler hat mit architektonischen Hilfsmitteln in äusserst geschickter Weise die Fläche zu theilen verstanden und in die dadurch gewonnenen Parzellen mit gutem Verständniss die Einzelscenen eingesetzt.

Die erste Scene zeigt die Blindenheilung vor Jericho, mit Anschluss an Matth. 20, 30 ff. Schüchtern drängen sich die beiden Blinden, die hier nur aus künstlerischer Erwägung klein gebildet sind, an Jesus heran. Der rechts stehende stützt sich auf einen festen Stab; der andere hält sich an seinem Gefährten. Jesus wendet sich rückwärts zu ihnen und rührt die Augen des einen an, die Heilung vollziehend. Die drei Begleiter des Herrn, welche an dem Vorgange mit lebhaftem Interesse theilnehmen, scheinen Jünger zu sein. Doch bleibt daneben die Möglichkeit offen, dass sie das umstehende Volk, welches in der evangelischen Erzählung ausdrücklich erwähnt wird, vorstellen.

Rechts neben dieser Gruppe sehen wir die Heilung der Blut-

Fig. 42. Sarkophagrelief im Lateranmuseum.

flüssigen. Das Weib ist niedergesunken und hat das Gewand Jesu ergriffen, der sich zu ihr umwendet und, wie aus dem Gestus hervorgeht, ihr die Worte zuruft: „Sei getrost, meine Tochter, dein Glaube hat dir geholfen." Der im Hintergrunde stehende Jüngling repräsentirt die Zuschauerschaft.

Die folgende aus drei Personen, darunter Jesus, bestehende Gruppe, bildet die eine Hälfte der Darstellung der Heilung des Gichtbrüchigen, welche durch die anschliessenden übereinandergeordneten Scenen vervollständigt wird. Zuunterst sieht man drei (nach Marcus 2, 3 waren es vier) Männer, welche sich anschicken, den Gichtbrüchigen, der leicht hingegossen auf seinem Bette liegt, zu dem heranschreitenden Herrn zu tragen. Die obere Scene zeigt die Heilung vollendet, Jesus hat eben die Worte gesprochen: „Ich sage dir, stehe auf, nimm dein Bett und gehe heim" (Marc. 2, 11), und der Kranke kann dieser Aufforderung Folge leisten. Der links sitzende Mann ist einer der bei dem Vorgange betheiligten Schriftgelehrten, der andere stehende gehört der Umgebung Jesu an.

Die Reliefreihe schliesst ab mit der Darstellung des Einzugs in Jerusalem. Rechts öffnet sich das Stadtthor; darin und davor stehen Leute mit Guirlanden und Palmen; Andere breiten ihre Gewänder aus; Einer hat einen Baum erstiegen. Der Herr selbst reitet, von Jüngern umgeben, mit freudigem Antlitz und redend die rechte Hand erhebend, auf einem schulmässig schreitenden Esel heran. Andere Darstellungen zeigen neben der Eselin auch das Eselfüllen.

Die Scene des Einzugs ist den altchristlichen Bildhauern fast ausnahmslos gut gelungen. Die Malerei kennt sie nicht.

Eine ganz andere Physiognomie zeigen die Sarkophagreliefs in Ravenna, die der Zeit vom Ausgange des vierten bis zum Ende des sechsten Jahrhunderts angehören. Offenbar sind hier längst vor der byzantinischen Herrschaft griechische Einflüsse direkt wirksam gewesen, die sich dann unter oströmischer Regierung steigerten und zugleich mit der Sculptur die Mosaik in die Höhe trieben. Die Ornamentik deckt sich vielfach genau mit derjenigen der centralsyrischen Monumente und gestattet einen Schluss auf den Inhalt und die Leistungskraft der altchristlichen griechischen Sculptur jener Zeit, von der uns leider nur dürftige Reste erhalten oder wenigstens bisher bekannt geworden sind.

Auch die in grosser Anzahl im Innern und an der Aussenseite von S. Marco in Venedig eingemauerten altchristlichen Sculpturstücke orientalischer Herkunft erinnern an die ravennatischen Monumente. Ausserdem dürfte ein in der Vorhalle von S. Marco, am linken Eingange befindlicher Marmorsarkophag von 2,135 m. Länge, 0,685 m. Breite und 1,045 m. Höhe als ein von den Venetianern aus dem Orient entführtes Werk zu betrachten sein. Die Vorderwand des Monumentes ist durch eine Leiste der Länge nach in zwei Hälften geschieden. In der oberen Reihe steht in der Mitte Christus, bartlos, mit lockigem Haar, durch einen gespaltenen Nimbus ausgezeichnet. Der linke Arm hängt schlaff herab, der rechte ruht im Sinus. Links und rechts von ihm stehen gleich getheilt zwölf Apostel in wechselnder Haltung, sämmtlich das Antlitz dem Herrn zuwendend. Der zur Linken Jesu stehende trägt ein Kreuz. In der zweiten Reihe bildet Maria, als Orans gefasst und mit einem einfachen Nimbus versehen, den Mittelpunkt. Neben ihr stehen links eine männliche und eine weibliche Figur in betender Haltung, rechts ebensolche, ausserdem ein Knabe. Zwischen die einzelnen Figuren sind verschlossene, von Löchern durchbrochene Gefässe gestellt, die durch drei Bänder gehalten werden, wahrscheinlich Rauchfässer. Die neben Maria gestellten Personen scheinen die Todten zu sein. Die Seitenwände sind durch ein Kreuz in verschiedener Umrahmung ornamentirt. Die Composition ist geschickt und von derjenigen der abendländischen Monumente durchaus abweichend. Dagegen ist die Einzelausführung mangelhaft; besonders gilt dies von dem Faltenwurfe. Das Monument ist frühestens am Ende des fünften Jahrhunderts entstanden.

Das Vorhandensein altchristlicher griechischer Sarkophage ist ferner constatirt in Aphrodisia in Lykien.¹) Doch fehlen bis jetzt Beschreibungen und Zeichnungen derselben.

Das Charakteristische der ravennatischen Denkmäler ist, dass der biblische Bildercyklus zurücktritt und an seinen Platz ein Dekorationssystem wesentlich malerischer Natur gesetzt ist, dessen Grundmotive der Weinstock, das Monogramm, das Kreuz und der Kantharus, mit Einsetzung von Tauben oder Pfauen bilden. Daneben wird auf eine reiche architektonische Umrahmung durch Friesstücke und Halbsäulen Werth gelegt. Die Ausführung im Einzelnen ist sehr sorgfältig, aber die Variation gering. Die Ornamentation erstreckt sich auch auf den in der Regel gewölbten Deckel und die Schmalseiten, doch sind in diesem Falle die Reliefs flacher angelegt (Fig. 43).

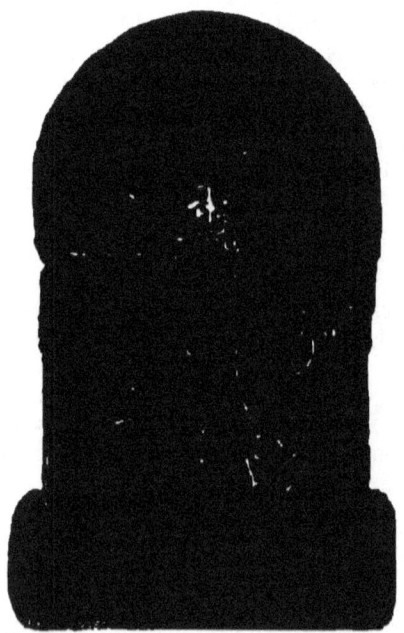

Fig. 43. Seitenwand eines Sarkophags in Ravenna.

Von biblischen Darstellungen lassen sich allein Daniel unter den Löwen und die Auferweckung des Lazarus je zweimal, die Huldigung der Magier einmal nachweisen, sämmtlich in S. Vitale und der anschliessenden *Capella di Isaaco*. Aber auch diese Reliefs unterscheiden sich von den römischen und den davon abhängigen dadurch, dass sie nach der Weise der Malerei sich auf die Hauptfigur beschränken, den durch die Sculptur eingeführten volleren Ausbau aber durchaus verschmähen.

Beliebter, aber immerhin den ornamentalen Reliefs hintenangesetzt sind die Darstellungen Christi und seiner Apostel. Es sind Ceremonienbilder. Da sitzt Christus, jugendlich und bartlos, auf einem Throne, wie die irdischen Herrscher, und theilt einem der Apostel, der mit verhüllten Händen und sich verneigend herantritt, eine Rolle zu, das Symbol des Lehr-

---

¹) CH. FELLOW, *Discoveries in Lycia*. Lond. 1841. S. 37.

amtes. Die anderen Apostel reihen sich in bestimmten, häufig durch Säulen bezeichneten Distanzen links und rechts mit lebhaftem Gestus an.

Der Faltenwurf ist meistens vortrefflich, die Haltung natürlich, der Gesichtsausdruck lebendig, wie denn überhaupt der künstlerische Werth der ravennatischen Sarkophage ein bedeutend höherer ist als derjenige der römischen Reliefs. Doch differiren die einzelnen Monumente sehr nach dieser Seite hin.

Einigemal nähern sich die Sculpturen den Mosaiken. So ein eigenartiges Fragment in S. Vitale. Dasselbe zeigt in der Mitte auf einem Felsen, aus welchem vier Flüsse, die Paradiesesströme, hervorquellen, Christum, das Haupt von einem Nimbus umrahmt. Lang fällt sein Haar herab. Die Rechte erhebt er redend, in der Linken hält er eine Rolle, die er einem von rechts herbeieilenden Apostel, wie es scheint Paulus, reicht und welche dieser mit verdeckten Händen — Zeichen der Ehrerbietung — in Empfang nimmt. Zur Rechten Christi steht eine zweite bärtige männliche Gestalt, wahrscheinlich Petrus. Diese Mittelgruppe schliesst rechts und links eine fruchttragende Palme ab, als ein Baum jenseitiger Herrlichkeit. Ausserhalb neben derselben stehen links ein Mann, rechts eine Frau; das sind die Todten, die Besitzer des Sarges. Verlangend strecken sie die Hände nach dem Herrn aus, aber sie wagen nicht herzuzutreten, schüchtern harren sie in der Ferne. Dieselbe Anordnung zeigt das Hauptmosaik in der Aspisconcha von S. Vitale. Nur sind dort die dem auf der Weltkugel thronenden Christus zunächst Stehenden zwei Engel.

Eine mit solcher Leistungsfähigkeit und verhältnissmässig reicher Produktion auftretende Kunst, wie die ravennatische Sarkophagbildhauerei, musste auf ihre Umgebung nothwendigerweise einen gewissen Einfluss üben. Wir können denselben heute noch verfolgen, freilich nur an einer sehr geringen Anzahl von Monumenten.

Drei Sarkophage in Padua, von denen zwei im Klosterhofe von S. Antonio, der dritte in der Kathedrale selbst sich befindet, tragen denselben Typus. Wir finden hier die gleiche Abneigung gegen figürliche Darstellungen, dieselbe Vorliebe für das Ornamentale. Kantharus, Weinstock, Monogramm sind auch hier die Hauptgrössen. Dasselbe gilt von einem altchristlichen Sarkophage in Ferrara, der im Hofe der Universität aufgestellt ist.

Es ist nicht nur möglich, sondern höchst wahrscheinlich, dass der Einfluss des ravennatischen Typus noch weiter gereicht hat. Nur können wir es gegenwärtig nicht nachweisen. Andererseits musste der Wirkungskreis ein relativ beschränkter bleiben, da der römische Typus bereits im festen Besitze Oberitaliens war und eine totale Verdrängung desselben in einer Zeit, wo die Kunst fast ausschliesslich von Traditionen lebte, von vornherein ausser Frage kommen musste.

Geringe Ausbildung und sparsame Anwendung hat in der altkirchlichen Kunst das Stuccorelief erfahren. Die römischen Katakomben, insbesondere S. Priscilla, bieten einige Beispiele. Fast immer erscheinen diese Reliefs durch Farbe belebt.

Auch das Judenthum hat vereinzelt von Sarkophagen Gebrauch gemacht und dieselben wohl auch mit Reliefschmuck versehen. In dem Cömeterium der Vigna Randanini kamen beispielsweise Fragmente eines Marmorsarkophags zum Vorschein, dessen Vorderwand mit dem siebenarmigen Leuchter, vier Palmbäumen, Cederäpfeln und anderen jüdischen Symbolen verziert war. Einen zweiten Sarkophag besitzt das Kircher'sche Museum. Zwischen drei tragische Masken, welche die Besitzerin des Sarges als Schauspielerin kennzeichnen, ist eine Tabula gesetzt, welche neben der Inschrift:

ЄΝΟΛΛЄ ΚЄΙ
ΤΛΙ ΦΑΥϹΤΙΝΑ

ein Horn, den siebenarmigen Leuchter, einen Palmzweig und das Wort שלום („Friede") enthält. Jüdisch ist vielleicht auch ein ebendaselbst aufbewahrtes Sarkophagfragment mit der Darstellung spielender Knaben und der Inschrift:

ЄΝΟΛΛЄ
ΚΟΙΜΑΤΛΙ
ΑΡΤЄΜΙΛѠ
ΡΑ ЄΝ ΘΙ
ΡΗΝΗ

Im Orient fanden sich Exemplare in den jerusalemitischen Königsgräbern und an verschiedenen anderen Orten. Sie entbehren entweder gänzlich des Schmuckes oder haben nur geometrisch gehaltene Ornamentation.[11]

Eine eigenthümliche Abart jüdischer Sarkophage bilden die kleinen, aus weichem Kalkstein angefertigten Kästchen von durchschnittlich 0,6 m. Länge, die in der Umgebung von Jerusalem, in Lydda und in Alexandrien gefunden sind. Die Mehrzahl ist an der Vorderwand und an den beiden Schmalseiten mit Graffito-Ornamenten geometrischen Stiles versehen. Zuweilen sind Inschriften beigefügt, wie ΙΑЄΙΡΟϹ — ΙΑЄΙΡΟϹ ΙѠΑΝΟΥ, ΒЄΡΝΙΚΗ, ΙѠΔΛΛΛ, יהודה.

Diese Kästchen enthielten stark verweste Knochenüberbleibsel und dünne Glasphiolen. Sie dienten zur Aufnahme der Leichnamsreste, die man bei eingetretener Ueberfüllung der Gräber aus diesen zu entfernen sich veranlasst sah.[12]

Ist die altchristliche Kunst wenigstens in der zweiten Periode ihrer Entwickelung dazu gelangt, sich in die Sculptur nach der Seite des Reliefs hin bis zu einem gewissen Grade einzuleben, so hat sie andererseits vor wie nach Konstantin mit unveränderter Abneigung der statuarischen Sculptur gegenübergestanden. Was sie in den fünf bis sechs Jahrhunderten ihrer Existenz auf diesem Gebiete geschaffen, erscheint, selbst wenn angenommen wird, dass das Meiste uns verloren gegangen, gleichsam als zufällig und nebenbei ihren Händen entschlüpft. Der Grund liegt klar. Die statuarische Kunst des Alterthums arbeitete die Götterbilder und ging fast ganz in dieser Thätigkeit auf. Das musste sie dem Christenthum gegenüber in ein übeles Licht setzen. Dazu kam, dass in den Gemeinden selbst das Bedürfniss nach statuarischen Werken gar nicht oder nur in geringem Maasse vorhanden war. Es fehlte also die Anregung für die Künstler. Aber es waren offenbar auch in diesem Kunstzweige Geübte nur in geringer Anzahl vorhanden. Der heidnische Statuenbildhauer wird

Fig. 44. Statue des guten Hirten im Lateranmuseum.

sich der christlichen Propaganda im Allgemeinen wenig zugänglich gezeigt haben, insofern Uebertritt zum Christenthume für ihn gleichbedeutend mit Geschäftsruin sein musste. Dass aber leistungsfähige Künstler in der Kirche nicht ganz fehlten, bezeugt ein vortreffliches statuarisches Werk, das aus diesem Grunde hier zuerst angeführt sei, eine im Lateranmuseum befindliche Darstellung des guten Hirten (Fig. 44.).

Die aus Marmor gearbeitete 0,93 m hohe Statue zeigt den Hirten in der gewöhnlichen Auffassung. Nur die Bildung des Haupthaares ist eigenthümlich. An seiner rechten Schulter hängt die Hirtentasche; seine

Beine werden geschützt durch die *fasciae crurales*. Das Gesicht hat einen seltsamen Ausdruck, den man wohl am richtigsten als sentimental bezeichnet; aber auch ein Anflug von Trauer mischt sich ein. Man wird an die Antinousbilder erinnert oder auch an den Dionysoskopf im „Saale des sterbenden Fechters" im Kapitolinischen Museum. Die Ausführung der Statue zeugt von Sorgfalt und Geschicklichkeit.

Im bedeutenden Abstande dazu stehen die fünf übrigen uns erhaltenen Statuen des guten Hirten in Konstantinopel, Sparta und Rom.[13] Dagegen ist die Hippolytusstatue im Lateran, soweit sich aus dem Torso urtheilen lässt, eine gute Leistung, wenn auch nur Wiederholung eines bekannten Typus. Sie wurde i. J. 1551 bei S. Lorenzo fuori le mura gefunden. Der Kopf und ein Arm fehlten; sie sind gegenwärtig modern restaurirt. Die Identität der Statue mit dem am Anfang des dritten Jahrhunderts lebenden schismatischen Bischofe Hippolytus in Rom wird, freilich nur mit annähernder Sicherheit, aus dem Umstande erschlossen, dass in dem Sessel, auf welchem der Mann sitzt, ein, übrigens unvollständiges Verzeichniss der Schriften des Hippolytus und sein Osterkanon eingegraben sind.

Ob die Statue, wie vermuthet wird, ursprünglich der von Prudentius beschriebenen Katakombe des Hippolytus angehört hat, muss dahingestellt bleiben.[14]

Geringer ist der Kunstwerth der bekannten Erzstatue des Apostels Petrus in der Peterskirche. Ueber ihren Ursprung ist nichts bekannt. Möglich, dass sie ein ursprünglich heidnisches Werk ist, welches die Christen sich aneigneten und zu der kirchengeschichtlichen Person, unter deren Namen sie jetzt geht, in Beziehung setzten.[15]

Eine kleine früher im Berliner Museum befindliche Erzstatuette eines bärtigen Mannes, der in der Linken ein massives Monogramm von der Form ₽ trägt, pflegt ebenfalls auf Petrus bezogen zu werden, aber ohne hinreichenden Grund.

Von den zahlreichen Statuen Konstantins des Grossen sind nur zwei erhalten, von denen die eine, aus den Konstantinsthermen auf dem Quirinal stammende gegenwärtig auf dem Kapitol aufgestellt, die andere im Lateranmuseum befindlich ist.

Ob die bei Eusebius sich findende Erzählung, dass Konstantin nach Besiegung des Maxentius eine Statue von sich, die ihn mit dem „heilbringenden Zeichen des Kreuzes" zeigte, in Rom habe herrichten lassen, Anspruch auf Glaubwürdigkeit erheben darf, muss nach den neuestens von Brieger dagegen geltend gemachten Bedenken bezweifelt werden.[16]

Nur mit einem Worte sei hier auf die Münzen der christlichen Kaiser hingewiesen. Schon seit dem Anfange des dritten Jahrhunderts lässt sich ein Herabsteigen von der früheren Vollendung der Prägung beobachten. „Die Köpfe werden zusammengezogen, um mehr von der Figur und den Beiwerken anbringen zu können; mit dem Ende des dritten Jahrhunderts aber verlieren plötzlich die Brustbilder alles Relief, die Zeichnung wird auf eine schülerhafte Weise unrichtig, die ganze Darstellung platt, charakterlos und so unbezeichnend, dass auch die verschiedenen Personen nur durch die Umschriften unterscheidbar sind, und bald tritt der völlig leblose Stil ein, in welchem die byzantinischen Münzen gearbeitet sind."[17]

In gleicher Weise degenerirt die Stempelschneidekunst, von deren Erzeugnissen in einem späteren Theile zu handeln ist.

---

[1] Aufgefunden im Jahre 1780 bei dem Klostergarten von S. Matthias, jetzt im Museum zu Trier. Das rohe Relief stellt die Arche Noah mit sämmtlichen menschlichen Insassen und einer Reihe von Thierpaaren dar. Vgl. BRAUN, *Erklärung eines antiken Sarkophags zu Trier*. Bonn 1850 *(Festprogr. d. Vereins v. Alterthumsfreunden im Rheinl.)*. Ein Gipsabguss in der kirchlich-archäologischen Sammlung der Universität Leipzig.

[2] CASSIOD., *Var.* III, 19: *Artis tuae peritia delectati, quam in excavandis atque ornandis marmoribus diligenter exerces, praesenti auctoritate concedimus, ut, te rationabiliter ordinante, dispensentur arcae, quae in Ravennati urbe ad recondenda funera distrahuntur, quarum beneficio cadavera in supernis humata sunt, lugentium non parva consolatio.* Auch ist hinzuweisen auf die *Acta Sanctorum Quatuor Coronatorum* (herausgeg. v. WATTENBACH, Leipz. 1870, mit Anmerk. von BENNDORF und BÜDINGER; dazu DE ROSSI, *I santi quattro Coronati*, Roma 1879 [Estratto dal *Bull. di archeol. crist.* 1879, II]; PETSCHENIG, *Zur Kritik u. Würdigung der Passio S. Q. C.*, Wien 1881) und die Inschrift BOLD., S. 316: MAETIO · APRILI · ARTIFICI · SIGNARIO · QVI · VIXIT · | ANNIS · XXXVII · MENSES · DVO · DIES · V · | BENEMERENTI IN P· Auch im Lateranmuseum Tituli von Bildhauern.

[3] LE BLANT, pl. 19; 20, 1; GARRUCCI, t. 331; 343; 368; 384, 2; 385, 2, 3 u. s. ö.

[4] Meine *Arch. Stud.*, S. 264, 265; LE BLANT, S. 37; RENAN, *Mission de Phénicie*, S. 415 f.; GARRUCCI, *Cimit. degli ant. Ebr.*, S. 21.

[5] LE BLANT, pl. 31; GARRUCCI, t. 308, 2, 5; 309, 1—4; 358, 1.

[6] Es seien folgende Beispiele angeführt: Pilatus sich die Hände waschend, (GARR., t. 358 (Rom), 352, 2 (S. Maximin in Südfrankreich), 335, 2 (Arles), 346, 1 (Marseille). — Wunderbare Speisung, GARR., t. 367 (Rom), 365, 1 (Syrakus), 364, 3 (Pisa), 378 (Bagnols bei Avignon), 378, 2 (Narbonne), 378, 3 (Arles), 369, 4 (Toledo). — Anbetung der Könige, t. 365, 2 (Rom), 365, 1 (Syrakus), 364, 7 (Osimo), 398, 2 (Marseille); zu vgl. auch Wunder zu Kana, Einzug in Jerusalem, drei Männer im feurigen Ofen.

[7] GARR., t. 298, 3; 300, 2; 359, 2 u. s. ö.

[8] LE BLANT, pl. 23, 6, 8; GARR., t. 321, 1.

[9] GARR., t. 299, 1—3; dazu 362, 1, 2, 3; 363, 1, 2, 3; 364, 1, 2, 3 u. s. ö.; meine *Arch. Stud.*, S. 99.

Siebenter Abschnitt. Die Sculptur.

[10] GARR., t. 371, 1 (Abdruck in der kirchlich-archäol. Sammlung der Universität Leipzig); vgl. 370, 4; 371, 2.

[11] GARR., Cimit., S. 17 ff.; meine Arch. Stud., S. 271, 260; TOBLER, Topogr. von Jerusalem, S. 294; 295 Anm. 1; 308; SAULCY, Voyage en terre sainte, II, S. 282; ROBINSON, Neuere bibl. Forschungen, Berl. 1875, S. 14, 23 f., 42, 44 u. s. ö.

[12] Mein Aufsatz: Sarkophage und Grabinschriften aus Jerusalem in der Zeitschr. d. deutsch. Palästina-Vereins 1881, S. 9 ff.

[13] GARR., t. 428; meine Arch. Stud., S. 65 Anm.

[14] GARR., t. 430, 1—3; DÖLLINGER, Hippolytus u. Kallistus, S. 25 ff. Der Abfassung der Inschrift noch im dritten Jahrhundert stehen epigraphische Bedenken nicht entgegen.

[15] GARR., t. 429, 4—6; Beschreibung Roms von PLATNER und BUNSEN II, S. 176; SCHNAASE, Gesch. d. bild. Künste, 2. Aufl. III, 1, S. 95 (beide für den christlichen Ursprung des Monuments; die aufgeführten Gründe aber nicht durchschlagend).

[16] BRIEGER, Konstantin d. Gr. als Religionspolitiker, S. 45 ff.

[17] MÜLLER-WELCKER, Handb. d. Arch. d. K., S. 242. Abbildungen solcher Münzen bei COHEN, Déscription historique des monnaies frappées sous l'empire Romain, VI, pl. VII ff.; MARTIGNY, Dict. Numismatique; GARR., t. 481; 482.

Achter Abschnitt.

Die Goldgläser.

Nicht minder fruchtbar als in der Sarkophagsculptur ist die christliche Kunst des vierten und des fünften Jahrhunderts im Betrieb einer Kunstgattung gewesen, die zwar auch der Antike bekannt war, aber erst in der Hand christlicher Künstler ausgebildet und zu guter Vollendung geführt worden ist, das sind die figürlichen Darstellungen in Goldgrund.

In dem Cement, mit welchem die Verschlussplatten der Katakombengräber befestigt zu werden pflegten, beobachteten bereits die ersten Erforscher der römischen Cömeterien Glasfragmente, die sich durch ihre flache oder leicht concave Form als Böden von grösseren und kleineren Glasschalen bestimmen liessen. Während der obere Theil des Gefässes im Laufe der Zeit zertrümmert wurde, erhielt sich, durch den Cement geschützt, der Boden. Dieser erscheint nach Aussen hin verstärkt durch eine Glaslage, die mit ihm fest zusammengeschmolzen ist. Zwischen diesen beiden Schichten, und zwar entweder auf der unteren Fläche der Coupe oder der oberen des Fusses, liegt ein Goldblatt, in welches vermittelst eines Stichels sowohl durch eingeritzte Conturen wie durch stellenweise Entfernung des Goldes, zum Theil auch mit Hülfe von Farbe eine Zeichnung, die von oben gesehen in richtiger Lage sich darstellt, eingearbeitet ist. Daher die Bezeichnung Goldgläser (ital. *fondi d'oro*).

Das technische Verfahren im Einzelnen beschreibt WISEMAN gut in folgender Weise: „Wenn das Glas einen Fuss erhalten sollte, so legte der Künstler entweder auf die obere Fläche des Fusses oder auf die untere äussere Fläche der Coupe ein Blatt Gold, welches vielleicht mit einer Art von Gummi befestigt wurde, und brachte dann die Verzierungen in der Weise hervor, dass er mit dem Grabstichel von dem Goldblatte Alles wegschaffte, was nicht zu dem Dessin gehörte. Wollte er z. B. einen Kopf in der Mitte und um denselben herum eine Inschrift anbringen, so wurde von dem Goldblättchen Alles entfernt, was nicht zur Darstellung des Kopfes und der Inschrift nöthig war, so dass um die Verzierungen herum das reine Gold wieder hervortrat. War das Goldblättchen nicht auf den Fuss, sondern auf die Aussenseite der Coupe aufgelegt, so musste der Künstler die Verzierungen, die Buchstaben und Figuren so ausstechen, dass sie, wenn man von oben in das Glas hineinblickte, in der rechten Richtung gesehen wurden. Dann wurden Fuss und Coupe zusammengefügt und durch Schmelzen des Glases zu einer festen Masse verbunden, so dass nun das Goldblatt ganz von Glas umgeben war und dadurch gegen den Einfluss der Luft und gegen Abwischen und Abreiben gesichert blieb bis auf die Gegenwart."[1]

Die römischen Cömeterien haben die überwiegende Mehrzahl dieser Monumente geliefert. Aber auch an anderen Orten, in Ostia, Köln, Triest,[2] sind deren zum Vorschein gekommen. Diese letzteren Funde haben zugleich gezeigt, dass keineswegs die unterirdischen Grabstätten ausschliesslich die Goldgläser liefern, und man daher nicht berechtigt ist, diejenigen Goldgläser, über deren Fundort nichts feststeht, ohne Weiteres den Katakomben entstammt sein zu lassen.

Die bis zum Jahre 1716 bekannt gewordenen Goldgläser beschrieb zum erstenmale in Gesammtdarstellung FIL. BUONARROTI. Eine neue reichhaltigere Publication gab i. J. 1858 (in zweiter Aufl. 1864) der Jesuit RAF. GARRUCCI. Doch sind seitdem weitere Exemplare zu unserer Kenntniss gelangt.[3]

Die grösste Sammlung von Goldgläsern besitzt das Museo cristiano der vaticanischen Bibliothek; auch im Kircher'schen Museum und in der Propaganda finden sich mehrere Exemplare, ferner in öffentlichen und privaten Sammlungen in Italien, Frankreich und England.

Die Darstellungen der Goldgläser sind mannigfacher Art. Der durch die Malerei und die Sarkophagsculptur repräsentirte Bildercyklus ist nur in einigen seiner Figuren vertreten. Dahin gehören u. A.: Adam und Eva, die drei Jünglinge im feurigen Ofen, die Jonascenen, die Auferweckung des Lazarus, der gute Hirt. Doch haben diese Darstellungen im Einzelnen vielfach Veränderungen erfahren. Als guter Hirt führt Christus z. B. einmal die virgula divina. Die Wasserkrüge bei der Hochzeit zu Kana, die Brotkörbe bei der wunderbaren Speisung sind, statt neben ihn, um ihn herumgestellt. Bei der Auferweckung des Lazarus fehlt mehrmals das Grabeshaus; einmal liegt der Todte auf der Treppe desselben hingestreckt. Als neue Sujets sind aus der heiligen Geschichte hinzugetreten: Maria als

Orans und die gemeinsamen oder Einzeldarstellungen der Apostel Paulus und Petrus in ganzer oder in halber Figur.

Diese letzteren Darstellungen sind höchst eigenthümlich und werthvoll, insofern sie uns den Uebergang zu den im Mittelalter feststehend gewordenen Paulus- und Petrustypen illustriren. Die Apostel stehen bald aufrecht nebeneinander, geschieden in der Regel durch einen bebänderten Kranz, der auf das Martyrium hinweist, oder eine Säule oder durch eine dritte Figur (Christus, hl. Agnes, Laurentius), bald sitzen sie auf einer kunstvollen, mit Kissen belegten Sella. Ihre Haltung ist meistens diejenige Redender, der Gesichtsausdruck lebhaft, die Handbewegung energisch. Als vorzüglich gelungen in dieser Hinsicht ist die Figur eines predigenden Paulus zu bezeichnen: eine jugendliche Gestalt, sitzt er auf einer Sella und erhebt, das intelligente, bartlose Antlitz in edeler Begeisterung verklärt, die Linke redend hoch empor, während die Rechte in den Falten des Ueberwurfes verborgen ist. Eine bessere und charakteristischere Darstellung des „*doctor gentium*" hat die altchristliche Kunst nicht aufzuweisen.

In schroffem Gegensatze zu dieser lebendigen Auffassung zeigt eine Anzahl Exemplare beide Apostel starr und todt einander zugewandt oder geradeausblickend nebeneinander stehend. Kopf- und Barthaar sind ungeordnet, mit flüchtigen Strichen gezogen, der Mund halb geöffnet, das Auge ausdruckslos, das Antlitz mager und von Falten durchfurcht. Häufig ähneln sich die Köpfe in solchem Grade, dass sie kaum zu unterscheiden sind, ein Beweis, dass den Verfertigern die Fähigkeit abhanden gekommen war, auch nur die ersten Bedingungen historischer Darstellungen figürlicher Art zu erfüllen. Dieselbe Uniformität offenbart die Behandlung der Gewandung und des Halses: lang und unförmlich wächst dieser letztere aus dem Rumpfe heraus. Einige dieser Bilder sind von abschreckender Hässlichkeit.

Ueberhaupt tritt die chronologische Differenz, welche unter den Goldgläsern obwaltet, nirgends entschiedener hervor als in den Petrus-Paulusbildern.

Ferner haben wir hier Darstellungen von Lucas, Judas, Timotheus, Silvanus und anderen untergeordneten Personen der neutestamentlichen Geschichte. Dazu kommt eine Reihe von Märtyrern, Heiligen und Bischöfen, wie die hl. Agnes, Laurentius, Genesius, Callistus, Cyprianus, und zahlreiche Abbildungen von Ehepaaren oder ganzen Familien und Darstellungen aus dem gewerblichen Leben und dem Cirkus.

Ein Exemplar der vaticanischen Bibliothek führt uns in die Werkstätte eines Künstlers: in derselben steht dieser, durch einen langen Stab als Meister bezeichnet, in stolzer Haltung, geradeaus blickend. Um ihn herum sind sechs Gesellen mit verschiedenen Arbeiten beschäftigt. Der eine zimmert an einem Schiffe, ein zweiter durchbohrt ein Brett, ein dritter behaut ein ebensolches, ein vierter sägt, ein fünfter hobelt und der sechste rundet, mit Unterstützung der neben ihm stehenden und ihn unterweisenden Minerva, ein Stück Holz. Die Darstellung gewährt einen interessanten Einblick in das handwerkliche Leben des Alterthums. Eine andere zeigt uns das Innere einer Caupona. Der Wirth ist im Begriff, zwei Gefässe zu füllen. Im Hintergrunde sitzt vor einem niedrigen Tische der Gast; vor ihm steht eine grosse Schüssel mit Speiseresten. Seine Handbewegung spricht aus, dass der Wirth in seinem Auftrage die Kannen zu füllen sich anschickt. Weiter sieht man einen Schrank, in dessen Gefache kleine Becher stehen, in welche der Wein aus den grossen Gefässen gegossen zu werden pflegte.

Auch das Innere einer Wechslerstube lernen wir aus einem weiteren Exemplare kennen. Da sehen wir eine Person beschäftigt, auf einem niedrigen Tische dem Inhaber der Bank Geldstücke vorzuzählen; fast die ganze Fläche ist von diesen bedeckt; daneben steht der Banquier, im Begriff, ein bereits vollständig belegtes Zahlbrett wegzunehmen. Neben ihm liegen am Boden zwei Beutel; an dem einen ist die Zahl **CCLV**, an dem anderen **CCCXX** geschrieben. Man wird durch diese Darstellung an eine Episode aus dem Leben des Bischofs Kallistus († 217), der ja auch in der Geschichte der Katakomben eine Rolle spielt, erinnert. Ein Christ Namens Karpophoros, ein gutmüthiger Alter, der an der Piscina publica in Rom ein Bankgeschäft hatte, verwendete den Kallistus, der einer seiner Sclaven war, in diesem seinen Geschäfte und übergab es ihm später ganz. Aber die Hoffnungen, die er auf seinen Mitarbeiter gesetzt, täuschten ihn. Das Geschäft kam dem Bankerott nahe, und Kallistus wurde flüchtig. Nach mannigfachem abenteuerlichen Geschicke ist er dennoch später zur Würde eines römischen Bischofs emporgestiegen.

Ein nicht geringeres Interesse als diese Darstellungen des gewerblichen Lebens beanspruchen die Familienscenen. Sie zeigen uns Gatte und Gattin allein oder mit ihren Kindern vereint oder auch Mutter und Kind. Die Auffassung ist sehr realistisch und hinsichtlich der Toilette peinlich historisch. Die seltsamsten Frisuren begegnen uns hier. Bald fällt bei den Frauen und Mädchen das Haar voll und aufgelöst herab, bald liegt es, in Locken zertheilt, fest und flach auf dem Kopfe an oder steigt in hohem Aufsatze auf. Die weibliche Kleidung hat die einfachen, schönen Formen des classischen Alterthums verloren; sie zeigt einen neuen Schnitt, dessen Geschmacklosigkeit durch reiche Stickerei und farbigen Einschlag schlecht verdeckt wird. Die Mehrzahl der Gruppen hat einen gemüthvollen Ausdruck und eine entschiedene Individualität, so dass wir nicht zweifeln dürfen, dass die Figuren bis. zu einem gewissen Grade treue Portraits sind.

Zu den anziehendsten Darstellungen dieser Gattung gehört eine Gruppe auf einem in der vaticanischen Bibliothek befindlichen Goldglase. Auf einem Stuhle sitzt eine vornehme Dame und hält auf ihrem Schoosse ein Mädchen von ungefähr zwölf Jahren in einfacher Kleidung und von lieblichem Gesichtsausdruck. Daneben steht in auffallend buntem Costüme eine Dienerin mit lang herabfallendem Haar und barbarischer Physiognomie und ist damit beschäftigt, vermittelst eines Fächers, der die Form einer Fahne hat, Mutter und Kind Kühlung zuzufächeln und die Fliegen abzuwehren.

Ein anderes Bild (Fig. 45) zeigt eine junge Mutter auf einer Bank sitzend. Mit liebevollem Blick schaut sie auf einen vor ihr stehenden Knaben und hält ihre rechte Hand auf seine Schulter gelegt. Daneben sind die an den Knaben gerichteten Worte geschrieben: **COCA VIVAS PARENTBVS · TVS ·** („Coca, mögest du zur Freude deiner Eltern leben!").

Aus dem Inneren der Häuser heraus führen uns die Goldgläser mit Darstellungen aus der Arena.

Fig. 45. Boden eines Trinkgefässes.

Wagenlenker, die mit einem Viergespann muthiger Rosse, deren Namen beigesetzt sind, paradiren, Faustkämpfer, die völlig entkleidet, unter Aufsicht des Kampfrichters, auf einander losgehen, ein Thierkämpfer, der sich anschickt, den Lasso unter drei ihn umringende Bären zu schleudern, zwei Eroten, die einem Hahnenkampfe zusehen — diese und andere Darstellungen aus demselben Gebiete führen uns das bewegte Treiben des Cirkus und des Marktes vor und zeigen uns, wie auch noch lange nach Konstantin d. Gr. in den christlichen Volkskreisen die Freude am Wettkampf lebendig war. Denn es lässt sich kein triftiger Grund aufzeigen, diese Darstellungen auf heidnischen Ursprung zurückzuführen. Selbst die auf dem ersten Blick auffallend erscheinende Toilettengruppe, die wir auf einem Goldglase sehen, und die aus einer Dame im Costüme der Venus und aus zwei Eroten sich zusammensetzt, deren einer der Schönen einen Spiegel entgegenhält, muss als Erzeugniss christlicher Kunst angesehen werden. Ein im folgenden Theile dieses Buches zu beschreibendes Schmuckkästchen aus derselben Zeit belehrt uns, dass es nicht beispiellos war, dass christliche Damen unter der Maske der Venus sich abbilden liessen. Jenes Goldglas verdankt seinen Ursprung wahrscheinlich einem Verehrer der in der Inschrift als Faustina bezeichneten Dame; doch fand jener es angezeigt, neben der Tochter auch die Mutter zu erwähnen; denn die Umschrift lautet: (pa)RTENOPE CVM FAVSTINA FILIA ZESES („Parthenope, mögest du leben sammt deiner Tochter Faustina!").

Ja, auch mythologische Figuren, Athene, Venus, Eros und Psyche, fehlen nicht.

Eigenartig sind unter den Goldgläsern Medaillons von sehr geringem Umfange, die mehrfach nur eine einzige, einer grösseren Scene entrissene Figur tragen, z. B. eine um einen Baum gewundene Schlange oder einen der drei Jünglinge von Babylon. Sie pflegten, wie durch Funde festgestellt ist, in einen grösseren Glasboden so eingesetzt zu werden, dass sich die einzelnen Figuren ergänzten.

Die Mehrzahl der Gläser ist am Rande oder in der Mitte mit Inschriften versehen. Dieselben geben entweder einfach den Namen der dargestellten Personen an oder enthalten einen Wunsch oder Zuruf. Besonders häufig kehren die Formeln wieder: VIVAS, VIVATIS – PIE ZESES (= ΠΙΕ ΖΗϹΑΙϹ) – DIGNITAS AMICORVM VIVAS CVM TVIS FELICITER.[4]

Was die Zeit der Entstehung der Goldgläser anbetrifft, so lässt die Mehrzahl der Forscher den grössten Theil derselben im dritten Jahrhundert, die übrigen im vierten Jahrhundert entstanden sein. Indess Composition und Stil nicht minder wie Orthographie und Schriftzüge machen es in Verbindung mit einigen Eigenthümlichkeiten dieser Monumente zweifellos, dass die Mehrzahl der Goldgläser vielmehr in der Zeit von der Mitte des vierten bis zur Mitte des fünften Jahrhunderts geschaffen wurde. Einige Exemplare dürften sogar noch in die ersten Decennien des sechsten Jahrhunderts hineinreichen. Andererseits steht fest, dass die ersten Anfänge der Goldgläserfabrikation in die zweite Hälfte des dritten Jahrhunderts fallen.[5]

Die Goldgläser bildeten offenbar einen nicht ungewöhnlichen Bestandtheil des Glasgeschirres des altchristlichen Hauses. Die religiösen Darstellungen weisen nicht auf kirchlichen Gebrauch, wie vermuthet worden ist, sondern sind nur ein weiteres Symptom der in den Gemeinden der ersten Jahrhunderte beliebten Sitte, die Gegenstände des täglichen Lebens und Gebrauches mit heiligen Bildern zu schmücken, eine Sitte, die sich sogar bis auf die Kleidung erstreckte. Insbesondere scheint es üblich gewesen zu sein, die Erinnerung an bestimmte freudige Ereignisse oder an kirchliche Feste in dem dauerhaften Bilde des Goldglases zu fixiren und dieses als Geschenk zu verwenden. Das erhellt sowohl aus den Darstellungen wie aus den sie begleitenden Inschriften. Daneben hat ohne Zweifel die Goldglaszeichnung dem Zwecke der Portraitirung gedient. Dahin weisen die Familienbilder und die Darstellungen einzelner Personen in Ausübung ihres Gewerbes.[6]

Dass sich diese Gefässe vorzüglich in und an den Gräbern finden, erklärt sich aus dem Brauche, das Grab mit den verschiedenartigsten Hausgeräthschaften auszustatten. Daneben ist indess auch die Möglichkeit offen zu lassen, dass die Goldgläser in gleicher Weise wie die sog. Blutampullen zur Aufnahme consecrirten Weines benutzt worden sind und bei den an die heidnisch-sepulcrale Sitte anschliessenden privaten Todtenfeierlichkeiten, bei denen den Todten Wein gespendet zu werden pflegte, dienten. Damit steht in Uebereinstimmung, dass jene wie diese Sitte in nachkonstantinischer Zeit entweder erst aufkam oder wenigstens grössere Verbreitung fand.[7]

In kunstgeschichtlicher Hinsicht sind die Goldgläser insofern von hohem Werthe, als sie den ersten entschiedenen Schritt zur Durchbrechung des symbolischen Cyklus der älteren Kunst bezeichnen. Die symbolischen Darstellungen erscheinen hier auf ein Minimum beschränkt.

Composition wie Ausführung der Bilder ist nicht selten noch eine vortreffliche. Aber bei der Mehrheit lässt sich ein handwerksmässiges, mechanisches Verfahren nicht verkennen. Die Verfertiger scheinen nach bestimmten Vorlagen gearbeitet zu haben. Sie haben sich nur innerhalb gewisser Grenzen einige Freiheit gestattet.[8]

Auch die jüdische Industrie bemächtigte sich der Goldgläserfabrikation. GARRUCCI hat acht Exemplare, die bis auf drei Fragmente sind, veröffentlicht. Die bildlichen Darstellungen bewegen sich in dem engen Kreise künstlerischer Production, in welchem das Judenthum sich eingeengt hielt. Der siebenarmige Leuchter, der Cederapfel, der Palmzweig, das Horn bilden auch hier die constituirenden Theile. Neu ist der auf fünf Exemplaren wiederholte Schrank (ארון) zum Aufbewahren der heiligen Schriften des jüdischen Volkes. Die Thüren sind aufgeschlagen; in den einzelnen Fächern sieht man die Rollen liegen. In drei Fällen sind daneben als Wächter zwei Löwen mit aufgesperrtem Rachen und grimmigem Aussehen geordnet. Die symbolische Bedeutung derselben — denn eine solche haben sie hier ohne Zweifel — ist nicht klar. Nur eine Umschrift ist vollständig erhalten; sie lautet: PIE ZESES·ELARES (*hilaris*)¹) und ist in ihrer Orthographie ein weiteres Zeugniss dafür, wie unvollkommen die Juden sich die Sprache des Landes anzueignen vermochten, in welchem sie lebten. Die übrigen Inschriftenreste sind ebenfalls lateinisch.

Eine andere Art bildlicher Decoration zeigen die sog. *vasa diatreta*, Glasgefässe auf deren Aussenseite in compactem Relief Figuren aufgeschweisst sind. Ein vorzügliches Exemplar dieser Gattung mit Darstellungen von Fischen und Conchylien wurde in S. Callisto gefunden, ein anderes in Cöln. Die Zahl ist gering, und schwerlich hat die christliche Industrie die Fabrikation dieser Gegenstände geübt.⁸ Daneben sind Glasgefässe durch Einschleifung sowie durch Graffitozeichnung künstlerisch ausgestattet worden. Ein Beispiel für letztere Technik ist eine bei Podgoritza gefundene schon erwähnte Glasschale. Dieselbe zeigt in der Mitte das Opfer Abrahams und ringsherum in kleinerer Ausführung Adam und Eva, die Auferweckung des Lazarus, das Quellwunder (wobei Mose durch Petrus ersetzt ist), Daniel unter den Löwen, die drei Männer im Feuerofen, Susanna und zwei Jonascenen. Mit Ausnahme des Mittelstückes sind sämmtliche Scenen durch Inschriften erläutert.

Das roh ausgeführte Monument gehört dem fünften Jahrhundert an. Der Umstand, dass Petrus die Stelle des Mose vertritt, hat zu ungehöriger Ausdeutung desselben im Sinne römischer Primatansprüche Veranlassung gegeben.¹⁰

---

¹ WISEMAN, *Tour of Ireland*, deutsch. Köln 1859, S. 300 (nach d. deutsch. R. S., S. 329). Vgl. auch BUONARROTI, *Prefaz.*, S. VII und GARRUCCI, *Prefaz.*, S. VI f. Zuweilen wurden auf das Gold noch Farben aufgesetzt (GARRUCCI, *Prefaz.*, S. VII f.).

² Ueber seit 1864 gemachte neue Funde vgl. DE ROSSI, *Roma sott.*, t. III, S. 601 und *Bull. di archeol. crist.* 1880, S. 104 f.

⁸ Die ersten Funde verzeichnet BOSIO-SEVERANO, *Roma sott.*, S. 197, 509. Weiteres Material gaben ARINGHI, CIAMPINI (*Sacra histor. disquis. de duob. emblematibus, quae in cimelio eminent. Gasparis Carpinei asservantur*, Romae 1691), FILIPPO BUONARROTI (*Osservaz. sopra alcuni frammenti di vasi antichi di vetro ornati di figure trovati nei cimiteri di Roma*, Firenze 1716), BOLDETTI (*Osservaz.*, S. 191 ff.), VETTORI (*Dissertatio glyptographica*, Romae 1739), OLIVIERI (*Di alcune antichità crist. conservate in Pesaro nel museo Olivieri*, Pesaro 1781), GARRUCCI (*Vetri ornati di figure in oro, trovati nei cimiteri cristiani di Roma*, Roma 1856; 2. ed. 1864). Ueber die neuesten Funde s. vorhergehende Anm.

---

¹) „Trinke, lebe fröhlich!"

⁴ Beispiele dieser Inschriften: DIGNITAS AMICORVM PIE ZESES CVM TVIS OMNIBVS BIBE ET PROPINA (Garr., t. XII, 2). Brustbilder Petri und Pauli, dazwischen Christus. Der Ausdruck *dignitas amicorum* = „Stolz der Freunde", wobei der Beschenkte als der Angeredete gedacht ist; unrichtig Buonarruoti (S. 95) = *digni amici*. PIE ZESES = ΠΙΕ ΖΗϹΑΙϹ (od. ΖΗϹΗϹ) ist ein in die Volkssprache übergegangener griechischer Glückwunsch, der besonders bei Gastmählern gebräuchlich war. Er steht oft pleonastisch neben VIVAS (z. B. t. XII, 4, 5). — SALVTI (nom. propr. *Salutius*), PIE ZESES CVM DONATA (Garr., t. XXVI, 8). Brustbild einer vornehmen Frau. — DVLCIS ANIMA VIVAS (Garr., t. XXIX, 2). Brustbilder eines Ehepaares; zwischen ihnen schwebt in kleinerer Figur Christus und legt Beiden einen Kranz auf das Haupt. Hochzeitsdenkmal. — PETRVS CVM TVIS OMNES ELARES *(hilares)* PIE ZESES (Garr., t. XIX, 5). — ORFITVS ET COSTANTIA IN NOMINE HERCVLIS ACERENTINO *(Acheruntini!)* FELICES BIBATIS (= *vivatis*, Garr., t. XXXV, 1). Bild eines Ehepaares, dazwischen Herkules. BIBAS, BIBATIS in der Regel = *vivas*, *vivatis*, aber auch = *bibas*, *bibatis*. — DIGNITAS · AMICORVM · VIVAS · CVN · TVIS · FELICITER · ZESES. Im inneren Raume PETRVS PAVLVS (Garr., t. XIV, 8). Bild der Apostel Paulus und Petrus in sitzender Stellung. — DIGNITAS AMICORVM VIVAS IM PACE DEI ZESES (Garr., t. VII, 2). Christus, das Wasser in Wein wandelnd. — ΠΟΥ̓ϪΕ ΠΙΕ ΖΗϹΑΙϹ ΜΕΤΑ ΤΩΠ ϹΩΠ ΠΑΠ Ι(τω)Π Ι ΒΟΠ' (= βίου, Garr., t. VI, 1). Der gute Hirt.

⁵ Zuerst suchte Buonarroti für die Goldgläser chronologische Daten zu gewinnen (a. a. O. *Pref.* XII ff.). Nach ihm sind dieselben sämmtlich im dritten Jahrhundert entstanden. In Uebereinstimmung mit ihm Biancini *(Demonstr. hist. eccl.*, t. I, p. II, S. 308). Garrucci (a. a. O. p. IX ff.) lässt einen Theil im dritten, einen Theil im vierten Jahrhundert hergestellt sein. In ähnlicher Weise setzt de Rossi *(Bull.* 1868, S. 1 ff.; *R. S.* III, S. 602) die überwiegende Mehrzahl der Goldgläser in das dritte Jahrhundert. Gegen diese Art der Datirung habe ich bereits in meinen *Arch. Stud.*, S. 204 ff. Bedenken erhoben und eine Reihe von Gegengründen geltend gemacht. Es ist hier der Ort, auf die Frage ausführlicher einzugehen. Folgende Momente sind hervorzuheben: 1) Der allgemeine Charakter der Orthographie weist auf das vierte und fünfte Jahrhundert. Besonders bezeichnend ist die Ausstossung des H in CRISTVS (XII, 1; XVI, 7; XVII, 2; XVIII, 1, 4; XX, 3; XXII, 6; XXIX, 2, 3), IPOLLITVS (XVII, 2; XIX, 7; XXV, 5), TIMOTEVS (XVII, 2; XVIII, 4; XXIV, 1, 3, 6, 7, 8), TEODORA (XXIX, 4), PARTENOPE (XXXVI, 3), TOMAS (XXV, 6), ferner die Umwandlung des PH in F in ISTEFANVS (= *Stephanus*, XX, 3), FILIPVS (= *Philippus*, XXV, 6), NICEFORVS (XXXIV, 4), ORFITVS (XXXIV, 1) und die Umsetzung des Y in I in CIPRIANVS (XIX, 7; vgl. auch CRIPRANVS XX, 6). Diese Eigenthümlichkeiten finden sich freilich auch schon auf älteren Inschriften, z. B. in pompejanischen Graffiti, aber der Umstand, dass sie hier so gehäuft erscheinen, weist bereits auf den Uebergang in das Romanische. — 2) In den Darstellungen der Apostel Petrus und Paulus überwiegt der bärtige, ältliche Typus. Da aber in vorkonstantinischer Zeit bisher ein solcher Typus nicht nachgewiesen ist, so ist anzunehmen, dass wenigstens jene Bilder in nachkonstantinischer Zeit entstanden sind. Christus erscheint, mit Ausnahme von t. XVII, 2, unbärtig. Daraus kann indess kein Gegenmoment entnommen werden, weil der bärtige Christustypus erst am Ende des vierten Jahrhunderts aufkommt und noch im ganzen Verlaufe des fünften Jahrhunderts vor dem älteren Typus durchaus zurücktritt (vgl. S. 147). Andererseits wird der langlockige, schmale Christuskopf, wie ihn t. I, 2; VII, 1; VIII, 2; XII, 3, 4; XVI, 5, 6; XVIII, 1, 2, 6; XIX, 4, 7; XXV, 9; XXIX, 1 aufweisen, erst durch die Sarkophage aus nachkonstantinischer Zeit repräsentirt. — 3) Nicht nur Christus (VII, 17; VIII, 2, 7; XII, 2, 5; XVI, 5; XVII, 6; XX, 3; XXIII, 4, 7;

XXV, 4) ist durch den Nimbus ausgezeichnet, sondern auch die Apostel Paulus und Petrus (XIV, 6), Maria (IX, 11, 10[?]), die heil. Agnes (XX, 3), der heil. Laurentius (XX, 1), Julius und Justus (XXV, 1). Dass aber Christo der Nimbus erst nach Konstantin d. Gr. zuertheilt wurde und den Heiligen erst im fünften und sechsten Jahrhundert, ist durch den monumentalen Befund gesichert (vgl. meine *Arch. Stud.*, S. 205, Anm. 1). — 4) Ebenfalls auf die konstantinische und die nachkonstantinische Zeit weist das dreiundzwanzig Mal auf den Goldgläsern begegnende Monogramm Christi, einundzwanzig Mal in der Form ☧, zweimal in derselben Form mit α — ω. Jene Form ist bisher zum ersten Male nachgewiesen auf einer Inschrift vom Jahre 323 (vgl. S. 124). Sie erhält sich bis tief in das fünfte Jahrhundert hinein. Die zweite Form tritt etwas später auf. — 5) Die Goldgläser weisen drei Märtyrer aus der diokletianischen Verfolgung auf: *Marcellinus* (XIX, 3), *Vincentius* (XXII, 5), *Genesius* (XIX, 4). Von diesen gehören die beiden letzteren Spanien an. Es ist aber schlechterdings undenkbar, dass in der grossen Zahl der Märtyrer jener Zeit vor Ablauf eines halben Jahrhunderts diese drei Männer zu einer solchen Anerkennung und Verehrung gelangt seien, dass die Goldgläserfabrikation sich ihrer bemächtigte und mit den längst berühmten und bekannten Namen der Apostel Paulus und Petrus, der heil. Agnes u. a. zusammenschloss. Vorzüglich gilt dies von den beiden Spaniern Genesius und Vincentius, die nirgends in den Martyrologien besonders hervortreten (meine *Arch. Stud.*, S. 204). Ebenso weisen die Kränze, wo sie als Märtyrerkronen zu fassen sind, wie X, 2, 4, 9; XX, 6; XXII, 1; XXIV, 3 u. s. ö., auf einen bereits in hohem Grade entwickelten Märtyrercultus, d. h. auf die zweite Hälfte des vierten Jahrhunderts hin. — 6) Der vorkonstantinische Bildercyklus umschliesst keine einzige Martyriumsdarstellung, und es steht fest, dass die altchristliche Kunst erst im fünften Jahrhundert angefangen hat, nach dieser Seite hin ihr Gebiet zu erweitern. Das ohne Zweifel älteste Beispiel liegt vor in dem Relief einer Altarsäule, welche in der 1874 aufgedeckten Basilika der S. Domitillakatakombe (DE ROSSI, *Bull.* 1875, t. IV) gefunden wurde. Das Relief, Martyrium des Achilleus (in der Inschrift ACILLEVS) gehört dem Ende des fünften Jahrhunderts an. Jedenfalls später aber ist die Darstellung des Martyriums des Jesaia, welche ein Goldglas (I, 3) bietet. Der Prophet erscheint dort abgebildet, wie ihm von zwei Männern die Beine gerade am Knie abgesägt werden. Reichliche Blutströme fliessen von der Wunde zur Erde. Gerade dieser letzte Umstand ist ein deutliches Zeichen des Abfalls von dem Geiste der antiken Kunst, welcher in diesem Punkte wenigstens die christliche Kunst noch bis zur Mitte des fünften Jahrhunderts durchaus beherrscht. Das Goldglas dürfte dem jetzt im British Museum befindlichen bekannten Elfenbeintäfelchen mit dem Bilde eines Crucifixus gleichzeitig, d. h. am Anfange des sechsten Jahrhunderts entstanden sein. — 7) Ueberhaupt fallen die durch die Goldgläser gebotenen Darstellungen aus dem älteren, vorkonstantinischen Cyklus fast ausnahmslos heraus. Das Arrangement ist fast durchgängig ein anderes geworden; es gilt dies insbesondere von den neutestamentlichen biblischen Bildern, vgl. z. B. VII, 1—5, 16, 17; I, 1; VI, 7; VIII, 1; IX, 3, 4, 5. Die paarweise Zusammenordnung der Figuren und die Vorliebe für das Brustbild sind ebenfalls der älteren Kunst fremd. Andererseits erinnern Compositionen wie XIX, 4, 6, 7; XVIII, 2, 3, 5, 6; XVII, 5 an die Deckenmosaiken der ravennatischen Baptisterien; XVIII, 4 ferner ist ein beliebtes Mosaikmotiv. Beachtenswerth ist auch die Darstellung eines bekleideten Daniel in der Löwengrube (I, 4); die ältere Kunst hat Daniel stets nackt abgebildet. — 8) Gewandung und Kopfbedeckung der Mehrzahl der Portraitbilder passen nicht in das vierte oder gar in das dritte Jahrhundert, wohl aber decken sie sich mit dem Costüme, welches die Münzen und andere Monumente des fünften und sechsten Jahrhunderts bieten. Vgl. besonders XXVI, 1 und SABATIER, *Descript. génér. des monnaies byz.*, Paris 1862, pl. 15, 2, 14; 16, 21; 21,

13; 29, 23. — 9) Endlich darf auch die Paläographie angezogen werden. Die Buchstaben laufen breit und eckig aus, die Mittelstriche des M berühren nur selten die Fusslinie; der Bindestrich des A hat Würfelform und schliesst nicht an die beiden Schenkel an; das S lädt sich unförmlich dick aus (meine *Arch. Stud.*, S. 206). Doch ist zuzugestehen, dass sich aus den Buchstabenformen ein entscheidendes Moment nicht gewinnen lässt.

Alle diese Erwägungen zusammengefasst, ergiebt sich, dass der grösste Theil der Goldgläser in die Zeit von der Mitte etwa des vierten bis zur Mitte des fünften Jahrhunderts zu setzen ist; einige wenige Exemplare mögen der Zeit rückwärts bis zur Mitte etwa des dritten Jahrhunderts angehören, andere reichen in das sechste Jahrhundert hinein.

Der von DE Rossi u. A. geltend gemachte Grund, dass die Goldgläser sich nur in den unterirdischen römischen Cömeterien fänden, demnach nur in der Zeit entstanden sein könnten, wo diese als Begräbnisstätten benutzt wurden, wird durch die Thatsache hinfällig gemacht, dass auch oberirdische und ebenso nicht-cömeteriale Orte diese Monumente geliefert haben (s. Anm. 2). Der Umstand ferner, dass ein zuerst von OLIVIERI (*Di alcune antichità cristiane;* tav. IV, 8; GARR., t. XXXIII, 5) publicirtes Exemplar als Zeichnung eine Anzahl aufeinandergelegter Münzen mit dem Bildnisse Caracalla's trägt, ist noch kein Beweis dafür, dass jenes Glas zur Zeit Caracalla's fabricirt wurde.

⁶ Gegenüber älteren irrigen Ansichten richtig GARRUCCI a. a. O., p. XVII: . . . *che i vasi cimiteriali di vetro non furono destinati al sacrifizio dell' altare; secondo che nè anche a comunicare i fedeli; in terzo luogo che essendo di uso civile servirono per tutti e ad ogni convito* [*e niente osta che i cristiani li adoperassero perciò nelle loro agape*]. Nur die eingeklammerten Worte sind auszuschliessen, da in der zweiten Hälfte des dritten Jahrhunderts die alte Agapefeier längst aufgehört hatte. Die zahlreichen Bilder Petri und Pauli scheinen auf das Fest Pauli und Petri (PRUDENT., *Peristeph.* XII, 1—6) hinzuweisen; ebenso mögen die Darstellungen anderer Heiligen, der Maria, der Agnes, des Laurentius, des Marcellinus eine unmittelbare Beziehung zu den bezüglichen Heiligentagen haben. Die Bilder von Ehegatten, sei es dass diese sich vor dem Altare die Hand reichen, sei es dass sie in ganzer oder halber Figur einfach nebeneinander gestellt sind, beziehen sich gewiss auf den Eheabschluss der Dargestellten. Die Inschriften weisen deutlich genug darauf hin; zugleich geht aus diesen hervor, dass solche Gläser dem jungen Ehepaare entweder bei der Hochzeit oder bei anderen Familienfestlichkeiten als Geschenk gegeben zu werden pflegten. Dagegen scheint mir hinsichtlich der Darstellungen ganzer Familiengruppen oder Einzelner in Ausübung ihres Berufes oder einer bestimmten Handlung die Vermuthung berechtigt, dass hier einfache Porträts vorliegen, die wohl gleichfalls als Geschenke dienten.

⁷ Vgl. darüber den Abschnitt über die Blutgläser im folgenden Theile. Letztere stehen in dieser Hinsicht den Goldgläsern durchaus gleich.

⁸ Zu den am besten ausgeführten Exemplaren gehören GARR., t. XIV, 8; XV, 5; XXX, 6; XXXII, 1; besonders XL, 1—4.

⁹ v. WILMOWSKY, *Archäol. Funde in Trier u. Umgegend.* Trier 1873 (vgl. UHLICHS, *Vasa diatreta in Köln* [*Jahrb. d. Ver. r. Alterthumsfreunden im Rheinl.*, 1844, S. 377 ff.]); DE Rossi, *R. S.*, t. XVI, 1; KRAUS, *R. S.*, S. 212 f. und Fig. 24.

[10] Die Schale gegenwärtig in Paris in Privatbesitz. Abbildungen: DE Rossi, *Bull.* 1874, t. XI und (besser) 1877, t. V; Garr., t. 463, 3. Die Beischriften lauten: ABRAM ET EVAM (= *Abraham* [irrthümlich für *Adam*] *et Eva*) — DOMINVS LAIARVM (= *dominus Lazarum* scl. *reauscitat*) — PETRVS VIRGA PERQVODSET ... FONTIS CIPERVNT QVORRERE (= *Petrus virga percussit* [*petram?* dazwischen einige nicht zu entziffernde Worte] *fontes coeperunt currere*) — DANIEL DE LACO LEONIS   TRIS PVERI DE EGNE CAMI (= *tres pueri de* [= *in*] *igne camini*) — SVSANNA DE FALSO CRIMINE — DIVNAN DE VENTRE QVETI LIBERATVS EST (= *Jona de ventre ceti lib. e.*). — Zur Darstellung des Petrus vgl. *Zeitschr. f. K'gsch.* 1879, S. 288 f. und meine *Arch. Stud.*, S. 161.

Vierter Theil.

Die innere Ausstattung des Grabes.

Erster Abschnitt.

Die theoretische Voraussetzung.

Der antiken Anschauung galt das Grab als die zweite Wohnung des Menschen. Es ist das „ewige Haus" der Seele, der Ort unwandelbaren Exils, immerdauernden Schlafes. Auf einer Inschrift bezeichnet der Todte es als die Stätte, „wo ich schlafen und ewig verbleiben muss."[1]

Aus dieser Beurtheilung erwuchs die Sitte, das Grab conform den Wohnungen der Oberwelt auszustatten, vor Allem dasselbe mit denjenigen Gegenständen zu versehen, welche der Todte während seines Lebens um sich oder in der Hand zu haben gewohnt war. In den Arbeiten und Beschäftigungen des Lebens lässt der Dichter den Aeneas in der Unterwelt die Schatten finden:

„Waffen bewundert er fern und ledige Wagen der Männer,
Lanzen steh'n in die Erde gebohrt, und es irren gelöset
Weidende Ross' im Gefilde; wie gross die Liebe der Wagen
Lebenden war und der Waffen, wie aufmerksam die Ernährung
Blanken Gespanns, so folgt sie den Ruhenden unter die Erde."[1]

Unübersehbar ist die Zahl der Objecte, die uns, von dem unscheinbarsten Utensil bis zu dem kostbarsten Goldschmuck, erhalten sind: Kleider, Waffen, Mobiliar, Bijouterie, Instrumente, Spielzeug, Götterbilder, Geld, Esswaaren. Bekannt ist der unermessliche Reichthum der ägyptischen Gräber an solchen Dingen; fast ebenso ergiebig haben sich die etruskischen und die griechischen Grabstätten gezeigt.[2] Auch die Römer, die Kelten und

---

[1] Virgil., *Aeneis* VI, 649 ff.

die Germanen übten diese Sitte. Und so sind die antiken Gräber die Hauptquelle geworden, aus welcher sich unsere Museen füllten.

Die christlichen Gemeinden haben, wie früher bemerkt, die Bezeichnungen „Haus", „ewiges Haus", für das Grab übernommen.[1] **DOMVS AMORATI**[2] lautet eine Grabinschrift in S. Ciriaca, und **EMT DOMV** (*emit domum*) ist Parallelausdruck zu *emit locum*. Aber auch die in dieser Benennung sich wiederspiegelnde Vorstellung haben sie fortgetragen, zwar nicht mit klarem Bewusstsein, insofern jene dem christlichen eschatologischen Gedankenkreise sich nicht einfügte, sondern im Banne volksthümlicher Tradition. Selbst eine angesehene kirchliche Versammlung am Anfange des vierten Jahrhunderts hat keinen Anstand genommen, sich zu dieser Anschauung zu bekennen und durch dieselbe einen Kanon zu begründen.[3] Auch in der Christenheit finden wir daher das Streben, dem Todten das Grab möglichst wohnlich zu machen durch Ausstattung mit jenen Kleinigkeiten, welche dem Menschen im Leben vertraut und lieb geworden sind. Die Sitte der Grabdekoration ferner gründet sich in der Antike sowohl wie in der Kirche auf jene Anschauung.

Von den in dem Grabe deponirten Gegenständen sind wohl zu scheiden die verschiedenartigen Dinge, die man an der Aussenwand des Grabes in den die Verschlussplatte festigenden Kalk eingedrückt antrifft. Dieselben dienten zur Orientirung, als Mittel, das Grab in der Reihe gleichgestalteter wiederzuerkennen. Man hat zu diesem Zwecke u. A. verwandt: Ringe aus Knochen oder Bronze, einzelne Perlen, Mosaiksteinchen, Münzen, Glasstückchen, Knöpfe, Zähne von Thieren, Muscheln, ja sogar Fruchtkörner, Blätter und Zweige. Es kam nur darauf an, ein unterscheidendes Merkmal zu haben. Zu demselben Zwecke hat man bestimmte Zeichen oder auch Siegel in den frischen Mörtel eingedrückt.[4]

In wie grosser Anzahl solche Gegenstände in und an den Gräbern sich finden, geht aus einer über die Funde in S. Agnese aufgestellten sorgfältigen Statistik hervor, wobei aber nicht ausser Acht zu lassen ist, dass Theile dieser Katakombe schon in früherer Zeit durchsucht und ausgeleert, andererseits viele Gräber noch gar nicht geöffnet sind. Die in den letzten Jahren in dem Cömeterium, welches 5753 Gräber umfasst, vorgenommenen Ausgrabungen förderten zu Tage: 283 Glasgefässe und Emaillegegenstände, 33 Thongefässe, 131 Lampen, 148 Ringe aus Knochen, 88 Knöpfe und mannigfach gestaltete Stücke aus demselben Material, 29 Münzen, 6 Glasschalen und 35 Gegenstände verschiedener Art.

---

[1] Vgl. S. 11.
[2] „Haus des Amoratus."

Das im Jahre 1544 in der vaticanischen Basilika aufgedeckte Grab der Kaiserin Maria, der Tochter Stilicho's, enthielt zahlreiche Vasen aus Krystall, Achat, Gold, ferner Schalen aus verschiedenem Material, gegen hundert Goldringe, zum Theil mit kostbaren geschnittenen Steinen, Kameen, Hals- und Armbänder, mit Edelsteinen besetzt, goldene Kreuze, ein Agnus Dei mit der Inschrift *Maria domna florentissima*, ein Amulett aus Gold mit den griechisch geschriebenen Namen Michael, Gabriel, Raphael, Uriel; ausserdem mancherlei Nippes, Puppen, Kettchen aus Gold und Anderes, was zum Mobiliar einer Fürstin gehört. Mit einem Theil der Edelsteine liess Paul III. die päpstliche Krone ausschmücken. Die Leiche selbst war in kostbare Goldstoffe gehüllt.[5]

Die älteren Archäologen beurtheilten diese Gegenstände, mit wenigen Ausnahmen, als Erkennungszeichen oder als Symbole.[6] Erst RAOUL-ROCHETTE hat auf die antike Sitte als Massstab der Interpretation hingewiesen und jenen Complex altchristlicher Monumente in die richtige Beurtheilung gerückt, wenn auch seine Einzelerklärungen nicht immer zutreffen. Die neuesten Ausführungen DE ROSSI'S erkennen im Allgemeinen dieses Resultat an, zeigen aber daneben einen Zug zur älteren Exegese.[7]

Unter den in den Gräbern gefundenen Gegenständen kommen zunächst in Betracht Hausgeräth und Instrumente, in zweiter Linie Schmuck- und Spielsachen, ferner solche Gegenstände, durch welche der Todte gegen vermeintliche schädliche Einwirkungen sicher gestellt werden soll: die Amulette; endlich die sog. Blutgläser.

Das einschlägliche Material findet sich hauptsächlich bei BOLDETTI und BUONARROTI und in guter Zusammenstellung bei DE ROSSI.[8]

---

[1] MURATORI, *Thes.* III, S. 1732, n. 12: IN · MONVMENTO · MEO · QVO · DORMIENDVM · ET · PERMANENDVM EST; ferner C. J. L. V, n. 121 *(domum aeternam)*, C. J. L. I, n. 1008 *(quatae sibique et uxori hanc constituit domum aeternam ubei omnes pariter aerom degerent)*, n. 1059 *(hace est domus aeterna)*; MURAT., IV, S. 1837, n. 2; FABRETTI, *Inscript.*, S. 555 *(somno aeternali)*, MILLIN, *Voyage dans le midi de la France*, t. II, S. 6 *(quieti aeternae)*. Vgl. ZOEGA, *De orig. et usu obelisc.*, S. 276.

[2] Vgl. DE JORIO, *Metodo per rinvenire e frugare i sepolcri degli antichi*, Napoli 1824; STACKELBERG, *Die Gräber der Hellenen*, Berlin 1827; DENNIS, *The cities and cemeteries of Etruria* (deutsch von MEISSNER, Leipzig 1852).

[3] Synode v. Elvira, c. 34: *cereos per diem placuit in coemeteriis non incendi, inquietandi enim sanctorum spiritus non sunt*. Dazu die heidnischen Inschriften: *ne tangito, o mortalis, reverere Manes deos* (WILMANNS n. 270) und: *quisque Manes inquietaverit, habebit illas iratas* (MOMMSEN, J. R. N. 3037).

[4] Für diese Zweckbestimmung beruft man sich noch insbesondere auf zwei Inschriften: ZINNVM *(signum)* LOCI QVINTI ET MARTVRIAE und SIGNV NABE

(signum navis), letztere auf einem Grabsteine mit dem Graffito eines Schiffes (BUONARROTI, *Vetri* S. X). Mit Recht lehnt DE ROSSI (*R. S.* III, S. 576, Anm. 1) die Beweiskraft der ersten Inschrift ab, indem er *signum loci* = *titulus loci* d. h. *locus* fasst. Aber auch die andere scheint nicht das zu enthalten, was man in ihr findet. Viel näher liegt es, NABE als Eigennamen und die Darstellung als phonetisches Symbol *(signum)* zu fassen.

[5] ARMELLINI, *Cimit. di S. Agnese*, S. 354—361. — Die Berichte über das Grab der Kaiserin Maria bei CANCELLIERI, *De secretariis veteris basil. Vat.*, Rom 1786, II, S. 995 ff.; auch GRUTER., I, S. 287, 4.

[6] BOSIO, ARINGHI, BUONARROTI, BOLDETTI; entschieden symbolische Interpretation bei CAVEDONI, *Ragguaglio critico dei mon. delle arti crist. prim.*, Modena 1849, S. 41 ff.

[7] RAOUL-ROCHETTE, *Troisième Mém. sur les antiqu. chrét.: Objets déposés dans les tombeaux antiques, qui se retrouvent en tout ou en partie dans les cimetières chrét.* (*Mém. de l'Institut Royal de France*, t. XIII, Paris 1838). — DE ROSSI, *R. S.* III, S. 575 ff.

[8] BOLDETTI, *Osservaz.*; BUONARROTI, *Vetri antichi* und *Osservaz. sopra i medaglioni*; DE ROSSI a. a. O. und sonst vereinzelt; auch ARMELLINI, *S. Agnese*.

Zweiter Abschnitt.

Hausgeräth und Instrumente.

Die im vorhergehenden Kapitel dargelegte Beurtheilung des Grabes musste sich zunächst in der Form desselben äussern, eine Anbequemung dieser an die Gestalt des Hauses oder seiner Räume veranlassen. In der That ist in der Antike eine solche Nachbildung nicht nur häufig erstrebt, sondern auch erreicht worden. Ein grosser Theil der etruskischen und der altgriechischen Gräber erweist sich durch die Art der Architektur und des malerischen Schmuckes als direktes Abbild des Wohn- oder Schlafzimmers des antiken Hauses; einzelne Aschenurnen geben sogar die Form dieses letzteren in verkleinertem Masstabe wieder.

In den christlichen Gemeinden war eine solche Nachbildung für die grosse Masse wenigstens durch die Raummenge und den bedeutenden Kostenaufwand, den eine solche Anlage erforderte, verwehrt; dagegen sind die Cubicula durchaus in der Form des antiken Zimmers gehalten, was bei den jüdischen Gräbern nicht der Fall ist. Die Façaden weiterhin der centralsyrischen Grabkammern sind, wie z. B. auch der Frontenbau der antiken lykischen Felsengräber, der civilen Architektur entnommen. Der leitende Gedanke war derselbe: das Grab sollte auf diese Weise als Wohnort, als Haus des Todten bezeichnet und in den Kreis der oberirdischen, dem Lebenden dienenden Architektur gerückt werden.

Als Nächstes kommt nach dem Hause und seinen Räumen der Inhalt desselben in Betracht, das Hausgeräth, dessen Inventar zwar im Einzelnen wechselt, aber auch einen unwandelbaren Kern hat. Wie es zum Hause des Lebenden gehört, so darf es auch dem Hause des Todten nicht vorenthalten werden.

Indess waren die Christen in der Ausstattung des Grabes nach dieser Seite hin insofern auf ein bestimmtes Masshalten angewiesen, als das traditionelle Katakombengrab nur wenig mehr Raum hat als für den Todten. Dennoch ist die Zahl der in den Cömeterien gefundenen Hausgeräthschaften eine ziemlich grosse.

Einen wesentlichen Bestandtheil des Hausgeräthes bildet die Lampe. Dem entspricht das häufige Vorkommen von Lampen in den Gräbern. In einem einzigen Cubiculum in S. Callisto wurden über vierzig Lampen entdeckt. Daneben fanden sich dieselben, doch in geringerer Anzahl, in den Galerien; sie dienten hier zur Beleuchtung und wurden zu diesem Zwecke auch von den Fossoren gebraucht. Daher hält der oben (S. 30, Fig. 2) abgebildete Fossor Diogenes in seiner Hand eine Lampe, die an ein spitzes Eisen befestigt ist, mit welchem sie in dem Tufgestein befestigt wurde.

In bestimmten Regionen der Cömeterien, welche dem Märtyrerkultus als Lokalität dienten, pflegte man seit dem sechsten Jahrhundert stets brennende Lampen zu halten, deren Oel den Werth einer Reliquie hatte.

Das Material der Lampen ist vorwiegend Thon, daneben Bronze, selten Silber. BOLDETTI hat eine Lampe aus Bernstein bekannt gemacht. Die Form bleibt etwa bis zur Mitte des vierten Jahrhunderts die antike; doch fehlen luxuriöse Exemplare, wie sie in prächtiger Auswahl die pompejanischen Ausgrabungen geliefert haben. Lampen mit christlichen Emblemen und Inschriften begegnen vor dem vierten Jahrhundert äusserst selten; erst in diesem Jahrhundert werden sie häufiger; zugleich kommt im Handel eine Form auf, die zwar vordem nicht gänzlich gefehlt hat, aber wenig beliebt war, ein länglich ovales Modell mit abschüssig absteigendem Deckel, welches an einen Kahn erinnert.

Das auf den Lampendeckeln beliebteste christliche Symbol ist das Monogramm Christi; später kommt das Kreuz dazu. Auch der Fisch, die Taube, der gute Hirt begegnen öfters. Dagegen treten die biblischen Scenen zurück; vereinzelt nur trifft man Jona, Daniel, Eva, die drei Hebräer vor dem Bildnisse des Königs oder im feurigen Ofen, die Rückkehr der Kundschafter u. A.[1] Die Ausführung ist zumeist roh und nachlässig. Den reichsten Schmuck weist eine jetzt im Berliner Museum befindliche Lampe auf. In der Mitte des Diskus sieht man den guten Hirten in Tunika und mantelartigem Ueberwurf, ein Schaf in der bekannten Weise auf den Schultern tragend. Um ihn herum stehen sieben Schafe und wenden ihm die Köpfe zu. In kleinerer Ausführung schliesst sich links an: die Errettung des Jona aus dem Rachen des Wallfisches, rechts: Jona unter dem Kürbisgewächs am Boden hingestreckt. Etwas höher steht links auf einem Kästchen, welches, wie es scheint, die Arche Noah's vorstellt, eine Taube. Sonne und Mond, beide personificirt und durch sieben Sterne, auf welche der Sonnengott mit dem Finger hinweist, geschieden, schliessen nach oben die Reihe der Darstellungen ab.²

Eine weitere Entwickelung in der christlichen Lampenfabrikation bezeichnen diejenigen Exemplare, welche sich schon durch ihre Form als christlich erweisen. Den Griff bildet das von einem Kranze umwundene Monogramm (Fig. 46) oder ein Kreuz, auf welchem eine Taube ruht, oder ein Drachenkopf, in dessen Munde ein Apfel steckt, während auf den Kamm ein Kreuz, auf dem eine Taube ruht, gesetzt ist, eine Symbolisirung des die Macht des Teufels brechenden Kreuzes und aus der Amulettpraxis übernommen. Auch die einer Taube oder einem Lamme nachgebildeten Lampen sind wohl specifisch christliche. Dasselbe gilt indess nicht von den Lampen in Fischform; solche Muster können auch heidnisch sein. Einzig-

Fig. 46.ʻ Römische Bronzelampe.   Fig. 47. Altchristliche Thonlampe der vaticanischen Sammlung.

artig ist eine bei Orléansville in Algier gefundene Bronzelampe von der Form einer Basilika.

Zuweilen ist auch in den Griffring eine biblische Scene eingesetzt, wie der ruhende Jona bei einer römischen, und das Quellwunder des Mose bei einer Florentiner Lampe. Exemplare dieser Form besitzen ausserdem das Kircher'sche Museum, die vaticanische Bibliothek und das Fürstliche Antikenkabinet zu Arolsen.³ Die Mehrzahl entstammt wohl nicht den Katakomben, sondern christlichen Privathäusern.

Noch entschiedener prägt sich der christliche Gedanke aus in einer in den Uffîcien zu Florenz aufbewahrten Bronzelampe. Dieselbe hat die Form eines kurzen breiten Schiffes. Am Steuer sitzt Christus, dasselbe mit der Linken haltend; in der Rechten trägt er eine Rolle. Am entgegengesetzten Ende steht, dem erstrebten Ziele entgegenblickend, eine männliche Figur, der Todte, in betender Haltung, vertrauensvoll über das Meer des Lebens dem Hafen ewiger Ruhe zufahrend. An der Spitze des Mastes, über dem geschwellten Segel ist ein Täfelchen befestigt, auf welches die Worte geschrieben sind DOMINVS · LEGEM · DAT · VALERIO · SEVERO · EVTROPI · VIVAS · [1])

Räthselhaft ist eine in der vaticanischen Sammlung befindliche Thonlampe (Fig. 47), auf deren Griff der Oberkörper einer Frau gelegt ist, die auf dem Haupte eine Art von Diadem und in der Hand eine Palme trägt. An eine Märtyrerin zu denken, liegt keinerlei Veranlassung vor. Aber auch für jede andere Erklärung fehlen Anhaltspunkte.[4]

Andere Inschriften auf Lampen, abgesehen von den Fabrikstempeln, sind: VIVAS IN DEO — ΦШС ЄΚ ΦШТОС — СΤΑΥΡΟС ΤШΧΗΜΑ — ΑΝΤΟΝΙΟС — ЄΓШ ЄΙΜΙ ΑΝΑСΤΑСΙС.[2])

Aegyptische Lampen des fünften und sechsten Jahrhunderts haben zuweilen mit Schwarz aufgetragene Inschriften von Heiligen. So liest man auf einem Exemplar im Museo Kircheriano Ο ΑΓΙΟС СΑΚЄΡΔΟС[3]) und auf einem anderen ΤΟΥ ΑΓΙΟΥ ΚΗΡΥΛΛΟΥ.[4]) Offenbar haben diese Lampen an heiliger Stätte, an den Gräbern derjenigen Märtyrer und Heiligen gebrannt, deren Namen sie tragen.[5]

Kandelaber kommen neben den Lampen nur vereinzelt vor. Stücke von solchen besitzt z. B. das Kircher'sche Museum. Sie haben die antike Form.

Die Lampen wurden entweder aufgestellt oder aufgehängt; darin unterscheiden sie sich nicht von den antiken Exemplaren. Sie haben in der Regel nur eine Dochtöffnung und daneben ein Loch zum Eingiessen des Oels.

Eine symbolische Bedeutung eignete der Lampe nicht. Wo sie nicht dem praktischen Zwecke der Beleuchtung der Galerien diente oder in Anlehnung an die antike Sitte, an bestimmten Tagen das Grab zu illuminiren gebraucht wurde, ist sie in ihrer Eigenschaft als Hausgeräth in den Cömeterien deponirt worden.[6]

Neben den christlichen Lampen sind auch einige jüdische mit dem Bilde des siebenarmigen Leuchters aus den Katakomben erhoben worden. Zufall, schwerlich bestimmte Intention, hat sie in den Besitz der Christen und in die Cömeterien gebracht. Eine parallele Erscheinung haben wir in den jüdischen Goldgläsern.

---

[1]) „Der Herr giebt dem Valerius Severus sein Gesetz. O, Eutropius, lebe!"
[2]) „Mögest du in Gott leben!" — „Licht aus Licht." — „Das Kreuz ist meine Stütze." — „Ich bin die Auferstehung."
[3]) „Der heilige Sakerdos."
[4]) „Des heiligen Keryllos (Cyrillus)."

Der Küche und den Wirthschaftsräumen des Hauses gehören an zahlreiche Schalen und Gefässe aus Terracotta von wechselnder Grösse und Form; ferner Löffel, Gewichtstücke, Amphoren, darunter eine aus S. Ciriaca mit der Töpfermarke **SPES IN DEO**, Eimer, eisernes Geräth wie Stangen und Haken zum Aufschüren der Kohlen und karstartige Scharreisen zum Häufen der Asche. Dieselbe Herkunft haben die Messer und Messerstiele. Letztere zeigen nicht selten eine elegante Form. Unter den von BOLDETTI veröffentlichten endigt einer in den Kopf eines Schwanes, ein anderer in die nackte Büste eines Weibes.[7]

In früheren Zeiten pflegte man ein gutes Theil der in den Gräbern geborgenen Küchengeräthschaften als Marterwerkzeuge zu beurtheilen. Gegenwärtig haben die römisch-katholischen Archäologen, durch bessere monumentale Information geleitet, die Mehrzahl dieser Stücke in der oben angegebenen Weise zu interpretiren sich verstanden und nur für einige wenige Gegenstände die früher angenommene Zweckbestimmung aufrecht erhalten. Indess die ganze Voraussetzung, auf welche sich jene Deutung gründet, dass nämlich die altchristlichen Gemeinden zu den Leichen der Märtyrer die Werkzeuge des Martyriums gelegt hätten, ist hinfällig. Sie lässt sich nicht erweisen. Gegenüber der allerdings bezeugten Thatsache, dass Leichen mit spitzem Stilus im Kopfe gefunden wurden, ist auf eine analoge Erscheinung in heidnischen Gräbern hinzuweisen: jene spitzen Eisenstäbchen sind Haarnadeln, die sich im Laufe der Zeit in den Schädel eingesenkt haben.[8] Die Nägel dagegen, welche neben den Leichen beobachtet wurden, bezeichnen zum Theil das Handwerk des Todten oder haben die Bedeutung von Symbolen der *sacra necessitas*. In diesem wie jenem Sinne finden sie sich in heidnischen Gräbern.[9] Ebensowenig liegt die Berechtigung vor, die in den Katakomben zuweilen beobachteten Eierschalen als Reste von Eiern, mit denen der Verstorbene um seines Bekenntnisses willen zu Tode gesteinigt sei, oder als Ueberbleibsel von Liebesmahlen anzusehen. Beide Vorstellungen sind nicht minder originell wie ungeschichtlich. Das Ei galt im Alterthume als Symbol der Fortpflanzung und damit der Fortdauer, und in diesem Sinne bildete es einen Bestandtheil der Todtenmahle und wurde in das Grab eingeschlossen. Aus dieser Werthschätzung ist ohne Zweifel die Bedeutung des Eies als eines Symbols der Hoffnung herausgeflossen, welche AUGUSTIN[1]), allerdings als persönliche Ansicht, einmal in den Worten ausspricht: *Restat spes, quae, quantum mihi videtur, ovo comparatur. Spes enim nondum pervenit ad rem, et ovum est aliquid, sed nondum est pullus.*

---

[1]) AUGUST., *Sermo* CV. 8.

Vielleicht wirkte hier auch die Vorstellung mit, dass dem Todten leibliche Nahrung vonnöthen sei. Denn nicht nur fanden sich in antiken Gräbern Schüsseln mit Eiern, sondern auch Reste von Fischen, Wein, Brod, Honig und anderen Esswaaren. Andererseits weist der Umstand, dass das natürliche Ei mehrfach, auch in christlichen Gräbern, durch ein Marmorei ersetzt ist, auf den bezeichneten symbolischen Inhalt.[10]

Der irrigen Beziehung auf das Martyrium ist auch das Handwerkszeug nicht entgangen, die in den Gräbern gefundenen Meissel, Zirkel, Richtmasse, Picken, Hämmer, u. s. w. Sie entsprechen den Abbildungen auf den Epitaphien der Handwerker.

Dem Bibliothekzimmer des Hauses entstammt ein beschriebenes Volumen aus Blei, ein Tintenfass aus Terracotta, Schreibgriffel und verschiedene Diptychen, sämmtlich in den römischen Katakomben gefunden.[11] Auf verschiedene Räumlichkeiten vertheilen sich Täfelchen aus Marmor, Metall, Schildpatt oder Mosaik, die zur Ausschmückung der Wände und sonstiger Dekoration des Hauses und seiner Theile dienten, Stücke von Säulen, kleine Statuetten, darunter Victorien, Disken mit Cäsarenköpfen, Schlüssel, Ketten, Kästchen und mancherlei andere Gegenstände[12], wie sie in einem Privathause zerstreut sich finden.

Die zahlreichen Münzen dagegen, welche die Katakomben geliefert haben, sind, wo sie nicht, an der Aussenseite befestigt, als Zeichen dienten, nicht etwa als Bestandtheil des Hausinventars dort hingebracht, sondern zu derselben Zweckbestimmung wie im heidnischen Alterthume, d. h. als Fährgeld für Charon (ναυτιλίης ὅβολος). Diese Sitte war besonders in den unteren Volksschichten sehr verbreitet. Das Geld wurde entweder neben den Kopf des Todten gelegt oder ihm in den Mund gesteckt. Der Brauch hat sich bis tief in das Mittelalter hinein erhalten. Nicht selten wurden zu den Münzen Nägel mit der oben bezeichneten Symbolik hinzugefügt.[13]

---

[1] Meine *Arch. Stud.*, S. 280; Roller, *Cat.* pl. XXVII (n. 4 u. 8 nicht christlich), XCI; Garrucci, t. 474—476; de Rossi, *Bull.* 1875, t. X, 1874 t. X; Aringhi II, S. 303, 312, 325, 344.

[2] De Rossi, *Bull.* 1870, t. 1; Roller a. a. O. n. 3. Das Original zeigt nicht die Schärfe und Feinheit der Ausführung, welche die Abbildungen vermuthen lassen.

[3] Boldetti a. a. O.; Roller a. a. O.; Aringhi II, S. 301; Garr., t. 470, 472, 2, 3, 4; 468, 4; 469, 2—4.

[4] Cahier et Martin, *Mél. d'Archéol.* III, pl. 1; Kraus, *R. S.*, S. 499; Garrucci, t. 469, 1. — Boldetti, S. 63 (nach ihm: „qualche Santa Martire"); Garrucci, t. 476, 3.

[5] Meine *Arch. Stud.*, S. 280 ff., und de Rossi, *Bull.* 1866, S. 72; 1879, S. 33.

⁸ Die entgegengesetzte Ansicht, wonach die Lampe hindeuten soll „auf das Licht des Glaubens, das dem Dahingeschiedenen in die andere Welt hinüberleuchtet", schon bei den älteren Erklärern; neuerdings wiederaufgenommen durch MARTIGNY, DE ROSSI, KRAUS u. A. Die Berufung auf die Sitte, den Leichenzug mit Lichtern und Fackeln zu begleiten, trifft darum nicht zu, weil dieser Brauch nur ein Trümmerstück aus alter Zeit ist, wo man Nachts zu bestatten pflegte. Auch im Alterthume hatte die Lampe keine sepulcral-symbolische Bedeutung; RAOUL-ROCHETTE *(Trois. Mém., S. 566 ff.)* hat das Gegentheil nicht zu erweisen vermocht. Zu der Sitte der Alten, vor dem Grabe Lampen anzuzünden die Inschrift (GRUT., S. 1148, 17):

HAVE · SEPTIMIA ·
SIT · TIBI · TERRA · LEVIS ·
QVISQVIS · HVIC · TVMVLO ·
POSVIT · ARDENTEM · LVCERNAM ·
ILLIVS · CINERES ·
AVREA · TERRA · TEGAT ·

⁷ BOLDETTI, S. 150, 151, 160, 163, 166, 318, 322, 509, 512, 520; ROLLER, pl. VII (ein Theil dieser Geräthschaften stammt aus etruskischen Gräbern und ist gegenwärtig aus dem christlichen Museum der vaticanischen Bibliothek entfernt). Vgl. DE ROSSI, *R. S.* III, S. 623.

⁸ BOLDETTI, S. 319: *più frequentemente di ogni altro strumento, mi sono incontrato ad osservare ne' Sepolcri de' Cimiterj contrassegnati co' vasi di Sangue o colla Palma alcuni chiodi di ferro più e meno lunghi, benchè della rugine in gran parte consumati.* Vgl. ARINGHI, *R. S.* II, S. 688; RAOUL-ROCHETTE, *Trois. Mém.*, S. 783 ff.; LIVERANI, *Le catac. di Chiusi*, S. 135 ff.; DE ROSSI, *R. S.*, II, 621 ff.; S. 623: *nel capo d'una donna in un sepolcro antico ... trovato (sono pochi anni) uno stile di bronzo, che sembrava fisso nel cranio; ma bene si conobbe essere l'acus crinalis infilato nei capelli e poi entro il sepolcro a poco a poco internatosi nelle ammollite pareti dell' occipite.*

⁹ RAOUL-ROCHETTE, *Trois. Mém.*, S. 670 ff.; BRUZZA, *Iscriz. Vercellesi*, S. 11 ff.

¹⁰ BOLDETTI, S. 579: *abbiamo di più osservato in qualche Sepolcro di Martire alcun' Uovo di marmo in somiglianza di quei di Gallina; ed uno simile vidi pure fra le Reliquie delle S. S. Balbina Vergine e Teodora Martire pochi anni sono ... In altri Sepolcri dei Cimiterj ho più volte osservato i gusci delle uova mescolate con le Reliquie de' Martiri;* DE ROSSI, *R. S.* III, S. 621 (wo diese Eierschalen sogar als „*come recipienti de liquidi*" bestimmt werden!); dazu RAOUL-ROCHETTE, S. 676 ff., und BACHOFEN, *Gräbersymbolik der Alten*, Basel 1859, S. 49 (wo die Ansicht, dass die Eier in den Gräbern als Hinweis auf das bacchische Mysterien-Ei, demnach als Zeichen empfangener bacchischer Initiation zu fassen sei. Dagegen S. 108 ff.).

¹¹ BOLDETTI, S. 329, 332, 322; DE ROSSI, *R. S.* III, S. 594.

¹² BOLDETTI, S. 298, 506, 514, 520, 521, 522, 523; DE ROSSI, *R. S.* III, S. 591 ff.

¹³ RAOUL-ROCHETTE, *Trois. Mém.*, S. 664 ff.; LE BLANT, *Inscript. de la Gaule* I, S. 210. Vgl. SEYFFERT, *De nummis in ore defunctorum repertis*, 2. Aufl., Jena 1749; STACKELBERG, *Gräber der Hellenen*, S. 42. Unrichtig die Erklärung, dass die in die Gräber eingeschlossenen Münzen als Orientirungsmittel oder zur Bezeichnung der Zeit der Herstellung des Grabes gedient (MARTIGNY, *Dict. Objets*, S. 533, nach älteren Erklärern). So fand BUONARRUOTI *(Vetri Pref.*, S. XI) in S. Agnese in einem Grabe eine Anzahl von Kaisermünzen verschiedener, zum Theil weit auseinanderliegender Epochen. Als Orientirungsmittel können selbstverständlich nur die an der Aussenseite des Grabes befestigten Münzen angesehen werden.

14*

Dritter Abschnitt.

Schmuck- und Spielsachen.

Unter den Schmuckgegenständen, die in grosser Anzahl in den Katakomben gefunden worden sind und die eine reale Basis für die gegen den Luxus gerichtete Polemik altkirchlicher Schriftsteller bieten, überwiegen die Ringe. Das Museum zu Palermo bewahrt deren allein über hundert; in beträchtlicher Anzahl finden sie sich auch im Museum zu Syrakus und in der christlichen Sammlung des Vaticans. Die Form ist die antike und wechselt mannigfaltig. Neben einfachen Reifen aus Elfenbein oder Erz trifft man schwere, kunstvoll ausgeführte, mit bildnerischem Schmuck versehene Gold- und Silberringe. Die einen sind aus einem Material gearbeitet, in andere sind geschnittene Steine eingesetzt. Letztere dienten vorwiegend als Siegelringe *(annuli signatorii)*. Die eigenthümlichen, von BOLDETTI verzeichneten Ringe, an denen ein kleiner Schlüssel befestigt ist, waren auch im heidnischen Alterthume gebräuchlich *(annuli ad claves)* und gründen sich nicht, wie angenommen wird, auf die in der alten Kirche angebliche herrschende Sitte, „an den Fingern Schlüssel zu tragen, welche an Reliquien angerührt waren."[1]

Die in die Ringe oder deren Einsatz eingeschnittenen Inschriften und Zeichnungen tragen in den meisten Fällen einen christlichen Charakter. Andere Exemplare unterscheiden sich durch nichts von den antiken Ringen. Hat doch selbst CLEMENS von Alexandrien auf diese letzteren, mit gewissen Einschränkungen freilich, als nachzuahmende verwiesen, wenn er sagt: „Unsere Siegelringe mögen eine Taube darstellen oder einen Fisch, oder ein mit günstigem Winde dahinsegelndes Schiff oder eine Leier, wie Polykrates auf seinem Ringe führte, oder einen Anker, wie Seleukus sich schneiden liess; und ist Einer ein Fischer, so erinnere er sich des Apostels und der aus dem Wasser gezogenen Kinder. Bilder von Götzen, denen zu dienen untersagt ist, dürfen nicht in die Ringe eingegraben werden, noch dürfen diejenigen, welche den Frieden suchen, ein Schwert oder einen Bogen in ihrem Siegel haben, noch die Mässigen einen Becher."²

Was die bildlichen Darstellungen auf den Ringen anbetrifft, so kehren am häufigsten wieder die Taube (auch auf antiken Ringen), der Fisch (ebenfalls antik, besonders der Delphin), sehr häufig mit der Beischrift ΙΧΟΥC oder ΙΗCΟΥC, und in Verbindung mit dem Anker; der gute Hirt, das Monogramm Christi in seinen verschiedenen Formen (Fig. 48) und in späterer Zeit das Kreuz. So sieht man auf einem aus Rom stammenden Bronzeringe ein auf erregtem Meere dahinfahrendes Schiff, in dessen geschwelltes Segel das Monogramm ☧ eingetragen ist. Daneben steht die Inschrift STEFANVS HELENAE.¹)

Fig. 48.
Ring aus Bronze.

Seltener trifft man biblische Scenen oder den Kopf Christi und die Büsten der Apostel Paulus und Petrus. Ein geschnittener Stein im Museo Nazionale zu Neapel zeigt die Auferweckung des Lazarus, eine römische Gemme Petrus auf dem Meere wandelnd. In seltsamer Aufhäufung sind auf einem früher im Kircher'schen Museum befindlichen Karneol zusammengestellt der gute Hirt, ein Schaf, ein Anker nebst zwei Fischen, eine Taube, die einen Zweig im Schnabel trägt. Dazwischen sind die Buchstaben des Wortes ΙΧΟΥC verstreut. In späterer Zeit, am Ausgange des christlichen Alterthums, häufen sich die bildlichen Darstellungen auf Ringen. Die ganze äussere Fläche wird mit Figuren besetzt. Ein Beispiel bietet ein i. J. 1872 in der Nähe von Syrakus gefundener, jetzt im Museum zu Palermo aufbewahrter Goldring des siebenten Jahrhunderts, welcher ausser einem Kaiserpaare, in dessen Mitte Christus steht, zeigt: Mariä Verkündigung, Besuch der Maria bei Elisabeth, die Geburt Christi, die Anbetung der Magier, die Taufe, die Verurtheilung Christi (*ecce homo*) und die Frauen am Grabe, und dazu die Umschrift ΟC ΩΠΛΩΝ ΕΥΔΟΚΙΑC ΕCΤΕΦΑΝΟCΑC ΗΜΑC (ὡς ὅπλῳ εὐδοκίας ἐστεφάνωσας ἡμᾶς Psalm 5, 13).³

Einige Steine tragen auch, antiker Sitte folgend, das Bild des Besitzers oder eines Freundes oder eines Ehepaares.

In den bildlichen Darstellungen treten häufig Inschriften, oder diese füllen den Raum allein aus. Sie bezeichnen entweder den Namen des Besitzers z. B. IANVARIA — FL · PAVLINI — VICTORE · AVG oder enthalten die nicht nothwendig religiöse Acclamation VIVAS mit und ohne den Namen desjenigen, an welchen diese sich richtet. Entschieden religiöse

---

¹) Scl. *libertus* oder *servus*.

Bedeutung haben dagegen Zurufe und Aussprüche wie VIVAS IN DEO, SCVTARI PAPA VIVE DEO, SPES IN DEO, IN DEO VITA, ΚΥΡΙΕ ΒΟΗΘΕΙ¹) u. A.⁴

Fig. 49.
Haarnadel
aus
Elfenbein.

Daneben bieten zahlreiche Kameen und Gemmen die aus der Antike bekannten Darstellungen historischer oder mythologischer Art. Aus S. Priscilla stammt ein prächtiger Achat mit dem Bilde des Augustus, aus S. Calepodio ein geschnittener Stein mit einer bacchischen Scene. Andere Gemmen zeigen Ganymed, Eros und Psyche, den Kopf der Livia, einen Amor, der auf einem Löwen reitet. Ihre Zahl scheint, nach zuverlässigen Berichten, eine ausserordentlich grosse gewesen zu sein.

Seltener als die Ringe verrathen andere aus den Gräbern gezogene Schmucksachen ihren christlichen Ursprung, Arm- und Halsbänder, Ohrringe, Haarnadeln *(discriminalia)*. Sie decken sich mit den aus dem Alterthume überlieferten Gegenständen gleicher Zweckbestimmung (vgl. Fig. 49). Zu den Ausnahmen gehört eine Haarnadel mit dem entschieden religiösen Zuruf an die Besitzerin + ROMVLA VIVAS IN DEO SEMPER.²) Andererseits legt ein in den römischen Katakomben gefundenes Bracelet mit den Zeichen des Thierkreises Zeugniss davon ab, dass die astrologische Superstition in der Gemeinde fortdauerte.

Ein Kinderarmband, welches BOLDETTI mittheilt, hat die Form eines aus zwei Strängen geflochtenen Reifes, an welchem zwei kleine Schellen aus Bronze hängen, die vielleicht als Amulette dienten (Fig. 50).

An Toilettengegenständen haben die Katakomben u. A. geliefert: Parfüm- und Schmuckkästchen, Spiegel, Ohrlöffel.³ Einem dieser letzteren sind die Worte eingegraben:

+ ΥΓΙΕΝ	Ὑγιαίν-
ΟΥΣΑ ΧΡ	ουσα χρ-
Ω ΚΥΡΑ Κ	ῶ, κύρα· κ-
ΑΛΩΗ ΚΕ	αλῶν και-
ΡΩΝ ΑΠΟ	ρῶν ἀπο-
ΛΑΥCΗC³)	λαύσῃς·

Ein altchristliches silbernes Schmuckkästchen von vortrefflicher Aus-

---

¹) „Lebe in Gott" — „Vater Scutarius, lebe in Gott" — „Hoffnung in Gott" — „Leben in Gott" — „Herr, hilf."
²) „Romula, mögest du immerdar in Gott leben."
³) „Zu glücklichem Gebrauche, Herrin. Frohe Stunden seien dir beschieden!"

führung, das als Brautgeschenk gedient hat, wurde 1793 in Rom gefunden. Auf dem Deckel sind in ciselirter Arbeit in einem von zwei Eroten gehaltenen Myrtenkranze die Brustbilder des jungen Ehepaares angebracht. Die Rückwand zeigt die Heimführung *(deductio)* der Braut; drei Knaben und zwei, Geschenke tragende Jungfrauen begleiten sie, wie sie dem Hause des zukünftigen Gatten zuschreitet. Auf der Vorderwand wird die Toilette der Venus vorgeführt. Die Göttin, fast ganz unbekleidet, sitzt in einer Muschel, welche zwei Tritonen, denen Eroten zur Seite stehen, tragen, und hält in der Linken einen Spiegel. Am unteren Rande läuft durch das Monogramm ☧ nebst Alpha und Omega eingeleitet, die Inschrift SECVNDE ET · PROIECTA·VIVATIS · IN · CHRI(sto).[1]) Auf den Bodenfeldern erscheint, in Nachbildung der Toilette der Venus, die Neuvermählte bei der Toilette. Die linke und die rechte Seitenwand tragen Darstellungen von Nereiden, Delphinen und Eroten.

Fig. 50. Armband.

Einfacher ist ein ebenfalls römisches Parfümkästchen. Das Material ist Bronze; den Deckel bildet ein grosser, von vergoldetem Metall eingefasster Chalcedon. Auch unter den kostbaren Achat- und Goldvasen, die in dem Grabe der Kaiserin Maria gefunden wurden, scheinen mehrere zur Aufnahme von Parfüm gedient zu haben.

Höchst eigenthümlich ist ein Schmuck- oder Geldkästchen aus Bronze, gegenwärtig in Rom in Privatbesitz. Auf der einen Seite desselben sieht man einen jugendlichen Kopf mit grossen Augen und etwas unfreundlichem Gesichtsausdruck, ein Bild Christi oder des Besitzers. In die andere Seite, in welche das Schloss eingebrochen war, sind in die Ecken viermal zwei concentrische Kreise eingegraben, welche in sich ein vollständiges lateinisches Alphabet tragen. In dem Zwischenraume zwischen dem oberen und dem unteren Kreispaare stehen die Worte VIVAS IN DEO.

Die Bedeutung des viermaligen Alphabetes ist nicht klar. Wahrscheinlich stand dasselbe in irgend einer Beziehung zu dem Geheimniss des Schlosses. Ob das Objekt, welches dem vierten Jahrhundert angehört, aus den Katakomben stammt, steht nicht fest, ist aber wahrscheinlich.

Die Spiegel entbehren sämmtlich christlicher Indicien. Sie sind in den Gräbern vorhanden als Stücke des Hausinventars, nicht als Symbole der reinen Seele, wie früher angenommen wurde. Antike Gräber liefern sie

---

[1]) „Secundus und Projecta, lebet in Christo!"

in gleicher Weise; in griechisch-campanischen Gräbern fand man sie öfters mit Papyrusblättern umwickelt, um sie vor Feuchtigkeit zu schützen.

Auch die Kämme entsprechen durchaus den antiken Mustern. Nur ein aus Chiusi stammendes Exemplar zeigt auf jeder Seite zwei einander gegenüber gerichtete Schafe, zwischen denen einmal ein Kranz, das andere Mal ein Bischofsstuhl sich befindet, also specifisch christliche Darstellungen.

Fig. 51.
Puppe aus Elfenbein.

Bei Gelegenheit der Kämme sei auch erwähnt, dass mehrfach Chignons[6] in den Katakomben gefunden sind. Gegen den Gebrauch derselben hat bekanntlich Tertullian in heftiger Weise sich ausgesprochen. Aber seine Polemik hat, wie die Funde zeigen, ebensowenig Erfolg gehabt, wie die Drohung des Bischofs Paulinus von Nola:

Quaeque caput falsis cumulatum crinibus augent,
Triste gerent nudo vertice calvitium.

Die Spiele und Spielsachen gehören zum Theil Erwachsenen, zum Theil Kindern an. Diese sind im Einzelnen: Puppen, in grosser Anzahl, aus Elfenbein, bald roh, bald kunstvoll ausgeführt, mit beweglichen Armen und Beinen (Fig. 51), Puppenstubenmobiliar, kleine Thierfiguren aus Terracotta oder Bronze, darunter Mäuse, ein Hirsch, ein Leopard, eine Ente, ein Singvogel, ein Schaf; ferner Glöckchen *(tintinnabula)*, Sparbüchsen, einige von der Form einer roh ausgearbeiteten menschlichen Büste, und zahlreiche andere kleine Gegenstände verschiedener Art, mit denen die Kinder ihr Spiel zu treiben lieben, wie Kügelchen, Elfenbeinmarken, Perlen, Lämpchen, bunte Steinchen.[7]

Auf Glücksspiel beziehen sich die zahlreichen Würfel aus Stein oder Knochen von wechselnder Grösse, und mehrere Spielbretter *(tabulae lusoriae)* aus Marmor. Zwei derselben tragen die Inschriften:

1.	2.
VICTVS LEBATE *(leva te)*	DOMINE FRATER
LVDERE NESCIS	(h)ILARIS SEMPER
DA LVSORI LOCV(m) [1])	LVDERE TABVLA [2])

Dazu kommen zahlreiche Spielmarken.[8]

[1]) „Du bist besiegt. Mache dich fort. Zu spielen verstehst du nicht. Räume den Platz dem echten Spieler."

[2]) „Herr Bruder, immer fröhlich Brett spielen!"

¹ So schon BOLDETTI (S. 502); auch DE ROSSI, *R. S.*, S. 583, und KRAUS, *R. S.*, S. 493. MARTIGNY, *Dict. Anneaux*, S. 49 theilt diese Annahme, lässt aber daneben den praktischen Gebrauch der Ringschlüssel gelten. Die für jene Ansicht angezogene Stelle bei GREGOR d. Gr. (*Epist. lib.* I, 31) lautet: *praeterea sacratissimam clavem a beati Petri apostolorum principis corpore vobis transmisi, quae super aegros multis solet miraculis coruscare, nam etiam de ejus catenis interius habet*; vgl. auch I, 26. Daraus geht hervor, dass es sich hier nicht um kleine Schlüsselringe handelt, und dass die Austheilung jener von Gregor erwähnten Ringe ein nur in seltenen Fällen erwiesene Auszeichnung war, womit das häufige Vorkommen von Schlüsselringen in Widerspruch steht. Zudem sind solche superstitiöse Donationen vor Gregor nicht nachweisbar.

² CLEMENS AL., *Paed.* III, c. 11. Zusammenhang und Inhalt ergeben gleichmässig, dass es sich hier nicht um Empfehlung bestimmter christlicher Symbole handelt, sondern um eine Auswahl unter den üblichen heidnischen Ringdarstellungen. Und zwar empfiehlt Clemens solche, die neutral sind und dem christlichen Geiste, wie er ihn vertritt, nicht widersprechen.

³ Vgl. GARR., t. 477, 478; DE ROSSI, *Bull.* 1872, t. VII, 3. Ueber den Syrakusaner Ring SALINAS, *Del Museo Nazionale di Palermo*, Palermo 1874, t. A n. 1; ebenderselbe und G. ROMANA im *Archivio Stor. Sicil.* 1878, fasc. I°; *Bull.* 1880, t. VII, 3.

⁴ GARR. a. a. O.; DE ROSSI, *Bull.* 1878, t. X, 2; 1880, t. VII, 4.

⁵ BOLDETTI, S. 298, 500, 502; MARTIGNY, *Dict. Objets* u. s. w., S. 531 ff.; *Revue archéol.* 1879, VII, S. 39 ff.

⁶ Ueber das jetzt in Paris befindliche Schmuckkästchen D'AGINCOURT, *Sculpt.* pl. IX; VISCONTI, *Lettera su di una antica argent.*, 2. Aufl., Rom 1825; PIPER a. a. O.; m. *Arch. Stud.*, S. 111 ff. — BOLD., S. 501; DE ROSSI, *Bull.* 1863, S. 54 (Parfümbüchsen); *Bull.* 1880, t. VII (Kästchen); BOLD., S. 502; DE ROSSI, *R. S.* III, S. 305, 335, 346, 585; *Bull.* 1880, t. VI (Kämme, darunter einer mit der Inschrift EVSEBI · ANNI [*Eusebius Annius*], auch bei männlichen Leichen); Chignon BOLD., S. 297: „*e in diverse tombe di questo ed altri cimiterj ho rinvenuto capelli ora disciolti ora in varj acconcj disposti, seconda la diversità degli usi in que' tempi.*"

⁷ BOLD., S. 496, 506, 512, 518.

⁸ BOLD., S. 506, 509; LUPI, *Epit. Sev.*, S. 57, t. IX, 6; BOLD., S. 447; MARANGONI, *Acta S. Vict. Append.*, S. 140; vgl. ARMELLINI, *S. Agnese*, S. 308 ff. Ein von MURATORI (I, S. 661, 3) mitgetheiltes antikes Spielbrett hat die Inschrift SEMPER IN HANC | TABVLA HILARE | LVDAMVS AMICI | , ein anderes (ORELLI, n. 4315a), in Monteleone gefundenes auf der einen Seite CIRCVS PLENVS | CLAMOR POPVLI | (gaudia) CIVIVM, auf der anderen VICTVS LEBA TE | LVDERE NESCIS | DA LVSO LOCVM.

Vierter Abschnitt.

Amulette.

Das gesammte vorchristliche Alterthum mit Einschluss des Judenthums kannte und benutzte Amulette *(Encolpia, fascina,* προβασκάνια, φυλακτήρια) als abwehrende Mittel gegen körperliche und seelische Schädigung.

Das wichtigste Object magischer Bekämpfung bildete der böse Blick *(malus oculus)*, wie auch heute noch in Italien. In der Zeit des grossen Synkretismus im ersten und zweiten Jahrhundert, wo die Stützen der alten Religion wankend wurden und Magie und Theurgie in weiteren Kreisen Eingang fanden, wurde die Zahl der Amulette unübersehbar.

Sie sind entweder solche Gegenstände, die allein durch ihre Form und ihr Material wirksam werden wie der Phallus, die Scarabäenhörner und die aus Galgennägeln angefertigten Ringe, oder solche die mit gewissen, oft räthselhaften Zeichen oder Inschriften (Ἐφέσια γράμματα) versehen sind. Sie nach bestimmten Religionsgenossenschaften zu classificiren, wird immer ein vergebliches Unternehmen bleiben; der Gebrauch der Amulette und die dadurch vorausgesetzte Anschauung ist interreligiös.[1]

Aus dem Heidenthume kamen die Amulette in die Gemeinden. Das eifrige Ankämpfen morgenländischer und abendländischer Kirchenschriftsteller gegen diesen Aberglauben kann als Beweis dienen, wie tief derselbe gewurzelt, wie allgemein er verbreitet war. Sogar Geistliche, schriftkundige Männer, leisteten ihm durch Anfertigung von Amuletten Vorschub, und so wenig erschien er ausrottbar, dass man in der Kirche nur zu fordern sich beschränkte, dass die Amulette rein heidnischer Form durch christliche ersetzt würden.[2] Diesem Verlangen ist wörtlich und in weiterem Sinne Folge gegeben.

Zu den heidnischen Amuletten traten in den Gemeinden bald christliche, aber auch synkretistische. Ihr Vorhandensein bezeugen die literarischen Quellen übereinstimmend mit den Monumenten.

Letztere stammen zum grössten Theil aus Gräbern, wenn auch im Einzelnen der Fundort sich nicht immer nachweisen lässt.

Heidnische Amulette fand BOLDETTI mehrfach in den römischen Katakomben, darunter kleine Elfenbeintäfelchen mit dem den bösen Blick abwehrenden Medusenhaupte; ferner eine Marke mit der eingegrabenen Zeichnung eines Hasen, die offenbar auf den von Plinius constatirten Brauch, als Mittel gegen Leibweh Hasenknöchel zu tragen, Bezug hat. Auch die in grosser Anzahl vorkommenden kleinen Schollen (vgl. Fig. 50 S. 215), darunter einige von Gold und Silber, scheinen zum Theil wenigstens als Amulette gedient zu haben. Das heidnische Alterthum gebrauchte sie als Mittel gegen den bösen Blick. Ein vor einigen Jahren auf dem Esquilinus gefundenes goldenes Glöckchen trug in diesem Sinne die Inschrift:

```
TOI    COM   MAC   IN
YПO    TET   TAГM  AI¹)
```

Auch die aus Silber, Gold oder anderem Material angefertigten kleinen Bullae *(lunulae)*, eine im Alterthume sehr beliebte Amulettform, fehlen nicht in den Katakomben. Sie pflegten den Kindern bald nach der Geburt am Namenstage (ὀνομαθεσία, *nominalia*) geschenkt zu werden.

So lesen wir bei Plautus²):

Non meministi me ad te afferre natali die
Lunulam atque anellum aureolum in digitum?

Sie hatten die Form einer Kapsel, in welche ein Amulett eingeschlossen war, und bestanden bei Reichen aus edelm Metall, bei Aermeren aus Leder. Wie sehr sie unter den Christen verbreitet waren, geht daraus hervor, dass die altchristlichen Künstler mehrmals Eva mit einer solchen Bulla abbilden; auch die Genien auf dem in der vaticanischen Sammlung befindlichen Porphyrsarkophage der Constantia tragen dieselbe. Vielleicht gehören auch einzelne der in und an den Gräbern zahlreich entdeckten Tesserae und Krystallkügelchen mit Nummern hierher. Doch lässt sich darüber nichts Zuverlässiges aussagen.³

Häufiger sind christliche Amulette. Auf einem geschnittenen Steine griechischer Herkunft liest man ΕΥΤΥΧШC ΤШ +ΟΡΟΥΓΙ (εὐτυχῶς

---

¹) „Gegen die Augen (d. h. gegen den bösen Blick) bin ich als Schutz gestellt."
²) PLAUTUS, *Epid.* V, 1, 3 ff.

τῷ φοροῦντι) d. h. „Glück dem, der es trägt". Absichtlich wohl ist hier dem ⳨ die Form + gegeben, und vielleicht gerade hierin die Wirkung des Amulettes gesetzt. Zahlreich sind die demselben Zwecke dienenden Bronzetäfelchen von kreisrunder Form, zum Aufhängen am Halse bestimmt. Sie tragen Abbildungen des Besitzers, das Monogramm Christi, biblische Scenen und historische Darstellungen. So sehen wir auf einem im christlichen Museum der vaticanischen Bibliothek befindlichen Exemplare (Fig. 52) auf der einen Seite einen Bronzekopf, auf der anderen das Monogramm Christi.

Fig. 52. Amulett.

Von der Fischsymbolik sind ausgegangen Fische von Bronze oder Glas, die mit Oeffnungen oder kleinen Ringen zum Befestigen versehen sind und einigemal die Inschrift tragen ⲤⲰⲤⲀⲒⲤ d. h. „mögest Du mich bewahren." Angeredet ist Christus, welchen der Fisch symbolisirt.

Etwas späterer Zeit gehört an ein i. J. 1863 bei S. Lorenzo auf der Brust eines Todten gefundenes goldenes Kreuz, welches eine kleine Höhlung zur Aufnahme einer Reliquie enthielt und auf beiden Seiten in dieser Form die Worte hatte:

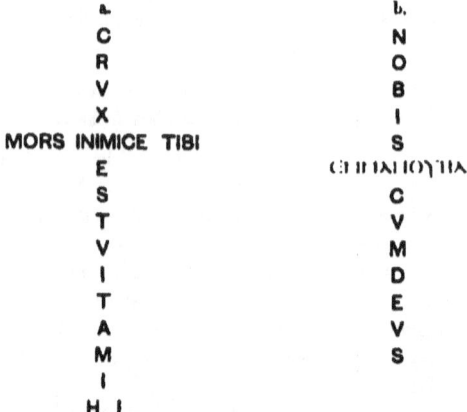

Crux est vita mihi — Mors, inimice, tibi — Ἐμμανουὴλ — nobiscum Deus.[1]) Die Buchstaben H I sind auf die untere Kernseite des Kreuzesbalken geschrieben.

Der „Feind" (inimicus), welchem der Tod angewünscht wird, ist der

---

[1]) „Das Kreuz ist mir Leben; dir Feind, Tod. — Emmanuel, mit uns ist Gott."

Teufel. Ihm gegenüber wird das Kreuz als Schutzmittel bezeichnet. Das Monument, ein kunstvoll ausgeführtes Werk, scheint im sechsten Jahrhundert entstanden zu sein.⁴

Eine längere Inschrift lesen wir auf einem in der Nähe von Beirut gefundenen Goldblättchen von 0,029 m Länge und 0,021 m Breite, das in ein ebenfalls goldenes, zum Tragen am Halse eingerichtetes Etui geschoben war. Die Worte lauten:

ΕΞΟΡΚΙΖΩ   Ἐξορκίζω
CΕ Ω CΑΤΑΝΝΑC   σε, ὦ Σατανᾶς,
ΚΑΙ CΤ ΜΕ ΝΙΨΟ   — καὶ σταυρέ με νίψον —
ΙΝΑ ΜΗΠΟΤΕ ΚΑ   ἵνα μήποτε κα-
ΤΑΛΕΙΠΗC ΤΟΝ ΤΟ   ταλείπῃς τὸν τό-
ΠΟΝ COY ΕΠΙ ΤΩ Ο   πον σου ἐπὶ τῷ ὀ-
ΝΟΜΑΤΙ ΤΟΥ ΚΥ   νόματι τοῦ κυ-
ΡΙΟΥ ΘΕΟΥ ΖΩΝ   ρίου θεοῦ ζῶν-
ΤΟC· ΑΝΕΓΝΩC   τος· Ἀνεγνωσ-
ΜΕΝΟΝ ΕΠΙ ΤΩ   μένον ἐπὶ τῷ

(andere Seite:)
ΤΟΠΩΙ ΤΗC   τόπῳ τῆς
ΤΗΝ ΕΠΙΕΚΕΧΡ   τὴν ἐπικέχρ-
ΙΚΑ¹)   ικα.

So die Lesung von Fr. Lenormant (Cahier et Martin, *Mélanges d'Archéol*. III, S. 150 ff.), die mit Ausnahme vielleicht von Z. 3, die keinen guten Sinn giebt, richtig zu sein scheint. Eigenthümlich ist der Schlusssatz. Die Vermuthung Lenormant's (auch Kraus, *R. E. Amulete*, S. 51), dass hiermit die letzte Oelung gemeint sei, bei welcher dieser Exorcismus gebraucht wurde, hat keinen Grund. Es handelt sich vielmehr um eine mit der Verleihung des Amuletts verbundene ceremonielle Salbung.

Ein grösseres Interesse beanspruchen die synkretistischen Amulette, welche heidnische, jüdische und christliche Elemente in seltsamer Weise vereinigen. Von den sog. Abraxasgemmen ist hier abzusehen; nur ein Ring aus Knochen sei erwähnt, welcher neben dem Monogramm ⚹ das Wort ΑΒΡΑCΑΞ, den geheimnissvollen Namen basilidianischer Gnostiker, geschrieben zeigt.

¹) „Ich beschwöre dich, Satan, — du, Kreuz, reinige mich(?) — dass du nie deinen Ort verlässest, im Namen des Herrn, des lebendigen Gottes. Gelesen im Wohnhause derer, die ich gesalbt habe."

Ein in Rom zum Vorschein gekommener magischer Nagel trug auf drei Seiten die Worte:

VINCIT LEO DE TRIBV
\+ RADIX DAVIT SOLOMONI +
DAVIT FILIVS IESSE[1]

Z. 2 u. 3: *David*. Z. 2: *Salomonis*.

Ein Theil dieser Worte findet sich wieder auf einem ebenfalls magischen Zwecken dienenden Kupferblättchen:⁶ DOMINVS — BICIT (*vicit*) TE LEO DE TRIBVS IVDA RADIS (*radix*) DAVIT. Die andere Seite desselben dagegen hat die ausführlichere und den christlichen Ursprung deutlicher ausprägende Inschrift:

IESV ☩ STVS	*Jesus Christus.*
LIGABIT TE BRA	*Ligabit te bra-*
TIVS DEI ET SIGIL	*chium Dei et sigil-*
LVS SALOMONIX	*lum Salomonis,*
ABIS NOTTVRNA	*avis nocturna,*
NON BALEAS AD	*Non valeas ad*
ANIMA PVRA ET	*animam puram et*
SVPRA QVIS	*supra quis-*
VIS SIS[2]	*quis sis.*

Derselben Gattung gehört ein in Paris befindlicher geschnittener Stein an. Auf demselben sieht man auf anspringendem Rosse einen Reiter, der im Begriff ist, einen am Boden liegenden Mann mit einer Lanze zu durchbohren. Daneben steht geschrieben ϹΟΛΟΜΩΝ (Salomo) und auf der Rückseite ϹΦΡΑΓΙϹ ΘΕΟΥ[3]. Das Amulett scheint einem Krieger angehört und zum Schutze im Kampfe gedient zu haben.

Sind diese Monumente Zeugnisse eines jüdisch-christlichen Synkretismus auf dem Gebiete des Aberglaubens, so dient als Beispiel einer heidnisch-jüdisch-christlichen prophylaktischen Formel ein in Neapel gefundener magischer Nagel, der auf seinen vier Seiten mit lateinischen, zum Theil unverständlichen Worten beschrieben ist. Der Schluss lautet: TER DICO

---

[1] „Es überwindet (dich) der Löwe aus dem Stamme (Juda), die Wurzel Davids und Salomonis, David, der Sohn Jesse's."

[2] „Jesus Christus. Binden wird dich, Vogel der Nacht, der Arm Gottes und das Siegel Salomo's. Keine Gewalt sollst du haben über eine reine (d. h. gefeite) Seele, wer du auch seiest."

[3] „Siegel Gottes".

TER INCANTO IN SIGNV DEI ET SIGNV SALOMONIS ET SIGNV DE DOMNA ARTMIX[1]) *(signo dominae Artemidis).*[6] Eine Mischung von Heidenthum und Christenthum endlich liegt vor in mehreren Medaillen, welche auf dem Avers das Bild Alexanders des Grossen, auf dem Revers christliche Inschriften und Darstellungen tragen.[7] Eine derselben zeigt auf der einen Seite Alexander sammt der Inschrift ALEXSDRI, auf der anderen eine Eselin und ein an ihr saugendes Füllen, dazu die Legende D N IHV XPS DEI FILIVS *(dominus noster Jesus Christus, Dei filius).*

Eine eigene Classe der Amulette bilden die Enkolpien, hohle, auf der Brust getragene Gegenstände von der Form eines Kreises, Halbmondes, Fisches oder Kreuzes, in denen eine Reliquie, der eigentliche Zauber, aufbewahrt wurde. Schon das Heidenthum kannte die Enkolpien: die oben erwähnten *bullae* aus Metall oder Leder, welche die Christen sich unverändert aneigneten. Daneben aber wurden christliche Bullae in den Gemeinden gebräuchlich und mit dem Aufkommen der Reliquienverehrung und dem Aufblühen der Reliquienindustrie sehr beliebt. Der Bischof Paulinus von Nola rühmte sich, „als Schutzmittel für das irdische und als Pfand für das zukünftige Heil" *(munimentum praesentis et pignus aeternae salutis)* in einer Kapsel ein Stückchen vom Kreuze Christi zu besitzen. Andere trugen in den Enkolpien Evangeliensprüche, welchen der volksthümliche Aberglaube prophylaktische Kraft zuschrieb, Asche oder Knochen von Heiligen und andere Reliquien, welche die gehörige Werthschätzung hatten. Auch das oben erwähnte goldene Kreuz aus S. Lorenzo enthielt in dem gehöhlten oberen Balken, in welchem der Henkel eingeschraubt ist, eine Reliquie.

---

[1] S. F. ARPE, *De prodigiosis operibus, talismanes et amuleta dictis,* Hamb. 1717; O. JAHN, *Ueber den Aberglauben des bösen Blickes (Berichte der Königl. Sachs. Gesellschaft d. Wissensch.* 1855, S. 28 ff.); vgl. auch die Artikel *Fascinum* und *Magia* in PAULY'S *Realencykl.*

2) CHRYSOST., *Hom. XII in I Epist. ad Cor.* (X, S. 125 ed. Bened. nora): τί ἄν τις εἴποι τὰ περίαπτα καὶ τοὺς κώδωνας τοὺς τῆς χειρὸς ἐξηρτημένους .. καὶ τὰ ἄλλα τὰ πολλῆς ἀνοίας γέμοντα, δέον μηδὲν ἕτερον τῷ παιδὶ περιτιθέναι, ἀλλ' ἢ τὴν ἀπὸ τοῦ σταυροῦ φυλακήν. — *Ad illum. cat.* II (II, S. 287): τί ἄν τις εἴποι περὶ τῶν ἐπῳδαῖς καὶ περιάπτοις κεχρημένων καὶ νομίσματα χαλκᾶ Ἀλεξάνδρου τοῦ Μακεδόνος ταῖς κεφαλαῖς καὶ τοῖς ποσὶ περιδεσμούντων· αὗται αἱ ἐλπίδες ἡμῶν; εἰπέ μοι, ἵνα μετὰ σταυρὸν καὶ θάνατον δεσποτικὸν εἰς Ἕλληνος βασιλέως εἰκόνα τὰς ἐλπίδας τῆς σωτηρίας ἔχωμεν·

---

1) „Dreimal sag ich's, dreimal beschwör ich's mit dem Zeichen Gottes, mit dem Zeichen Salomo's und mit dem Zeichen der Herrin Artemis."

Vierter Abschnitt. Amulette.

οὐκ οἶδας, πόσα κατώρθωσεν ὁ σταυρός· τὸν θάνατον κατέλυσε . . . καὶ εἰς σώματος ὑγίειαν οὐκ ἔστιν ἀξιόπιστος; κ. τ. λ. — *Comment. in Gal.* I (X, S. 70, 3 ff.); καὶ γὰρ Ἑλλήνων ἤδη πολλὰ παρὰ τισι τῶν ἡμετέρων φυλάττεται, κληδονισμοί . . . καὶ τὰ πάσης δαιμονικῆς γέμοντα γραμματεῖα, ἃ τικτομένων τῶν παιδίων εὐθέως ἐπὶ κακῷ τῆς ἑαυτῶν συνιστᾶσι κεφαλῆς. — *Adrers. Iud.* 5 (I. S. 883); εἰπὲ ὅτι Χριστιανοὶ διὰ τοῦτο καὶ καλούμεθα καὶ ἐσμέν, ἵνα τῷ Χριστῷ πειθώμεθα, οὐχ' ἵνα πρὸς τοὺς ἐχθροὺς τρέχωμεν. Ἂν δέ τινος θεραπείας προσείνηται, καὶ λέγῃ πρός σε, ὅτι ὑπισχνοῦνταὶ θεραπεύειν, καὶ διὰ τοῦτο πρὸς αὐτοὺς τρέχω, ἀναχλόψον αὐτῶν τὰς μαγγανείας, τὰς ἐπῳδάς, τὰ περιάμματα, τὰς φαρμακείας. — *Hom.* IV *in Epist. ad. Cor.* n. 6 (X, S. 36 ff.); XII *in Epist. ad Cor.* n. 6 (X, S. 124 ff.). — *Concil. Laodic.*, c. 36: ὅτι οὐ δεῖ ἱερατικοὺς ἢ κληρικοὺς μάγους ἢ ἐπαοιδοὺς εἶναι ἢ μαθηματικοὺς ἢ ἀστρολόγους ἢ ποιεῖν τὰ λεγόμενα φυλακτήρια, ἅτινά ἐστι δεσμωτήρια τῶν ψυχῶν αὐτῶν· τοὺς δὲ φοροῦντας ῥίπτεσθαι ἐκ τῆς ἐκκλησίας ἐκελεύσαμεν. — BASIL., *In psalm.* XLV (I, S. 171 ed. Paris. 1721): ὅταν ἐν ταῖς θλίψεσιν ἐπὶ πάντα μᾶλλον ἢ ἐπὶ τὸν θεὸν τρέχωμεν. Nosei τὸ παιδίον· καὶ σὺ τὸν ἐπαοιδὸν περισκοπεῖς ἢ τὸν τοὺς περιέργους χαρακτῆρας τοῖς τραχήλοις τῶν ἀναιτίων νηπίων περιτιθέντα κ. τ. λ. — AUGUST., *Tract.* VII *in Ioan.* (t. IX, S. 63 ff. ed. Basil. 1569): fingunt spiritus mali umbras quasdam honoris sibimet ipsis, ut sic decipiant eos qui sequuntur Christum. Usque adeo, ut illi ipsi, qui seducunt per ligaturas, per praecantationes, per machinamenta inimici, misceant praecantationibus suis nomen Christi, quia jam non possunt seducere christianos. Weitere Belege bei BINGHAM VII. S. 251; IV, S. 283 ff.; DE ROSSI, *Bull.* 1869, S. 59 ff. Vgl. auch REICHELT, *Exercit. de Amuletis*, Argent. 1676, und KRAUS, *Amulete* (R. E. 59 ff.).

*) BOLD., S. 509, 512, 506 (dazu PLINIUS XXVIII, 13: *ventris quidem dolore tentari negant, talum leporis habentes*), 332; vgl. RAOUL-ROCHETTE, *Troisième Mém.*, S. 740 ff. Ueber den Fund auf dem Esquilin *Annali dell' Inst. archeol.* 1875, S. 50 ff.

⁴) Vgl. DE ROSSI, *Bull.* 1863, S. 31.

⁵) Die beiden Monumente beschrieben bei DE ROSSI, *Bull.* 1869, S. 62. Ebendaselbst ein drittes, in welchem das Amulett angerufen wird, der Besitzerin Syntyche Schutz zu verleihen: ΚΑΙ ΗΥΚΤΟϹ ΚΑΙ ΗΜΕΡΑϹ ΚΑΙ ΜΕϹΗΜΒΡΙΑϹ ϕΥΛΑΧΟΗ ϹΥΠΤΥΧΗΙ; vgl. darüber FRÖHNER im *Bulletin de la Société des Antiquaires de Normandie* 1867, VII, S. 217 ff., wo die erste Lesung gegeben wurde; dazu F. X. KRAUS in d. *Nass. Annal.* IX, S. 123 ff. Letzterer spricht dem Amulette den christlichen Ursprung ab; mit Unrecht, wie mir scheint. Der Ring mit der Abrasax-Inschrift abgeb. bei ROLLER, *Les Catac.* II, S. 325. Ueber den Stein des Cabinets der Gemmen in Paris CHABOUILLET, *Catal. général des camées*, n. 2218; GARRUCCI, t. 492, 10.

⁶) *Annali dell' Instituto di corr. archeol.* 1846, S. 216; WILMANNS, *Exempla Inscript. latt.*, n. 2751. DOMNA ARTEMIX KR (κυρία?) NE AVREAS SOLBE KATENA TVAS EN CANES *(canibus)* TVO(s) AGRETES SIABATICOS *(silvaticos)* SBE *(sive)* QVENQVE COLORES *(colorem)* APERTABV *(apertabunt)* | CABE *(cave)* NF *(ne)* APETAT *(appetant)* RVRA REQ *(res!)* ANBA *(arra!)* QVI BENITBA *(penetrant)* QVI REAQ(?) AND(?) FORA ST | RASA(?) IN CORTE NOSTRA NON INTEREN *(!)* PECORA NOSTRA NON TANGANT ET A | SINOS NOSTRO *(s)* NO (n) MOLESTE (nt) TER DICO TER INCANTO IN SIGNV DEI ET SIGNV SALOMONIS E | T SIGNV DE DOMNA ARTMIX.

⁷) PACIAUDI, *Osserv. sopra alcune singulari e strane medaglie*, Napoli 1748; VETTORI, *Diss. de quibusd. Alex. Severi numismatibus*, Romae 1749. Dazu die franz. *Revue numismatique*, 1857, und KRAUS, *Das Spottcrucifix vom Palatin*, Freib. 1872, S. 23. Taf. n. 3; auch GARR., t. 492, 19, 20, 22.

Fünfter Abschnitt.

Die Blutgläser.

Als am Ende des sechszehnten Jahrhunderts dem erstaunten Rom zufällig eine christliche Grabstätte sich öffnete, und an diese eine lange Reihe weiterer Entdeckungen sich anschloss, und die archäologische Forschung sich dem neuen Gegenstande zuwandte, forderte die Kirche oder genauer die römische Kirchenleitung ihren Antheil daran in der Form von Reliquien. Es wurde damit das Verfahren der Päpste des frühen Mittelalters wieder aufgenommen. Doch während damals nicht einmal der Versuch gemacht worden zu sein scheint, zwischen Leichen von Märtyrern und Nicht-Märtyrern zu scheiden, verschaffte man sich jetzt gewisse Indicien, an denen die Märtyrergräber zu erkennen sein sollten. Diese waren: die Palme, das Kreuz, die Krone, das Herzblatt, das Monogramm Christi, die Taube, das Lamm, Instrumente in den Gräbern oder auf der Verschlussplatte abgebildet und die sog. Blutampulle. Tausende von Leichen sind nach solcher Maassgabe erhoben und in Rom vertheilt oder nach Aussen versandt worden. Congregationen, die Kirche, Private haben an dem Nachsuchen und dem Exportgeschäfte Theil genommen. Ganze Cömeterien oder ihre Theile wurden zum Zwecke der Reliquienausbeutung verpachtet, und da eine verständige Aufsicht fehlte, so hielten sich die Suchenden häufig nicht einmal an jene Indicien.

Aber auch diese Indicien sind nach dem übereinstimmenden Urtheile verständiger katholischer Forscher der Gegenwart nicht als Maassstäbe in der vorliegenden Frage anzusehen, mit Ausnahme, wie behauptet wird, der Blutampulle. Das Monogramm Christi und das Kreuz treten erst in einer Zeit auf, wo die Verfolgung ihr Ende erreicht hatte; Palme, Taube, Krone und Lamm finden sich ebenfalls auf nachkonstantinischen Gräbern und in den früheren Jahrhunderten in solcher Anzahl, dass darnach mehr als fünfundzwanzig Procent der römischen Christen als Märtyrer zu beurtheilen sein würden, was auch die entschiedensten Gegner der *paucitas martyrum* ablehnen werden. Das Herzblatt weiterhin ist ein auch auf antiken Inschriften nicht seltenes Interpunktionszeichen, und die Instrumente und Instrumentenabbildungen in und auf den Gräbern bezeichnen nur das Handwerk des Todten; es bliebe demnach nur die Blutampulle als indicium martyrii übrig.

Aus der Reihe der zahlreichen mannigfach gestalteten Glas- und Thonfiguren, welche die römischen Katakomben lieferten, scheiden schon seit der Wiederaufdeckung der Cömeterien die Archäologen eine Classe aus, die als Blutgläser *(phiolae rubricatae, ampullae sanguinolentae)* bezeichnet werden.[1] Die Form der Gläser dieser Gattung ist keine einheitliche: breite Schalen mit niedrig aufgebogenem Rande und eigentliche Flaschen, und zwischen beiden liegende Mischformen werden dazu gerechnet. Man trifft sie sowohl in den Gräbern wie an der Aussenseite; im letzteren Falle sind sie mit Mörtel neben oder an der Verschlussplatte befestigt. Was sie charakterisirt und zu ihrer Classificirung Veranlassung gegeben hat, ist ein dunkeler oder dunkelrother Niederschlag, der in wechselnder Höhe die innere Bodenfläche überzieht.

Schon Bosio bezeichnete dieses Sediment, welches, in Wasser aufgelöst, eine röthliche Flüssigkeit ergab, als Rest von Märtyrerblut und schloss von da aus auf die Eigenschaft des Todten als eines Märtyrers. Bald nach ihm fand ein gewisser LANDUCCI in drei Fällen in verschlossenen Gefässen eine Flüssigkeit, die wie Milch oder Wasser aussah und, sobald sie geschüttelt wurde, eine rothe Farbe annahm. Dieselbe Beobachtung machte MARANGONI an einem aus S. Saturnino stammenden Fläschchen. Der jüngste Fund dieser Art gehört dem Jahre 1872 an.[2]

Die römischen Archäologen waren oder schienen wenigstens in der Beurtheilung jenes Sedimentes einig: es galt ihnen als Ueberbleibsel des Blutes, welches die Christen bei der Hinrichtung des Märtyrers aufsammelten und in dem Grabe desselben deponirten, um die Art seines Todes der Nachwelt zu übermitteln. Der römische Stuhl selbst nahm am 10. April 1668 Gelegenheit, sich für diese Auffassung officiell auszusprechen, indem die Congregation der heiligen Riten an jenem Tage folgendes Decret concipirte: *cum de notis disceptaretur, ex quibus verae sanctorum Martyrum reliquiae a falsis et dubiis dignosci possint, eadem sacra congregatio censuit. Palmam et vas illorum sanguine tinctum pro signis certissimis habenda esse; aliorum vero signorum examen in aliud tempus rejecit.*

Indess die polemische Stimmung der Protestanten und auf der anderen Seite die fortgeschrittene archäologische Erkenntniss führten kurz nachher zur Bekämpfung oder Modificirung der traditionellen Meinung.

Zuerst unternahm es MABILLON[3], die Unrichtigkeit derselben ausführlich zu erweisen. Dasselbe versuchte, zum Theil mit denselben Mitteln, der reformirte Theologe JACQUES BASNAGE.[4] Ein von Rom verlangtes, anscheinend günstiges, in Wirklichkeit aber zurückhaltendes und unsicheres Urtheil von LEIBNIZ vermochte nicht, die innerhalb und ausserhalb der römischen Kirche rege gewordenen Zweifel zu beseitigen. Die Bedenken gegen die römische Theorie und Praxis pflanzten sich bis zur Gegenwart fort und wurden zur schneidigsten Waffe in der Hand eines belgischen Jesuiten, des im Jahre 1876 verstorbenen VICTOR DE BUCK. In einer 1855 ausgegebenen Abhandlung kam dieser in scharfsinniger und mit den Mitteln moderner archäologischer Wissenschaft geführter Untersuchung zu dem Resultate, dass die bisherige Praxis der Reliquienerhebung auf irrigen Voraussetzungen beruhe, dass die Mehrzahl der als Blutgläser beurtheilten Gefässe eucharistischen Wein enthalten habe und nur ein ganz kleiner Theil Blut.

Bald darauf erklärte sich, freilich in anderer Weise, auch LE BLANT gegen die herkömmliche Auffassung, indem er zwar den Blutgehalt einer gewissen Anzahl jener Gläser anerkannte; aber dieses Blut rühre nicht von der Leiche, der es beigesetzt, her, sondern sei als Mittel gegen vermeintliche dämonische Schäden dort deponirt; dadurch wurde der Werth der auf das Zeugniss der Blutphiolen hin erhobenen Reliquien natürlicherweise vernichtet.

Namhafte katholische Gelehrte traten LE BLANT oder DE BUCK mit oder ohne Reserve bei. Dadurch sah sich der römische Stuhl veranlasst, auf diese Bedenken und Angriffe zu reagiren. Es geschah am 10. December 1863, und zwar in ablehnendem Sinne, wie kaum anders zu erwarten. Die Congregation der heil. Riten[5] erklärte sich für Aufrechterhaltung des Decretes vom Jahre 1668, und in ihrem Auftrage unternahm es der Custode der heil. Reliquien, ARCHANGELO SCOGNAMIGLIO, die römische Theorie und Praxis in ausführlicher Schrift zu vertheidigen und neu zu stützen. Ihm trat F. X. KRAUS[6] entgegen, wesentlich mit Anschluss an DE BUCK, aber vorsichtiger und vermittelnd, während der pseudonyme PAULINUS mit radicaler Verwerfung der Anschauung und des Verfahrens des römischen Stuhls zu der besonders von BELLERMANN geltend gemachten Ansicht protestantischer Gelehrter, dass jene Gefässe eucharistischen Wein enthalten hätten, zurückkehrte.

In ein neues Stadium schien die Frage dadurch gerückt, dass eine päpstliche Commission auf Grund mikroskopischer und chemischer Untersuchung in einem 1872 in S. Saturnino gefundenen Fläschchen das Vorhandensein von Blut zu constatiren in der Lage war. Dieses Resultat würde die Meinung BELLERMANN's und seiner Nachfolger definitiv beseitigen und die Frage dahin limitiren, ob sämmtliche durch rothes Sediment ausgezeichnete Gläser als Blutgläser zu beurtheilen seien oder nur eine kleine Anzahl derselben.

Soviel über die Geschichte und den gegenwärtigen Stand der Controverse.

Es stellt sich schon von vornherein als unwahrscheinlich dar, dass im christlichen Alterthume ein Verfahren geübt sei, wie die römische Ansicht voraussetzt. „Diese Annahme wird um so fataler und eigenthümlicher, je mehr man deren praktische Seite sich vergegenwärtigt: war auf dem Forum ein Urtheil gesprochen und im Amphitheater oder anderswo vollzogen, so musste die erste Aufgabe sein, sobald man des Körpers des Heiligen habhaft geworden war, sich von ihm Blut zu verschaffen, das dessen glorreichen Tod den Nachkommen erzählte. In den dunkeln Gängen der Katakomben, wo diese Gefässe zu Tausenden angebracht waren, wehte die Luft von Blutfäulniss und Moderdunst! So haben die ersten Christen nicht gehandelt." [7]

Dazu kommt, dass in der altkirchlichen Literatur, mit Einschluss der Legende, nirgends auch nur die Andeutung eines solchen Verfahrens sich findet. Denn wenn bei PRUDENTIUS und sonst einige Mal [8] das Aufnehmen des Blutes der Hingerichteten mit Tüchern oder Schwämmen erwähnt wird, so war hier allein die Absicht maassgebend, ein kostbares, gelegentlich auch zu prophylaktischen Zwecken verwendetes Erinnerungsstück zu haben:

Coire toto ex oppido	Hic purpurantem corporis
Turbam fidelem videres	Gaudet cruorem lambere.
Mollire praefultum torum,	Plerique vestem linteam
Siccare cruda vulnera.	Stillante tingunt sanguine.
Ille ungularum duplices	Tutamen ut sacrum suis
Sulcos pererrat osculis,	Domi reservent posteris. [1])

Freilich würde das Fehlen literarischer Zeugnisse noch kein entscheidendes Moment bilden. Entscheidend aber ist der Thatbestand der Denkmäler.

DE BECK hat richtig berechnet, dass ungefähr der fünfte Theil der mit sog. Blutgläsern ausgezeichneten Gräber der römischen Katakomben Kindern unter sieben Jahren angehört, bei denen das Martyrium jedenfalls ausgeschlossen ist [9], und dass die Mehrzahl jener Gräber aus nachkonstantinischer Zeit stammt, wo es keine Martyrien mehr gab. [10] Wenn ferner allein in dem Cömeterium S. Trasone innerhalb zehn oder elf Monate, nach zuverlässiger Nachricht, gegen zweitausend Gräber mit Blutgläsern versehen angetroffen wurden, wird Jemandem eine solche Zahl

---

[1]) PRUDENTIUS, Perist. V, 333 ff.

von Märtyrern glaubhaft erscheinen? Schwerlich beläuft sich die Gesammtzahl der Märtyrer der römischen Stadtgemeinde so hoch.

Diese Thatsache, deren Gewicht sich nicht abschwächen lässt, erzwingt den Schluss, dass jedenfalls nicht sämmtliche Gläser mit rothem Sediment Blutgläser sind. Woran sollen diese, ihre Existenz vorausgesetzt, erkannt werden?

Eine Reihe der von älteren Archäologen mitgetheilten Exemplare trägt Inschriften wie SA (= *sanguis*) SATVRNII, SANG, SA (= *sanguis*) oder das sog. Andreaskreuzes ×. Jene Inschriften indess und diese Zeichnung sind als Fälschungen erkannt. Dasselbe gilt von der Palme und dem Monogramm ☧, die sich einige Mal auf den Gläsern finden.

So bleibt nur das Mittel chemischer Analyse übrig. LEIBNIZ hat zuerst eine solche versucht. Sie ergab kein zuverlässiges Resultat und ist wissenschaftlich werthlos.[11] Letzteres gilt nach dem Urtheile Sachverständiger auch von den Analysen Mailänder Chemiker v. J. 1845 und 1864, welche das Vorhandensein von Blut nachwiesen.[12] Andererseits erklärten zwei englische Chemiker auf Grund chemischer Untersuchung von sechzig Gläsern das in diesen vorhandene Sediment für Eisenoxyd, welches weder von Wein noch von Blut herrühre, sondern das Resultat eines physikalischen Processes sei.[13]

Erwiesen sich also bis dahin die Ergebnisse der chemischen Analysen der römischen Anschauung ungünstig, so ergab die 1872 in Rom durch eine päpstlicherseits ernannte Commission vorgenommene chemische und mikroskopische Untersuchung das entgegengesetzte Resultat. Es wurde als Inhalt des Fläschchens Blut constatirt und ein ausführliches Protokoll darüber veröffentlicht.[14] Indess ein auf dem Gebiete chemischer Analyse angesehenes Mitglied der Leipziger Universität, das sich auf mein Ersuchen einer Nachprüfung jenes Protokolles unterzog, erklärte jene Analysen für gänzlich ungenügend; der Beweis, dass in dem Sedimente Häminkrystalle vorhanden, sei nicht erbracht. Aus dem allerdings nachgewiesenen Vorhandensein von Eisen folge nicht nothwendig, dass dieses Eisen animalischem Stoffe entstamme.

Was endlich die oben erwähnten Beobachtungen von BOSIO, LANDUCCI und MARANGONI anbetrifft, so ist von fachmännischer Seite darüber das Urtheil geäussert worden: „diese Angaben sind wohl nur durch die Annahme zu erklären, dass in diesen Gefässen eine wässerige Flüssigkeit enthalten war, welche kohlensauren Kalk oder feinen Thonschlamm und Eisenoxyd suspendirt enthielt. An Blut ist gar nicht zu denken."[15]

Die traditionelle Ansicht stützt sich demnach nicht nur auf kein positives Zeugniss literarischer oder monumentaler Art, sondern es stehen ihr auch sehr gewichtige Bedenken entgegen, so dass ihr vorläufig nur der Werth einer zweifelhaften Hypothese zuerkannt werden kann.

Es fragt sich, was jene Gläser, wenn nicht Blut, enthalten haben. In den meisten Fällen wohl Abendmahlswein. Die Unsitte, zu dem Todten die geweihten Elemente zu legen oder sie ihm gar einzuflössen, ist aus der alten Kirche ausdrücklich bezeugt und scheint gerade im vierten Jahrhundert ihre höchste Höhe erreicht zu haben.[16] Auch die aus dem Heidenthume in die Kirche überführte Sitte des Trankopfers auf den Gräbern ist hier in Betracht zu ziehen.[17] Doch wird das dunkle Sediment kaum als Rest von Wein zu betrachten sein, wie BELLERMANN u. A. meinen, sondern vielmehr als durch physikalischen Process erzeugtes Eisenoxyd. Denn heidnisch-gallische Gräber haben Gläser mit gleichem Sediment geliefert. „Wenn überhaupt möglich, würde der Nachweis von Wein doch bedeutend schwieriger sein als der von Blut, da er nicht so charakteristische und der Zersetzung widerstehende Bestandtheile als das Blut enthält."[18]

Daneben ist die Möglichkeit offen zu lassen, dass ein Theil jener Gläser zum Aufbewahren von Balsam diente.

---

[1] Die neuere Literatur: V. DE BUCK, *De phialis rubricatis quibus martyrum Romanorum sepulcra dignosci dicuntur observationes V. D. B.*, Brüssel 1855; LE BLANT, *La question du vase de sang*, Paris 1858; SCORNAMIGLIO, *De phiala cruenta indicio facti pro Christo martyrii disquisitio*, Parisiis, Ludov. Vivès 1867; F. X. KRAUS, *Die Blutampullen der römischen Katakomben*, Frankf. 1868; LE BLANT, *D'une publication nouvelle sur le vase de sang des Catacombes romaines (Revue archéol.* 1869); PAULINUS, *Die Märtyrer der Katakomben und die römische Praxis*, Leipzig 1871; F. X. KRAUS, *Ueber den gegenwärtigen Stand der Frage nach dem Inhalte und der Bedeutung der römischen Blutampullen*, Freiburg i. Br. 1872; DE ROSSI, *R. S. III*, S. 602; V. SCHULTZE, *Die sog. Blutgläser der römischen Katakomben* (Zeitschr. f. kirchl. Wissensch. u. kirchl. Leben 1880, XI).

[2] BOSIO, S. 197: in alcune sepulture il sangue congelato e ridotto quasi come terra, stemperato con acqua, pigliava il suo pristino rossore, che pareva allora esser uscito dalle vene; e di questo sangue congelato n'abbiamo trovato alcune volte sparso per le sepulture, altre volte raccolto in certi vasetti di creta cotta e di vetro. — LANDUCCI (bei DE ROSSI, *R. S.* III, S. 649): tre volte m' è occorso di trovare ampolle o caraffe di vetro o cristallo, murate di fuori dei sepulcri benissimo turate con calcina et altro piene di liquore fluaibili che nel primo aspetto pareva acqua o latte, ma dibattuto ben si vide che è sangue vero e reale; et è occorso che volendosi parte di questo santo liquore trasportare in altro vaso, cascandone in un fazzoletto una goccia, bentosto si è visto esser realmente macchia di sangue. — MARANGONI (*Acta S. Vict.*, S. 66): in inferiori parte coemeterii s. Saturnini reperimus loculum testaceis tabulis clausum ac vasculo vitreo sanguine respersi foris obsignatum, quo reserato ad pedes martyris incruta fuit ampulla vitreae figurae sphericae, ultra medietatem sanguine adhuc liquido plena ita ut pars sanguinis rubicunda in ima parte jaceret, aquea vero sive serosa superemineret: unde agitata ampulla, utraque pars ita misceretur, ut totus sanguis appareret, ac deinceps quiescente motu iterum serum album a rubro sanguine separaretur. Collum vero atque

orificium ampullae stillicidiis sanguineis undique respersa apparebant, eratque tophaceo parvo saxo, et eo sanguine resperso, obturatum. — Derselbe (DE ROSSI, *R. S.*, S. 619): *in coemeterio s. Saturnini die 29 Novembris a. 1742 reperi in parte superiori ampullam vitream sanguine liquido fere plenam, cujus pars superior est serum, in fundo autem croceus liquor ... Collum est vivo sanguine undique respersum.* Vgl. BOLDETTI, S. 135, 137 ff.

[3] MABILLON, *Eusebii Romani ad Theophilum Gallum epistola de cultu sanctorum* (*Vetera analecta*, Parisiis 1723, S. 554 ff.). Er erklärt, mit dem Decret von 1668 durchaus einverstanden zu sein und nicht die Absicht gehabt zu haben, ihm entgegenzutreten. *Verum, quia in nonnullis etiam Christianorum loculis alterius generis vascula et ampullae quandoque reperiri possunt, quae forte ad continendos suffitus, aliumve id genus usum appositae sunt, laudato hoc Decreto, mox subdidi, ejusmodi vascula pro signis certissimis verarum reliquiarum habenda esse, si modo constet ejusmodi vasa sanguine tincta esse, non ad continendos suffitus aut oduramenta aliaque id genus apposita fuisse ... Certe in antiquis Christianorum tumulis non raro reperiuntur vascula figulina, carbonibus oppleta, quae ad tus suffumigandum apposita fuisse nemo negaverit. Aliam quidem rationem esse constat de vasculis vitreis, quae nonnisi ad sanguinem conservandum adhibita fuisse videntur ... Hac distinctione utendum putavi, ut vasa illa pro signis certissimis verarum reliquiarum habeantur, si modo constet ejusmodi vasa sanguine tincta esse* (S. 556). So die zweite, vollständig umgearbeitete Auflage des Briefes. In der Form schärfer lauten die einschlägigen Aeusserungen in der ersten Auflage; der Standpunkt ist derselbe. Vgl. die genauere Analyse der Einwände und Urtheile MABILLON's bei PAULINUS, *Die Märtyrer der Kat.*, S. 52 ff.

[4] J. BASNAGE, *Histoire de l'Église*, Rotterdam 1699, II, S. 1035 ff. Er arbeitet hauptsächlich mit dem Material, welches ihm MABILLON liefert. Sein Resultat: *la figure de ces vases dans lesquels on recueillait ce sang, n'est point propre a contenir le sang ... ils sont très-propres à l'eau lustrale des Payens: ainsi ces vases qu'on prend aujourd'hui pour des caractères qui distinguent les Martyres des autres Chrétiens, sont de purs vestiges de l'ancien Paganisme. Il ne faut pas s'étonner si l'on y remarque quelques endroits rougeâtres qui semblent marquer du sang; car la pouzzolane mêlée avec quelque humidité qui est ordinaire dans ces lieux souterrains, a produit cet effet(!). Et de là vient que la liqueur qui est dans ces vases, a paru quelquefois fluide et rougeâtre, ce qu'on a pris pour du sang qui avait conservé miraculeusement sa chaleur et sa fluidité ... Concluons donc que ces vases n'ont jamais été mis pour le sang des Martyrs, mais pour contenir les eaux lustrales des Payens ou bien des parfums et des choses odoriférantes.* — BASNAGE geht von der Voraussetzung aus, dass die Katakomben heidnischen Ursprunges seien.

[5] Die Schlussfragen und Antworten der Commission (*Analecta Juris pontif.*, Rom 1864, S. 954 ff.) lauten:

I *An phialae vitreae aut figulinae sanguine tinctae, quae ad loculos sepultorum in sacris Coemeteriis vel extra ipsos reperiuntur, censeri debeant martyrii signum?*

II *An ideo sit standum vel recedendum a Decreto Sacrae Congregationis Indulgentiarum et Reliquiarum diei 10 Aprilis 1668?*

Respondit ad primum „*Affermative*".
Respondit ad secundum „*Prorsus in Primo*".

Ideoque declaravit, confirmandum esse Decretum anni 1668.

Es ist bemerkenswerth, dass in diesem Decrete unter der Hand das Indicium der Palme, dem gewiss kein einziges Commissionsmitglied zugestimmt hat, zwar in dem Citate erwähnt, dann aber mit Stillschweigen übergangen wird. Ferner ist der eigentliche Controverspunkt ignorirt. Die Commission geht von der Voraussetzung aus, dass es Blutgläser giebt, und erklärt diese für zuverlässige Zeichen des Martyriums.

[6] Vgl. die beiden Anm. 1 angeführten Schriften des Verfassers. Neu ist hierin

die Behauptung, dass neben den eigentlichen Blutgläsern, Ampullen als symbolische Bezeichnung oder Andeutung des Martyriums gedient hätten. Die Art, wie diese seltsame, durch die Nothlage ausgepresste Meinung begründet wird, entbindet von der Verpflichtung, darauf näher einzugehen. Vgl. Le Blant, *D'une publ. nouv.* etc.

[7] Paulinus a. a. O., S. 33 f.

[8] Die Stellen gesammelt bei Kraus, *Die Blutamp.*, S. 28 ff., aber in unberechtigter Weise ausgedeutet. Richtig Paulinus, S. 26 ff.; 112 f.

[9] De Buck a. a. O., S. 56 ff.; 99 ff.; auch Le Blant, *La quest. du r. d. s.*, S. 18. Schon früher Muratori, *Thes. Inscript.* 1898, 5; 1958, 8; 1959, 2 und Bellermann, *Die altchrist. Begräbnissst.*, S. 58. Dagegen Scognamiglio (S. 164 ff.) und Kraus (S. 37 ff.) Bei letzterem die Worte: „Es liesse sich aber wohl sagen, dass, wenn auch die früheren Verfolgungen selten auf kleine Kinder gerichtet waren, gerade die Diocletianische es auch auf die Ausrottung der Kinder musste abgesehen haben; denn nur dann konnte man die ausgesprochene Absicht einer völligen Vertilgung der Christen erreichen"(!). Die S. 37 f. gegebene Berechnung, welche sich gegen de Buck und Le Blant richtet, ist falsch; vgl. Le Blant, *D'une publ. nouv.*

[10] Mit de Buck übereinstimmend Le Blant, *La quest.*, S. 15 ff. und *D'une publ. nouv.*, S. 434 ff. (gegen die Einwände von Kraus). Die Thatsache lässt sich nicht in Abrede stellen. Auch die jedenfalls dem vierten Jahrhundert angehörende Katakombe S. Giovanni zu Syrakus hat mehrere Blutgläser geliefert.

[11] Leibniz schrieb an Fabretti (*Inscript.* VIII, S. 555), dass er eine Ammoniaklösung angewandt und damit ein gutes Resultat erzielt habe: *indeque nata nobis merito suspicio est, sanguineam potius materiem quam terrestrem seu mineralem, quae vi corrosiva praedicta tanto tempore altius in vitrum fortasse descendisset, nec lixivio tam subito cessisset.* Darüber Prof. Hoppe-Seyler in Strassburg (bei Kraus, *Ueber d. gegenw. Stand* u. s. w., S. 25): „Aus der Lösung einer organischen Substanz durch Ammoniak lässt sich über Vorhandensein oder Abwesenheit von Blut oder Wein überhaupt noch gar kein Schluss ziehen. Eine auf das Stattfinden der Lösung gegründete Vermuthung kann nur eine ganz vage sein."

[12] Die Berichte: Biraghi, *Sopra alcuni sepolcri ant. crist.* u. s. w., Milano 1845, S. 43; de Rossi, *Bull.* 1864, S. 21. Dagegen Le Blant, *D'une publ. nouv.*, S. 443; Hoppe-Seyler a. a. O., S. 25, n. 3.

[13] Die Analyse bei Kraus, S. 74, Anh. D. Dazu Hoppe-Seyler (a. a. O., n. 2): „Die Abwesenheit weinsaurer Salze macht es noch nicht einmal unwahrscheinlich, dass diese Gefässe Wein enthalten haben, da diese Salze sich unter den hier obwaltenden Verhältnissen schnell zersetzen. Da aber in dem Protokoll von organischen Stoffen gar nicht die Rede ist, und nur von Eisenoxyd gesprochen wird, dürfte es jedenfalls sehr unwahrscheinlich sein, dass Reste von Blut um diese Scherben sich befanden."

[14] De Rossi, *R. S.* III, S. 715 f. Das Fläschchen ist übrigens durch verschiedene Hände gegangen, ehe es an de Rossi kam. Auch Kraus, *R. S.*, S. 515: „Dies Protokoll lässt uns wenigstens keinen Zweifel an dem wirklichen Blutgehalte des betreffenden Glases, so unklar die Geschichte der Aufdeckung desselben vielleicht scheinen mag." Selbst wenn wirklich der Blutgehalt des Fläschchens constatirt wäre, so stand ich, ist, unter den obwaltenden Umständen, die Wissenschaft nicht verpflichtet, der römischen These zuzustimmen. Die ersten Schicksale des Fläschchens nach seiner Auffindung erwecken kein Vertrauen.

[15] Hoppe-Seyler a. a. O., S. 26, n. 5.

[16] Vgl. oben S. 53.

[17] Vgl. oben S. 52.

[18] Hoppe-Seyler a. a. O., n. 6.

Fünfter Theil.
Die Inschriften der Katakomben.

Erster Abschnitt.

Sammlungen von Inschriften.

Deutlicher als die Sprache der Bildwerke ist die Rede der Inschriften. Sämmtliche Culturvölker haben auf den Grabmonumenten diese jener hinzugefügt. Die christlichen Gemeinden sind aus dieser Sitte nicht herausgetreten. Dieser Thatsache verdanken wir ein wichtiges Quellenmaterial, welches in der Wissenschaft früher Beachtung fand als die Bildwerke. Denn schon seit dem achten Jahrhundert begegnen uns Sammlungen antiker und christlicher Inschriften.[1] Indess wie für die Katakombenforschung überhaupt, so bezeichnet auch für die altchristliche Epigraphik die mehrfach erwähnte Entdeckung eines römischen Cömeteriums i. J. 1578 einen Wendepunkt. Bosio theilte in seiner *Roma sotterranea* auch zahlreiche Inschriften mit; BOLDETTI, FABRETTI[2], LUPI, MARANGORI brachten weitere. GRUTER (1707) fügte ausserrömische christliche Inschriften hinzu; besonders aber mehrte der umfangreiche *Thesaurus veterum Inscriptionum* des LUD. ANT. MURATORI (1739 ff.) das Material. Bald nach ihm fanden die Inscriptionen Siciliens und der umliegenden Inseln einen Sammler in CASTELLI (1769). Mit dem Eifer des Sammelns wuchs das wissenschaftliche Verständniss des Gesammelten.[3]

In diesem Jahrhundert mehrt sich die Zahl der localen Sammlungen. GAZZERA (1849) stellte ein Corpus der christlichen Inschriften Piemonts her; auf germanischem Boden sammelten LERSCH (1842), STEINER (1852 ff.), BRAMBACH (1862). In mustergültiger Weise und mit reichem Commentar gab LE BLANT (1856 ff.) die christlichen Inschriften Galliens der ersten sieben Jahrhunderte heraus, in Algier sammelte RENIER (1855), in Kleinasien PERROT (1861), sowie LE BAS und WADDINGTON (1870). Eine Zusammenstellung der Grabinschriften Attika's mit Einschluss der christlichen gab KOUMANOUDIS (1871).[4]

Auch die Inschriften einzelner Städte und Museen sind in neuerer Zeit häufig gesondert edirt worden. Neben dem Meisterwerke DE ROSSI's, den *Inscriptiones christianae Urbis Romae* (1861), sind die Sammlungen von Inschriften der Städte Lyon (1854), Vienne (1875), Vercelli (1874), Aquileja (1877) zu nennen.[5]

Noch in der Vollendung begriffen ist das von der Berliner Akademie herausgegebene *Corpus Inscriptionum*, in welchem auch die christlichen Inschriften Aufnahme gefunden haben. Als Annex dazu hat HÜBNER die christlichen Inschriften Spaniens (1871) und Britanniens (1876) gesondert herausgegeben.[6]

Die epigraphische Arbeit der Gegenwart ist vorwiegend auf die lateinischen, besonders die römischen Inschriften gerichtet. Die altchristlichen griechischen Inscriptionen haben, was vorwiegend äussere Gründe hat, eine genügende Beachtung und wissenschaftliche Durchforschung noch nicht erfahren.[7]

Zu einer theologischen Verwerthung der altchristlichen Inschriften sind bisher nur die einleitenden Schritte gethan.

Sammlungen altchristlicher Inschriften finden sich u. A. in Syrakus (Museo Nazionale, Vigna Cassia), Palermo (Museo Naz.), Neapel (Museo Naz.), Rom (Museo Lapidario des Vatikans, Museo Lateranense [von DE ROSSI mustergültig geordnet], Museo Kircheriano, Vorhalle von S. Marco und S. Maria in Trastevere, Museo Capitolino, Klosterhof von S. Paolo fuori le mura und S. Lorenzo u. a. m.), Mailand (Vorhof von S. Ambrogio, Museo archeologico), Verona (Museo filarmonico), Ravenna (S. Vitale und Biblioteca communale), Lyon (Palais des Arts, S. Irenée), Vienne, Paris (Louvre), Trier, Wiesbaden, Mainz, Bonn u. s. w. ().

---

[1] Aus dem neunten Jahrh.: *Anonymus Einsiedlensis* mit 80 heidnischen und christlichen Inschriften zumeist aus Rom (vgl. C. J. L. VI, 1, S. IX ff.; DE ROSSI, *Inscript. Praef.*, p. VI f.); aus dem Ende ungefähr desselben Jahrh.: *Codex palatino-vaticanus*, n. 833, herausgeg. v. GRUTER (*Thes. Inscript.*, t. II, S. 1163 ff.), enthält hauptsächlich Inschriften aus den Kirchen Roms; *Codex Closterneuburgensis*, handschriftliche Sammlung in Klosterneuburg aus dem achten Jahrh., und *Codex Virduensis*, von DE ROSSI in Verdun aufgefunden, nur wenig jünger als der vorhergehende.

[2] Ueber BOSIO und BOLDETTI s. oben S. 1 u. 2; FABRETTI, *Inscriptionum antiqu. quae in aedibus paternis asservantur explicatio*, Romae 1702; LUPI, *Epitaphium S. Severae martyris illustratum*, Panormi 1734; MARANGONI, *Acta S. Victorini*, Romae 1740.

[3] GRUTER, *Inscriptiones antiquae totius orbis Romani*. Amsterdam 1707. 2 Bde. Neue Auflage von GRAEVIUS (die erste Ausgabe erschien unter dem Titel *Thesaurus Inscriptionum* 1603 zu Heidelberg). — MURATORI, *Novus thesaurus veterum Inscriptionum*, Mailand 1739 ff. — CASTELLI, *Siciliae et objacentium insularum veterum inscriptionum nova collectio*, Panormi 1784.

⁴ Gazzera, *Iscrizioni cristiane antiche del Piemonte*, Torino 1849. — Lersch, *Centralmuseum rheinländischer Inschriften*, 3. Theil. Bonn 1842. — Steiner, *Samml. und Erklär. altchristl. Inschr. in d. Gebieten d. oberen Donau u. des Rheins*, Seligenstadt 1852 (2. Aufl. 1859). — Brambach, *Corpus inscriptionum Rhenanarum*, Elberfeld 1867. — Le Blant, *Inscriptions chrét. de la Gaule antérieures au VIII⁰ siècle*, Paris 1856 ff. — Renier, *Inscriptions romaines de l'Algérie*, Paris 1855. Perrot, *Exploration archéol. de la Galatie et de la Bithynie*, Paris 1872. — Le Bas et Waddington, *Inscript. grecques et latines en Grèce et en Asie Mineure*, Paris 1870. — Waddington, *Voyage en Asie Mineure*, Paris 1876. Koumanoudis, Ἀττικῆς ἐπιγραφαὶ ἐπιτύμβιοι, Athen 1871.

⁵ De Rossi, *Inscriptiones christianae Urbis Romae*. I. Bd. Rom 1861 (enthält die datirten Inschriften). Daneben zahlreiche Inschriften im *Bullettino di archeol. crist.* und in den Bänden der *R. S.* — Boissieu, *Inscriptions ant. de Lyon*, Lyon 1854. (S. 533 ff.). Allmer, *Inscript. de Vienne*, Vienne 1875. — Bruzza, *Iscrizioni ant Vercellesi*, Roma 1874. Gregorutti, *Le ant. lapidi di Aquileja*, Trieste 1877.

⁶ *Corpus inscript. latt.* I ed. Th. Mommsen 1863. II ed. Aem. Hübner 1869. III ed. Th. Mommsen 1873. IV ed. Car. Zangemeister et Rich. Schoene 1871. V, 1 und V, 2 ed. Th. Mommsen 1872. 1877. VI, 1 ed. Eug. Bormann et Guil. Henzen 1876. VII ed. Aem. Hübner 1873. VIII, 1, 2 ed. Wilmanns 1881. — *Corpus inscript. graece*. I ed. Aug. Boeckh 1828. II ed. Aug. Boeckh 1843. III ed. Joh. Franz 1853. IV ed. E. Curtius et Adolph Kirchhoff 1877; Suppl. fasc. I, 1877. Dazu *Corp. Inscript. atticarum* I—III edd. A. Kirchhoff, Ulr. Köhler, Guil. Dittenberger 1873 ff. Hübner, *Inscr. Hispaniae christ.*, Berlin 1871. Ders., *Inscr. Britanniae christ.*, Berlin 1876.

Zur Lit. vgl. ferner De Rossi, *Le prime raccolte d'antiche iscrizioni*, Roma 1852 (dazu *Bull. di corr. archeol.* 1853, S. 128 ff.); *Inscript. christ.* I, p. V ff.

Zweiter Abschnitt.

Technik und Schrift.

Das Material der altchristlichen Grabinschriften *(tituli sepulcrales)* bildet Stein, gewöhnlich Marmor, eben die Verschlussplatte der Gräber. Der Gebrauch von Bleitafeln ist bisher nur in einem einzigen Falle nachgewiesen.[1] Die Herstellung wird entweder durch Vertiefung des Materials oder durch Auftragen von Farbe bewirkt. In jenem Falle schnitt man die Buchstaben scharfkantig in der Form ⌄ aus oder ritzte sie mit einem spitzen Instrumente ein *(graffito)*. Im Allgemeinen selten ist die farbige Aufzeichnung der Inschrift *(dipinto)*. Die Katakomben zu Syrakus und Neapel und S. Priscilla in Rom bieten Beispiele. Man wählte gewöhnlich eine rothe Farbe (Zinnober), daneben eine Art Tinte, ausnahmsweise auch Kohle und farbige Steinchen.[2] Auch wurde häufig die ausgehauene Inschrift mit Roth ausgelegt.

Die Anfertigung der Inschriften geschah ohne Zweifel in den Magazinen der *marmorarii (quadraturii, lapicidae)*, von denen die Tafeln bezogen wurden. So heisst es auf einem oberitalienischen Epitaphe:

EGO GENNA
RIVS FICI
QVI IN EO TEMPORE
FVI MAGESTER
MARMORARIVS

Gazzera S. 7. *Ego Januarius feci qui u. s. w.*

Das Schild eines solchen Handwerkers ist uns in Pompeji erhalten; es trägt die Worte: *Titulos scribendos vel si quid operis marmorar(ii) opus fuerit, hic habes.* Schwerlich haben sich die Fossoren damit befasst. Dagegen scheinen die Dipinti und die mit trockenen Farbestoffen hergestellten Graffiti zum Theil von den Angehörigen der Todten, zum Theil von den Fossoren herzurühren.

Die drei Schriftformen, die Capitale, die Unciale und die Cursive, finden sich sämmtlich in altchristlichen Inschriften. Die Capitalschrift, deren Eigenthümlichkeit darin besteht, „dass die Buchstaben vorzugsweise aus der Verbindung gerader Linien, und zwar perpendiculärer, horizontaler und geneigter, geformt sind, mit Ausnahme weniger Buchstaben, welche auch schon in der ganz frühen Form des Alphabetes gebogene Linien zu Bestandtheilen haben", findet sich in guter Form im Allgemeinen auf Inschriften älterer Zeit, hat aber von Anfang an neben sich die Cursive, die bequeme populäre Schriftart, welche die geraden Linien umbiegt und abrundet. Die Wahl zwischen Cursive und Capitale bestimmte sich in der Regel nach dem Zwecke der Inschrift und dem Material. In der Mitte zwischen diesen beiden Schriftformen steht die Unciale, die mit der Cursive die Neigung nach Abrundung theilt, aber der Capitale verwandter ist als dieser. Auf christlichen Inschriften taucht sie im vierten Jahrhundert auf, gelangt aber erst im fünften Jahrhundert zu voller Ausbildung.[3]

Eine eigenthümliche Weiterbildung der Capitale repräsentiren die unter Damasus, in der Mehrheit wohl durch Furius Dionysius Philocalus ausgeführten monumentalen Inschriften. Die Autorschaft nimmt Jener einmal ausdrücklich mit den Worten in Anspruch: FVRIVS DIONYSIVS FILOCALVS SCRIBSIT DAMASIS PAPPAE CVLTOR ATQVE AMATOR.

Die einzelnen Buchstaben und Worte der Inschriften folgen sich von links nach rechts, in einigen wenigen durch besondere Umstände begründeten oder auf Spielerei beruhenden Fällen von oben nach unten (*deorsum cernus,* κιονηδόν) oder gar von rechts nach links (κατὰ ἀναποδισμόν), wie auf folgender römischer Inschrift:

```
IVX  SVNNATIXIVEVQAITNECNIVAILE
     MVVSINIGRIVMVCIISISEMTE
     SVNIMMEIDVNNATIXIV  EVQ
```

Levi, *Epit. S. Ser.*, S. 151. *Elia Vincentia que vixit annus XVI et mesia II cum virgini(um) suum que vixit annu(m) diem minus.*

In der sog. *regio Liberiana,* einem Theile von S. Callisto, ferner ist der Consulatsname Gratiano geschrieben:

O
N
IA
RAT
G

Ein weiteres Beispiel TICEF (PERRET, Catac. V, pl. LXIV, 5). Ueber die angeblich retrograden Trierschen Inschriften LE BLANT, Inscript. I. n. 227. S. 332 f., KRAUS, R. S., S. 440 f. Die Interpretation LE BLANT's scheint die richtigere. Die retrograde Schreibung einer im Museo Kircheriano befindlichen lateinischen jüdischen Inschrift könnte vermuthen lassen, dass hier eine Einwirkung des Hebräischen auf die christliche Epigraphik vorliege, wenn nicht auch die Antike ganz vereinzelt Beispiele böte, z. B. in Pompeji (C. J. L. IV, n. 2400 g): S · VIVRVC ONIBAS SAL *(Currius Sabino sal(utem))*.

Die Zeilen sind in der Regel von gleicher Länge und ohne Rücksicht auf Einzelworte abgebrochen. Die Buchstaben schliessen auf guten Inschriften in regelmässigen Distancen aneinander.

Die antike und die altchristliche Interpunktion beruhen auf anderen Prinzipien als die moderne, insofern jene nicht den inneren Satzbau in seinen Gliedern markirt, sondern die einzelnen Wörter oder auch die Silben und die Buchstaben scheidet. Sie wird häufig gar nicht, häufig überreichlich angewendet und entbehrt vielfach der Regelmässigkeit, z. B.:

1.
LOC ·
APHRODISIAES
CVM DEVS ·
PERMISERIT

2.
A · TI · CI · A · NO
BE · NE · M · ER · EN
TI · FE · CIT · COI · IVX

Lateranmus. XXI, 5.   XVI, 19. Z. 3: *conjux*.

Sehr selten schliesst eine Inschrift mit einer Interpunktion ab.

Als Interpunktionszeichen dient ein in halbe Zeilenhöhe gesetzter dreieckiger Punkt; ausserdem ein Herzblatt, ein Kreis, ein Dreieck, ein Kreuz, ein Stern und andere antiken Vorbildern entsprechende Formen. Das Monogramm Christi hat als eigentliches Interpunktionszeichen nicht gedient, findet sich aber zuweilen mitten in die Inschrift eingeschoben.[4]

Mit den antiken Inschriften theilen die christlichen den Gebrauch von Abkürzungen, die sich entweder als Ligaturen *(literae ligatae)* darstellen, oder durch Ausscheidung einzelner Buchstaben bewirkt sind.[5] Jene treten in älterer Zeit äusserst selten auf. Dagegen findet sich die andere Art der Abkürzung ziemlich gleichmässig in allen Jahrhunderten. Sie ist im Grossen und Ganzen nach den antiken Abbreviaturen orientirt. Die am häufigsten angewendeten Abkürzungen sind:

Technik und Schrift.

A. Auf griechischen Inschriften.

ΔΙΑΚ	διάκονος.	ΚΕ	κύριε.
ΕΙ, ΕΙΑ	εἰδῶν.	ΚC	κύριος.
ΕΤ	ἔτη.	ΚΩ	κυρίῳ.
ΗΜ, ΗΜΕ	ἡμέρας.	ΚΥ	κύριοι.
ΟΕC	θέσις.	ΚΙ	κῖται (κεῖται).
ΟC	θεός.	ΚΩ	κωμῆς.
ΟΥ	θεοῦ.	Μ, ΜΗΝ	μηνός, μηνί.
ΟΩ	θεῷ.	ΝΩΝ	νωνῶν.
ΙΝΛ	ἰνδικτιῶνος.	ΙΙ·Ε	πλέον ἔλαττον.
ΙC ΧC	Ἰησοῦς Χριστός	ΥΠ	ὕπατος, ὑπατία.
Ν Κ	νικᾷ.	ΥΠΟΔΙΑΚ	ὑποδιάκονος.
Κ	καί.	ΧΡ	Χριστός.
ΚΑΛ, ΚΑ	καλανδῶν.	ΧΡΕ	Χριστέ.
ΚΑΤΟ	κατάθεσις.	ΧΡΥ	Χριστοῦ.

B. Auf lateinischen Inschriften.

AN	annum (-os).	ID	idus (-ibus).
AVG, AVGG	Augustus, Augusti.	IND	indictione.
B·M	benemerenti,	IN·P	in pace.
	bonae memoriae.	IT	iterum.
CC	consules.	KAL	kalendas.
C·F	clarissima femina.	LOC	locus.
C·V	clarissimus vir.	M	menses.
COI, COIVG	conjux.	N	nonus, numero.
CONS	consule.	OCT	octobris.
COSS	consulibus.	P	posuit, plus.
D	dies (-e).	P·C, P·CONS	post consulatum.
D·D	dedicarit, dono	P·M, PL·M	plus minus.
	dedit.	P·Z	pie zeses.
DEP, DP	depositus (depositio).	SBD, SVB D	sub die.
DM	dominus (-o).	T·P	titulum posuit.
D·M·S	dis manibus sacrum.	V	vixit, vir.
D·N, DD·NN	dominus(-i) noster(-i).	VC	vir clarissimus.
EPC, EPS	episcopus.	VIX	vixit.
F	fecit, filius (-a).	X	Christus.
FF	filii, fecerunt.	XPI	Christi.
H	hora, hic.	Z	zeses.

Eine Anwendung von Abbreviaturen in ausgedehntem Maasse zeigt nachstehende, dem Jahre 373 angehörende römische Inschrift:

CINTIAE · B · M · IN P ·
Q · V · A · N · P · M · XX · V · M · I
Ɵ V · DEP · Ɵ · V · NON · O
CTOB · VALENTINIANO · AVGG · III ·

De Rossi, *Inscript.* I, n. 239. *C. benemerenti in pace quae vixit annis plus minus XXV, mense I, diebus V. Deposita die V nonis octobribus Valentiniano Augusto tertium.*

Die Orthographie der Inschriften entspricht nicht immer dem allgemeinen Sprach- und Schriftgebrauche. Unwissenheit, Irrthum, vorzüglich aber die Einwirkung dialektischer Eigenthümlichkeiten und vulgärer Aussprache begründen diese Abweichungen, deren Zahl im Laufe der Zeit, besonders im fünften Jahrhundert, in rascher Progression wächst. Was die Einzelheiten anbetrifft, so werden Vocale häufig vertauscht (*mereto, nomene, minses, diposìtus, busomum*), ebenso die Lippenlaute (*bibas, bixit, quiebit, apsens, vene*), sowie die Zungenlaute (*vixid, adque, set*). PH wird durch F (*neofitus*), Y durch V, und umgekehrt, ersetzt (*martur, yixit*). DI durch Z (*zaconus*), I durch Z (*Zesus*), X durch GS (*rigsid*). H und N fallen aus (*eres, Pyrrus* [aber auch umgekehrt *hegit*], *cojux, meses, infus*). S tritt abundirend zu X (*urxor, vixsit*; dagegen *bisit = vixit*). Auf späten Inschriften macht sich schon der Uebergang zum Romanischen bemerklich in Formen wie *ixpiritus* (esprit), *suntus* (santo), *cinque, trienta* (ital. *trenta*). Eigentliche Schreibfehler sind KAL APPILI f. *aprili*, PALCIS f. *pacis*; grammatikalische Fehler: der Gebrauch von *qui* für beide Geschlechter, unrichtige Construction der Präpositionen (*inter sanctis, cum maritum suum*) u. a. m. Fast sämmtliche Fälle haben ihre Parallelen in antiken Inschriften, vor Allem in pompejanischen Graffiti.

Eine Inschrift aus Albigny vereinigt in besonders grosser Zahl Abweichungen von der herkömmlichen Schreibweise:

    + IN HOC TVMVLO REQVIIS
    CIT MEMBRI BONE MEMORIE
    AVDOLENA BONA KARETATE
    SVAM + QVI VIXIT IN
    PACE ANVS XXXVII QVI A
    HOC HOSSA REMOVIT A
    NATEMA SIT OB VII KALEN
    DAS IANVARIAS
    Taube   Palmzweig   Kreuz

Le Blant I, n. 13, S. 37. *In hoc tumulo requiescunt membra bonae memoriae Audolenae, bona caritate sua, quae vixit in pace annis XXXVII. Qui a hoc (tumulo) ossa removit, anathema sit. Obiit septimo kal. Jan.*

Unfreiwillige Fehler suchte man zuweilen durch nachträgliche Correctur, auch mit Hülfe von Gips, zu beseitigen.

Eigenthümlich, indess auch in der antiken Epigraphik, wiewohl seltener, üblich, ist die Schreibung lateinischer Worte mit griechischen Buchstaben. Der Grund dürfte Spielerei oder Fremdthümelei sein. So liest man auf einer Inschrift in der Vorhalle von S. Marco in Rom ΛѠѰМΓ IN ΠΛΚG. Zwei andere ebenfalls römische Epitaphien lauten:

1.
ΛΛΕΖΑΝΔΡΟ ΒΕΝΕ
ΜΕΡΕΝΤΙ ΙΝ ΠΑΚΕ

2.
ΒΕΝΕΜΕΡΕΝΤΙ ΦΙΛΙΕ
ΘΕΟΔѠΡΕ ΚΥΕ ΒΙΖΙΤ
ΜΗCΙC ΧΙ ΔΙΗC ΧVΙΙ

1. Boldetti, *Osserv.*, S. 343. 2. Lupi, *Epit.*, S. 61. Z. 2: ΚΥΕ = *quae*.

Seltener finden sich griechische Wörter mit lateinischen Buchstaben geschrieben, wie **PRIME IRENE SOI** (εἰρήνη σοι), **DORMITIO TVA INTER DICAEIS** (ἐν δικαίοις) und auf einer jüdischen Inschrift (Fabretti, S. 465, n. 101) **EN IRENAE AY CYMISIS AVTIS** (ἐν εἰρήνῃ ἡ κοίμησις αὐτῆς).

Eine weitere Anomalie ist, dass in derselben Inschrift griechische und lateinische Worte wechseln.

ΕΡΜΑΕΙCΚΕ · ΦѠC Ξ
ΗC ΕΝ ΘΕѠ ΚΥΡΙ
Ѡ ΧΡΕΙCΤѠ ΑΝΝ
ѠΡΟΥΜ · Χ · ΜΗCѠ
ΡΟΥΜ · SEPTE

C. J. Gr. IV, n. 9810. Z. 3 ff. *annorum X, mesorum (= mensium) septe(m)*.

Seltener wird die griechische Inschrift lateinisch wiederholt:

ΕΝ ΕΙΡΗΝΗ ΑΝΕΠΑΗ ΒΕΝΕΝΑΤΟC
ΘΕΟΦΙΛΑ ΕΠΟΙΗCΑ CΥΜΒΙѠ
**BENENATO TEOFILIA FECIT
VXOR EIVS
LVPICINO ET IOVINO COSS**

C. J. Gr. IV, n. 9842. an. 367. Z. 1: ἀνεπαύσατο.

¹ CELANO fand in S. Gennaro in Neapel eine Bleitafel mit der Inschrift PIRROT
TVS CN.
² Die Graffiti sind entweder in den feuchten oder trockenen Kalkbewurf eingeschrieben oder in das feste Material der tabula eingeritzt. Als Grabinschriften dienten sie nicht häufig; die Mehrzahl der Graffiti sind Aufschriften von Pilgern, die in nachkonstantinischer Zeit die Katakomben besuchten; vgl. DE ROSSI, *R. S.* II, tav. XXIX bis XXXIV. — Dipinti lassen sich in grosser Anzahl in S. Giovanni in Syrakus, in einer Nebengalerie in Neapel (meine *K. v. S. G.*, S. 37, 50 ff.) und in S. Priscilla (*Bull.* 1880, t. I) nachweisen. Sie sind bald länger, bald kürzer gefasst und auf die Innenwände oder den äusseren Rand der Arkosolien oder auf die Verschlussplatte der Loculi geschrieben. Die Striche sind in S. Priscilla breit, in Neapel und Syrakus dünner. Eine Kohleninschrift bei LUPI, S. 39, eine Mosaikinschrift bei BOLDETTI, S. 547; ARMELLINI, *S. Agnese*, S. 213; *Zeitschr. d. deutsch. Palästinavereins* 1881, S. 15 (der Eigenname ist ΚΑΛΙϹΤΡΑΤΟϹ zu lesen statt ΚΑΠΙϹΤΡΑΤΟϹ).
³ Ueber die Schriftformen ZELL, *Handbuch der röm. Epigraphik*, Heidelb. 1852, II, S. 38 ff. Zu vgl. ferner die facsimilirten Inschriften im 4. Bande des C. J. Gr., bei DE ROSSI, *Inscript.* I und LE BLANT, *Inscript.*; ROLLER, pl. IX—XII, XXII, XXXI, XXXII, LXI, LXII u. s. w.; dazu die pompej. Wandinschriften C. J. L. IV.
⁴ Das Herzblatt, schon auf antiken Inschriften häufig, galt, wie schon erwähnt, als indicium martyrii. Das Kreuz als Interpunktionszeichen ist gleichfalls schon auf heidnischen Inschriften nachweisbar und hat als solches in der christlichen Epigraphik keine symbolische Bedeutung. Andern MARTIGNY (*Dict.*, S. 363) und KRAUS (*R. S.*, S. 438). Hinsichtlich des Monogramms Christi als Interpunktionszeichens Letzterer a. a. O., mit Recht gegen MARTIGNY. Die Einsetzung des Monogramms in die Inschrift beruht bei dem von BOLDETTI (S. 341) angeführten Epitaphe und auch sonst (z. B. SPANO, *Scoperte archeol. in Sardegna*, Cagliari 1873, S. 39) auf religiösem Motive.
⁵ Ausführliche Verzeichnisse der in der antiken Epigraphik üblichen Abkürzungen bei MORCELLI, *De stilo inscript. latt.*, Romae 1781, tom. III, S. 145 ff.; MARINI, *Atti e monum. de' fratelli Arvali*, Roma 1795, S. 536 ff. Dazu die Indices der grösseren Inschriftensammlungen.

Dritter Abschnitt.

Zeitbestimmung der Inschriften.

Von den altchristlichen Inschriften enthält kaum die Hälfte chronologische Angaben, darunter nur ein ganz geringer Bruchtheil Jahresbestimmungen, und zwar entfallen diese letzteren fast sämmtlich auf occidentalische Monumente. Die Ausprägung der Data vollzieht sich in den ersten Jahrhunderten ausschliesslich nach den Normen der *aera consularis*. Das auf antiken epigraphischen Monumenten zu beobachtende Schwanken in der genaueren Formulirung dieser Zeitbestimmungen zeigt sich auch in den christlichen Inschriften. So finden sich neben der älteren Abkürzung für *consulibus* COS die Formen CONS, COSS, CONSS, CON, CC · SS, CONSVLE, CONSVLIBVS; die Namen der Consuln werden bald mit, bald ohne ET nebeneinander gestellt, der Name des einen Consuls fehlt einige Male ganz, oft ist nur das cognomen oder das nomen angegeben; das Consulatsjahr wird abwechselnd durch Zahlen oder durch Buchstaben ausgedrückt.

Im Occident ist so lange nach Consulaten gerechnet, als dieses bestand, d. h. bis zum Jahre 536. Im Orient dagegen treffen wir nur ganz vereinzelte Beispiele; die Gemeinden älterer Zeit dort scheinen nur ausnahmsweise datirt zu haben.

Im vierten Jahrhundert begegnet zuerst vor den Namen die Bezeichnung CONS (*consulibus* oder *consulatus*) und der Zusatz V · C, VV · CC = *vir (i) clarissimus (i)*. Auch die Rechnung *post consulatum* (PC, POST CON, POST, POS, PC̄ u. s. w.) scheint in diesem Jahrhundert zuerst aufgekommen zu sein.

Neben die *aera consularis* tritt im vierten Jahrhundert die Rechnung nach Indictionen, den jährlichen Steuerumlagen. Sie beginnt mit dem Jahre 312 und besteht aus Cyklen zu je fünfzehn Jahren. Das erste Beispiel auf Inschriften gehört in Rom dem Jahre 423, in Gallien dem Jahre 491 an. Die Bezeichnung lautet in der Regel IND, daneben u. A. INDIC, INDICT, INDE. Früher und allgemeiner hat man im Orient, besonders in Aegypten, von dieser Rechnung Gebrauch gemacht. Von den zahlreichen im römischen Reiche gebräuchlichen provinziellen Aeren finden sich auf coemeterialen Inschriften nur für die *aera Hispanica* (38 a. Chr.) zahlreiche Beispiele in Spanien auf Monumenten des fünften und sechsten Jahrhunderts, und für die *aera Mauretanica* (40 p. Chr.) ein Beispiel auf einem nordafrikanischen Epitaphe. Die specifisch christliche *aera Dionysii* dagegen ist auf Inschriften dieser Zeit nicht in Anwendung gekommen.[1]

Die Benennung der Monate vollzieht sich im Abendlande einheitlich nach Maassgabe des römischen Kalenders. Im Orient wirken die verschiedenen localen Bezeichnungen durch, wie Φαωφί, Παχών (Aegypten), Ἀπελλαιών (Tenos).

Auch in der Bezeichnung der Monatstage schliessen sich die christlichen Inschriften den antiken durchaus an. Dasselbe gilt hinsichtlich der Wochentage. Eigentlich christliche Namen, wie *dies dominica*, ἡμέρα κυριακή, *dies sabbati, sabbatum*, ἡμέρα παρασκευῆς, σάββατον, σάββατα, treten erst spät, nicht vor dem vierten Jahrhundert, wie es scheint, auf. Gebräuchlicher sind die heidnischen Bezeichnungen ἡμέρα Διός, *dies Jovis*, ἡμ. Ἡλίου, *d. Solis*, ἡμ. σελήνης, *d. lunae*, ἡμ. Ἑρμοῦ, *d. Mercurii*, *d. Veneris*, ἡμ. Κρόνου, *d. Saturni* u. s. w. Einmal (C. J. Gr. IV, n. 9452) trifft man sogar die Combination ΗΜΕΡΑ ΗΛΙΟΥ ΚΥΡΙΑΚΗ. Beispiele: DEPOSTA PRIDIE IDVS FREB DES SOLES (Lupi, S. 101); DEPOSITVS · V · IDVS · IVLIAS · DIE · IOVIS (Fabretti IV, 485); KAL OCTOBRIS DIE BENER (= *Veneris*. Perret V, pl. 46); Ξ ΚΑΛΑΝΔΩΝ ΜΑΡΤΙΩΝ ΗΜΕΡΑ ϹΕΛΗΝΗϹ (Muratori 1819, 6); ΑΠΟ ΚΑ Ο ΗΜΕΡΑ ΔΙΟϹ (Castelli, n. 23). Dagegen: ΗΜΕΡΑ ΚΥΡΙΑΚΗ (Castelli, n. 25), ΗΜΕΡΑ ΗΛΙΟΥ ΚΥΡΙΑ(κῆ). Castelli, n. 73).

Zur chronologischen Fixirung der undatirten Inschriften hat die epigraphische Wissenschaft eine Reihe von Anhaltspunkten gewonnen, von denen aus das Alter derselben in den meisten Fällen ziemlich genau begrenzt werden kann. Diese sind: die Schriftcharaktere, die Formulirung, die Eigennamen und die symbolischen Zeichen, wie das Monogramm, das Kreuz, Α—Ω, die Taube, der Fisch u. a.

Für das Dreinamensystem bieten die altchristlichen Inschriften nur sehr wenige Beispiele. Namen auf *antius, entius, ontius (Dignantius, Amantius, Exuperantia, Leontius, Faventia),* oder solche, die einen christlich religiösen Inhalt haben, als *Redemptus, Refrigerius, Pascasius, Anastasia*, Κυριακή, ferner biblische Namen zeigen eine späte Zeit an. Was die Symbole auf Inschriften anbetrifft, so hat Le Blant[1] folgende vergleichende

---

[1] Le Blant, *Inscript.*, S. XIV.

Zusammenstellung derselben nach der Zeit ihres Aufkommens in Rom und in Gallien gegeben:

Symbol.	Rom.	Gallien.
Taube.	Von 268—500, 524?	Von 378—612.
☧	Von 298? 331—451 od. 474.	Von 377—493.
⋏ — ⍵	Von 355? 363—509.	Von 377—547.
⳨	Von 355 bis zwischen 542 und 565.	Von ca. 400—525 od. 540.
Vase.	Von 391—472 oder 439.	Von ca. 450—563.
† (In der Inschrift).	Von 375? 407—527.	Von 448 bis nach 585.
† (Am Eingange der Inschrift).	Von 450—589.	Von 503 bis ca. 680.

Diese Resultate sind aus datirten Inschriften gewonnen. Die ersten Daten bezeichnen demnach keinesfalls die letzte Grenze nach rückwärts. So reicht die Taube in weit ältere Zeit zurück.

Das Monogramm ☧ findet sich in Spanien zum ersten Male datirt auf einer Inschrift v. J. 585. Es hat sich dort bis in das siebente Jahrhundert erhalten; ungefähr ebenso lange in Britannien.

Einfache, kurze Formulirungen ohne Depositionsangabe sind im Allgemeinen Zeichen höheren Alters. Umständliche Einleitungen wie HIC REQVIESCIT IN PACE, HIC IACET IN NOMINE CHRISTI, IN HOC TVMVLO IACET, ausführliche Angaben über Alter, Todes- und Begräbnisstag, Anhäufung lobender Eigenschaften, metrische Form charakterisiren die späteren Inschriften.[2]

---

[1] Hinsichtlich der Chronologie ist zu verweisen auf IDELER, Lehrb. d. Chronologie, Berlin 1831; vor Allem aber auf DE ROSSI's Einleitung zu den Inscript. christ. Ueber die Jahresrechnung auf griechischen Inschriften, die im C. J. G. IV vielfach irrig bestimmt ist, J. RITTER, De compositione titul. christ., Berol. 1877, S. 12 ff.

[2] DE ROSSI, a. a. O. u. De la détermination chronol. des Inscript. chrét. (Revue archéol. 1862); LE BLANT, Inscript. chrét., S. VI ff.

Vierter Abschnitt.

Inhalt der Inschriften.

Wie der altchristliche Bilderkreis in seiner ersten Entwickelung sich an die Antike anschliesst und nur allmählich von dem Einflusse derselben bis zu einem gewissen Grade sich frei macht, gleicherweise verhält es sich mit den christlichen Inschriften. In den drei ersten Jahrhunderten schliesst sich das Formular dieser ziemlich genau an die antiken Vorbilder an. Der christliche Ursprung und Charakter wird entweder gar nicht oder nur durch den Zusatz IN PACE, ΕΝ ΕΙΡΗΝΗ, den die christlichen Inschriften mit den jüdischen theilen, und durch Acclamationen, wie VIVAS IN DEO, VIVAS IN AETERNVM angezeigt. Darin kommt einerseits der Gedanke des Todesschlummers, welchen übrigens auch heidnische Inschriften ausprägen, zum Ausdruck, andererseits die Hoffnung der Fortdauer nach dem Tode. In späterer Zeit wird die Formel IN PACE auf das Verhältniss des Eingegliedertseins des Verstorbenen in die Grosskirche angewandt.

IN PACE, ΕΝ ΕΙΡΗΝΗ auf jüdischen Inschriften aus vorchristlicher Zeit sehr häufig, z. B. LE BLANT, n. 621 (REQVIESCVNT IN PACE), C. J. Gr., n. 9907 (ΕΝ ΕΙΡΗΝΗ ΚΟΙΜΗΣΙΣ ΑΥΤΟΥ), n. 9921 (ΕΝ ΕΙΡΗΝΗ ΚΥΜΗΣΙΣ ΑΥΤΟΥ), n. 9902 (ΕΝ ΕΙΡΗΝΗ Η ΚΟΙΜΗΣΙΣ), n. 9904 (ΗΝ ΕΙΡΗΝΗ Η ΚΟΙΜΗΣΙΣ ΑΥΤΟΥ), LUPI, S. 177 (a-b), zwei Inschriften in der Vorhalle von S. Ambrogio in Mailand (REQVIESCIT IN PACE), meine *Arch. Stud.*, S. 260, n. 6 u. s. ö. Die Behauptung RAOUL-ROCHETTE's (*Deuxième Mém.*, S. 27), dass κοιμᾶσθαι ἐν εἰρήνῃ, *dormire in pace* sich auch auf heidnischen Inschriften finde, ist nicht genügend begründet worden; vgl. J. DE WITTE, *Du christ. de quelques impérat. Romaines* (CAHIER et MARTIN, *Mél. d'Archéol.* III, S. 178 f.). Dagegen auf heidnischen Inschriften: *ossa tua bene quiescant* (O·T·B·Q, RENIER, n. 1794), *hic tumulatus bene quiescat* (H·T·B·Q, RENIER, n. 2444; vgl. WILMANNS, *Exempla inscript. latt.* I, S. 57, n. 186), *hic quiescit* (GRUTER, S. 446, 8), *hic requiescit* (GRUT., S. 997, 5), *somno aeternali* (FABRETTI, S. 182), *quieti aeternae* (FABRETTI, S. 53, 308?) u. s. w. S. R.-ROCHETTE a. a. O., und oben S. 203, Anm. 1. Auf afrikanischen Inschriften sehr häufig und auch sonst die

Formel *vixit in pace*, ohne Zweifel in der angegebenen Bedeutung; vgl. C. J. L. VIII, 2, n. 707, 748, 1390 u. ö., und LE BLANT, S. CXXVI f. Einmal auch *natus in pace* (MARANGONI, *Acta S. Vict.*, S. 88) und *depositus in pace fidei catholicae* (DE ROSSI, *Inscript.* I, n. 807 a. * 462).

Erst im vierten Jahrhundert beginnt das christliche cömeteriale Inschriftenformular sich selbständiger auszubilden. Als Beispiel sei folgende Inschrift aus dem fünften Jahrhundert zu Die in Frankreich angeführt:

```
HIC DALMATA CR
ISTI MORTE REDEM
TVS QVIISCET IN PA
CE ET DIEM FVTVRI
IVDICII INTERCEDE
NTEBVS SANCTIS L
LETVS SPECTIT
```

LE BLANT, n. 478, S. 194. *Hic Dalmatia Christi morte redempta quiescit in pace et diem futuri judicii intercedentibus sanctis laeta (ex)spectat.*

Besonders dadurch entfernen sich jetzt die christlichen Inschriften von den heidnischen, dass jene den Sterbetag anzugeben lieben, eine Consequenz der Beurtheilung des Todes von dem Glauben aus an eine Fortdauer im Jenseits. Das Heidenthum freilich hat nicht etwa als solches, welches „keine Hoffnung hatte", diese Angaben gemeiniglich zu machen absichtlich vermieden, sondern die epigraphische Tradition wies dahin.

Aber auch hier wirken in gleicher Weise wie in vorkonstantinischer Zeit heidnische Vorstellungen noch durch und zeigen die altchristlichen Inschriften in demselben Verhältnisse zu der Antike wie die Bildwerke. Die wichtigeren dieser aus dem antiken epigraphischen Formular entnommenen Theile sind folgende:

In erster Linie zählt dazu die Formel **D·M, D·M·S** (*dis manibus sacrum*), **Ο·Κ** (θεοῖς καταχθονίοις), welche den Verstorbenen in göttergleichem Zustande befindlich voraussetzt und gewöhnlich gross ausgeführt über der Inschrift steht, seltener in die erste Zeile eingesetzt wird. Auf christlichen Monumenten sind die Sigla bisher mehr als hundertmal nachgewiesen, und zwar gehören diese Inschriften in der Mehrzahl dem dritten und dem vierten Jahrhundert an. Die Umdeutung in *Deo Magno* ist unstatthaft. Andererseits scheint die ursprüngliche religiöse Bedeutung im Laufe der Zeit sich bedeutend abgeschwächt und die Sigla vorwiegend als formales Charakteristikum der Grabinschriften gegolten zu haben. Daraus erklärt sich, dass das Monogramm Christi zuweilen in oder neben die Sigla gesetzt wurde, z. B.:

1. ☧ D M ☧   2. D M ☧ S

1. Spano, *Scoperte archeol.*, S. 39. 2. Becker, *Die heidn. Weiheformel* D·M, S. 13, n. 4.

Nur in einem Falle scheint der Schreibende ein deutliches Bewusstsein der ursprünglich idololatrischen Bedeutung des D·M gehabt zu haben, in nachstehender Inschrift aus Anagni:

```
ᴀD      Mω
VALERIA RODE
VALERIAE RODE
NI · MATRI · CAR ·
BEN
MERENTI FC
      ☧
```

Hier ist gleichsam protestirend neben D·M das entschieden christliche Α — ω gesetzt.

Ueber D·M hat neuerdings ausführlich und in überzeugender Darlegung gehandelt Ferd. Becker in der angeführten Schrift. Die Resultate des Verfassers sind:

„1. Die Siglen D·M oder D·M·S dürfen nie anders als *Diis Manibus sc. sacrum* gedeutet werden. Für die Erklärung *Deo Magno* oder *Maximo* ist keine einzige altchristliche Inschrift geltend zu machen. 2. Der Grund, die Siglen D·M auch auf christliche Grabsteine zu setzen, war die allgemein herrschende Sitte, jede Grabschrift so zu beginnen. Es muss sich wohl die Bedeutung dieser Weiheformel im allgemeinen Gebrauche fast bis zur Bedeutungslosigkeit abgeschwächt haben. 3. Die Anschauung, dass man in den Werkstätten die schon mit den Siglen D·M versehenen Grabsteine kaufte, ist nicht haltbar. 4. Der Zeit nach gehören die Inschriften meist nicht der ältesten Epoche der altchristlichen Inschriften an. Die Mehrzahl gehört in das dritte Jahrhundert und in die Zeit Konstantins" (S. 65 ff.). Diesen Sätzen ist durchaus zuzustimmen. Uebrigens haben, wiewohl selten, auch jüdische Inschriften die Sigla.

Ein antikes Erbe ist ferner der zur Tröstung des Todten oder der Ueberlebenden bestimmte Ausdruck ΟΥΔΕΙC ΑΘΑΝΑΤΟC, *nemo immortalis*, der auch auf jüdische Inschriften übernommen ist:

1.	2.
ΕΥΨΥΧΙ CΕΚΟΥΝΔΑ ΟΥ	ΟΑΡCΙ ΤΑΤΑ ΜΗΤΗΡ
ΔΙC ΑΘΑΝΑΤΟC ΡΗΓΙΤΑΝΑ	ΟΥΔΕΙC ΑΘΑΝΑ
	ΤΟC

1. Buonarroti, *Vetri*, S. 168 (aus S. Pretestato). 2. Ebend. S. 169 (aus S. Ciriaca).

Von der Bezeichnung des Grabes als *domus aeterna*, *perpetua sedes*, οἶκος αἰώνιος, sowie der Ueberschätzung des Grabbesitzes und den daraus hervorgegangenen Bitten, Drohungen und Verwünschungen auf Inschriften, die ebenfalls der Antike entstammen, war bereits die Rede.[1] Aus dem Heidenthume ferner ist der Ausdruck **MEMORIAE AETERNAE** herübergeflossen, sowie **SOMNVS AETERNALIS**. Die Inschriften sprechen von **TARTARVS FVRENS**, **NEMVS AELYSIVM**, **STYGIS IRA**, **LACHESIS ACERBA**;[1] sie citiren den Vers Virgils: *abstulit atra dies et funere mersit acerbo*[2]) und nennen das Sterben *perire*.

Infelix et miser post obitum tuum vivo ruft einmal ein römischer Christ dem Todten zu; auch sonst bezeichnen sich die Hinterbliebenen als unglücklich.[2]

Eine längere dalmatinische Inschrift[3] hält sich in überraschender Weise genau innerhalb der Grenzen antiker Anschauung:

> Conditus infelix in ista sede perenni
> Principius habitat. Huic vitae finis in ipsis
> Ter senis misero et quattuor paene peractis
> Annis acerva fuit. Nam studiis jam Rome lactantem
> Invida fortuna repenti funere mersit.
> Cujusque reversum crudeli funere corpus
> Exequitur genitor iniquo cum honore sepulcri.
> Iam securi suo caudete munere, manes,
> Elysios per campos et dulcia prata vagantes.

Auf einem Epitaphe in Chiusi wird von einem vierjährigen Knaben, der noch dazu *infans cristiaeanus (christianus)* genannt ist, ausgesagt *vita privatus est*, was ein allerdings einzigartiger Ausdruck für „sterben" ist. Eine römische Inschrift v. J. 380 spricht von den „Manen" der Verstorbenen.

Die Beispiele lassen sich leicht mehren. Ihr Vorhandensein dient als Warnung, den Unterschied der heidnischen und der christlichen epigra-

---

[1] S. 11 ff.
[2] Virgil, *Aen.* VI, 429; XI, 28.

phischen Ausdrucksweise und der dieser zu Grunde liegenden sepulcralen Anschauungen zu überschätzen.

Die Inschriften sind *monumenta*, d. h. der Erinnerung an den Todten bestimmt. Demnach ist bei Darlegung des Inhaltes derselben der Name dieses zuerst in Betracht zu ziehen.

Mit dem Namen des Todten beginnt gewöhnlich die Inschrift, oder eine kurze Formel, wie *hic jacet*, *dormit*, ἐνθάδε κεῖται, κοιμᾶται, *in hoc tumulo quiescit*, oder auch ein einzelnes Wort, wie *locus*, τόπος, κοιμητήριον mit folgendem Genitive leitet ihn ein. Zuweilen besteht die Inschrift allein aus dem Namen des Todten:

1.	2.	3.	4.
ΛΟΑΝΑCΙC	ΤΕΡ ΤΥΛ ΛΟC	ΙΟΥΛΙΑ	FELICITAS

1—3. *S. Gennaro in Neapel*; 4. *S. Priscilla in Rom*.

Die in der antiken wie in der altchristlichen Epigraphik vereinzelt zu beobachtenden Fälle, dass der Name des Todten ausgelassen, dagegen Lebensalter oder Todestag angegeben ist, beruhen auf aussergewöhnlichen Umständen, die sich im Einzelnen nicht bestimmen lassen. So lautet ein Epitaph in S. Agnese:

```
   DEP ·        INFANTIS ·
    DI       E III IDVS MAI
```
Depositio infantis die III Idus Maias.

Nur selten bieten die Epitaphien praenomen, nomen und cognomen, wie folgendes aus Arles:[1])

```
         PAX TECVM
   IVLIAE · VALERIAE · SERENIL
   LE · CONIVGI · INCOMPARA
   BILI · L · SEPTIMIVS · PRIMITI
   VS · CVM · QVA · VIXIT · AN
   NIS · XVIIII · DIES · XXXVIII
         MERENTI POSVIT
```

Oefters trifft man in vorkonstantinischer Zeit zwei Namen, später fast nur einen. Die Ursache scheint einerseits in der socialen Zusammensetzung der Gemeinden, andererseits in der Werthschätzung des Taufnamens zu liegen.

---

[1]) Le Blant, n. 520.

In den ersten drei Jahrhunderten herrschen die antiken Namen durchaus vor. Sie sind hergeleitet von Götter- und Heroennamen, wie: *Ammonius, Afrodite, Aphrodisia,* Ἀφροδίσιος, *Apollinaris,* Ἀρτεμίσια, Ἀρτεμιδώρα, *Asclepius,* Ἀσκληπιοδότος, *Bacchius, Casturia,* Δημήτρια, Διογένης, *Ermes.* Ἑρμογένης, Ἡρακλεία, *Herculanius, Herculius, Jovina, Jovianus, Mercurina, Mercurius, Minervia, Nemesianus,* Φοῖβος, *Serapio, Venerius, Urania,* etc.

Oder sie beziehen sich auf das Naturreich und das Naturleben, auf Länder, Flüsse und Städte oder knüpfen an Monatsnamen und Zahlen an: *Amaranthus, Rosarius, Silvia, Aquila, Capra,* Ἀφρικάνα, *Dalmatia, Maurus, Nilus, Tigridius, Alexandria,* Χαλκηδονίς, *Aprilis, Decembrina, Januaria, Primus, Primenius, Secundus, Quartina, Quintilia* etc.

Andere sind lobende oder verächtliche Epitheta: *Amantius, Candidianus,* Χρηστός, *Innocentia, Justa, Serenus, Verus, Credula, Foedula, Ima, Malus, Molesta, Projectus, Stercoria (-us)* etc.

Was diese letzteren Namen anbetrifft, so hat LE BLANT (*Inscript.* II, S. 63 ff.) dieselben, nach Analogie eines bekannten Factums der niederländischen Geschichte des sechszehnten Jahrhunderts, als ursprüngliche gegen die Christen gerichtete schmähende Bezeichnungen des Heidenthums und dann von diesen selbst adoptirt bezeichnet. So wird *Credula* mit Berufung auf Minucius Felix, Oct. VIII, 4 und *Stercorius* nach Maassgabe einer bekannten Notiz des Lactantius (Inst. div. V, 1) über eine gehässige Umwandlung des Namens Cyprianus erklärt. Diese Vermuthung ist nicht zu erweisen und an sich sehr unwahrscheinlich. Gleiche oder ähnliche Namen finden sich auch im Heidenthume bei Personen niederer Condition.

Auch Namen von historischem Klange sind nicht selten: *Amulius,* Ἑλένη, Σωκράτης, *Poppea, Pyrrus, Romulus* etc.

Zu diesen und anderen Namen, welche die altchristlichen Inschriften mit den antiken gemeinsam haben, treten in vorkonstantinischer Zeit ganz vereinzelt specifisch christliche, die entweder der heiligen Geschichte entnommen sind oder einen christlichen religiösen Gedanken ausprägen: Ἀβραάμ (Ἀβραάμιος), *Andreas, Benedictus, Daniel,* Ἐλπίζων, *Elpizusa,* Ἰωάννης, *Maria,* Μαρία, *Paulus, Petrus, Revecca, Anastasia, Redempta, Redemptus,* Ῥεκέπτος *(Receptus), Renatus,* Σωζομένη, Θεόδουλος *(Theodulus),* Θεόφιλος etc.

Auch die Bezeichnungen der christlichen Feste sind Ausgangspunkte für die Namengebung geworden: *Epiphanius, Epiphania, Pascasius, Sabbatius, Sabbatus* etc.[4]

Manche Inschriften zeigen, ebenfalls nach Analogie antiker tituli, einen Doppelnamen, z. B. *Muscula quae et Galatea, Asellus qui et Martinianus, Beticia sive Pascasia,* Σιμπλίκια ἡ καὶ Καλώνυμος. Die Vermuthung, dass der eine Name als der heidnische, der andere als der christliche anzusehen sei, ist unbegründet. Es handelt sich vielmehr hier nur um Unterscheidung des bürgerlichen Namens und des populären Ersatzes desselben. So lautet eine Inschrift in S. Ambrogio zu Mailand: *B. M. | Quiriace super | nomen Micines fideles | innox qui vixit annis VI et | mesis VI et dies IIII*. Erst in weit späterer Zeit wird in dieser Weise der frühere heidnische Name mit dem Taufnamen verbunden, wie in der Grabschrift des im Jahre 689 zu Rom gestorbenen westsaxonischen Königs Ceadwalla: *hic depositus est Cedualla qui et Petrus*.

Die antiken Inschriften verbinden mit dem Namen des Todten mit Vorliebe ehrende und lobende Beiworte, die vielfach nur eine formale Bedeutung haben. Die Christen haben von dieser Sitte anfangs mit einer gewissen Zurückhaltung Gebrauch gemacht. Erst seit dem Ende des dritten Jahrhunderts werden auf christlichen Inschriften die Epitheta ornantia häufiger und rasch beliebt, geben aber bald die ursprüngliche einfache und herzliche Fassung auf und drängen sich in schwülstiger Form zusammen. Die Prädicate bleiben vorwiegend die antiken, nur in untergeordneter Weise machen sich daneben eigentlich christliche geltend. Sie enthalten entweder eine allgemeine Abschätzung des Verstorbenen als Menschen oder beziehen sich auf eine bestimmte Seite seiner Persönlichkeit oder auf seinen Beruf: *benemerens, bonus, bonae memoriae, carissimus, desiderabilis, dignissimus, dulcis, dulcissimus, incomparabilis, innocentissimus, optimus, pientissimus, sanctissimus; amator (pater) pauperum, amicus omnium, famulus Dei, puella Deo placita, adolescens integrae carnis, cara pauperibus pia mancipiis, blandus servis, spiritu sancto* etc. Ἀγαθός, ἅγιος, ἄκακος, ἀξιώτατος, γλυκύτατος, ἐπιθυμητός, θεοσεβής, σεμνός, σεμνότατος, ἀμέμπτως, καλῶς ζήσας, καλὸν βίον ζήσας, σώφρονα βίον διάξας, πασίφιλος καὶ οὐδενὶ ἐχθρός etc.

Von einem gallischen Presbyter heisst es (Le Blant, n. 375): *qui fuit ad dei officio paratus, unanctes in eo sates laudanda, amicus omnebus*. Aehnlich n. 382, 383. Fabretti X, 478: *hunc habuit patrem orfans et vidua*.

Im Allgemeinen ist auf griechischen Epitaphien von diesen Epitheta sparsamer Gebrauch gemacht als auf den lateinischen. Als Beispiel späterer Ausartung dient folgende römische Inschrift:

```
MIRAE INNOCENTIAE · ADQ · EXIMIAE
BONITATIS · HIC · REQVIESCIT · LEOPARDVS
LECTOR · DE · PVDENTIANA · QVI · VIXIT
ANN · XXIIII · DEF · VIII · KAL · DEC ·
RICOMEDE · ET · CLEARCO · CON ·
```

De Rossi, *Inscript.*, n. 347. a. 384. Z. 1: *atque*. Z. 5: *Clearcho*.

Seltener finden sich Stand, Beruf und Amt dem Namen des Todten zugefügt; im Allgemeinen sind die orientalischen Inschriften an solchen Angaben reicher als die abendländischen. Der Grund ist nicht in einer geringen Werthschätzung dieser Dinge seitens der Christen zu suchen, sondern jene Thatsache tritt gleicherweise auf antiken Inschriften entgegen. Seit dem vierten Jahrhundert begegnen Ausführungen dieser Art häufiger, was sich aus der damaligen stärkeren Betonung staatlicher und kirchlicher Rangordnung leicht erklärt. Der höhere gesellschaftliche Stand wird notirt durch Zusätze wie V · C *(vir clarissimus)*, C · F *(clarissima femina)*, *illustris*, *nobilis*, εὐγενής; deutlicher drückt die vornehme Abkunft eine gallische Inschrift[1]) aus:

NOBILIS EVGENIA PRAECLARI SANGVINIS ORTV

Häufiger wird die hierarchische Stufe des Todten markirt. Die ehrwürdigsten Monumente in dieser Classe sind die in S. Callisto in der sog. Papstkrypte aufgefundenen Epitaphien mehrerer römischer Bischöfe des dritten Jahrhunderts.

1.
ΑΝΤΕΡѠC · ΕΠΙ\

2.
ΦΑΒΙΑΝΟC · ΕΠΙ · ΜΡ

3.
CORNELIVS · MARTYR ·
EP ·

4.
ΛΟΥΚΙC\

5.
ΕΥΤΥΧΙΑΝΟC · ΕΠΙC\

1. Ἀντέρως ἐπί(σκοπος), 235—236.   2. Φαβιανὸς ἐ(π)ί(σκοπος) μάρτυρ, 236—250.
3. *Cornelius martyr ep(iscopus)*, 251—253.   4. Λούκις (Λούκιος, *Lucius*) ..., 253—254.
5. Εὐτυχιανὸς ἐπί(σκοπος), 275—283. Vgl. oben S. 70.

Die griechische Bezeichnung ἐπίσκοπος kann nicht auffällig erscheinen, da bis in das dritte Jahrhundert hinein das Griechische in Rom die officielle kirchliche Sprache war. Der Zusatz *martyr* — denn so ist das Monogramm auf dem Epitaphe des Fabianus aufzulösen — verräth sich schon durch den flachen Einschnitt als spätere Ergänzung, die im fünften oder sechsten Jahrhundert vorgenommen sein mag, in einer Zeit, wo man eine solche Angabe vermisste. Wahrscheinlich hat diese Completirung auch auf die Inschrift des Anteros sich erstreckt. Die Inschrift des Cornelius ist wohl zu derselben Zeit vollständig erneuert worden.

[1]) Le Blant, n. 543.

KRAUS[1]) bemerkt mit Anschluss an DE ROSSI zu der Inschrift des Fabianus: „Die (ursprüngliche) Weglassung des Martyrtitels konnte wohl hier nicht als ein Act der Klugheit geboten sein, da er weder auf dem Grabsteine des Cornelius in diesem nämlichen Cömeterium, noch des heil. Hyacinth in dem Cömeterium des Hermes verschwiegen ist. DE ROSSI ist der Ansicht, dass es vielleicht schon nicht mehr (!) erlaubt war, diesen Anspruch auf die Verehrung der Gläubigen ohne die Bestätigung der obersten Auctorität zu veröffentlichen, welche im gegenwärtigen Falle während achtzehn Monaten nicht erfolgen konnte, weil der heilige Stuhl diese ganze Zeit über unbesetzt blieb; mit anderen Worten, wiewohl in der That ein Märtyrer, so war Fabianus noch kein *martyr vindicatus*." Dieser Meinung stimmt auch LIPSIUS[2]) zu. Indess die Bezeichnung des Martyriums findet sich sonst nie auf Inschriften vorkonstantinischer Zeit. Die Grabschrift des Cornelius kann keinen Gegengrund bilden, da sie ohne Zweifel späteren Ursprunges ist. Das ergiebt sich aus der lateinischen Abfassung, während die Epitaphien der dem Cornelius vorhergehenden Bischöfe Urbanus, Anteros, Fabianus und der nachfolgenden Lucius und Eutychianus sämmtlich griechisch abgefasst sind. Auch sind die Buchstaben kleiner und die Schriftcharaktere, selbst wenn man die Verschiedenheit der Sprachen berücksichtigt, durchaus andere. Noch klarer liegt die Unechtheit des im Jahre 1845 in S. Ermete von MARCHI[3]) aufgefundenen Epitaphs der Märtyrer Hyacinthus und Protus:

```
          DP III IDVS SEPTEBR
              YACINHVS
               MARTYR
          SEPVLCRVM PROTIM(artyris)
```

Nach der Formulirung zu schliessen, scheint diese Inschrift erst im späten Mittelalter, wenn nicht sogar in der Zeit nach der Wiederaufdeckung der Katakomben entstanden zu sein.

Ferner lässt sich die durch die Inschrift gebotene Abkürzung des Wortes Μάρτυρ vor dem fünften Jahrhundert nicht nachweisen, und die Unterscheidung zwischen *martyr vindicatus* und *non vindicatus* ist in dieser Zeit noch nicht nachweisbar. Sollte sie existirt haben, so bleibt unerklärlich, dass die später erfolgte vindicatio nicht auch auf anderen Märtyrergräbern nachträglich vermerkt wurde.

---

[1]) KRAUS, *R. S.*, S. 159.
[2]) LIPSIUS, *Chronol. d. röm. Bischöfe*, S. 199.
[3]) MARCHI, *Monum.*, S. 237.

Einer späteren Zeit — dem vierten Jahrhundert — gehören an und ausführlicher gefasst sind die Bischofsepitaphien:

1.	2.
FL·LATINO·EPISCOPO	(Petron)IO DEXTRO
AN·III·M·VII·PRAESB	AT
AN·XV·EXORC·AN·XII	EPISCOPO·P·QVI VIXIT
ET LATINILLAE·ET·FLA	ANNIS·LXVI·PATRI KAR
MACRINO·LECTORI	ISSIMO·L·PETRONII·QVI
FL·PAVLINA·NEPTIS	NQE·FILII POSVERVNT·DP
B·M·M·P	V A
	III·IDS·DEC·PROVINO ET YLIANO
	COSS

Nr. 1 stammt aus Brescia (C. J. L. V, 1, n. 4846) und ist wichtig durch die Avancementsdata; Nr. 2, aus Chiusi, ist dem Bischofe von seinen fünf Söhnen gesetzt und gehört dem Jahre 322 an. Die Consuln sind Probianus und Julianus (Bull. archeol. napol. II^a ser. III, S. 166). Weitere Bischofsepitaphien DE ROSSI, Bull. 1864, S. 49 ff., 1876, S. 101 f.; MOMMSEN, Inscript. Regni Neapol., n. 2054, 2056, 259 f., 263, 273 (Nola); LE BLANT, n. 2, 3, 19, 27 u. s. 5. (aus späterer Zeit); C. J. Gr. IV, n. 9147 u. 5. Ueber Linus s. oben S. 83, Anm. 1.

Neben den Bischöfen zählen zu den *ordines majores* die Presbyter und die Diakonen. Epitaphien derselben haben sich in ziemlicher Anzahl erhalten:

1.	2.
AGATIVS PASTOR	CANDIDVS PRESB

3.	4.
OGCIC ΑΓΑ	FL·SECVNDO BENEMERENTI
ΟΟΥ ΙΙΡGCR	MINISTRATORI·CHRESTIANO·IN·PACE
	QVI·VIXIT·ANN·XXXVI·DP·III·NON·MAR·

1. u. 2. BOLD., S. 416. 3. C. J. G. IV, n. 9255. 4. MURATORI, S. 385.

Die Bezeichnung *pastor* ist identisch mit *presbyter*, wie *minister* mit *diaconus*. Ein weiterer Name für Presbyter ist *praepositus*.

Andere Epitaphien von Presbytern und Diakonen C. J. G. IV, n. 9129, 9163, 9165, 9169 etc.; LE BLANT, n. 405^a, 430, 477, 478^a etc.; Lateranmus. X, 11, 12, 13; HÜBNER, Inscript. Hisp. 4, 120, 174; Inscript. Brit. 221. Die Grabinschrift einer Diakonisse C. J. G. IV, n. 3918: ΗΕΙΝΑΤΟΡΗ | ΔΙΑΚΟΝΙC | CA ΓΙ ΟΛΑG | ΚCΙΓIΛI (die von MAFFEI, Mus. Ver., S. 179 mitgetheilte scheint unecht).

Auch die *ordines minores* werden fast in Vollständigkeit auf den Inschriften erwähnt, die Subdiakonen, Lektoren, Exorcisten, Akoluthen, Fossoren.

Nicht nur die Hierarchie, auch die ganze christliche Gesellschaft tritt uns in ihren einzelnen Abstufungen und socialen Verhältnissen auf den

Inschriften entgegen, und wir gewinnen vermittelst dieser ein anschauliches Bild derselben. Bürgerliche und Militärpersonen, Freie und Unfreie, Handwerker und Gewerbetreibende werden auf den Steinen genannt. Nirgends erscheint so deutlich wie hier das altchristliche Leben hineingeschoben in das Leben, die Arbeit, den Handel und Wandel des Heidenthums.

Nach den Inschriften, womit übrigens auch die Märtyreracten übereinstimmen, war die Theilnahme der Christen am Militärdienste eine lebhaftere, als die Beurtheilung dieses seitens der Kirchenschriftsteller erwarten lässt.[5] Noch wichtiger sind die Aufschlüsse, welche die Inschriften hinsichtlich der faktischen Stellung der Kirche zur Sclaverei geben.

Die Zahl der altchristlichen Inschriften, auf denen Sclaven genannt werden, ist äusserst gering. Es lassen sich nur gegen dreissig nachweisen. Ebenso hoch ungefähr beläuft sich die Anzahl der auf Freigelassene bezüglichen Inschriften. Diese Thatsache, welche sich von den Proportionen derselben Grössen im Heidenthume in abnormer Weise entfernt, lässt sich nicht aus der angeblich niedrigen socialen Stellung der altchristlichen Gemeinden, welche den Erwerb von Sclaven erschwert hätte, motiviren; denn die überwiegende Mehrheit der christlichen Inschriften fällt diesseits des zweiten Jahrhunderts. Ebensowenig kann sie damit begründet werden, dass man in der Christenheit Werth darauf gelegt, die Erwähnung der irdischen Berufsstellung von den Grabsteinen fern zu halten. Denn eine solche Neigung ist in den beiden ersten Jahrhunderten wenigstens nicht nachzuweisen und hat in den folgenden Zeiten jedenfalls nicht existirt. Das bezeichnete Zahlenverhältniss zwingt vielmehr zu dem Schlusse, dass in den Gemeinden die Sclavenschaft im Allgemeinen auf ein Minimum reducirt war. Darauf weist ferner der Umstand, dass die Sclaveninschriften numerisch durch die Tituli der Liberti aufgewogen werden. Ebenso scheinen die im dritten und vierten Jahrhundert beliebten epigraphischen Formeln *Servus Dei*, Δοῦλος Θεοῦ, Δοῦλος χρηστιανός in absichtlichem Gegensatz gegen das irdische Knechtsverhältniss gebraucht zu sein.

Ausdrücklich wird eine Manumissio erwähnt auf einer Inschrift[1]) des vierten Jahrhunderts, als deren Fundort S. Priscilla bezeichnet wird:

```
SECVNDVS·ET·RVFINA·FILIAE·DVLCISSIMAE·HVNC·F
VNVS·SCRIPTVRA INTRAN·NOS·VII·MNOMISIMVS TV
AM  CARITATEM·IFILIA·DVLCISMA·SIN·NA·III K·S
```

Ebenso auf zwei gallischen Inschriften.[2])

---

[1]) Boldetti, S. 386.
[2]) Le Blant, n. 374, 379.

Die fehlerhafte Inschrift aus S. Priscilla besagt, dass das Elternpaar Secundus und Rufina beim Tode ihrer Tochter sieben Sclaven freigelassen.

Von grösserer Bedeutung als die cömeterialen Inschriften sind für die Beurtheilung der Stellung der Sclaven in christlichen Häusern die *bullae*[a], Täfelchen oder Bänder aus Metall, die am Halse flüchtiger oder unzuverlässiger Sclaven befestigt zu werden pflegten. Dahin gehört ein mit einem Loche durchbrochenes Bronzetäfelchen von kreisrunder Form, auf der einen Seite mit der Inschrift:

☧ TENE ME ☧
ET REVOCA ME IN
FORO MARTIS AD
MAXIMIANVM
ANTIQVARI
VM

Auf der anderen Seite:

TENE ME QVI
A FVGI ET REVO
CA ME IN CELIMON
TIO AD DOMV EL
PIDII V·C·

BONOSO ☧

Werthvoller ist ein anderes Täfelchen, welches gleichfalls auf jeder Seite eine Inschrift trägt, nämlich:

1.
TENE ME Q
VIA FVG·ET REB
OCA ME VICTOR
I·ACOLIT
O A DOMIN
ICV CLEM
ENTIS
☧

2.
FVGI EVP
LOGIO EX·
PRE·VRB·
(Monogramm) ☧ (Palme)
(von einem Kranze umgeben).

In Nr. 1 erscheint also ein Sclave im Besitz entweder eines Akoluthen des *dominicum* (d. h. *basilica*) *Clementis* oder der Kirche selbst.

Dass auch Kirchen und Klöster Sclaven besassen in der Weise antiker Heiligthümer, ist bekannt. Nur dass dies schon am Anfange des vierten

Jahrhunderts, welcher Zeit die Inschrift angehört, der Fall war, wird erst durch diese bestätigt. Auf einem anderen Täfelchen wird eine *basilica Paulli* genannt, und es ist darunter eher die über dem Grabe des Apostels Paulus an der Via Ostiensis erbaute Kirche zu verstehen, als die bekannte Gerichtsbasilika auf dem Forum. Ebenso gehörte ein in der vatikanischen Bibliothek befindliches Halsband mit der Inschrift **SERVVS DEI FVGITIVVS** ohne Zweifel einem kirchlichen Sclaven an. Schwerlich ist **SERVVS DEI** Eigenname.

Die sämmtlichen Monumente dieser Gattung, deren Zahl bis jetzt einundzwanzig beträgt, dürfen als christliche in Anspruch genommen werden. Fünf tragen das Monogramm Christi, eine ist aus einer Medaille Konstantins hergestellt, und die übrigen erweisen sich durch Paläographie, Orthographie und andere Charakteristika als der konstantinischen und nachkonstantinischen Zeit angehörig. Nur hinsichtlich dreier Halsketten ist die Möglichkeit offen zu lassen, dass dieselben aus älterer Zeit stammen.[1]) Denn die Anwendung von Halsketten bei Sclaven lässt sich schon vor Konstantin nachweisen. Die eigentlichen bullae dagegen treten zum ersten Male unter Konstantin entgegen. Es ist gestattet, daraus den Schluss zu ziehen, dass diese Einrichtung ein Werk der Regierung Konstantins sei. Schon PIGNORIO hat dies vermuthet und auf eine Verordnung[2]) des Kaisers aufmerksam gemacht, in welcher untersagt wird, dass die ad metalla Verurtheilten auf der Stirn gebrandmarkt würden. Freilich ist in diesem Erlass von Sclaven nicht die Rede, aber man darf annehmen, dass die Anschauung, welche der kaiserlichen Verordnung zu Grunde liegt, ohne Zweifel auch der Sitte entgegengetreten sei, die Stirn flüchtiger Sclaven zu brandmarken (*servi literati, inscripti*) und die Einrichtung der bullae, womit ein gemildertes Verfahren bezeichnet wird, veranlasst habe. Man darf sogar vermuthen, dass hierüber ein besonderes Rescript erlassen wurde, von dem keine Kunde auf uns gekommen ist. Das plötzliche Aufkommen und die weite Verbreitung der bullae machen dies mehr als wahrscheinlich. Jedenfalls sind diese Denkmäler ein weiteres Zeugniss dafür, dass die Kirche gegenüber der Sclaverei, die sie als rechtliche Institution vorfand, nicht auf philanthropische Declarationen und Ermahnungen sich beschränkt, sondern zur Milderung dieser socialen Institution praktisch Hand angelegt hat.

Von Sclaveninschriften seien weiter angeführt:

---

[1]) DE ROSSI, *Bull.* 1874, S. 60 f.
[2]) *Cod. Theod.* IX, 40, 2. *Cod. Just.* IX, 47, 17.

Inhalt der Inschriften.

1.	2.
HIC SITVS NOTA	FORTVNIONI BENEMERENTI
TVS SERVVS FIDE	QVI VIXIT ANNIS XVI·M·D·XV
LISSIMV·S *Palme*	FECERVN DOMINI SVI IN PACE

1. Aringhi I, S. 333; 2. Bosio, S. 437; Z. 3: *fecerunt*.

Dazu eine in gewisser Beziehung beachtenswerthe aus Oberitalien (*C. J. L.* V, 2, n. 6402; Ort: *Laude vetere prope ecclesiam parochialem*) vom Jahre 442:

B + M
PROIECTA·QVE·VIXIT
AN·P·M·XXI   REQ·
IN PACE VII K IVNIAS
SERVIVIT DMO SVO AN·
IIII M·V DEM   ISIT DE
DOMINO SVO   FILIVM
ET REQ·CONS·
DIOSCVRI V C· *Taube* ℞ *Taube*

Z. 3: *requirrit*. Z. 5: *domino*. Z. 8 f.: *consulatu Dioscuri viri clarissimi*.

Ueber das Verhältniss der alten Kirche zur Sclaverei ist neuerdings von verschiedenen Seiten verhandelt worden. Neben den ausführlichen Werken von Wallon (*Histoire de l'esclavage*, 2. éd. Paris 1879) und Allard (*Les esclaves chrét.*, Paris 1876) sind die Untersuchungen von Overbeck (*Studien zur Gesch. d. alt. K.* I, S. 225 f.), Lechler, *Sclaverei u. Christenthum*, Lpz. 1877 u. 1878. Universitätsprogramm) und Zahn (*Sclaverei und Christenthum*, Heidelb. 1879) zu nennen. In allen diesen Schriften ist das epigraphische Quellenmaterial nicht berücksichtigt worden. Wallon und Allard haben es nur gestreift. Zur Frage verweise ich ausser den oben angegebenen Inschriften auf folgende: *C. J. L.* V, 2, n. 8280; Marucchi, *La cripta sepolcr. di S. Valent.*, S. 35; Perrot, *Explor. archéol. de la Galatie* I, S. 171 (παῖς = δοῦλος?); Castelli, *Siciliae et adj. ins. inscript.* n. XXXIV[b]; Boldetti, S. 456; Lateranmus. XIII, 19; de Rossi, *R. S.* III, 22, 2; I, 20, 3; Lupi, *Epit.*, S. 131; Gruter, S. 1025, 5 (christlich?); Marini, *Papiri dipl.*, S. 351*; Gruter, S. 1161, 4; Fabretti, S. 569, n. 126 (christlich?); Le Blant, n. 374, 379.

Wie im altchristlichen Bilderkreise gleichzeitige Märtyrerdarstellungen fehlen, so entbehren auch die Inschriften jeglicher Angaben, welche das Martyrium bezeichnen oder auch nur andeuten. Die Tituli, welche ein Martyrium erwähnen, sind entweder nachträglich gesetzt, wie das oben (S. 256) erwähnte Epitaph des Cornelius, oder Fälschungen späterer Zeit.

Zu letzteren, die deutlich genug als solche sich verrathen, gehört die von Aringhi (I, S. 333) mit der Bemerkung „*ex coemeterio Ostriano* 1643. *Vasculum etiam cum sanguine illi appositum erat*" mitgetheilte Inschrift:

Primitius in pace qui post | multas angustias | fortissimus martyr | et vixit annis p. m. | XXXVIII. Conjug. suo perdulcissimo benemerenti fecit. Mitten in der Inschrift steht das Monogramm ☧, von einem Doppelkreise umgeben. Ferner eine zweite bei ebendemselben (I, S. 307), ebenfalls mit ☧, weitschweifig und barbarisch, noch von KRAUS[1]) als eine „Inschrift aus antoninischer Zeit" bezeichnet! Weiter die nach ARINGHI (S. 337) angeblich aus S. Agnese stammende Inschrift: *Hic Gordianus Galliae nuncius jugulatus pro fide cum familia tota, quiescunt in pace, Theophila ancilla fecit.* Die zugehörige Reliquie kam nach Frankreich. Eine andere (S. 340), gleichfalls aus S. Agnese, zeigt das I mit Punkt versehen; die Orthographie *autori, Kristus, premia, letare, celo* weist auf einen italienischen Verfasser. Eine Fälschung ist auch eine von mir in Ancona auf einem Sarkophagdeckel in S. Ciriaco gesehene Inschrift, welche anhebt + ЄΝΤΑΘΑ ΚΑΤΑΚЄΙΤΑΙ Ο ΑΓΙΟΣ ΜΑΡΤΥΣ und die neuerdings[2]) wieder als echt reproducirte, zuerst von GIOV. DA SCHIO (*Le ant. Iscriz. di Vicenza* S. 91) veröffentlichte Inschrift: *Beati mart yres | Felix et | Fortuna | tus.* Dasselbe gilt von dem bei VERMIGLIOLI (*Iscriz. Perug.* II, S. 452) mitgetheilten Epitaph, in welchem sich die Worte PLVM (*batis*) CAESVS finden; in einer Pisaner Inschrift[3]) scheinen nur die beiden Schlussworte MAIo COta (= *martyrio coronata*) das Werk eines Fälschers zu sein. Ein älteres Epitaph in Marseille (LE BLANT, n. 458ᵃ, vgl. pl. 435) bietet bei seinem gegenwärtigen Zustande eine zu unsichere Lesung, als dass es auf ein Martyrium gedeutet werden könnte. Der Augenschein spricht dagegen; ja der Titulus scheint nicht einmal christlich zu sein.

Nur ausnahmsweise, und zwar im Orient seltener als im Occident, wird die Nationalität und die örtliche Herkunft angegeben, z. B. REMO ET ACONTIAE QVI NATIONE GALLA (FABRETTI, S. 112), THEODORVS VC GRECVS VISANTEVS (= *byzantius*; LUPI, S. 25), ΑΥΓ · ΑΙΑΙΑΝΟΣ ΠΑΦΛΑΓΩΝ (BOLDETTI, S. 456), ΠΑΙΑΚΟΝ ЄΜΙССΗΝΟΝ (ebend. S. 411). Unter den im Corp. Inscript. Graec. mitgetheilten Inschriften orientalischer Herkunft lassen sich nur vier mit solchen Angaben nachweisen. Mit Unrecht aber wird der verhältnissmässig seltene Vermerk der Nationalität und der ortschaftlichen Herkunft auf ein religiöses Motiv, auf das Zurücksetzen der irdischen Lebensverhältnisse in der Anschauung der Christen zurückgeführt.[?] Antike Inschriften gleicher Gattung stehen numerisch durchaus in demselben Verhältniss zu dem Gros der Tituli.

---

[1]) KRAUS, *R. S.*, S. 51, Anm. 4.
[2]) KRAUS, *Real-Encykl.*, S. 308.
[3]) MARTIGNY, *Dict.*, S. 381.

Zu dem Namen des Todten tritt nach antiker Weise häufig im Occident, selten im Orient, die Angabe des Lebensalters, gewöhnlich in der Form *qui (quae) vixit annis (annos)* u. s. w. oder *annorum — mensium*, auch *fecit annos, portavit annos*, ἐτῶν, ζήσας ἔτη, τὰ ἔτη τῆς ζωῆς u. s. w. Diese Angaben sind zuweilen sehr genau. Sie enthalten neben den Lebensjahren, Monaten (zuweilen über zwölf gezählt) und Tagen nicht selten auch die Stunden; ja noch kleinere Zeittheile, *scrupuli*, sind berücksichtigt. Wo man nicht genau orientirt war, setzte man vor die Zahl P · M (*plus minus*), Π · Ε (πλέον ἔλαττον). Aber einmal (*C. J. Gr.* IV, n. 9137) liest man auch ἔζησε ἔτη ν πλέον ἔλαττον μῆνας γ ἡμέρας δεκαπέντε. Beispiele:

1.
D·M·S
DEFVNCTVS EST
CANRIOLVS VIXIT
ANNOS IIII M
ENSES II·DIES
III·HORAS IIII
PATER ☧ FECIT

2.
BENEMERENTI·IN·PACE
SILVANA·QVAE·HIC·DORMIT
VIXIT·ANN·XXI·MENS·III
HOR·IV·SCRVPVLOS·VI

3.
CTЄΦANIN...
ЄZHCЄH ЄTH·Г
MHNЄC·Δ·HMЄPAC
IB ⲰPAC I AMЄNHTA

1. Messina, CASTELLI, n. XVIII. 2. Rom, FABRETTI, S. 96, n. 219. 3. Rom, BOLDETTI, S. 391.

Bei Eheleuten ist öfters die Dauer der Ehe vermerkt, wozu zuweilen eine rühmende Charakteristik des Eheverhältnisses tritt. Mit *conjux* wechselt hier die auch antike Bezeichnung *virginius, virginia*. Dass diese den Werth von *monogamus* habe, ist eine nicht zu begründende Vermuthung. Die Angaben der Dauer des ehelichen Lebens in Verbindung mit den Lebensjahren gestatten, über den in der alten Kirche am meisten üblichen Zeitpunkt der Verehelichung bestimmte Resultate zu gewinnen.

Dem religiösen und kirchlichen Leben des Todten gehören an die Angaben über sein Katechumenat, seine Taufe und sein Verhalten zur kirchlichen Gemeinschaft und deren Ordnungen. Die beliebteste Bezeichnung für „die Taufe empfangen" ist PERCEPIT, daneben GRATIAM ACCEPIT und poetisch FONTE RENATA DEI, LOTVS FONTE SACRO (LE BLANT, n. 412, 644). Die nächste Zeit nach der Taufe wird gemäss dem kirchlichen Sprachgebrauche als IN ALBIS bezeichnet, der Getaufte selbst heisst NEOPHYTVS, NЄOΦYTOC. Eine sog. Nothtaufe erwähnt eine römische Inschrift des vierten Jahrhunderts:

D · M · S
FLORENTIVS FILIO SVO APRONIANO
FECIT TITVLVM BENEMERENTI Q VIXIT
ANNVM ET MENSES NOVE DIES QVIN
QVE CVM SOLDV AMATVS FVISSET A MAIORE SVA ET VIDIT
HVNC MORTI CONSTITVTVM ESSE PETIVIT DE ECLAESIA VT FIDELIS
DE SECVLO RECESSISSET

Rom. PERRET, *Cat.* V, pl. XV, 9. Z. 4: *solido = vere, valde.*

Das Katechumenat wird selten erwähnt, z. B. *Laterammus,* XI, 30: QVI BISIT AN VIIII . . . VIII DIES XXII CATECVM (= *catechumenus*). Häufiger werden Neophyten genannt: LEOPARDO NEOFITO (*Lateran.* XI, 17), NEOFITA MORTVA EST (XI, 27), INOFITA BERGO *(virgo)* SVTERES (XI, 28) etc. Da fast immer das Lebensalter angegeben ist, so lassen sich aus diesen Inschriften bestimmte Daten für das bei Empfang der Taufe übliche Alter gewinnen.

Percipere z. B. LE BLANT, n. 5; FABRETTI, S. 577; *gra(tia)m accepit* DE ROSSI, *Inscript.* I, n. 10 (a*. 268 sive 279). Der terminus *percipere,* doch nicht absolut, auch auf Mithras-Inschriften als Bezeichnung für den Empfang der Weihe, z. B. TAVROBOLIVM PERCEPI FELIC, PERCEPTO TAVROBOLIO CRIOBOLIOQ (SPON, *Miscell.*, S. 99; GRUTER, 27, 4; 28, 1, 5). Es fragt sich, wo die Priorität liegt. Das Urtheil TERTULLIAN'S (*De praescript.* 40, vgl. JUSTIN, *Apol.* I, 66) ist von keinem Gewichte. Auch in dem Gebrauche des Wortes RENATVS begegnen sich christliche und Mithras-Inschriften.

Der vermittelst der Taufe in die volle kirchliche Gemeinschaft Aufgenommene bezeichnete sich und wurde bezeichnet als *fidelis,* πιστός.

1.
QVI IN DEO CONFIDIT SEMP·VIVET

☧

GALATEA
(fi)DELIS

2.
ΛΑΥΤΙΟC ΠICTOC
CN ΓΙΡΙΝΗ

1. Africa Procon. *C. J. L.* VIII, 1, n. 1247. 2. Rom. *C. J. Gr.* IV, n. 9625.

Als solcher hatte er Zugang zu dem Sacrament des Altars. Vom Genusse des Abendmahls spricht die berühmte Inschrift von Autun und in ähnlicher Weise das Epitaph des phrygischen Bischofs Abercius (S. 119).

Der Ausschluss aus der Abendmahlsgemeinschaft bezeichnet den Stand der Busse. Diese erwähnt ein allerdings über den Rahmen der cömeterialen Inschriften hinausfallendes Epitaph zu Lyon:

IN HOC TVMVLO REQVIESCET BO
NAE MEMORIA CARVSA RELIGIO
SA QVI EGIT PENETENTIAM
ANNVS VIGENTI ET DVOS ET VIXE
IN PACE ANNVS SEXAGINTA etc.

Le Blant, n. 663. a⁰. 520.

An die Mittheilung der Lebensdauer schliesst sich die Angabe des Todes. Erst im vierten Jahrhundert findet sie sich häufiger. Unter den durch die christlichen Inschriften in grosser Anzahl gebotenen Ausdrücken für Sterben ist die Mehrzahl der Antike entnommen; die übrigen prägen bestimmte christliche Vorstellungen aus und sind mit wenigen Ausnahmen erst in späterer Zeit geschaffen worden. Am beliebtesten waren die Ausdrücke *decessit, recessit, defunctus*, die sich auch im Heidenthume finden.

Andere sind: *Absolutus de corpore, cessavit, commendavit spiritum, corporeos rumpens nexus* (poet.), *debitum persolvit, exivit de saeculo, fuit in saeculo, functus, ivit ad Deum, limina mortis adiit* (poet.), *migravit de hoc saeculo, mortuus obiit, praecessit ad pacem, requievit, reddidit* (scl. *debitum*), *susceptus in luce domini, transiit, vitam reliquit, vocitus iit in pace* etc.

Ἀνεπαύσατο, ἀπεβίω, ἀπεγένετο, ἀπέδωκε τῇ φύσει τέλος, ἀπέθανεν, ἐκοιμήθη (ἐν εἰρήνῃ, ἐν θεῷ, ἐν κυρίῳ), ἐξῆλθεν ἐκ τοῦ κόσμου, ἐτελειώθη, ἐτελεύτησαν, ἐχρήσατο τέλει τοῦ βίου τούτου, ψυχὴν δέδωκε χερσὶν ἀγγέλων etc.

Die chronologischen Angaben schliessen ab mit dem Vermerk des Begräbnisstages *(depositio)*, ebenfalls ein Indicium späterer Inschriften. Die T. T. dafür sind *depositus, depositio* (DEP, DP, DE, DPS), ΚΑΤΑΘCC (ΘCCΙC). Die Bezeichnung wird häufiger an das Ende als an den Anfang der Inschrift gesetzt:

1.
FORTVNA·QVAE VIXIT·ANNIS
N IIII·MEN·III·DEPO·VIII KAL·IVL

2.
DEP PROFVTVRI   III KAL MAR·
DEP·QVIRIACI   VI·IDV·IVN·
DEP·PRIMI   VI·NON·IVL·

1. Rom. *Lateranmuseum.* 2. Rom. *S. Callisto.*

Selten fehlt bei der Depositionsangabe die Zeitbestimmung:

1.
PETRONIO
DEPOSITO
IN PACE

2.
ΘCCΙC
GYTYX
ΙΟΥ

1. Palermo. Castelli, n. XLIV. 2. Galatien. C. J. G. IV. n. 9247.

Die früher von BOLDETTI (S. 395) vorgetragene und neuerdings auch von LE BLANT (II, S. 115) aufgenommene Meinung, dass mit depositio häufig zugleich der Todestag bezeichnet werde, ist nicht haltbar. In der Mehrzahl der Inschriften stehen beide Daten gesondert neben einander; wo sie sich decken, ist anzunehmen, dass Tod und Begräbniss an demselben Tage stattfanden. Dass die Intervalle zuweilen sehr gering war, bezeugen u. A. die Inschriften *C. J. Gr.* IV, n. 9476, 9886, 9873.

Das Grab ist entweder eigener Erwerb des Todten oder seiner Angehörigen oder auch ihm befreundeter und wohlgesinnter Personen. Diese Fälle werden sämmtlich durch Inschriften illustrirt. Sie zeigen, dass Eltern ihren Kindern, der Gatte der Gattin, und umgekehrt, Schüler ihrem Lehrer, der Alumnus seinem Pflegevater oder dieser jenem, der Freund dem Freunde, der Sclave seinem Herrn und umgekehrt die Grabstätte bereiteten.

Auch die Gründe dieses *benefacere* finden sich angegeben, in der Regel in antiker Weise: **PRO CARITATE, PRO AMORE, PRO PIETATE, MEMORIAE CAVSA, EX VOTO, CONTRA VOTVM, ΜΝΗΜΗϹ ΧΑΡΙΝ, ΜΝΗΜΗϹ ΕΝΕΚΑ, ΥΠΕΡ ΕΥΧΗϹ, ΥΠΕΡ ΕΥΧΗϹ ΚΑΙ ϹΩΤΗΡΙΑϹ.** Seltener wird der Umfang der Grabstätte notirt, was aus der Anlage dieser im Unterschiede von den antiken sepulcralen Monumenten sich leicht erklärt. Die auf antiken Inschriften beliebten Bezeichnungen I·A (*in agro*), I·F (*in fronte*) fehlen. Es sind dafür andere Ausdrücke gewählt, wie:

ΕΙϹ ΤΗΝ ΑΓΟΡΑΝ ΤΟ ΠΡΩΤΟΝ ΚΟΙΝΟΝ ΤΩΝ ΑΔΕΛΦΩΝ
Phrygien. *C. J. G.* IV, n. 9266. ΑΔΕΛΦΩΝ = ἀδελφῶν.

Dagegen stimmen die christlichen Epitaphien mit den Tituli heidnischer gemeinschaftlicher Columbarien (*sepulcra communia*) darin häufig überein, dass sie genaue Angaben über den Ort, die Lage des Grabes enthalten.

Die bisherige Darlegung des Inhaltes der altchristlichen Grabinschriften zeigt diese in engem Anschluss an die antiken cömeterialen Inscriptionen. Nur vereinzelt erscheint dieses Verhältniss durchbrochen und vorwiegend erst auf Monumenten nachkonstantinischer Zeit. Im Grossen und Ganzen ist es auf dem Gebiete der Epigraphik dem christlichen Alterthume weit weniger gelungen von der Vorlage der Antike sich frei zu machen als auf dem Boden der Kunst. Die Emancipation erstreckt sich dort in den ersten vier Jahrhunderten nur auf Einzelheiten. Es schien genügend, durch ein einziges Wort oder durch eine kurze Formel den christlichen

Ursprung zu vermerken, ohne die Fassung des Ganzen zu alteriren. Aber auch diese Einsätze sind durch die antike Sitte motivirt, wenn auch ihr Inhalt selbst ein durchaus christliches Gepräge trägt.

Es kommen hier zunächst die Abschiedszurufe an den Todten in Betracht. Die auf antiken Denkmälern häufigen **HAVE, VALE, SALVE, FELICITER,** ΧΑΙΡΕ, ΕΥΨΥΧΟΙ, ΕΥΨΥΧΕΙ, ΟΑΡΡΕ, ΕΥΜΟΙΡΕ, ΕΥΦΡΟΝΕΙ sind auch von den Christen übernommen:

1.
ΕΡΜΟΓΕΝΗ ΧΑΙΡΕ ΕΤΗ
ΒΙωCΑC·ΜΕ·ΚΑ
ΛωC ΠΡΑΞΑC ΜΗΔΕ
ΝΑ ΛΥΠΗCΑC ΜΗΔΕ
ΝΙ ΠΡΟCΚΡΟΥCΑC

2.
☧
STAFILI
PAX TECVM
IN DEO
HAVE VALE

1. Rom. *C. J. Gr.* IV, n. 9689. 2. Vaison. Le Blant, n. 495.

Häufiger begegnen die auf die Ruhe des Verstorbenen sich beziehenden Aussprüche der Lebenden. Die antike Formel **SIT TIBI TERRA LEVIS** scheint vermieden zu sein, dagegen hat der Wunsch **OSSA TVA BENE QVIESCANT** wenigstens als Unterlage christlicher Acclamationen gedient. Die beliebteste Formel dieser Art war **IN PACE** (ΕΝ ΕΙΡΗΝΗ), seltener **CVM PACE**, oft mit dem Zusatze **QVIESCAT**, oder in der Form **PAX TIBI, PAX TECVM, SPIRITVS TVVS IN PACE, IN SOMNO PACIS, IN PACE DOMINI,** ΕΙΡΗΝΗ CΟΙ, ΕΙΡΗΝΗ CΟΙ ΕΝ ΘΕω, ΕΝ ΟΥΡΑΝω, ΕΝ ΕΙΡΗΝΗ CΟΥ ΤΟ ΠΝΕΥΜΑ. Zuweilen ruft auch der Todte den Lebenden den Friedensgruss zu ΕΙΡΗΝΗ ΠΑCΙΝ, ΕΙΡΗΝΗ ΥΜΙΝ ΠΑCΙΝ, oder **QVI LEGERIT VIVAT IN CHRISTO,** wozu die heidnischen Formeln **OPTIME VALEAS QVI LEGIS, BENE VALEAS, VALEAS VIATOR, VIATORES SAVETE** u. a. zu vergleichen sind."

Entschiedener prägt sich der christliche Gedanke in den an die Todten gerichteten Zurufen aus, die sich auf das Jenseits, die Auferstehung und die Fortdauer, beziehen, und in den bestimmt ausgesprochenen Bekenntnissen gleichen Inhaltes seitens des Todten oder der Lebenden. Am klarsten drückt sich diese Vorstellung aus in dem Wunsche **VIVAS** und in der Versicherung **VIVES, VIVIS, VIVIT,** wozu häufig die näheren Bestimmungen treten **IN AETERNO, IN CHRISTO, IN DEO, IN GLORIA DEI, IN DOMINO IESV, IN NOMINE DEI (CHRISTI).** Die feste Zuversicht künftiger Auferstehung wird klar ausgesprochen: **VIVENS POST MORTEM IN SPE RESVRRECTIONIS, RESVRRECTVRVS IN CHRISTO.** ΑΝΑCΤΗCΕΤΑΙ ΕΝ ΤΗ ΗΜΕΡΑ ΧΡΙCΤΟΥ ΕΡΧΟΜΕΝΟΥ. **SVRRECTVRVS DIE**

CAELO CVM VENERIT AVCTOR*, und einmal wird der Todten bezeugt CREDIDIT RESVRRECTIONEM (DE ROSSI, Inscript. I, n. 401). Gallische Inschriften bieten besonders zahlreiche Beispiele solcher Manifestationen. Doch berechtigt dieser Umstand keineswegs dazu, das Motiv in bewusstem Gegensatz gegen Bestreiter des Auferstehungsdogmas in jenen Gegenden zu suchen. Zufällige lokale Ueberlieferung ist vielfach bei der Formulirung der Epitaphien durchschlagend gewesen.

Den auf die Auferstehung folgenden Zustand kurz zu zeichnen, wird weiterhin versucht. Eine reiche Bildersprache ist dazu in Bewegung gesetzt. Das jenseitige Leben wird bezeichnet als ein Sein ΕΝ ΑΓΙΩ ΠΝΕΥΜΑΤΙ ΘΕΟΥ, IN BONO, IN REFRIGERIO, INTER SANCTOS, ΜΕΤΑ ΑΓΙΩΝ (ΔΙΚΑΙΩΝ), ΕΝ CΚΗΝΑΙC ΑΓΙΩΝ, ΕΝ ΚΟΛΠΟΙC ΑΒΡΑΑΜ (ΚΑΙ ΙCΑΚ ΚΑΙ ΙΑΚΩΒ), letztere Formel fast ausschliesslich orientalisch. Nur ganz vereinzelt findet sie sich im Occident in gleicher Fassung oder in der Form IN SINV (IN GREMIO) ABRAHAM (ABRAHAE).[10]

Refrigerium schliesst, wie es scheint, an die bildliche Vorstellung vom jenseitigen Leben als einem Zustande des Theilnehmens am himmlischen Mahle an und ist in diesem Sinne auch der altkirchlichen Literatur geläufig (TERTULL., *De idol.*, c. 43; *de monog.*, c. 10; auch im *sacramentum Gelas.* [MURATORI, *Lit. Rom.* I, S. 749]; vgl. Apostelgesch. 3, 20 der Vulgata). Das Wort nur auf späteren Inschriften und gewöhnlich in der Form *in refrigerio*; daneben *in refrigerio et in pace* (GRUTER, S. 1057, 10). Auch die Verbalformen: *refrigera, refrigeret, refrigerra, refrigeretis*. Vor dem vierten Jahrhundert ist das Wort nicht nachweisbar. RAOUL-ROCHETTE (*Deuxième Mém.*, S. 190 Anm. 4) macht auf griechische und lateinische Inschriften aufmerksam, in denen die Rede ist vom ψυχρὸν ὕδωρ, das Osiris spendet, z. B. ΕΥΨΥΧΕΙ ΚΥΡΙΑ | ΚΑΙ ΔΟΙΩΟΙ Ο ΟCΙΡΙC | ΤΟ ΨΥΧΡΟΝ ΥΔΩΡ (REINES. XIV, n. 81; vgl. FABRETTI, c. VI, n. 19, S. 465). Doch ist diese Analogie wohl nur eine zufällige. Parallel zu *in refrigerio* steht *in bono*. Die Formel hat auch zur Bildung eines Eigennamens *Refrigerius* Veranlassung gegeben.

Zum Schlusse seien noch einige Ausdrücke religiöser Stimmung erwähnt, die keine Beziehung auf Tod und Auferstehung haben. Zunächst liegen die Ausdrücke der Ergebung in den Willen Gottes sowohl seitens des Lebenden, der seine Grabstätte in Bereitschaft gebracht hat, wie:

    CALIVS
    HIC·DORMIT
    ET·DECVRIA
    QVANDO DEVS
    BOLVERIT

als auch gegenüber einem Trauerfalle. So heisst es in einer gallischen

Grabinschrift des fünften Jahrhunderts von einem Elternpaare, das seine beiden Söhne begrub:

ADVENIT FACILE PATRI CVM CONIVGE LVCTVS
DEFVNGI HAVD DVBIE QVI VOLVERE PRIVS
SED DOLOR EST NIMIVS CHRISTO MODERANTE FERENDVS
ORBATI NON SVNT DONA DEDERE DEO

De Rossi, *Bull. archeol. napol.* 1857, S. 11. Le Blant, n. 605.

Eine Grabinschrift zu Catania (Castelli, n. 8) schliesst sogar mit der Aufforderung, wahrscheinlich der Todten, ΧΑΡΙϹΟΥ ΤΩ ΚΥΡΙΩ | ΚΑΙ ΤΩ ΧΡΙϹΤΩ.

Vgl. auch die Inschrift S. 43; Boldetti, S. 55. Vereinzelt (z. B. Bold., S. 419) die Formel SIC·V·D *sie voluit Deus*. Indessen ist zu bemerken, dass dieselben Ausdrücke auch auf heidnischen Epitaphien vorkommen, z. B. M CVRTIVS | VICTORI NVS· | ET·PLOTIA | MARCELLA | VIVENTES·FECERVNT | SI DEVS PERMISE RIT | SIBI (Gori, *Inser. Etr.* 1, S. 20). Auf einem andern: VICTVRI QVAMDIV DEVS DEDERIT (Le Blant I, S. 173, Anm. 4).

Indess werden diese Manifestationen fester Glaubenszuversicht durch eine ungefähr gleiche Zahl von Bekenntnissen entgegengesetzter oder wenigstens abweichender Art, von denen oben die Rede war, aufgewogen.

Im Orient hat oft, im Occident selten, die Inschrift den Ueberlebenden Veranlassung gegeben, das Erbarmen und die Gnade Gottes für den Todten anzuflehen. Die griechischen Epitaphien haben als die üblichste Formel hierfür μνήσθητι ὁ θεός (ὁ κύριος). Dazu treten die Ausdrücke μνήσθητι, κύριε, τῆς κοιμήσεως — ὁ θεὸς ἀναπαύσῃ τὴν ψυχήν — κύριε, ὑπὸ μνησον τοῦ δούλου σου u. s. w.

Solche Fürbitten finden sich auch auf heidnischen Inschriften. So heisst es auf einer solchen: PETO VOS MANNES SANCTISSIMAE COMMENDATVM HABEATIS MEVM CONIVGEM u. s. w. (Orelli n. 4775), wozu zu vergleichen eine christliche Inschrift des Lateranmuseums DOMINA BASILLA COM | MANDAMVS TIBI CRES | CENTINVS ET MICINA | u. s. w.

Bemerkenswerther sind die an den Todten gerichteten Aufforderungen um Fürbitte, die sich auf griechischen wie auf lateinischen Inschriften, freilich nicht vor dem fünften Jahrhundert, nachweisen lassen und die ebenfalls im Heidenthume Analogien haben:

ANATOLIVS FILIO BENEMERENTI FECIT
QVI VIXIT ANNIS VII MENSIS VII DIE
BVS XX ISPIRITVS TVVS BENE REQVIES
CAT IN DEO PETAS PRO SORORE TVA

Rom. *Lateranmuseum.*

ΔΙΟΝΥCIOC HHIIOC
ΑΚΑΚΟC ΘΗΟΛΛG ΚΘ
TG ΜΕΤΑ ΤWΝ Α
ΠWΝ ΜΗΗΟΚΘΟΟG
ΛG ΚΑΙ ΠΜWΝ ΘΝ ΤΑΙ
C ΛΠΛΙC ΥΜWΝ ΠΡΘΥΧΛC
ΚΑΙ ΤΟΥ ΓΛΥΠΛΤΟC ΚΑΙ ΠΛΥΛΝ
ΤΟC

Rom. C. J. Gr. IV, n. 9574. Z. 6: προσευχάς (= αἰςι.

Andere Beispiele sind: PETE PRO PARENTES TVOS (*Lateran*), PETE PRO CELCINIV COIVGEM (*Lateran*). PETE PRO PHOEBE ET PRO VIRGINIO EIVS, ΘΥΧΟΥ ΥΠΘΡ ΗΜWΝ (*C. J. Gr. IV, n. 9545*), ΘΡWΤΑ ΥΠΘΡ ΗΜWΝ (n. 9673).

Andererseits erbittet sich der Todte das Gebet der Lebenden. Ein römisches Epitaph endigt:

ΛΟΥΛΟΙ ΛΙΓΘΟΥ ΥΠΘΡ ΘΜG
Μ(νη)CGTG ΤΘΚΠΛ

In vielen Fällen tragen die altchristlichen Inschriftentafeln auch Graflitozeichnungen. Die einfachsten Symbole, die Palme, die Taube, der Fisch, das Monogramm, und Zeichen, die auf die sociale Stellung des Todten hinweisen, begegnen am häufigsten. Dazu treten Portraitdarstellungen des Todten in betender Haltung.

Seltener sind biblische Darstellungen oder Bilder historischer Persönlichkeiten. Neues bietet dieser ziemlich ärmliche Bildercyklus eigentlich nur in den mannigfach variirten Monogrammformen.

Im Obigen sind die altchristlichen Inschriften nach dem Inhalte geordnet. Die Entwickelung des Formulars vom zweiten bis fünften Jahrhundert genau anzuzeigen und darnach das Material zu behandeln, wird durch die Ungleichmässigkeit dieser Entwickelung und die Unmöglichkeit, die nicht datirten Inschriften im einzelnen Falle chronologisch genau zu fixiren, ausgeschlossen. Nur das steht fest, dass das Formular sich im Laufe der Zeit bereichert, freilich andererseits einzelne Stücke abgeworfen hat. Nur fehlen die Mittel, den Zeitpunkt der einzelnen Stufen, die indess nicht überall zu gleicher Zeit betreten sind, zu bestimmen. Höchstens lässt sich in dieser Hinsicht die Schranke zwischen nachkonstantinischer und vorkonstantinischer Zeit mit einer gewissen Sicherheit setzen.

Die gegebenen Analysen haben gezeigt, dass die Kluft zwischen den antiken und den altchristlichen Inschriften nicht so gross ist, wie angenommen wird. Die üblichen Auslassungen entgegengesetzter Art zeichnen hüben wie drüben den wahren Sachverhalt nicht richtig. Es ist keine gerechte Beurtheilung, nach den schroffen Ausdrücken, welche einzelne antike Epitaphien bieten, den Geist des griechisch-römischen Inschriftenthums zu bemessen, das an manchen Punkten eine Innigkeit des Gefühls und eine reine Menschlichkeit offenbart, welche die altchristlichen Inschriften, mit wenigen Ausnahmen, vermissen lassen.

Eine auffallende Erscheinung ist, dass die alttestamentlichen und die neutestamentlichen Texte in den ersten drei Jahrhunderten gar nicht, im vierten und fünften nur ganz vereinzelt und geringfügig die Inschriften beeinflusst haben, während die Kunst jenen Einwirkungen sich durchaus unterstellte. Erst am Ausgange des christlichen Alterthums wird aus der hl. Schrift ein reiches Material zugeführt, was die Zersprengung des antiken Inschriftenformulars bezeichnet. Offenbar fühlte man sich vorher in dem überkommenen Schema nicht genirt und fand demnach keine Veranlassung, diese Formen zu zerbrechen. Ganz anderen Verhältnissen sah sich die Kunst gegenüber gestellt.

So sind die altchristlichen Inschriften in ihrer Art ein weiteres Zeugniss des Einflusses, welchen von Seiten der Antike nicht nur das sociale und kirchliche Leben, sondern bis zu einem gewissen Grade auch die theologische und ethische Anschauung der alten Christenheit erfuhr.

---

[1] LE BLANT, *Inscript.*, n. 293, 594, 676b, 421, 486, 657.

[2] DE ROSSI, *R. S.* III, S. 357; ARMELLINI, *S. Agnese*, S. 277; BOLDETTI, S. 407, 411, 392, 383, 54; MURATORI, S. 1942, n. 11; JAVERANI, *Catac. di Chiusi*, S. 117.

[3] *C. J. L.* III, 2, n. 6414. Die Inschrift gehört einem Sarkophage an und stammt aus der zweiten Hälfte des vierten Jahrhunderts. In dem Sarkophage eine Münze des Konstantius. Der christliche Ursprung kann, wie sehr auch der Inhalt einer solchen Annahme widerstrebt, nicht zweifelhaft sein; vgl. eine Inschrift aus S. Agnese bei ARMELLINI, a. a. O. S. 405, n. 9.

[4] Ausführlichere Verzeichnisse der in der alten Kirche gebräuchlichen Namen bei MARTIGNY, *Dict. Noms des prem. chrét.*, S. 504 ff.; LE BLANT I. S. 45, II. S. 64, 69 u. a. ö.; CORBLET, *Des noms de baptême (Revue de l'art chrét.* 1876, II, S. 1 ff.).

[5] Vgl. LE BLANT I, S. 85 Anm. 4. Die dort angeführten Inschriften stellen übrigens nur einen geringen Bruchtheil dieser Classe dar. Die Schlüsse LE BLANT's, die dem oben Ausgeführten widersprechen, sind unrichtig.

⁶ Pignorio, *De servis eorumque ministeriis*, Padova 1613; de Rossi, *Bull.* 1863, S. 25; 1874, S. 41 ff. (vgl. t. II, 1, 2).

⁷ Le Blant, a. a. O. S. 128 ff.

⁸ *C. J. G.* IV, n. 9282, 9487, 9488 u. ö. Le Blant, n. 48; Boldetti, S. 420.

⁹ Le Blant II, S. 161, Anm. 1.

¹⁰ Le Blant I, S. 117, Anm. 4; II, S. 95, Anm. 3; Boldetti, S. 87, 417, 418; Marangoni, *A. S. V.*, S. 122; *C. J. Gr.* IV, n. 9113 ff.; 9124 f.; 9111 f.; Jul. Ritter, *De compositione titulorum Christ. sepulcr.* I, S. 30 ff.

Sechster Theil.

Einzelbeschreibung altchristlicher Grabanlagen.

I.

Melos.
(Vgl. S. 75, Fig. 12.)

Das Cömeterium auf Melos wurde Ende 1843 oder Anfang 1844 entdeckt. Bald nach der Entdeckung untersuchte es Ludwig Ross. Er berichtet darüber in seinen „Reisen auf den griechischen Inseln des ägäischen Meeres" (Stuttg. 1840 ff. Bd. III S. 145 ff.):

„Die neuentdeckte Katakombe liegt in der Schlucht Keima unterhalb des westlichen Endes des Dorfes Trypiti und drei- bis vierhundert Schritte östlich vom Theater. Halb entkleidet und auf Händen und Füssen kriechend schlüpften wir durch die enge Oeffnung. Im Innern fanden wir einen gerade in den Berg führenden Gang, hoch genug, um aufrecht darin stehen zu können, der sich bald in mehre Arme theilte, die ziemlich parallel unter einander laufen und hin und wieder durch engere Durchgänge mit einander verbunden sind. An beiden Seiten der Gänge sind in ununterbrochener Folge bogenförmige Nischen von sechs bis sieben Fuss Länge in den Tuf ausgehöhlt, in welchen sehr geräumige und tiefe Grabstellen angebracht sind, die meisten für eine ganze Familie. Viele der Nischen, aber keineswegs alle, waren ursprünglich mit einem dünnen Kalkanwurfe ausgetüncht und der äussere Rand sowie der innere Winkel der Wölbung mit einem rothen Streifen bemalt; auf der Hinterwand der Nische aber war dann eine Grabschrift in rothen Lettern, in den Schriftzügen des dritten oder vierten Jahrhunderts, auf den Kalk gezeichnet und in eine Einfassung eingerahmt, wie sie bei den römischen Inschriften üblich ist; über der Inschrift stand entweder ΕΝ ΚΩ (ἐν Κυρίῳ) oder ein grosses christliches Monogramm. Allein in den meisten ursprünglich so ausgetünchten Nischen war der Kalkbewurf durch die Feuchtigkeit bereits abgefallen oder durch die Hände der ersten Entdecker zerstört worden. Nur an etwa einem Dutzend Stellen fanden wir noch Spuren von solchen

Inschriften, und kaum zwei derselben waren ganz oder theilweise noch lesbar. An einer einzigen Stelle bemerkten wir, leider an einer grösstentheils verschütteten Wand, noch Spuren eines Versuches, den Kalkgrund mit einigen schlecht gemalten Blumen und Zweigen, auf denen sich ein Vogel wiegt, zu verzieren; bei weitem die meisten Nischen aber sind völlig roh gelassen in dem schwarzgrauen Tuf, und zum Beweise, dass sie auch früher keine Kalktünche gehabt, finden sich in einer derselben die Silben ΟΓΟΛѠ (ρου) in grossen Buchstaben mit rother Farbe an die nackte Wand geschrieben. Diese christlichen Katakomben weichen von den hellenischen Gräbern nicht allein darin ab, dass die letzteren immer nur einzelne oder höchstens doppelte Kammern bilden mit vier, fünf, sieben und bis zu siebzehn Grabstellen, sondern in den Katakomben ist auch der Boden der Stollen zu Gräbern ausgehöhlt; und zwar finden sich in den breiteren Gängen immer zwei Gräber neben einander, und dann und wann eins in seiner Länge quer über den Gang gelegt; in den schmäleren Gängen aber ist immer wenigstens ein Grab in der Mitte. Auch diese Grüfte sind grösstentheils sehr tief und geräumig, so dass sie meistens mehr als einen Todten enthalten zu haben scheinen. Allein sowohl die Nischen an den Seiten als die Grüfte im Boden der Gänge waren bereits bei einer früheren Entdeckung der Katakomben, vielleicht schon vor Jahrhunderten, sämmtlich erbrochen worden, und die haufenweise in den Gängen liegenden Deckplatten und die geöffneten Gruben machten das Gehen sehr beschwerlich. Bei jener ersten Ausplünderung sind begreiflich alle Gegenstände, welche die Gräber enthalten haben mochten, und alle nutzbaren Steine, namentlich die Marmorplatten, herausgenommen worden, so dass man jetzt nur noch eine dünne Platte aus parischem Marmor mit dem christlichen Monogramm und dem Namen ΛΛΓΞΛΝΔΡΟΥ gefunden hatte. Hin und wieder sahen wir Scherben, und in einem der Gänge bemerkten wir am Boden ein noch uneröffnetes Grab; die Arbeiter hoben die Steinplatten ab, es fand sich aber nur ein vermorschtes Skelett, an dessen Füssen noch Reste von ledernen Schuhen hafteten.

An einer andern Stelle führt aus dem Hauptgange ein kleiner Seitenstollen zu einem niedrigen, durch zwei starke Pfeiler mit einer darüber liegenden Oberschwelle aus weissem Marmor gebildeten Portal, hinter welchem die Kammer aber durch Einsturz der Tufdecke verschüttet ist......
Fast anderthalb Stunden stiegen und krochen wir in den Stollen umher.....
Die Gesammtzahl der Gräber, sowohl derer in den Nischen als derer in dem Boden der Gänge, lässt sich auf fünfzehnhundert bis zweitausend schätzen. Jeder einzelne Stollen scheint, nachdem alle seine Todtenbetten mit Leichen gefüllt worden waren, an seinem Eingange mit einer Mauer geschlossen

worden zu sein, wovon wir noch Spuren wahrnahmen. Es können demnach, ja es müssen mehre Jahrhunderte an der allmählichen Anlage und Ausfüllung dieser Katakomben gearbeitet haben. Denn da manchmal eine Gruft bis zu sieben und vielleicht noch mehren Leichen umschloss, so werden die Gräber, wenn wir ihre Gesammtzahl auch nur auf fünfzehnhundert anschlagen, in einer Mittelzahl wenigstens sieben bis achttausend Leichen umfasst haben. Die Bevölkerung der Insel habe ich aber, zur Zeit ihrer höchsten Blüthe, in einem früheren Briefe (a. a. O. S. 9) nur auf 8—10,000 Seelen berechnen zu können geglaubt. Zur Zeit der römischen Herrschaft wird sie, aus denselben allgemeinen Ursachen, aus welchen sich die Volkszahl des gesammten übrigen Griechenlands verminderte hatte, bereits um ein beträchtliches geringer gewesen sein. Dazu kommt, dass wenngleich das Christenthum auf den griechischen Inseln im Allgemeinen früher Wurzel fasste als auf dem Festlande, dennoch wenigstens bis ins vierte, vielleicht bis ins fünfte Jahrhundert hinein gewiss nicht die ganze Bevölkerung sich zu der neuen Lehre bekannte, sondern hier wie auch anderer Orten ein Theil der Einwohner beharrlich am Glauben der Väter festhielt. Endlich ist es nicht wahrscheinlich, dass die Christen auf Melos nur diese einzige Ruhestätte besessen haben sollten; sie werden auch andere Begräbnissplätze gehabt haben. Wenn diese Voraussetzungen zulässig sind — und es wird nicht viel dagegen eingewendet werden können — so folgt daraus, dass ein langer Zeitraum verfliessen musste, bevor alle Grabstätten der ausgedehnten Gänge mit christlichen Leichen gefüllt werden konnten.

Wir würden mit der Zeitbestimmung der Anlage und Benutzung dieser Katakombe ohne Zweifel besser auf's Reine kommen, wenn sich mehr Inschriften und neben denselben auch andere Gegenstände der gewöhnlichen Gräberausstattung erhalten hätten. Aber auch die wenigen noch erhaltenen Inschriften stimmen mit den obigen Betrachtungen wohl überein. Die älteste derselben, die Marmorplatte mit dem Namen ΛΑΓΖΑΝΑΡΟΥ, trägt in der fast zierlich zu nennenden Genauigkeit, mit welcher das Monogramm eingegraben ist, und in der Gestalt ihrer Schriftzüge entschieden das Gepräge des Jahrhunderts Hadrian's und der Antonine, ja, sie könnte selbst in das erste Jahrhundert unserer Zeitrechnung zurückreichen. Die beiden andern, sowohl die von mir als die von Herrn von Prokesch abgeschriebenen, mit rother Farbe auf den Kalkgrund gemalt, mahnen freilich in einigen Schriftzügen, wie in dem d statt Δ, und h statt Η, bereits an die spätere Cursivschrift, allein die übrigen Lettern haben noch eine so gute Form, dass ich sie auch nicht später als zwischen dem Ende des zweiten und des vierten Jahrhunderts glaube ansetzen zu dürfen. Diese Annahme findet noch eine Stütze in der Beschaffenheit der Eigennamen. Unter sieben Namen kommt Ἀσκλῆπις (statt Ἀσκλήπιος) zwei Mal vor; ebenfalls zwei Mal Εὐτυχία von nicht minder heidnischem Gepräge, und ein Mal der römische Name Κλαυδιάνη. Nur in Ἐλπίζων und Ἀγαλίασις könnte man eine Anspielung auf christliche Glaubenshoffnung und Glaubensfreudigkeit sehen wollen. Eigentlich christliche Namen wie Ἀναστάσιος, Ἀθανάσιος, Γρηγόριος etc. finden sich noch nicht. Ich glaube daher, dass wir einen der frühesten christlichen Begräbnissplätze, noch aus den Jahrhunderten, wo das Christenthum die unterdrückte Religion war, vor uns haben; jedenfalls den einzigen dieser Art, der bis jetzt im eigentlichen Griechenland aufgefunden worden ist."

Die in der Katakombe gefundenen, von Ross und Andern (vgl. *C. J. Gr.* IV, n. 9288—9290) aufgezeichneten Inschriften sind:

1.

ЄN KѠ
OI ΠΡЄCBYTЄPOI OI ΠACHC MNHMH AΞIOI ACKAHΠIC
KAI ЄΛΠIZѠN KЄ ACKAHΠIC ΛЄTЄ KЄ AΓAΛIACIC
ΔIAKONOC KAI ЄYTYXIA ΠAPΘЄNЄYCACA KЄ KΛAY-
ΔIA NH
ΠAPΘЄNЄYCACA KAI ЄYTYXIA H TOYTѠN MHTHP
ЄNΘA KЄINTЄ KAI ЄΠI ΓЄMI TO ΘHKION TOYTO
ЄNOPKIZѠ YMAC TON ѠΔЄ ЄΦЄCTѠTA ANΓЄ ΛON
MH TIC ΠOTЄ TOΛMH ЄNΘAΔЄ TINA KATAΘЄCΘЄ
IHCOY XPЄICTЄ BOHΘЄI TѠ ΓPAΨANTI ΠANOIKI

Ἐν Κ(υρί)ῳ. Οἱ πρεσβύτεροι οἱ πάσης μνήμης ἄξιοι Ἀσκλῆπις καὶ Ἐλπίζων κὲ Ἀσκλῆπις δε(ύ)τε(ρος) κὲ Ἀγαλίασις διάκονος κὲ Εὐτυχία παρθενεύσασα κὲ Κλαυδιάνη παρθενεύσασα καὶ Εὐτυχία ἡ τούτων μήτηρ ἐνθα κεῖντε· καὶ ἐπὶ γέμι τὸ θηκίον τοῦτο, ἐνορκίζω ὑμᾶς· τὸν ὧδε ἐφεστῶτα ὄγγελον, μή τίς ποτε τολμῇ ἐνθάδε τινὰ καταθέσθε· Ἰησοῦς Χρειστέ, βοήθει τῷ γράψαντι πανοικί.

Die Inschrift gehört demnach einem Familiengrabe an. Der Inhalt weist auf die zweite Hälfte des vierten oder das fünfte Jahrhundert.

2.

ЄN KѠ
ΛOΔI KHTЄ CTЄΦANOHOY ΠPЄCBYTЄPOY
ѠNOC OPK. ѠP..TACNЄI...TOY..OOYC
ANѠN MOIΓYO.NA..K..ЄKATAΘHTAI
AΠAΓON ЄMOY T...PЄI...ЄPOYMHAѠNOC
TITЄKNON...................ΓAMON

Ἐν Κ(υρί)ῳ. (Ἐνταῦθα) κῆτε Στέ(φανος) ὁ τ)οῦ πρεσβοιτέρου (Μή)λωνος.
Ὁρκί(ζ)ω (ὑμ)ᾶς (μὴ .... ἐνθάδ)ε κατάθηται (μηδέν)α πλέον ἐμοῦ
τ(οῦ π)ρε(σβοιτ)έρου Μήλωνος, (εἰ μή)τι τέκνον (τῶν αὐτοῦ ἢ τὴν σύγ)γαμον.

Soweit sich aus der fragmentarischen Inschrift erkennen lässt, gehört sie derselben Zeit wie die vorhergehende an.

3.

ΛΑΓΞΑΝΔΡΟΥ˙

Auf die constructiven Eigenthümlichkeiten der Katakombe wurde bereits (S. 61) aufmerksam gemacht. Eigenartig ist ferner die farbige Einrahmung der Inschriften, die sich ganz vereinzelt auch in S. Giovanni zu Syrakus beobachten lässt. Die Vermuthung von Ross, dass die einzelnen Galerien, nachdem sie mit Leichen gefüllt, durch eine Mauer verschlossen worden seien, scheint unbegründet, insofern dieses Verfahren den Besuch der Gräber und die Vollziehung sepulcraler Feierlichkeiten an denselben gehindert haben würde, was nicht denkbar. Sollten dennoch die wahrgenommenen Spuren von Mauern so zu deuten sein, so wäre die Herstellung dieser letzteren in eine spätere Zeit, wo man auf Sicherung der Grabstätten bedacht sein musste, zu setzen. In den neapolitanischen Katakomben rührt der Mauerverschluss einzelner Corridore erst aus dem sechszehnten Jahrhundert her, als man nach einer furchtbaren Pest die Leichen der in den Stadtkirchen Begrabenen in die alten Cömeterien überführte.

Der Ursprung der Katakombe reicht wohl in die vorkonstantinische Zeit, vielleicht sogar in das zweite Jahrhundert zurück. Doch ist unter den von Ross angeführten Gründen nur der erste, der Schluss aus dem Verhältniss der Bevölkerungsstärke der Insel zur Zahl der Gräber, beweiskräftig. Das Monogramm Christi spricht nicht nur nicht für ein höheres Alter des Cömeteriums, sondern erweist, dass dieses noch im vierten Jahrhundert benutzt wurde. Specifisch heidnische Namen ferner finden sich auch noch im vierten und fünften Jahrhundert. Andererseits sind die Spuren von Cursivschrift in den Dipinti kein zuverlässiges Indicium späteren Ursprungs, und die „schlecht gemalten Blumen und Zweige, auf denen sich ein Vogel wiegt", sowie das Fehlen biblischer Darstellungen weisen entschieden auf eine ältere Zeit. Es wäre wünschenswerth, dass das Cömeterium von einem Sachverständigen einer neuen Untersuchung unterzogen würde.

II.

Alexandrien.

Ein christliches Gemeinde-Cömeterium ist bisher in Alexandrien nicht nachgewiesen, wohl aber mehrere Privatgrabanlagen. Nach unbestimmten und unzulänglichen Notizen BOLDETTI's (*Osservaz.*, S. 620) gab zum ersten Male H. C. AGNEW im Jahre 1838 einen ausführlichen Bericht über ein altchristliches Familiengrab in Alexandrien und die darin erhaltenen griechischen Dipinti (*Remarks on some Remains of Ancient Greek writings on the walls of a Family Catacomb of Alexandria* in der *Archeologia or miscellaneous tracts* 1840 S. 152—170 nebst 6 Tafeln). Das von ihm beschriebene Cubiculum befindet sich in kurzer Entfernung vom Westthore der Stadt in einem Hügel, in welchem zahlreiche Grabkammern eingeschnitten sind. Eine aus wenigen Stufen bestehende Treppe führt durch ein kleines Vestibul in das Innere, das sich als vierfach getheilt darstellt. Die beiden links von dem Eintretenden, nach Süden liegenden Räume decken sich hinsichtlich ihrer Grösse; der eine enthält achtzehn Loculi in zwei Reihen zu je neun übereinander geordnet, der andere, näher dem Eingange befindliche, nur drei. Doch waren ursprünglich fünf weitere projectirt. Die Loculi sind sämmtlich in der Länge in den Felsen eingegraben nach jüdischer Sitte. Der vierte rechts vom Eingange, nach Norden liegende Raum, von geringerer Grösse, misst neun und einhalb englische Fuss Länge und neun Fuss Breite. Gräber fehlen, dagegen ist an der West- und der Ostwand eine geräumige Vertiefung zur Aufnahme eines Sarkophags eingeschnitten. Derjenige der Ostwand ist noch erhalten und an seinem alten Standorte. Nördlich schliesst sich eine Kammer von etwas geringerer Dimension an. Sie weist keine Gräber auf, sondern am Boden nur eine Aushöhlung, in welche ein steinerner schmuckloser Sarkophag derartig versenkt ist, dass die Oberfläche seines gewölbten Deckels dem Niveau der Kammer gleich ist.

Hier und da lässt sich beobachten, dass in dem Cubiculum später restaurirt worden ist. Eigenartig sind die auf die Wand mit Roth oder Oker aufgemalten Inschriften. Die Zahlenangaben am Schluss der Mehrzahl der Inschriften beurtheilt Aɢɴᴇw (S. 159) mit Unrecht als Datirungen, die von der *aera Diocletiana s. martyrum* ihren Ausgang nehmen. Sie sind vielmehr blosse Altersangaben der Verstorbenen. Sieben beziehen sich auf einen gewissen Antoninus, sechs auf Auge, drei auf Olympus. Folgende seien als Probe mitgetheilt:

1.

ΑΥΤΗ ΕΥΧΩΜΑΙ ΚΑΓΩ ΕΝ ΤΑΧΙ
ϹΥΝ ϹΟΙ ΕΙΝΑΙ ΚΑΙ ΜΑΚΑΡΙΟϹ
ΕΙΜΙ ΑΜ ΤΟΥϹ ΑΓΑΘΟΥϹ ϹΟΥ ΤΡΟΠΟΥϹ

Αὐτή, εὔχομαι κἀγὼ ἐν τάχει σύν σοι εἶναι καὶ μακάριος, εἰμὶ ἅμ' τοὺς ἀγαθούς σου τρόπους.

2.
(ἀν)ΤΩΝΕΙΝΕ
ΚΑΛΟ(ν ο)ΝΟ
ΜΑ ΕΥΨΥΧΙ
ΑΕ Μ
ΚΖ   Κ

3.
ΑΝΤΩΝΕΙΝΕ ΚΥΡΙΕ ΜΟΥ ΕΥΤΥΧΙ
ΑΕ ΜΗ Κ ΗΜΕ ΚΖ

4.
ΟΛΥΜΠΙΕ ΕΜΗ ΨΥΧΗ
ΕΥΨΥΧΙ Κ ΜΗ ΗΕ ΚΖ

5.
ΑΝΤΩΝΕΙΝΕ
ΠΑΝΤΩΝ ΛΗΕ
ΛΟΥϹΑϹ Η ΤΥΧΗ
ΜΟΥ ΕΥΨΥΧΙ
ΑΕ ΜΗ Κ Η ΚΖ

Aɢɴᴇw erkennt in dem Cubiculum ein christliches Werk; er erschliesst dies besonders aus den unter n. 1 und 2 von ihm mitgetheilten Inschriften, muss aber zugestehen, dass andere der Dipinti ein heidnisches Gepräge tragen. In Wirklichkeit fallen sämmtliche Inschriften aus dem eigenthümlichen altchristlichen epigraphischen Cyklus heraus, ohne freilich zu demselben in Widerspruch zu stehen. Die Inschriften enthalten kein Wort, das nicht ein Heide oder Jude geschrieben haben könnte; anderseits ist die Abfassung der oben unter n. 2 und 5 angeführten Inschriften durch einen Christen nicht leicht vorzustellen. Richtiger dürfte demnach, obgleich ein bestimmtes Urtheil hier nicht gestattet ist, das Cubiculum als Eigenthum einer heidnischen oder einer jüdisch-hellenistischen Familie zu fassen sein; letzteres ist aus dem Grunde wahrscheinlicher, weil heidnische Gräber eine Construction der Loculi, wie die vorliegende, sonst nicht kennen. Doch ist immerhin möglich, dass in Alexandrien, wo eine zahlreiche Judenschaft sass, die sepulcralen Constructionsformen des Judenthums auf das Heidenthum vereinzelt zurückgewirkt haben.

In der Nähe der beschriebenen Grabkammer, weiter nach Westen, liegt eine zweite von geringerem Umfange und minder guter Erhaltung. Von den an der rechtsseitigen Wand gleich beim Eingange befindlichen in roth ausgeführten Inschriften sind, abgesehen von einzelnen Buchstaben, im Zusammenhange verständlich nur die Worte:

O ANAΓINOCKON ΠΙΘΗΚΟC

Ὁ ἀναγινώσκων πίθηκος.

Hier fehlen also durchaus Anhaltspunkte, um zu entscheiden, ob die Anlage christlich oder jüdisch bezw. heidnisch ist.

Günstiger scheint es nach dieser Seite hin mit einem alexandrinischen Cubiculum zu stehen, von welchem Ch. WESCHER im *Bull. di arch. crist.* (1865 S. 57—61 nebst Tafel, dazu die Ausführungen DE ROSSI's S. 61 bis 64; 73—77; 1872 S. 26 f.) eine ausführliche Beschreibung gegeben hat (vgl. auch *Archives des Missions scientifiques et littéraires*, 2. série t. I, S. 190 und NEROUTSOS-BEY, *Notices sur les fouilles récentes exécut. à Alexandrie*, Alex. 1875 S. 29 ff.).

Dasselbe liegt südwestlich von der Stadt, nicht weit von der sog. Säule des Pompejus. Eine Treppe von zwanzig Stufen führt in das Innere der Kammer, die aus drei in direkter Communication stehenden Abtheilungen besteht, einer Vorhalle, deren linke (vom Eintretenden) Wand sich in eine von einer Bank umsäumte Nische vertieft, einem sich daran anschliessenden architektonisch ornamentirten Raume mit drei Nischen *(niches creusées dans le roc qui forment trois chapelles distinctes)*, deren jede am Boden ein Loculusgrab in der in christlichen Grabstätten üblichen Anordnung hat, und einer Galerie, welche zweiunddreissig Loculi, nach jüdischer Sitte construirt und in zwei Reihen gleichmässig übereinandergeordnet enthält. Sie weist weder Inschriften noch Spuren von Malerei auf. Dagegen sind in der Vorhalle noch einige, zum Theil stark beschädigte Wandgemälde erhalten. In der Apsis selbst findet sich eine eigenthümliche Darstellung. In der Mitte sitzt auf einem Throne Christus (stark beschädigt) mit gespaltenem Nimbus, um den die Worte IC XC[1]) gestellt sind. Er scheint die

---

[1]) Ἰησοῦς Χριστός.

Arme segnend zu zwölf Körben mit Brod, die links und rechts um ihn
stehen, geneigt zu haben. Rechts naht ihm mit eilendem Schritt und
fliegendem Mantel eine männliche, durch quadratischen Nimbus ausgezeichnete Figur, die mit beiden Händen eine Schüssel trägt, auf welcher zwei
Fische liegen. Die Beischrift lautet ΑΝΔΡΕΑC. In gleicher Weise tritt
von links eine jetzt sehr verstümmelte männliche Figur, welche durch die
Ueberschrift ΠΕΤΡΟC näher bestimmt wird, heran. Ohne Zweifel trug
sie, wie durch Analogie von Sarkophagreliefs nahegelegt wird, einen Korb
oder eine Schüssel mit Brod. An diese Mittelgruppe schliesst sich rechts,
durch einen Baum von ihr geschieden, eine Gesellschaft von drei Personen
an, die am Boden gelagert sind und, wie aus der Handbewegung und der
Ueberschrift ΤΑC ΕΥΛΟΓΙΑC ΤΟΥ ΧΥ [1]) ΕCΟΙΕΝΤΕC hervorgeht,
essen. Ein Baum schliesst rechts die Scene ab.

Links von dem, auch hier mit einem Baume abgeschlossenen Mittel-
bilde lagern ebenfalls am Boden sechs Personen um eine Kline, auf welcher Speisestücke liegen. Ueber einer der zum Theil sehr fragmentarischen
Figuren die Ueberschrift Η ΑΓΙΑ ΜΑΡΙΑ, daneben ΠΑΙΔΙΑ. Im
Hintergrunde scheinen noch zwei Personen stehend sich befunden haben.
Den Abschluss der Gruppe bildet links die aufrechte Gestalt des Herrn,
wie eine Inschrift, von der nur noch die Worte ΙC [2]) übrig sind, erläutert.

Die Scenen stellen demnach, die eine die Hochzeit zu Kana, die andere
die wunderbare Speisung dar. In jener sind mit παιδία die von Maria
angeredeten Diener bezeichnet, in dieser unter εὐλογίαι die von Christus
geweihten Speisestücke verstanden. Der letztere Ausdruck (vgl. 1 Cor.
10, 15: τὸ ποτήριον τῆς εὐλογίας ὃ εὐλογοῦμεν) scheint eine Beziehung der
Symbolik des Bildes auf das Abendmahl anzudeuten (DE ROSSI, *Bull.* a. a. O.
S. 73ff.); indess ein zwingender Grund zu einer solchen Annahme liegt
nicht vor und die Bedeutung des Bildes lässt sich recht wohl auf den oben
(S. 115) entwickelten Werth der Wunderdarstellungen einschränken. Was das
Alter des Gemäldes anbetrifft, so hat WESCHER an der Figur Christi in der
Kana-Gruppe eine spätere Uebermalung constatirt; ebenso an dem Christus
der Mittelgruppe. Das ursprüngliche Gemälde scheint DE ROSSI in der ersten
Hälfte des vierten, vielleicht sogar im dritten Jahrhundert entstanden zu
sein (*Bull. di arch. crist.* a. a. O. S. 63). Diese Datirung ist jedenfalls
als zu hoch gegriffen zu beurtheilen, besonders wenn anerkannt wird, dass
der quadratförmige Nimbus um dem Haupte des Andreas dem ursprünglichen Bilde angehört. Der kreisförmige Nimbus lässt sich bei Apostelfiguren

---

[1]) Χριστοῦ.
[2]) Ἰησοῦς.

erst im fünften Jahrhundert nachweisen; der quadratförmige ist noch jünger. Auch die Bezeichnung ἡ ἁγία Μαρία und die Abbreviaturen ΧΥ und ΙC ΧC, die schwerlich dem Restaurator angehören, weisen auf eine spätere Zeit, ganz abgesehen davon, dass das Arrangement der Figuren aus der im vierten Jahrhundert üblichen Compositionsweise durchaus heraustritt. Richtiger wird demnach die Entstehung des Gemäldes in die zweite Hälfte des fünften oder in das sechste Jahrhundert zu setzen sein.

Ausserhalb der Nische war derselbe Raum und ebenso die anschliessende dreifach vertiefte Abtheilung mit Einzelfiguren, Engeln, Propheten, Aposteln bemalt, die zum Theil dem behandelten Bilde gleichzeitig, zum Theil mittelalterliche Produkte zu sein scheinen. Sie sind fast sämmtlich mit Inschriften versehen.

Bemerkt sei noch, dass von der Vorhalle aus eine jetzt vermauerte Treppe in die Tiefe führte, wodurch also die Existenz eines tieferen Stockwerkes gesichert wird.

Weschér gelangt in seinem Bericht zu folgenden Schlussresultaten:

1. La construction primitive est classique et appartient encore à l'art grec. Les details d'architecture, remarquables par leur finesse et par leur élégance, attestent l'antiquité et l'importance du monument primitif.

2. Les parois de cette construction primitive ont été recouvertes de stuc à une époque postérieure.

3. Il y a eu plusieurs couches de stuc superposées l'une a l'autre, ce qui explique que les peintures et les inscriptions aient pu être l'œuvre de deux ou trois siècles différents.

Gegen diese allgemein gehaltenen Sätze wird sich nichts einwenden lassen. Nur das bleibt fraglich, ob das Cubiculum ein ursprünglich christliches Werk ist. Die Form erinnert durchaus an die jüdischen Gräber, und die Möglichkeit, dass die Kammer später von Christen in Besitz genommen, oder von einer christlich gewordenen jüdischen Familie in Besitz behalten, ist zuzugestehen. Eigenthümlich ist das Vorhandensein zweier grabloser Räume. Da der dem Eingange gegenüberliegende Raum die Symmetrie der ganzen Anlage durchbricht und das Aussehen der Grabkapellen hat, die in nachkonstantinischer Zeit in den Katakomben hergestellt zu werden pflegten, und auch eine andere Loculuseinfügung zeigt als die Galerie, so ist derselbe wohl als spätere christliche Zuthat zu betrachten.

Von dem Gemeindecömeterium der alexandrinischen Christen ist bis jetzt keine Spur entdeckt worden. Vielleicht gehört ihm die ebenfalls von

AGNEW (Taf. XIV F, vgl. S. 170) verzeichnete Inschrift einer Marmortafel an:

ΜΝΗΟΗΤΙ ΚΕ ΤΗC
ΚΟΙΜΗCΩC ΤΗC ΔΟΥ
ΛΗC COY ΝΙΛΑΝΘΙΟΥ

ΤΥΒΙ (Umrahmtes Kreuz) ΚΑ

Μνήσθητι, κύριε, τῆς κοιμήσεως τῆς δούλης σου Νειλανθίου. Τυβὶ κα.

Das Kreuz weist auf das fünfte Jahrhundert.

III.

Kyrene.

Nördlich von der Stätte des alten Kyrene zieht sich eine felsige Bodenerhebung hin, welche nach Süden zu schroff abfällt. Eine tiefe Einbuchtung nach Norden theilt sie in eine westliche und in eine östliche Partie. Weithin sind die Felsenabhänge mit zahlreichen Gräbern und Grabkammern von einfachster Form wie von kunstvoller Architektonik durchsetzt. Die Mehrzahl zeigt eine hübsch gegliederte, durch Säulen oder Pfeiler eingefasste Façade.

Unter den Anlagen der östlichen Partie, unmittelbar neben dem dort vorbeiführenden modernen Bergsteige, befindet sich die Grabstätte der alten Christengemeinde von Kyrene. Der französische Reisende PACHO (*Relations d'un voyage dans la Marmarique, la Cyrénaïque et les Oasis d'Audjelah et de Maradeh*. Paris 1827, mit Atlas), welcher im Jahre 1825 die Ruinen des alten Kyrene durchforschte, hat als der erste einen kurzen und noch dazu wenig sachgemässen Bericht (S. 207—209) über das Hypogäum gegeben, Mängel, die dadurch einigermassen wenigstens ausgeglichen werden, dass der Verfasser einen Grundriss (s. oben S. 72 Fig. 10) und einige Zeichnungen von Denkmälern im Innern der Katakombe (pl. 39. 51. 55) hinzugefügt hat. Dasselbe gilt von dem neueren Prachtwerke von SMITH and PORCHER, *History of the recent discoveries at Cyrene*, Lond. 1864. Nach Maassgabe dieser Relation und der auf dieselbe bezüglichen Abbildungen seien zu der oben (S. 66 f.) gegebenen allgemeinen baulichen Charakteristik noch einige Einzelheiten hinzugefügt.

Den Abschluss des Ganzen bildet eine in drei Nischen sich vertiefende kleine Grabkammer mit vollendeter Architektur. Die Hinterwand zeigt in der Mitte unter einer kunstvoll gearbeiteten, mit Stuccoguirlanden umrahmten und von zwei Halbpilastern begleiteten Concha einen wenig über 2 Meter breiten Sarkophag, dessen Vorderwand in der Weise antiker Altäre mit Guirlanden, die unter Ochsenschädeln zusammengebunden sind, geschmückt ist. Der mittleren Nische stehen zwei kleinere links und rechts zur Seite. Die Wand, auf der sie stehen, trägt das Relief einer Vase von classischer Form. An einer Wand befand sich nach Pacho (S. 378) „une inscription cursive, precédée de la croix". Vielleicht ist es die unten S. 289 angegebene.

Die Ornamentik bietet demnach nicht nur nichts specifisch Christliches, sondern Einzelheiten, welche in antiken Grabmonumenten häufig entgegentreten. Diese Thatsache giebt an sich noch keinen Grund ab, den christlichen Ursprung der Anlage in Frage zu stellen. Aehnliche Beobachtungen lassen sich an den unzweifelhaft christlichen Grabdenkmälern Centralsyriens machen. Zudem weist das Cömeterium von Kyrene entschieden christliche Monumente auf, welche an die Decoration jener Wand erinnern.

Aehnliche Bau- und Ornamentsformen zeigt eine andere Grabkammer, von welcher Pacho (pl. 55) und das englische Werk (plate 17; darnach die oben S. 72 mitgetheilte Illustration) eine Abbildung geben, ohne den genaueren Ort mitzutheilen. Die Rückwand nehmen zwei mächtige Arkosolien mit hoher Wölbung ein, eingefasst durch Halbpfeiler und markirte Arkaden. Die Wölbung des Arkosoliums links trägt als Schmuck eine grosse Muschel in Relief, die des anderen ist durch ein Gemälde belebt, auf welchem drei spielende Genien, ein Vogel und ein an einer Traube pickender Pfau zu erkennen sind. Das Ganze umrahmt ein Gewinde von Weingerank. Die untere, unmittelbar über dem Arkosolgrabe aufsteigende Wand ist mit schematischem Pflanzenornament bedeckt.

Die anschliessenden Seitenwände tragen gewaltige Sepolcri a mensa, doch mit der Eigenthümlichkeit, dass der Verschluss des Grabes nicht eine einfache Platte ist, wie sonst bei diesen Gräbern, sondern ein schwerer dachförmiger Sarkophagdeckel.

Die Malerei dieses Cubiculums dürfte als specifisch christliche zu betrachten sein, obgleich der Pfau sich auch auf heidnischen Denkmälern findet. Pacho bemerkt (S. 208) über diese Darstellung: „Après cet emblème (la vigne), le paon, accompagné de poissons (was hier nicht der Fall ist), est celui qui frappe plusieurs fois les yeux. Dans d'autres grottes de la Nécropolis, je l'ai rencontré quelquefois point isolément au-dessus de sarcophages, et je le vois ici (d. h. in dem christlichen Cömeterium) formant le sujet principal d'un tableau qui occupe toute l'étendue d'un cintre. Il est placé dans un panier à anses, déployant circulairement la queue au milieu de bouquets de fleurs, parmi lequelles il n'est point superflu de nommer

des soucis et des pensées, qu'on aperçoit parmi des touffes de roses."
Leider hat Pacho keine Abbildung dieses Gemäldes gegeben. Ueber den
Weinstock sagt ebenderselbe (S. 208): „Celui qu'on y a le plus souvent
reproduit est la vigne du seigneur; mais ce symbole des premières époques
de la chrétienté, n'imite pas mal ici (in dem christlichen Cömeterium), par sa
disposition, le thyrse de Bacchus. La voilà avec ses longues lianes, ses grappes
pourprées, et ses larges feuilles grimpant autour de longs bâtons placés à
côté des sarcophages. Autre part elle couvre des treillages figurés dans l'in-
térieur des cintres, ou bien elle forme une frise de festons tout autour du
monument." Es sei in Beziehung auf diese Darstellung an die Gemälde
des Vorsaales des oberen Stockwerks der neapolitanischen Katakomben erinnert
(S. 91, Fig. 21).

Zwei andere Grabkammern des Cömeteriums bei Smith und Porcher,
pl. 21. 24, S. 31.

Von Einzeldenkmälern des Cömeteriums verzeichnet Pacho (S. 208 f.,
vgl. pl. 51; auch Garrucci, *Storia* II, t. 105°) weiterhin eine auf die
Rückwand eines Arkosoliums aufgemalte Darstellung des guten Hirten, die
höchst eigenthümlich ist. Der Hirte erscheint hier in hoch aufgegürteter,
kaum die Schenkel bedeckender weisser Tunika, über welche er einen über
die rechte Schulter zurückgeworfenen kleinen rothen Ueberwurf mit breiten
blauen Streifen trägt. Die Beine sind von *fasciae crurales* umwunden;
sein lockiges Haupthaar durchflicht, was bisher noch nie an diesen Darstellungen beobachtet ist, ein Epheuzweig. Das jugendliche Antlitz wendet
er geradeaus dem Beschauer entgegen, während seine Hände einen auf
seinen Schultern liegenden Bock an den Vorder- und den Hinterbeinen
in etwas seltsamer Weise halten. In der Linken trägt er zugleich einen
kurzen, dünnen, mit gebogenem Griff versehenen Hirtenstab. Am Boden
stehen links und rechts gleich getheilt neben ihm und, mit Ausnahme
eines einzigen, das Haupt zu ihm aufhebend, sechs gehörnte Schafe, von
denen vier durch das strotzende Euter als weibliche charakterisirt werden.
Links und rechts schliesst ein Baum, der ein Lorbeer zu sein scheint, die
Gruppe ab. Weiterhin aber ordnen sich um dieselbe, fast in einem Halb-
kreise, sieben in grösserem Verhältniss ausgeführte Fische verschiedener
Gattungen mit scharfen Farbetönen.

Nach der farbigen Copie zu urtheilen, scheint das Gemälde noch in
die vorkonstantinische Zeit zu gehören. Auf das Urtheil Pacho's: „La
roideur des draperies et le mauvais goût du dessin indiquent le moyen
âge, époque de la décadence des arts (S. 208)", ist kein Werth zu legen.
Schon die Composition weist auf ein höheres Alter. Dass der Hirt den
guten Hirten vorstellt, wird nicht in Frage zu stellen sein. Dagegen haben

die ringsum geordneten Fische schwerlich eine Beziehung auf den ΙΧΘΥC, sondern sind entweder inhaltslose Ornamente oder weisen auf persönliche Verhältnisse des Verstorbenen hin. Sie erinnern sehr an die Darstellungen eines in Rom in S. Callisto *(R. S.* III. t. XVI, 1) gefundenen vas diatretum, zu welchem ein in Trier zum Vorschein gekommenes Exemplar dieser Art von Glasgefässen (WILMOWSKY, *Archäol. Funde in Trier und Umgegend.* Trier 1873) eine ziemlich genau entsprechende Parallele bietet.

Schliesslich seien noch zwei von PACHO, doch ohne nähere Angabe des Fundortes mitgetheilte Inschriften erwähnt (pl. 63, 7, 9; vgl. S. 395), von denen die eine lautet:

> ☧ Διμιτρία θυγάτηρ
> Γαίου τοῦ ὠνησαμένου
> τὸ μνῆμα (το)ῦτο ἐνθάδε κῖτε
> (μ)ε(τ)ὰ τοῦ υἱοῦ (α)ὐτῆς Θεω-
> δού(λο)υ. Οὗτοι ἐτελεύτησαν
> ἐπὶ (Α)λ(3)ου(τίο)υ (Λ)όγγ(ου διω)γμοῦ
> γενομένου. Τέθηκαν αὐτὸς
> Κάλλι(π)πος ὁ ἀνὴρ αὐτῆς κ(ὲ) ἑ
> κ(υρ)ὼς αὐτοῦ Γάιος κὲ γάμ-
> β(ρος) αὐτοῦ Π(ο)λύβουλ(ο)ς.
> Κ(ύριε), μνήσθητι τὸν ἐντὸ(ς) σπηλ(αί)-
> ο(υ τ)ού τ(ο)υ.

Wäre Z. 6 am Schlusse wirklich (διω)Γ̔ΤΙΟὙ zu lesen, wie die Herausgeber des *C. J. G.* wollen, so erhielte dadurch die Inschrift einen hohen Werth. Indess berechtigt das von PACHO gegebene Facsimile nicht zu dieser Lesart. Die drei Endbuchstaben ΓΙΟΥ stehen freilich darnach fest. Der viertletzte Buchstabe ist unsicher, dagegen der fünfte deutlich C, und der sechste Λ, was die oben nach dem *C. J. G.* gegebene Ergänzung ausschliesst. Ferner weist das Monogramm am Kopfe der Inschrift auf die konstantinische Friedenszeit der Kirche. Ueber die Zeit der in der Inschrift genannten Proconsuln ist leider nichts bekannt.

Die zweite Inschrift ist sehr fragmentarisch und in ihrem ursprünglichen Wortlaute nicht mehr herzustellen. Sie scheint am Schlusse das Monogramm  gehabt zu haben.

Die wenigen durch die Beschreibung und die Zeichnungen PACHO's gebotenen Anhaltepunkte reichen nicht aus, die Zeit der Entstehung des Cömeteriums von Kyrene genauer zu fixiren. Der von PACHO hervorgehobene monumentale Charakter der Anlage, die dekorativen Details und die Darstellung des guten Hirten scheinen mir mit Sicherheit zum mindesten über das vierte Jahrhundert hinaus zurückzuführen, vielleicht sogar bis in die erste Hälfte des dritten Jahrhunderts. Spätere Generationen haben dann das Werk fortgesetzt und erweitert. Das darf man wohl aus der angeführten Inschrift erschliessen, die ohne Zweifel aus dem Cömeterium stammt. Die Grossartigkeit der Anlage weist ferner auf eine wohlhabende, nicht kleine Gemeinde. Demnach ist anzunehmen, dass in Kyrene das Christenthum schon frühzeitig festen Fuss gefasst hat, was sich aus dem regen Handel und Wandel der Stadt, vorab aus dem Verkehr mit Alexandrien, mit dem sie eine Handelsstrasse verband, nicht minder erklärt wie aus der Thatsache, dass in Kyrene zahlreiche Juden wohnten (Joseph. C. Apion. II, 4; Antiqu. XIV, 7, 2; auch Dio Cass. LXVIII, 32), die in Jerusalem eine eigene Synagoge hatten (Apostelgesch. 2, 10; 6, 9). Dass von diesen Juden schon in apostolischer Zeit einige sich zum Christenthume bekehrten, bezeugt ausdrücklich die Apostelgeschichte (11, 19; 13, 1).

IV.

Girgenti.

(Grotta dei Frangapani.)

Die Grabstätte der altchristlichen Gemeinde von Girgenti liegt in einiger Entfernung südöstlich von der Stadt zwischen dem Tempel der Concordia und dem Herkulestempel im Terrain der alten Umwallung. Den Eingang bildet ein 11,5 m langer, durchschnittlich 1,5 m breiter und 3 m hoher Corridor, dessen Decke jetzt durchbrochen ist, wie auch ein Theil der rechten Seitenwand. Das jetzige Niveau erhebt sich ca. 1 m über dem ursprünglichen. Beide Wandflächen sind mit Loculi und Arkosolien gemischt durchsetzt; unter letzteren findet sich die S. 78 Fig. 18 bezeichnete Form. Die Maasse eines Arkosoliums betrugen: Breite 2,11 M., Höhe 1,17 m, Tiefe 2,52 m; eines Loculus: Länge 1,75 m, Höhe 0,51 m, Tiefe 0,56 m. Vereinzelt sind noch Spuren früherer Bemalung erhalten: Rosen und Früchte (Granatäpfel) in kassettirten Flächen, auf feinen Stucco aufgetragen. Die Zeichnung ist leicht, der Farbenton weich. Die Malerei scheint noch dem zweiten Jahrhundert anzugehören. Die rechte Seitenwand vertieft sich zu einem kleinen Cubiculum, welches mehrere Arkosolien bis zu drei Gräbern enthält und Ornamentreste aufweist, welche an die eben erwähnten erinnern.

Die Eingangsgalerie mündet vermittelst eines nach oben sich verengenden, bogenförmigen Portals in einen Rundsaal, dessen Niveau ca. 0,36 m tiefer liegt als das ursprüngliche der Galerie. Treppenspuren sind noch zu bemerken. Der Durchmesser der durch ein kreisrundes Luminare erhellten Rotunde beträgt am Boden 6,54 m; die Höhe beläuft sich auf ungefähr 20 m. Sie war mit feinem Stucco bekleidet. In die Wände sind in einer Höhe von ca. 3 m fünf Nischen eingeschnitten, von denen nur zwei die ursprüngliche Form bewahrt haben. Weiterhin unmittelbar am Boden öffnen sich die Eingänge zu drei Grabkammern. Ein dritter, dessen Breite 3,19 m beträgt, führt zu einem Corridor, der sich links und rechts in ein tiefes Cubiculum einsenkt und bald darauf in eine von rechts nach links sich vorschiebende Galerie mündet. Dieselbe ist mit Trümmern bedeckt. Von der Decke haben sich mächtige Felsstücke losgelöst und den Boden erhöht. Nur rechts sind noch einige in dem Boden eingeschnittene Gräber zu bemerken, ferner der obere Theil eines mächtigen Arkosolbogens, wodurch die Existenz eines tiefer liegenden Stockwerkes deutlich angezeigt wird.

Eine vierte von der Rotunde in östlicher Richtung ausgehende Pforte führt zu einem kurzen, 0,87 m breiten, 2 m hohen Gange, der in einer Länge von ca. 7 m in ein Cubiculum ausmündet, das rechts zwei Arkosolien, jedes mit drei Gräbern hat, links aber neben zwei Arkosolien und zwei in den Boden eingeschnittenen Gräbern vier aus dem natürlichen Gestein ausgehauene, freistehende Sarkophage aufweist. Einer derselben misst 2,17 m Länge, 1,23 m Breite, 0,82 m Höhe. Solche Sarkophage habe ich sonst nur noch in S. Giovanni in Syrakus (vgl. meine *Archäol. Stud.* S. 129) gefunden.

In späterer Zeit ist auch der Fussboden der Rotunde, die offenbar als Ort der sepulcralen Feierlichkeiten diente und daneben als Begräbnissstätte kirchlicher Vorsteher, zur Herstellung von Gräbern benutzt worden.

Dass die Katakombe ursprünglich aus zwei Stockwerken bestand, kann nicht zweifelhaft sein. Bestimmte Indicien weisen darauf hin. Ihre Längen- und Breitenausdehnung dagegen war nur gering.

Interessant sind die Grabanlagen sub dio, die sich auf demselben Terrain befinden, aber bis zum Tempel der Juno Lacinia sich hinziehen. Es lassen sich drei Arten derselben unterscheiden: 1. solche, die in den Felsen eingeschnitten sind. Sie gruppiren sich dicht um die Katakombe und sind nur in seltenen Fällen mit Hülfe künstlichen Mauerwerks hergestellt; 2. solche, die in die Steine der alten Stadtmauer eingefügt sind. Sie liegen unter den Trümmern derselben. Ein Mauerstein hat oft zwei bis drei Gräber; 3. solche, welche auf den obern Saum der Mauer aufgebaut und nur mit Leitern zu erreichen sind. Sie haben meistens Arkosolform und ziehen sich fast ununterbrochen von dem Tempel der Concordia bis zum Tempel der Juno Lacinia hin.

Diese Anlagen, weil sie auf dem Tempelareal und in der Mauer liegen, können selbstverständlich nur in nachkonstantinischer Zeit entstanden sein. Dagegen scheint mir das unterirdische Cömeterium noch dem zweiten Jahrhundert anzugehören. Leider fehlen inschriftliche Monumente durchaus.

IV. Girgenti.

Die grossen Grotten unter der jetzigen Stadt, welche in der Kirche del Purgatorio ihren Eingang haben und nur zum Theil zugänglich sind, sind alte Steinbrüche und Canäle.

Die antike Nekropole lag westlich von der Stadt, zum Theil diesseits, zum Theil jenseits des Hypsas und erstreckte sich über die Hügel Monserrato, Molino del vento und Salita bis an die jetzigen Stadtmauern. Beim Bau der Eisenbahnlinie Girgenti-Porto di Empedocle i. J. 1870 wurden zahlreiche antike Gräber aufgedeckt (PICONE, *Sulla epoca dei sepolcri nella necropoli Acragentina*, Girgenti 1871).

Zu vgl. SCHUBRING, *Historische Topographie von Akragas in Sicilien*, Leipzig 1870. Mit zwei Karten; RUSCO, *Notizie sui sette santi vescovi della Chiesa Agrigentina*, 1. Bd. Girgenti 1877 (unwissenschaftlich).

V.

Naro.

An der Südwestseite des einige Meilen ostwärts von Girgenti gelegenen Städtchens Naro wurden erst vor einiger Zeit an der Südwestseite des langgestreckten Hügelrückens, auf welchem jener Ort liegt, mehrere kleinere Grabanlagen entdeckt, die aber zum Theil verschüttet sind. Ob sie ursprünglich ein Ganzes gebildet, konnte aus diesem Grunde nicht mehr constatirt werden; doch spricht die Wahrscheinlichkeit dafür. Die Galerien sind geräumig angelegt, aber gegenwärtig ganz ohne Bilderschmuck und Stuccobekleidung. Die Gräber haben fast durchgehends die Form von Arkosolien mit tief in den Boden eingeschnittenen Loculi. In einer der Galerien wurde eine ovale Terracottalampe mit dem Bilde eines Hasen auf dem Diskus gefunden. Unter den jetzigen Umständen lässt sich über das Alter und die Ausdehnung dieser Grabstätten kein Urtheil aussprechen. Doch dürfte der christliche Ursprung ausser Zweifel stehen. Die griechische Nekropole lag östlich von der Stadt an den Abhängen, welche südlich von dem sog. Castellaccio di Camastra ausgehen, wo man bei Herstellung einer Strasse zahlreiche Gräber fand.

Laut einer brieflichen Mittheilung an mich vom Jahre 1879 ist damals in dem Orte Nonna Ligora, südöstlich von Naro, eine Katakombe entdeckt worden, die in ihrer Anlage derjenigen von Naro ähnelt.

VI.

Palazzuolo.

An dem Ostabhange der alten Akropolis der einst angesehenen Stadt, die im Alterthume den Namen Acrae (Ἄκραι) führte, läuft zwischen zwei Felswänden ein allmählich sich verengernder Weg hin. In die Abhänge, die ihn begleiten, sind zahlreiche Grabkammern und isolirte Arkosolien eingeschnitten. Die umfangreichste Anlage liegt an der rechtsseitigen Wand. Sie besteht aus einer Hauptgalerie, die anfangs 1,5 m Breite misst, aber allmählich sich bis zu 0,68 m zusammenzieht. Auch läuft sie, was auffällig, nicht wagerecht, sondern steigt bedeutend auf. Von ihr gehen nach links drei kurze Corridore mit fast gleichem Breitenmaasse ab. Die beiden nach Innen liegenden sind durch einen schmalen Gang verbunden. Die Gräber sind Arkosolien, oft von bedeutender Tiefe, und zur Aufnahme mehrerer Todten eingerichtet, freistehende Felssarkophage und in den Boden eingeschnittene Loculi. Die Anlage als Ganzes beurtheilt ist ziemlich unregelmässig; sie war zur Bergung von ungefähr hundert Leichen geeignet und in sich abgeschlossen. Bemerkt sei noch, dass die 0,78 m breite Eingangsthür nicht zu ebener Erde sich befindet, sondern in der Höhe etwa eines zweiten Stockwerks. Wahrscheinlich führte früher eine Treppe hinauf, die jetzt durch einen Schutthaufen ersetzt ist.

An derselben Wegseite, weiter vorwärts, öffnet sich die gut erhaltene Pforte einer kleinen Grabkammer von sechs Schritt Tiefe und zwei Schritt Breite. Sie hat fünf Arkosolien, die zusammen sieben Leichen aufzunehmen vermochten. Bemerkenswerth ist, dass eines dieser Arkosolien mit hübschen Säulchen verziert und ein zweites mit Marmornetzwerk geschlossen ist.

Näher dem Eingange zu liegen zwei weitere Cömeterien von ähnlicher Construction wie das eben erwähnte; das eine umfasst achtzehn Gräber, das andere gegen sechzig. Andere Grabanlagen an der rechten wie an der linken Wegseite übergehe ich; ihre Zahl mag im Ganzen zwanzig betragen. Ob sie christlich, bzw. von den Christen occupirt sind, lässt sich nur in wenigen Fällen mit Bestimmtheit aussprechen. Ausgrabungen, welche der Baron Judica im J. 1809 hier vornahm, führten zur Entdeckung folgender christlicher Inschriften (JUDICA, *Le antichità di Acre*, Messina 1819 tav. II, vgl. *C. J. Gr.* IV, n. 9470 ff.):

1.

ΕΝΘΑΔΕ ΚΙΤΕ ΠΕΣ
ΟΝΟΜΑΤΙ ΚΑϹΣΔΑΛΑ
ΝΟϹ ΤΕΛΕΥΤΑ ΜΗ
ΝΙ ΚΙ ΦΕΒΡΑΡΙΕϹ (sic)
ΜΗΤΙϹ ΑΝΥΑΗ

Z. 1: πες = παις. — Z. 5: ἀνοίξῃ.

2.

ϹΤΕΦΑΝΟϹ Ο ΜΑΚΑ(ρια)Ϲ
ΜΗΝΙΜΗϹ ΔΙΑΚΟΝΟϹ
ΕΝΘΑΔΕ ΚΙΤΕ ΑΝΑΠΑΥϹΑΜΕΝΟϹ
ΤΗ ·Λ·Ι· ΜΗΝΙ ΙΟΥΝΙΟΥ
ΥΠΑΤΙΑ   ΜΟΝΑΞΙΟΥ
☧ ΚΑΙ ΠΑΙΝΟΛ ☧

Die Inschrift gehört dem Jahre 419 an.

3.

ΕΝΘΑΔΕ ΚΙ
ΤΕ ΕΥΤΥΧΗϹ
ΖΗϹΑϹΑϹ ΑΝΕ
ΠΙΛΩϹ ΕΠΙ
ΚϹ ΧΩΡΙ ΔΙΩ
ΧΩΡΑΝ ΛΙΚΕ
ΩΝ ΤΗ Η ΛΕΛΑ
(ων Ἰαν)ΟΥΑΡΙΩΝ

4.

(Ἐ)νθ(άδ)ε κῖτε Μαρκι(α)νή,
σεμνή (καὶ) ἄμεμπτος βιώσ(ασα)
ἐς τὸν κόσμον τοῦτον. Ἀπε
χώ(ρ)ι πρὸ(ς) κ)ύριον ἐτῶν
-α τ(ύ)χην π(ροφυγ)οῦσ(α) τ(ῇ)

πρὸ ῑ̄β καλ(ανδῶν) Ἰανουαρί-
ων. (Τ)ὸν δέ Θεόν σε φίλε
μή μου σκύλῃς τὸν (3)ό(θ)-
ρον, μή μοι δίξῃς φῶς.
(Ἀ)ν δὲ θελήσῃς φ(ῶ)ς μοι
δίξε, σοί τὸ φῶ(ς)
ὁ Θ(εὸ)ς χόλι(ο)ν δώσῃ
Ἰχθύς.

So die Restitution im *C. J. Gr.* IV, n. 9473.

Ferner fand Judica ein Bronzestück, welches die Gestalt eines von einem Kranze umschlossenen ✻ hatte (a. a. O. tav. IV, 1 vgl. S. 80), und ein Siegel aus demselben Metall in Gestalt eines Fusses mit dem Monogramm ℔ auf der Ferse und einen nicht mit Sicherheit aufzulösenden Namenszuge auf der Sohle. Ob ein ovales Siegel aus Bronze mit einem Delphin in der Mitte und der Umschrift *Caecili Calliphygii.* (?), welches ebenfalls bei den Ausgrabungen zum Vorschein kam, christlichen Ursprungs ist, muss dahingestellt bleiben.

VII.

Palermo.

Die Katakombe von Palermo liegt südwestlich von der Stadt, rechts neben der Porta Ossuna. Die moderne Eingangsthür trägt die Inschrift: *Ferdinandi regis augustissimi providentia restituit 1785*. Man betritt zuerst einen kurzen Corridor von ca. 2 m Breite, der in südwestlicher Richtung läuft und nach 10 Schritt sich in zwei Galerien spaltet.

Die linkslaufende Galerie hat eine Breite von ca. 2,28 m und eine Höhe von ungefähr 2 m. Gegenwärtig schliesst sie mit einer beim Bau der hier vorüberführenden Eisenbahn hergestellten Mauer ab, doch erstreckte sie sich vorher, nach Versicherung des Führers, nur wenig weiter. Die Gräber sind Loculi und Arkosolien, letztere von auffallender Grösse. Eines maass 1,78 m Breite, 4 m Tiefe und 1,7 m Höhe. Ausserdem sind einige Gräber in den felsigen Boden eingeschnitten.

Die rechtslaufende Galerie, deren Construction derjenigen der andern entspricht, theilt sich wiederum in zwei Stränge. Die westliche Abzweigung führt zu einer aus sieben Stufen bestehenden Treppe, die ohne Zweifel antik ist und den ursprünglichen Eingang bildete. Wo sie die Galerie berührt, lagert sich an diese ein Cubiculum, welches ausser drei Arkosolien eine niedrige, aus dem natürlichen Gestein gehauene, massive Bank hat, die einem der Arkosolien vorgestellt ist. Wahrscheinlich diente dieselbe bei sepulcralen Feierlichkeiten als Ruhesitz der Versammelten. Ich fand in einer heidnischen Grabkammer bei Syrakus dieselbe Einrichtung.

Der Umfang der Katakombe ist gering. Sie mag gegen hundert Todte haben aufnehmen können. Doch ist nicht ausgeschlossen, dass sie noch ein zweites Stockwerk hatte, das jetzt nicht mehr zugänglich.

Der christliche Ursprung steht keineswegs fest, ist aber wahrscheinlich. Denn wenn man das Cömeterium als phönikisches Werk in Anspruch genommen hat, so geschah es ohne zwingende Beweise. Gegenwärtig bietet die Katakombe keinen zuverlässigen Anhaltspunkt für eine bestimmte Entscheidung.

VII. Palermo.

Ob bei der Restauration vom Jahre 1785 christliche Denkmäler aufgefunden wurden, ist nicht bekannt; ebensowenig, ob die in nicht geringer Anzahl im Museo nazionale vorhandenen altchristlichen Gegenstände zum Theil wenigstens — denn eine ganze Reihe derselben, besonders der Inschriften, stammt aus Rom — aus diesem Cömeterium entnommen sind. Auch über die Herkunft eines in der Krypta der Kathedrale befindlichen figurirten Sarkophags (Labarum und Apostel) ist nichts überliefert.

Aehnliche Aushöhlungen wie die bei der Porta Ossuna finden sich unter dem Albergo dei Poveri an der Strasse nach Monreale, ferner in der Stadt in der Strada del Capo im Hause Blandano und in der Strada dei beati Paoli im Hause Bensò und unter der Kirche S. Maria Arcangelo. Diese gehören der vorchristlichen Zeit an.

Christliche Gräber, in den Boden eingeschnitten, wurden im Jahre 1863 im Terrain der jetzigen Via Cavour am Westende der Stadt entdeckt. Sie werden beschrieben als *nicchie incavate nella viva roccia coverte da poca terra, in modo da presentar un vero cimitero* (SALINAS, *Di un'antica iscriz. crist. rinvenuta in Palermo* in der *Rivista Sicula*, December 1869). Dort fand sich die Inschrift:

```
    + HIC REQVIESCIT IN PACE
      PETRVS ALEXANDRINVS
      NEGOTIAS · LINATARIVS
      QVI VIXIT · AN · PLML · DEP ·
      SVB DIE XI KAL · FEBRVARI
      AS · IMP · DNN · MAVRICIO
      TIB · PP · AVG · AN · XX · PC · EIVS
      DEMAN · XVIIIIN ☧ QVINTA ·
```

Z. 6—8: *Imp(eratore) d(omi)n(o) n(ostro) Mauricio Tiberio, p(er)p(etuo) Aug(usto), an(no) XX p(ost) c(onsulatum) ejusdem, an(no) XVIII ind(ictione) quinta.*

Die Inschrift gehört demnach dem Jahre 601 an.

Die genannte Strasse liegt ausserhalb des Mauerringes der Stadt. Die Grabstätte, welche ein nachkonstantinisches Coemeterium sub dio gewesen zu sein scheint, nahm sehr wahrscheinlich den Raum zwischen der Porta Maqueda und dem Borgo ein. Denn auch im Garten des Fürsten Galati, welcher im Borgo liegt, sind Gräber entdeckt worden; doch steht nicht hinreichend fest, ob sie christliche sind.

Zu vgl. MORSO, *Palermo antico*, Palermo 1827; CASANO, *Del sotterraneo della chiesa cattedrale di Palermo*, Pal. 1849; SALINAS a. a. O.; SCHUBRING, *Historische Topographie von Panormus*. Lübeck 1870.

VIII.

Castellamare.
(Grotta di S. Biagio.)

Am Fusse des Hügelrückens, der von Castellamare in nordwestlicher Richtung ausgeht und zum Gebiete des alten Stabiae gehört, befindet sich der Eingang zu einer kleinen Katakombe, die gegenwärtig den Namen *Grotta di S. Biagio* (Blasius) führt.

Von einem quadratischen Vorraume aus dringt ein von einem Tonnengewölbe überspannter Corridor, mit einer wechselnden Breite von durchschnittlich 3 m, gegen 20 m tief in das Innere des Hügels ein. In die rechte wie die linke Seitenwand sind vier hohe, flache Arkosolien eingefügt. Die linke Wandfläche trägt noch einige mittelalterliche Malereien, Darstellungen Christi, der Maria und der heiligen Johannes, Petrus, Raphael, Michael, Renatus, Benedictus. Die dem Eingange näher liegenden Bilder sind älter als die inneren, ohne indess die Grenze des Mittelalters nach rückwärts zu überschreiten.

Von der linken Seite der Galerie springen drei Nebengalerien rechtwinkelig ab, sind aber nur zum Theil zugänglich. Die Hauptgalerie mündet in einen grösseren Raum, in welchem die an die Begräbnissfeierlichkeiten geknüpften kirchlichen Handlungen vollzogen wurden. Von diesem zweigen sich zwei Corridore ab, die leider fast ganz mit Schutt gefüllt sind. Demnach bilden die jetzt zugänglichen Räume nur einen kleinen Theil der ursprünglichen Anlage, die zweistöckig gewesen zu sein scheint.

Ob wir in der Katakombe ein ursprünglich christliches Werk zu sehen haben, lässt sich nicht mehr entscheiden. Die Ansicht Milante's, dass dieser unterirdische Raum ein heidnischer Tempel gewesen, ist eine vage Hypothese.

Z. vgl. Milante, *De Stabiis, Stabiana Ecclesia et Episcopis ejus*, Napoli 1750; Bellermann a. a. O. S. 111; Stevenson im *Bull. di archeol. crist.* 1879 S. 36 f.

Bei Fundirungsarbeiten der neuen Kathedrale im Jahre 1878 kamen christliche Gräber zum Vorschein, die, wie aus den gefundenen Münzen und den Terracottalampen ersichtlich, der nachkonstantinischen Zeit angehören. (*Bull.* a. a. O.)

IX.

Prata.

Nordwestlich von dem Städtchen Prata (Distrikt Avellino, Provinz Neapel) zieht sich ein vom Sabbato durchströmtes langgestrecktes Thal hin, dessen Abhänge Spuren alter Begräbnissstätten zeigen. Die Mehrzahl derselben — es lassen sich im Ganzen noch zehn mit Sicherheit nachweisen — hat durch Verwendung zu Viehställen und Vorrathsräumen seitens der Landleute und durch die damit verknüpften Umbauten und Erweiterungen die ursprüngliche Gestalt verloren. Nur eine einzige, die grösste, lässt sich mit Bestimmtheit als christliche Anlage bezeichnen.

Den Eingang dieser an einer steilen Hügelwand in Tuffelsen angelegten Krypte bildet ein regelmässiger, künstlich gemauerter Halbbogen mit einer Fusslinie von 3,45 m. Er ist neueren Datums, hergestellt, um den Zugang zu dem Cömeterium zu erleichtern, und halbirt vier Arkosolien, ein Beweis, dass der Eingang früher weiter nach vorn vortrat. Eine solche Verkürzung lässt sich auch bei S. Gennaro dei Poveri in Neapel nachweisen.

Sechs moderne Treppenstufen führen in das Innere der Katakombe. Diese hat die Form eines Parallelogrammes mit einer Tiefe von 11,18 m, und einer Breite von 7,97 m. Die Decke ist flach, aber unregelmässig gewölbt und senkt sich stark nach dem Innern zu. Die Langseiten enthalten je vier und ein halbes (durch den Eingangsbogen durchschnittenes) Arkosolium von bedeutender Grösse und roher Ausführung; die durchschnittliche Breite beträgt 1,85 m, die Höhe 1,9 m. Neben den Arkosolien finden sich nachträglich eingefügte Loculi. An den Wänden bemerkt man noch hier und dort die Standorte für Grabeslampen.

Von alter Malerei hat sich nichts erhalten, da die Feuchtigkeit sehr gross ist. Am Boden der Krypte stehen zwei schmucklose Terracottasarkophage mit folgenden Maassen:

A. Länge: 1,82 m, Breite: 0,48 m, Höhe: 0,58 m.
B. „ 1,96 „ „ 0,55 „ „ 0,4 „

B ist in zwei Stücke zerbrochen; A, ebenfalls beschädigt, trägt an der Schmalseite die Inschrift IOA: DOM: d. h. *Joannes Dominus*, womit wohl ein Bischof gemeint ist.

Die Hinterwand des beschriebenen Raumes wird durch eine mit Backsteinen ummauerte bogenförmige Pforte, deren Breite 2,11 m beträgt, durchbrochen. Dieselbe führt zu einer zweiten kleinen Abtheilung des Cömeteriums, die eine Tiefe von 4,45 m und eine Breite von 2,85 m und nur vier Arkosolien (durchschnittliche Breite 1,95, Höhe 1,6 m) hat. Auch die Höhe ist geringer als die des vorliegenden Raumes. Hier steht ein würfelförmiger Steinaltar von hohem Alter, dessen Höhe 1,05 m, Breite 1,03 m, Tiefe 0,7 m beträgt. Er ist mit trefflichem Stucco überzogen und zeigt an der Vorderseite noch Spuren von dekorativer Malerei mit guten Farben. Ohne Zweifel haben wir hier ein Monument des frühen Mittelalters.

Die dritte und letzte Abtheilung der Katakombe mit einer Tiefe von 3,66 m und einer Breite und Deckenhöhe, die nur unbedeutend geringer sind als die entsprechenden Maasse des Mittelraums, umfasst drei Arkosolien (eines fast gänzlich zerstört) mit Loculiresten und Rinnen, in welche die Scheideplatten später construirter Gräber gefügt waren (vgl. S. 76).

Die Gesammtanlage des kleinen Cömeteriums stellt sich demnach als ein dreifach getheilter Raum dar, dessen Umfang sich fortschreitend verringert.

Dicht neben der Grabstätte liegt die Kirche S. Maria dell' Annunziata, die zwar modern restaurirt ist, aber noch sehr alte Bestandtheile aufweist, aus denen hervorgeht, dass das Gebäude eine aus einem antiken Monumente hergerichtete Basilika ist. Denn bei der Restauration des Fussbodens im Jahre 1875 stiess man auf eine grosse Anzahl heidnischer Gräber, die in den Tufboden nebeneinander eingehauen und mit grossen Ziegelstücken bedeckt waren. Sie enthielten Gebeine, Vasen, Münzen und sog. Thränenfläschchen. Auch schon früher waren in dem ganz modernen vorderen Theile der Kirche, als die Gemeinde von Prata dort einen Friedhof anlegen wollte, heidnische Gräber aufgedeckt worden. Im Jahre 1875 wurde weiterhin ein Sarkophag aus der Erde gelichtet. Derselbe steht jetzt in dem Garten neben der Basilika, ist aus Travertin und hat die Inschrift:

```
    T · NONIO · I · F
    PROCVLO
    TI NONII FORT
    VNIVS ET PROC
    VLVS FIL · P · P · BMF
```

Ebenfalls einem Sarkophage gehört an eine an demselben Orte auf einem Travertinstücke befindliche Inschrift:

```
    D     M
    SECVND....
    NVTRITO IN(c)
    OMPARABII I....
    NASI'....
    B .....
```

Beide Inschriften sind ohne Zweifel heidnisch. Gleicherweise eine dritte auf einem Marmorpilaster in der Apsis der Kirche:

```
    MARTE
    Q · CAMVRTI
    P · F · D · D
```

In dieselbe Apsis sind mehrere antike Marmorsäulchen und Gesimsstücke eingebaut. Auf dem Platze ferner vor der Kirche sieht man zwei Marmorsäulen mit römisch-korinthischem Kapitäl, ausserdem zwei kleinere Kapitäle einfachen Stils und Fragmente von Säulendrommeln. Nimmt man dazu, dass, wie man mir an Ort und Stelle berichtete, im Jahre 1875 bei Restauration der Wandflächen der Basilika Malereireste, deren Motive Schlangen, Vögel, Blumen und verschiedenartige andere aus Pompeji bekannte Ornamente bildeten, zum Vorschein kamen, und ich selbst an zwei Stellen diese alte Schicht mit vortrefflichem Stucco und glänzendem pompejanischen Roth beobachten konnte, so erscheint die Annahme, dass wir hier eine ursprünglich heidnische Anlage haben, wohl berechtigt. Ein Tempel ist das Haus nicht gewesen, dagegen spricht das Vorhandensein der Gräber im Innern, sondern wohl ein sepulcraler Bau. Nach dem Falle des Heidenthums wurde dieser in eine Basilika verwandelt und das umliegende Terrain, das, wie aus den mitgetheilten Grabinschriften hervorgeht, schon in vorchristlicher Zeit zu Begräbnisszwecken verwendet war, zur Anlage christlicher Gräber benutzt. Es bleibt sogar die Möglichkeit offen, dass das beschriebene Cömeterium eine ursprünglich heidnische Anlage sei. Von den sonst hier und dort in der Nähe vorhandenen isolirten Grabkammern steht mir nicht nur dieses fest, sondern dieselben scheinen überhaupt nie von den Christen in Besitz genommen worden zu sein.

X.

Neapel.[1]

Das Hauptcömeterium der Stadt, die nach dem ihr vorgelagerten Hospital benannte Katakombe S. Gennaro dei Poveri ist in der Richtung von Nordwest nach Südost in einem mächtigen Hügelrücken im Norden von Neapel angelegt.

Den ursprünglichen Theil bilden zwei in verschiedenem Niveau nebeneinander construirte, aber in unmittelbare Verbindung gesetzte Galerien, welche den Hügel in der ganzen Breite durchschneiden. Die tiefer liegende Galerie, deren Grundriss oben (Fig. 3) mitgetheilt ist, misst, mit einer durchschnittlichen Breite von 4 m, gegen 90 m Länge. Ihr lagert sich ein geräumiger Vorsaal vor, dessen Wandflächen die zum Theil noch wohlerhaltenen Reste vorzüglicher Malereien zeigen (vgl. Fig. 21), die einer späteren, jetzt fast vollständig beseitigten Uebermalung ihre relativ gute Erhaltung verdanken. Zu beiden Seiten dieses Vorsaals lagern sich kleinere Cubicula, von denen das zur Linken gegenwärtig fast völlig mit Gebeinen angefüllt ist, die man im achtzehnten Jahrhundert hierher und in andere Räume der Katakombe aus den Stadtkirchen überführte. Das rechts gelegene Cubiculum ist später zu einer Kapelle erweitert worden und enthält einen aus dem natürlichen Gestein gehauenen altchristlichen Bischofsstuhl.

Wie die Vorräume, so sind auch die Hauptgalerie und die an dieselbe rechts sich anlehnende Nebengalerie sowie die von ihr rechtwinkelig abspringenden Corridore sorgfältig und geschickt construirt. Neben den praktischen Rücksichten sind in der Architektur auch künstlerische in entschiedener Weise zur Geltung gekommen. Es zeigt sich dies namentlich

[1] Die Literatur S. 5, Anm. 16.

in den Verbindungen der Haupt- mit der Seitengalerie. Wenn die nach links sich ausstreckenden Gänge beengter erscheinen, so erklärt sich dies aus der Rücksicht, welche die Fossoren auf die darüber zu errichtende obere Galerie zu nehmen hatten.

In der Hauptgalerie überwiegt das Arkosolium; ja die daneben dort vorhandenen Loculi scheinen sämmtlich in späterer Zeit hinzugekommen zu sein. In den übrigen Räumen, mit Ausnahme der vorgelagerten Säle, herrscht dagegen der Loculus vor.

Offenbar trugen früher die Wandflächen der Hauptgalerie wenigstens reichen Bilderschmuck. Nur Weniges ist heute davon noch erhalten, nämlich von biblischen Darstellungen: der gute Hirt, die Auferweckung des Lazarus, Jona unter der Laube, Quellwunder des Mose, der Herr zu den Jüngern redend, Daniel in der Grube. Letzteres Bild ist insofern beachtenswerth, als es den Propheten in persischer Kleidung, mit phrygischer Mütze zeigt.

Das Fragment einer aus sieben männlichen Personen bestehenden Gruppe[1]), das sich ausserdem findet, ist ohne Zweifel gleichfalls biblisch (Mahl am galiläischen Meere?), aber mit Sicherheit nicht mehr zu bestimmen. Ausserhalb des biblischen Cyklus fallen die Malereien eines Arkosoliums, welche ein aus einem Korbe hervorwachsendes und in mannigfachen Windungen sich rankendes Rebengezweig (Rückwand) und zwei becherschwingende Genien (Seitenwände) als Gegenstand haben.

Das Bild hat keine symbolische Bedeutung, sondern ist rein ornamental. Den sepulcralen Gedanken dagegen drückt energisch ein Pfau aus, der, von rosengefüllten Vasen, von Guirlanden, flatternden Vögeln und vereinzelten Früchten und Blättern umgeben, auf der Hinterwand eines Arkosolium stolz sein Gefieder entfaltet. Endlich ist noch eine jetzt fast ganz verschwundene Darstellung zweier weiblicher Todten zu erwähnen, die, was nicht häufig vorkommt, als Brustbild auf den Loculusverschluss aufgemalt sind. Daneben die fragmentarische Inschrift:

```
    VIXXITRVFI
  ANNOS  NA
          LV
  ET FILIA IP
 [EIVS
    XXXVII
```

Vixit Rufina annos LV et filia (die folgenden Worte dunkel) ..... *XXXVII*.

---

[1]) GARRUCCI, *Storia*, t. 93.

Die Darstellung eines gen Himmel fahrenden Christus am Plafond eines Arkosoliums ist Uebermalung einer späteren Zeit.

Obgleich diese Galerie bestimmte chronologische Angaben nicht aufweist, so lässt sich aus dem Stile und dem Charakter der Bildwerke doch mit Sicherheit erschliessen, dass die Herstellung derselben noch in das erste Jahrhundert fällt.

Vielleicht schon gleichzeitig mit dieser Galerie, oder nur kurze Zeit später wurde die zweite höher liegende projektirt, aber erst sehr allmählich zu ihrer jetzigen Ausdehnung geführt. Auch hier lagert sich ein kunstvoll construirter Vorsaal (s. Titelbild), der durch ein, übrigens nicht ursprüngliches, Luminare erhellt wird, dem Ganzen vor. Er ist mit Gräbern durchsetzt und war vortrefflich decorirt.

Spuren dieser Decoration sind noch an der Decke (Fig. 22, S. 93) und in und neben einzelnen Arkosolien erhalten. Ein schmaler Gang führt von der Hinterwand aus zu der durchschnittlich 10 m breiten Galerie, deren grossartiger Architektur die uns bekannten altchristlichen Grabesbauten nichts Gleiches an die Seite stellen können. Zwei Säulenpaare und ein Doppelthor zerlegen die Galerie in ihrer Längenausdehnung in vier ungleiche Abtheilungen.

In der dem Vorsaale zunächst liegenden ersten Abtheilung hat sich in einer Zeit, als die Anlage Begräbnisszwecken nicht mehr diente, ein Oratorium eingerichtet, bei welcher Gelegenheit ein Theil der umliegenden Gräber zerstört wurde. An dieses Oratorium stösst ein kunstvoll gearbeitetes Privatcubiculum *(sog. sepolcro dei sacerdoti)*.

Die in diesen Räumlichkeiten erhaltenen Malereien gehören dem vierten, fünften und sechsten Jahrhundert an und stellen zum grössten Theil die Verstorbenen in betender Haltung (vgl. Fig. 35, S. 134) und einigemal von Heiligen begleitet dar. Fast immer sind daneben Inschriften mit Farbe aufgetragen.

Aus den Malereien sowie aus dem pompösen Charakter der Architektur geht hervor, dass die Herstellung der Galerie kaum vor dem Anfange des vierten Jahrhunderts begonnen sein kann.

Offenbar kam die Gemeinde nicht eher in die Lage, nach dieser Seite hin das Cömeterium zu erweitern. Früher dagegen, wie es scheint, im zweiten Jahrhundert, legte sie links neben den Vorsaal eine Galerie von sehr einfachem Charakter. Die hier eingeschnittenen Arkosolien tragen an den Innenwänden und an der Aussenseite höchst eigenthümliche Inschriften, die nur den Namen des Verstorbenen enthalten und ebenso wie die sparsam angebrachte Malerei eines specifisch christlichen Symbols entbehren. Es seien als Probe angeführt:

| ΚΥΡΓΙΛΛΟϹ | ΠΑΡΑΛΙΑ | ΟΥΕΓΓΑΛΙϹ |
| ΕΥΤΥΧΙΑ | ΑΝΝΙΑ | ΜΩΚΟϹ ΞΕΝΟϹ |

Nördlich an die beschriebenen Galerien schliessen sich zwei weitere, gleichfalls in verschiedenem Niveau an. Sie sind in grossartigem Maassstabe begonnen, aber die eine nur in ihren ersten Anfängen, die andere ungefähr bis zu einem Zehntel ihrer ursprünglichen Anlage vollendet. Nur die südlichere hat noch einige hübsche Malereien ornamentalen Charakters, daneben das Bild eines Pfauen. Welche Umstände und Erwägungen dazu geführt haben, jene beiden Galerien nicht weiter auszubauen, lässt sich nicht ermessen.

Weiter nach Norden in kurzer Entfernung bemerkt man noch Spuren heidnischer Grabanlagen, die nach demselben Schema, aber einfacher entworfen sind. Auch sonst sind in dieser Gegend antike Gräber vorhanden oder waren einst vorhanden.

Von geringer Wichtigkeit sind die übrigen altchristlichen Grabanlagen Neapels. Keine einzige derselben reicht in die vorkonstantinische Zeit zurück. An Ausdehnung steht voran die dicht am Nordende der Stadt neben der nach Capodimonte führenden Brücke gelegene Katakombe *S. Gaudioso* oder *della Sanità*[1]), deren gegenwärtiger Eingang in der Kirche *S. Maria della Sanità* liegt. Den Namen *S. Gaudioso* führt sie nach dem afrikanischen Bischofe Gaudiosus, der in der vandalischen Verfolgung der Katholiken nach Neapel floh, hier starb und in der genannten Katakombe, die vor ihm bereits existirte, beigesetzt wurde.

Das Cömeterium besteht gegenwärtig aus einem von Süden nach Norden laufenden kurzen Corridor, der noch nicht vollständig ausgegraben ist. Die Gräber sind zum Theil Arkosolien, zum Theil Loculi. Später hat man die Wände des Corridors mit Mauerwerk bekleidet und an dasselbe mit Kleidern ummalte Skelette befestigt. In einem der Arkosolien ist ein dürftiges Wandgemälde erhalten, welches die Apostel Paulus (?) und Petrus (neben diesem die Inschrift **S · PETRVS**) zeigt, wie sie einen vor ihnen niederknieenden Jüngling, der in der Beischrift **PASCENTIVS** genannt wird, in das durch zwei Leuchter bezeichnete Paradies einführen. Ausserdem findet sich noch das Bild eines Pfauen.

Am Eingange der Galerie liegen zwei Cubicula, von denen das eine durch einen an der Decke befindlichen Christuskopf des sechsten oder siebenten Jahrhunderts bemerkenswerth ist, der auf einer älteren Malerei

---

[1]) Scherillo, *Cimitero di S. Gaudioso (Archeologia sacra*, Napoli 1875, vol. I, S. 115 ff.); vgl. Garrucci, *Storia*, t. 104.

ruht, das andere durch ein mit Mosaikschmuck geziertes Arkosolium, welches als Grab des Bischofs Gaudiosus bezeichnet wird durch die Inschrift:

```
HIC REQVIESCIT IN PACE SCS GAVDIOSVS
EPISC QVI VIXIT ANNIS LXX ... VS DIE
VI KAΛENOVEMBRES CC ... DIC VI
```

Z. 2: *(deposit)us*. Z. 3: *VI Kalendas Nov. consulibus ... indictione VI*.

Ebenfalls dem Cömeterium entstammt die gegenwärtig am Eingang in der Tiefe der Kirche befestigte Inschrift des vierten oder fünften Jahrhunderts:

☧ CNΘΑ ΚΙΤΙ ΠΑΥΛΑ ΠΑΥΛΟΥ ΥΠΟΔ·
ΟΥΓΑΤΗΡ ZHCAC ΠΝ ΕΙΡΕΝΙ ΙΤΗ Λ·
ΜΕΝΑC Β · ΑΝΠ · ΠΡΟ · Ζ · ΚΑΛ · ΙΟΥΝ ·

Z. 1: κεῖται — ὑπο(διακόνου). Z. 2: ἐν εἰρήνη ἔτη ε̅. Z. 3: ἀνεπαύσατο.

Oestlich von S. Maria della Sanità, in demselben Hügelrücken, wurde 1867 eine kleine Grabanlage entdeckt, welche die einheimischen Gelehrten als *Catacomba di S. Severo* bezeichnen.[1]) Sie ist bisher nur theilweise ausgegraben. Die in ihr vorgefundenen Wandgemälde[2]) stellen dar 1. auf der Hinterwand eines Arkosoliums: in der Mitte der Todte, ein Jüngling, in reicher Kleidung, in der Linken ein aufgeschlagenes Buch haltend, die Rechte redend erhebend. Ueber ihm schwebt an einer Guirlande ein voller Kranz; neben ihm stehen vier Heilige, durch Nimbus ausgezeichnet, je zwei zu beiden Seiten. Die mittleren sind Paulus und Petrus. 2. An der Aussenwand eines Arkosoliums links oben: ein Heiliger, nach der Inschrift **SANCTVS PROTASIVS**, ein dünnes Kreuz auf der linken Schulter tragend, ohne Nimbus. 3. Auf der Hinterwand eines Arkosoliums, in der Mitte ein Fragment: neben einem mit edlen Steinen besetzten Kreuze stehen zwei bärtige Heilige (Paulus und Petrus?) mit lebhaftem Gestus, ohne Nimbus. An der Aussenwand des Grabes zur rechten Seite ferner eine jugendliche Figur ohne Nimbus, welche den rechten Arm redend hoch erhebt. Darüber die Worte (sa)**NCTVS EVTH**(yches). Euthyches und Protasius theilten nach der kirchlichen Ueberlieferung mit Januarius das Martyrium.

---

[1]) GALANTE im *Bull. di archeol. crist.* 1867, S. 73; TAGLIATELA, *Di una imagine di S. Protasio*, Napoli 1874.

[2]) GARRUCCI, t. 105ᵃ; SALAZZARO, *Studii sui Monumenti dell' Italia meridionale dal IV al XIII secolo*, Nap. 1871, fasc. I.

Die Gemälde sind geschickt entworfen und scheinen dem Ende des vierten oder dem Anfange des fünften Jahrhunderts anzugehören. Westlich von S. Maria della Sanità soll nach älteren Nachrichten unter der Kirche *S. Tito* gleichfalls eine altchristliche Grabstätte bestehen. Gegenwärtig ist sie nicht zugänglich und daher über den Werth jener Ueberlieferung keine bestimmte Aussage zu geben. Eine gleiche Tradition knüpft sich an die Kirche *S. Efremo vecchio*.

Dass Neapel im Alterthume reicher an christlichen Grabanlagen war, als wir jetzt wissen, lässt sich zuversichtlich behaupten. So sind S. Gaudioso und S. Severo, wie bemerkt, nur zum Theil zugänglich. Vor einigen Jahren ferner wurde in der Nähe von S. Maria della Sanità bei Gelegenheit eines Strassenbaues eine Grabanlage offen gelegt, welche ein Theil eines grösseren selbständigen Ganzen gewesen zu sein scheint. Die Umstände gestatteten leider damals nicht, den Sachverhalt nachzuforschen. Gegenwärtig ist das Cubiculum den Blicken wieder entzogen. Freilich eine Aufdeckung älterer Anlagen als diejenigen von S. Gennaro oder solcher, die diesen zeitlich gleichstehen, ist nicht zu erhoffen. Die Katakomben von S. Gennaro sind nicht nur gegenwärtig das werthvollste Denkmal altchristlicher Zeit in Neapel, sondern werden es auch in Zukunft bleiben.

Ihre hohe Bedeutung liegt einmal in den Wandmalereien, an deren Hand wir die erste Entwickelungsgeschichte der altchristlichen Kunst uns klar zu machen in der Lage sind, dann in der einzigartigen Construction, durch welche die technische Leistungsfähigkeit der Fossoren in das hellste Licht gestellt wird.

XI.

Römische Cömeterien.

1. Die Cömeterien an der Via Appia.[1]

Aus der in der Thalsenkung zwischen Aventinus und Caelius gelegenen Porta Capena tritt die berühmteste Strasse des alten Roms, die Via Appia, „die Königin der Strassen", wie sie Livius nennt, hervor. Von dem Censor Appius Claudius erbaut, ging sie anfangs nur bis Capua; Augustus schob sie bis Benevent und dann bis Brundusium vor. Sie läuft anfangs in südöstlicher Richtung, links von mehreren Tempeln flankirt, rechts von den umfangreichen Thermen Caracalla's. Nachdem sie die Via Latina und die Via Ardeatina aus sich entlassen, curvirt sie kurz hinter dem Grabmale der Scipionen südlich und steigt in allmählicher Senkung in die Campagna hinab.

Hinter dem Kirchlein *Domine quo vadis*, an welches sich eine bekannte Legende knüpft, beginnen in einer Entfernung von ungefähr einer viertel Meile von der aurelianischen Mauer die christlichen Grabstätten. In der Terrainfläche zur Linken der Strasse liegt zunächst S. Pretestato, ihm gegenüber an der andern Seite S. Callisto, weiter südlich, in der Einsenkung, welche die Strasse macht, ehe sie zum Denkmale der Caecilia Metella aufsteigt, S. Sebastiano *(coemeterium ad catacumbas)*.

Das Cömeterium des Kallistus wird zum ersten Male in dem alten Depositionsverzeichnisse des Chronographen vom Jahre 354 erwähnt. Die genaue Kenntniss seiner örtlichen Lage ging der lokalen Tradition schon frühzeitig verloren, und Bosio und seine Nachfolger vermochten nicht und

---

[1] Nach DE Rossi, *R. S.* I, S. 225 ff. und eigenen Beobachtungen.

fühlten nicht das Bedürfniss, die festgewurzelte Meinung zu zerstören, dass S. Sebastiano der Kernpunkt der Kallistkatakombe sei und diesem die umliegenden Cömeterien an der Via Appia und der Via Ardeatina zugehörten. De Rossi hat in scharfsinniger und glücklicher Combination die ursprüngliche Lokalität festgestellt.

Der gegenwärtig nach Kallistus benannte umfangreiche cömeteriale Complex besteht aus einer Anzahl einzelner Areae, die ursprünglich von einander isolirt, jede für sich existirten, bis sie später zu einem Ganzen zusammengeschlossen wurden. Diese Theile sind die Cömeterien der Lucina, des Kallistus (im engeren Sinne), der Soteris, der Balbina, das Arenarium des Hippolytus und einige andere Areae von geringer Bedeutung und unbekannter Benennung.

Das älteste Stück stellt die Katakombe der Lucina dar. Dieselbe occupirt ein Terrain von 100 römischen Fuss (29,6 m) Breite und 180 Fuss Länge, ist in ihrer Längerichtung von Südwest nach Nordost orientirt und stösst mit ihrer nordöstlichen Schmalseite an die Via Appia. Sie besteht aus zwei Stockwerken, die zeitlich gering differiren. Das untere liegt nur zum Theil unter dem oberen: mit einem langen Strange geht es südwestlich über die Fläche der oberen Etage hinaus.

Der ursprüngliche Eingang liegt ungefähr in der Mitte der Area. Eine weite bequeme Treppe, die sich einmal scharf kantet, führt in die Tiefe, wo ein Paar mit Stucco überkleideter, nicht ganz voller Tufsäulen den Anfang des Galerienetzes bezeichnet. Wenige Schritte vom Eingange vertieft sich die Galerie links in zwei unmittelbar aneinander geschlossene Cubicula, von denen das vordere seine ursprünglich reiche Decoration bis auf geringe Fragmente verloren hat, während das zweite seinen Schmuck ziemlich intact bewahrte. Die Wandgemälde, die wir in letzterem finden, nehmen das höchste Interesse in Anspruch; sie sind einzig in ihrer Art. Vor Allem gilt dies von dem Deckenbilde.

Dasselbe besteht in seiner Grundanlage aus zwei concentrischen Kreisen, die durch Felder aus geschlungenen und geraden Linien mit den Grenzlinien der quadratischen Decke in Verbindung gesetzt sind. Dazwischen sind in harmonischer Vertheilung Zweige mit prangenden Rosen, Guirlanden und phantastische Kelchblumen gesetzt.

Das von einem Kreise umschlossene Centrum nimmt der gute Hirte (fragmentarisch) ein. Um ihn schliessen sich ausserhalb der Peripherie vier kleinere und vier grössere Frauenköpfe, abwechselnd zusammengestellt. Sie ruhen auf leichtem blauen Grunde und werden zum Theil durch breite gerade Linien, zum Theil durch Guirlanden mit dem Mittelkreise verbunden. Es sind volle, lebendige Gesichter, mit reichem, flüchtig aufgebundenem Haare. Sie bezeichnen die vier Jahreszeiten, die in ihrem Wechsel den Aufgang und den Niedergang des menschlichen Lebens symbolisiren und mit diesem Inhalte auch in heidnischen Grabkammern vorkommen.

Ein grösserer Kreis schliesst diese Figuren ab. Ausserhalb desselben stehen nahe an der Umringslinie der Decke zwei Oranten, zwei Hirten und vier Genien, und zwar in der Anordnung, dass die gleichartigen Figuren correspondiren.

Die beiden Oranten sind von gleicher Ausführung: langgestreckte Frauengestalten in graugelbem, schlicht herabfallendem Gewande und mit ernstem Gesichtsausdruck. Dass sie Idealgestalten und nicht Portraits sind, leuchtet sofort ein. Aber was stellen sie dar? Nach der Meinung der römischen Archäologen die Kirche. Es wurde indess schon oben (S. 160) darauf hingewiesen, dass die altchristliche Kunst die Orans als Symbol der Kirche nicht kennt. Jene Frauengestalten sind vielmehr als Ornamente zu fassen. Sie sind, was in der Kunst die Karyatiden sind. Auch heidnische Künstler pflegten in Wanddecorationen Frauengestalten einzufügen, um jene dadurch zu beleben. Pompeji bietet zahlreiche Beispiele. Der christliche Künstler ist aber darin über die Vorbilder hinausgegangen, dass er die Gestalten, der Bestimmung der Oertlichkeit und des Bildes selbst entsprechend, ernster und als Oranten fasste. Dass er indess mit der Antike nicht nur vertraut war, sondern sie auch zu schätzen wusste, geht aus der Verwendung von vier Genien hervor. Dieselben erscheinen hier in der im Alterthume üblichen Auffassung, als nackte, beflügelte, von einer luftigen Chlamys umflatterte Jünglinge; drei von ihnen halten in der Linken einen leichten Stab mit gekrümmtem Griff *(pedum)*, der vierte einen Tyrsus. In der Rechten tragen sie Blumen und Früchte, einer eine Schale. Die leicht schwebenden Figuren erinnern sehr an ähnliche Darstellungen in S. Gennaro zu Neapel.

Eigenthümlich sind die gleich gebildeten zwei Hirten. Sie tragen die Exomis, welche die rechte Seite des Oberkörpers vollständig unbedeckt lässt, erheben den rechten Arm halb nach der Weise der Adorirenden des Alterthums und halten mit dem linken Arm ein auf ihrer Schulter ruhendes Schaf. Als eine Darstellung des guten Hirten, der zudem schon im Centrum des Deckengemäldes und hier in ganz anderer Fassung erscheint, können diese Figuren nicht beurtheilt werden. Vor Allem spricht dagegen der Gestus des Adorirens. Vielmehr hat der Künstler, genau wie bei den Oranten, ein vorhandenes antikes Motiv frei und in der Richtung auf den christlichen Bilderkreis hin umgebildet.

Das Deckengemälde ist von ausserordentlicher Wirkung. Die Flächentheilung, die Disposition der Figuren, die Farbentönung sind mit dem feinsten künstlerischen Takte durchgeführt. Sein kunsthistorischer Werth liegt darin, dass es die Periode allmählicher Loslösung der christlichen von der antiken Kunst illustrirt. Die Flächentheilung und die Mehrzahl der Figuren gehört der Antike an; andererseits bezeugt die Thatsache, dass der gute Hirt, also ein specifisch christliches Bild, in das Centrum gesetzt ist, einen entschiedenen Willen, das Christliche zur Geltung zu bringen. Darin geht dieses Gemälde über das Deckengemälde der zweiten Katakombe in S. Gennaro noch hinaus. Doch dürfte es in derselben Zeit d. h. am Anfange des zweiten Jahrhunderts entstanden sein.

Die Neigung des Künstlers, auf die eben aufmerksam gemacht wurde, in seinen Darstellungen Genrehaftes oder Ornamentales mit Hieratischem, Symbolischem zu mischen, offenbart sich weiter in einem Bildchen an der Thürwand dieses Cubiculums: auf einer schmalen felsartigen Erhöhung steht ein Milcheimer, daneben am Boden links ein Schaf, und rechts ein Bock. Auf beiden Seiten schliesst die Scene mit einer Steigung des Terrains und dünnen Bäumen ab. Das Gemälde soll ohne Zweifel nach der Intention des Künstlers symbolisch sein; es ist eine Variation der Darstellung des guten Hirten, dessen Person hier durch den Milcheimer, mit dem er zuweilen ausgerüstet erscheint, ersetzt wird. Aber es ist durchaus in das Genrehafte herabgezogen.

Das Cubiculum ist weiterhin ausgezeichnet durch die in der Zwischenfläche zweier Loculi eingesetzte Darstellung der eucharistischen Fische, über die bereits gehandelt wurde. In dem daneben liegenden, an die Galerie anstossenden Cubiculum sind, wie erwähnt, nur noch dürftige Reste der früheren Dekoration vorhanden. Unter diesen sei hier als Beachtung verdienend ein eigenthümliches Taufbild erwähnt.

Am Ufer eines Meeres oder eines breiten Flusses — Grenzen sind nicht angegeben — steht, mit kurzer Tunika bekleidet, leicht vornüber geneigt ein Mann. Die Rechte hat er nach vorn ausgestreckt und hält damit die Rechte eines unbekleideten Jünglings, der bis an die Hüften im Wasser steht und im Begriff ist, aus demselben heraus an das Ufer zu schreiten. Von links fliegt in der Höhe eine Taube mit einem Zweige herbei.

Man hat in diesem Gemälde die Taufe Christi finden wollen. Mit Unrecht. Eine Darstellung Christi in völliger Nacktheit ist im christlichen Alterthume undenkbar. Zudem wird die Taube durch den Zweig, welchen sie trägt, deutlich genug als die Noah-Taube, die Trägerin himmlischen Friedens, gekennzeichnet, kann also nicht den heiligen Geist vorstellen. Wir haben hier vielmehr den Taufakt eines Angehörigen derjenigen Familie, die Besitzerin der Grabkammer war, zu erkennen. Die Taube bezeugt weiterhin, dass der Jüngling bald nach Empfang der Taufe gestorben ist.

314   XI. Römische Cömeterien.

Portraits von Verstorbenen finden sich auch sonst in diesen beiden Kammern.

Das obere Stockwerk der Katakombe zeigt mehrfach Spuren, dass das Niveau der Galerien später in der Absicht vertieft wurde, um Raum zu gewinnen.

In einer der Galerien ist durch Ausweitung derselben eine Art Grabkammer geschaffen, die ein historisches Interesse hat, da hier der römische Bischof Cornelius (251—253) bestattet wurde. Die Wände sind, um dem bröckeligen Boden entgegenzuarbeiten, mit Mauerwerk überkleidet, und die Galerienseiten mehrmals durch Mauerbogen miteinander verbunden. Das Grab des Bischofs bildet ein Loculus von mächtiger Ausdehnung, in welchen wahrscheinlich ein Marmorsarkophag eingesetzt war. Von der Grabschrift fand DE ROSSI schon 1849 im Terrain der darüberliegenden Vigna das Fragment . . **RELIVS MARTYR**, welches dann durch weitere Funde sich ergänzte zu:

**CORNELIVS · MARTYR ·
EP ·**
Cornelius martyr ep(iscopus).

Die Wände der Grabkammer waren mit Stucco überlegt und auf diesem sind im frühen Mittelalter in grosser Ausführung die Bilder der vier Bischöfe Cyprianus, Cornelius, Sixtus, Optatus angebracht. Ausgezeichnet durch einen breiten hellgelben, von schwarzweissen Streifen umrahmten Nimbus und in priesterlicher Kleidung stehen sie da, hochaufgerichtete Gestalten, in der Linken ein mit kostbaren Steinen besetztes mächtiges Buch, die heilige Schrift, haltend. Die Malereien sind in liturgisch-historischer Hinsicht von Werth.

Das Epitaph des Cornelius[1]) gehört wie der vorliegende Ausbau der Grabkammer der nachkonstantinischen Zeit an. Doch liegt kein Grund vor, die Richtigkeit der Tradition, welche im vierten Jahrhundert das Grab des Cornelius hierher verlegte, zu beanstanden.

Der Ertrag des Cömeteriums an Inschriften ist gering, doch zeigt dieses Wenige ziemlich zuverlässige Spuren höchsten Alters. Die Formulirung ist einfach; oft besteht die Inschrift nur aus dem Namen des Todten, wie **VRBICA**, **CCΙΙϹΡΟϹ**, **CATON**. Merkwürdig ist der Titulus:

ΡΟΥΦΙΝΑ
ΘΡΗΝΗ
+

───────────
[1]) Vgl. S. 256.

Denn die Correctheit der Schriftzüge und die einfache Fassung sind im vierten Jahrhundert, der Zeit, auf welche das Kreuz weist, kaum denkbar. Möglich, dass hier der einzigartige Fall vorliegt, dass bereits im zweiten oder am Anfange des dritten Jahrhunderts das Kreuz als Symbol auf den Grabinschriften Verwendung fand.

Die Inschriften des Cömeteriums scheinen vom Anfange des zweiten bis zum Ende des vierten Jahrhunderts herabzureichen. Der nachkonstantinischen Zeit z. B. gehört der Titulus an:

GENVARVS
PLACVID SE VNI
TER PONI CVM A
MICVM SVVM SIBI
RINV

Z. 2: *placuit*. Z. 4 f.: *amico suo Sererino*.

Die gegenwärtige Bezeichnung des Cömeteriums gründet sich auf die bis an das Ende des fünften Jahrhunderts zurückzuverfolgende kirchliche Ueberlieferung, welche eine römische Matrone Namens Lucina als Besitzerin des Areals nennt. Die Zuverlässigkeit dieser Ueberlieferung lässt sich weder direkt bestreiten noch ohne weiteres anerkennen. Dagegen unterliegt die durch DE ROSSI aufgestellte Hypothese, dass diese Lucina mit der von Tacitus (*Annal.* XIII, 32) erwähnten Pomponia Graecina, die im Jahre 58 wegen „fremden Aberglaubens" angeklagt wurde, identisch sei, starken Bedenken. Ganz abgesehen von der Unzulänglichkeit des herangezogenen epigraphischen Beweismaterials, scheint jene Pomponia Graecina nicht einmal Christin, sondern vielmehr eine jüdische Proselytin gewesen zu sein.[1])

In einer Entfernung von ca. 85 m südwestlich von S. Lucina liegt das eigentliche Cömeterium S. Callisto. Es dehnt sich in der Richtung von Osten nach Westen auf einem Ackerstücke von ca. 75 m Länge und 30 m Breite aus. Seine Entstehung war eine successive. Den Anfang bildeten zwei von Osten nach Westen an den Langseiten der Area hinlaufende Galerien, jede mit besonderer Eingangstreppe in einer Tiefe von etwas über 13 m. Die Herstellung derselben fällt noch in das zweite Jahrhundert. Die Erweiterung des Raumes geschah nun in der Weise, dass diese Galerien durch Quergalerien miteinander verbunden und in den Zwischenraum in der östlichen Hälfte eine in sich abgeschlossene Anlage (mit dem Cubiculum der heiligen Cäcilie) gesetzt wurde. Der Versuch, ein tieferes Stockwerk herzustellen, musste aufgegeben werden, da die Fossoren, nach-

---

[1]) FRIEDLÄNDER. *De Pomponia Graecina superstitionis externae rea*, Königsb. 1868.

dem sie durch eine Treppe in die Tiefe hinabgestiegen, auf Pozzolana stiessen, welche den Bau von Galerien nicht gestattete.

Die in dieser Area gefundenen Inschriften tragen in der überwiegenden Mehrzahl Indicien hohen Alters. Sehr oft enthalten sie nur den Namen des Verstorbenen, wie ΡΟΛϹΩΝ, ΝΡΗϹΤΗ, FORTVNATA SECVNDA, CLAVDIANA. Die Acclamationen sind einfach: ϾΝ ΟϾѠ, VIVAS IN DEO, VIBAS IN SPIRITO SA(ncto), ϾΙϹ ϾΙΡΗΝ(ην), DORMI IN PACE etc. Als Symbole begegnen uns der Anker (sehr häufig), der Fisch, die Taube und der gute Hirt. Daneben finden sich auf den Inschriftentafeln Abbildungen, die auf das Gewerbe des Todten hinweisen, wie Thongefässe verschiedener Gestalt, eine Zange, ein Kamm, ein Fass, und mehrmals die Orans.

Besondere Bedeutung verleihen dieser Area zwei Gruppen von Monumenten, die Papstkrypte mit dem anschliessenden Cubiculum der heiligen Cäcilie und die sog. Sacramentskapellen.

Von der Papstkrypte (Fig. 9 S. 70), die sich an die südliche Seite der am Nordende der Area laufenden Galerie anlehnt, war bereits mehrfach die Rede. Hier seien nur noch die zahlreichen Graffiti erwähnt, welche die Wände in der Nähe des Einganges bedecken. Sie rühren von Besuchern her, welche die Grabstätte der heiligen Bischöfe zu sehen und die Fürbitte der Märtyrer in Anspruch zu nehmen kamen. Sie gehören verschiedenen Zeiten, vom vierten Jahrhundert bis in das Mittelalter hinein, an. Eine Anzahl derselben bezieht sich übrigens nicht auf die Papstkrypte im Besondern, sondern überhaupt auf das Cömeterium, dessen Eingang hier liegt. Aus dem vierten und dem fünften Jahrhundert stammen die Acclamationen PONTI VIVAS IN DEO CRISTO — ΓΑΙΑ ΒΙΒΑϹ ΙΝ ΛϾΟ — ΔΙΟΝΥϹΙ ΒΙΒΑϹ ΙΝ ΟϾѠ — AMATE IN PACE. Die Eigennamen bezeichnen die Verstorbenen, deren der Besucher hier im Gebet gedachte. Schon in das sechste Jahrhundert scheint zu führen die Bitte: SANTE SVSTE IN MENTE HABEAS IN HORATIONES AVRELIV REPENTINV, und: MARCIANVM SVCCESSVM SEVERVM SPIRITA SANCTA IN MENTE HAVETE ET OMNES FRATRES NOSTROS. Mittelalterlichen Besuchern endlich gehören die Graffiti an: *Prando pr.* (= *presbyter*) *indignus peccator, Ildebran(dus). (El)e(re(d)i ep. (episcopi). Ioannes presb.* u. A.

Das Urtheil, dass in diesen Gebeten, wobei natürlich die zuletzt genannten mittelalterlichen Aufzeichnungen ausgenommen sind, „Einfachheit und warme Liebe" herrsche, welche „ganz dem Charakter der ersten Jahrhunderte angemessen" sei[1]), ist eine in ihrer Tendenz durchsichtige Leistung

---

[1]) Kraus, R. S., S. 151.

pro domo und nicht vermögend, sich zu rechtfertigen. Orthographie und Inhalt weisen deutlich auf die nachkonstantinische Zeit, und damit steht in Uebereinstimmung, dass die sämmtlichen übrigen epigraphischen Zeugnisse, die einen Märtyrercult voraussetzen, diesseits der Mitte des vierten Jahrhunderts fallen. Richtig dagegen ist die von DE ROSSI gemachte Bemerkung, dass die auch in heidnischen Heiligthümern beobachteten Niederschriften von Gebeten ein Analogon zu jenen Acclamationen der Kallistkatakombe sind z. B. die Worte in einem der Tempel zu Philae: Σαραπίων Ἀριστομάχου ἥκω πρὸς μεγάλην Εἶσιν θεὰν τὴν ἐν Φίλαις, μνείαν ἐπ' ἀγαθῷ τῶν γονέων ποιούμενος;[1] (LETRONNE, Inscript. de l'Egypte II. S. 28).

Von der Hinterwand der Papstkrypte führt ein enger unregelmässiger Gang in einen Raum von etwas grösserem Umfange als die Papstkrypte, in welchem DE ROSSI die Grabstätte der heiligen Cäcilie wiedergefunden zu haben glaubt. Positive Gründe sind indess für diese letztere Annahme nicht erbracht und lassen sich schwerlich erbringen.[2] Nur das scheint wahrscheinlich, dass seit dem fünften Jahrhundert jenes Cubiculum als Grabstätte der heiligen Cäcilie galt, deren Leichnam Paschalis I. im neunten Jahrhundert aufgefunden haben soll und in die Stadt brachte. Auch über das Alter der Krypte, welche die Ausmündung einer Galerie von ca. 30 m Länge ist, die sich mit eigenem Eingang zwischen die beiden Hauptgalerien von S. Callisto einschiebt, lässt sich keine bestimmte Aussage machen; einige der hier aufgefundenen Inschriftenfragmente mögen noch dem vierten Jahrhundert angehören; die Malereien sind im fünften und in späteren Jahrhunderten entstanden. Eines derselben, wahrscheinlich aus dem siebenten Jahrhundert, soll wohl die Heilige selbst darstellen: eine Jungfrau, mit kostbarem Gewande bekleidet, das Haupt von einem breiten Nimbus umrahmt, steht sie in betender Haltung. Einer älteren Zeit, wohl dem fünften Jahrhundert, gehören die Darstellungen dreier Heiligen an, welche inschriftlich als POLICAMVS, SABASTIANVS (Sebastianus), CVRINVS (Quirinus) bezeichnet sind.

Eine grössere Bedeutung wird durch die malerische Ausschmückung den sog. Sacramentskapellen verliehen. Man versteht unter diesen sechs kleine Grabkammern, welche in kurzer Entfernung voneinander in die rechte Seitenwand der nördlichen Anfangsgalerie eingegraben sind. Nur fünf dieser Cubicula haben ihre ursprüngliche Dekoration mehr oder weniger intact bewahrt. Im sechsten, welches der Eingangstreppe zunächst liegt,

---

[1] „Ich, Serapion, Sohn des Aristomachus, bin zu der grossen Göttin Isis in Philae gekommen und habe daselbst für das Wohlergehen meiner Eltern gebetet (geopfert)."
[2] Vgl. LIPSIUS, Chronol. d. röm. Bischöfe, S. 181 ff.

sind nur einige Linien übrig geblieben. Die anschliessenden Kammern sind im Folgenden mit **B, C, F, E, D** bezeichnet.[1])

A hat an den Seitenwänden folgende Darstellungen: Moses, in jugendlicher Fassung, mit leichtem Gewande bekleidet, mit einem Stabe den Wasserquell hervorrufend. Das herausströmende Wasser bildet einen Teich oder Fluss, aus welchem ein nur mit dünnem Schurzfell bekleideter, auf einem Felsstück sitzender Mann vermittelst einer Angelschnur einen Fisch hervorzieht: Petrus, der, dem Auftrage Christi folgend, den Fisch fängt, von dem der Zinsgroschen entnommen wurde (Matth. 17, 24 ff.). Die Scene gehört also in den Cyklus der Wunderdarstellungen und theilt mit diesen die Bedeutung einer Garantie der Auferstehung. Die allgemein aufgenommene Erklärung, dass das Wasser das Taufwasser und der Fisch den durch die Taufe in die Kirche geretteten Menschen symbolisire, ist nicht haltbar.

An dieses Bild ist dicht eine Darstellung des Mahles der Sieben am galiläischen Meere gerückt. Sieben völlig nackte männliche Personen sind um einen Tisch gesammelt und mit lebhafter Bewegung beschäftigt, von den vor ihnen aufgetragenen Speisen — zwei Fische und sieben brodgefüllte Körbe — zu nehmen. Symbolisirt dieses Gemälde das Sacrament des Altars (vgl. S. 120), so führt uns ein anderes die Taufe vor: einem etwa zwölfjährigen Knaben, der bis an die Knöchel im Wasser steht und völlig unbekleidet ist, legt ein in eine Toga gehüllter Mann die rechte Hand auf das Haupt.

Ein prächtiges, lebendiges Bild gewahren wir auf der Hinterwand der Grabkammer. Es zeigt uns ein Schiff im Sturme. „Das Hintertheil des Fahrzeugs ist auf einem Felsen aufgefahren; es hat sich gehoben, während das Vordertheil von den Wellen überfluthet wird. Von der Mannschaft befinden sich nur noch zwei Personen auf dem Verdecke. Die eine, auf die Handhabung des Steuers verzichtend, breitet die Arme aus, um sich ins Meer zu stürzen und, wie ein Gefährte, der seitwärts mit den Wellen ringt, sich durch Schwimmen zu retten. Eine gleiche Absicht beseelt offenbar den Jüngling, der, im Vordergrunde stehend, die Hauptfigur des Gemäldes vorstellt: er ist ebenfalls dicht an den Rand des Schiffes herangetreten und schickt sich, Arme und Augen betend emporhebend, an, sich dem tosenden Meere anzuvertrauen. Ueber ihm, in der Höhe, erscheint inmitten eines kreisförmigen Gewandstreifens der nackte Oberkörper eines Jünglings, der durch einen Strahlennimbus ausgezeichnet ist; schützend legt

---

[1]) Vgl. den Abschnitt „Die Fresken der Sacramentskapellen in S. Callisto" in meinen *Arch. Stud.*, S. 22—98.

er die rechte Hand auf das Haupt des Betenden. Ringsum stürmen die Fluthen." Das Bild, welches sich deutlich genug als eine Illustration zu der Erzählung der Apostelgeschichte vom Schiffbruche des Apostels Paulus vor Malta verräth, ist leider einer phantastischen Interpretation unterlegen, die nicht mit sich rechten lässt.

Von biblischen Bildern enthält das Cubiculum nur noch die Auferweckung des Lazarus (vgl. S. 111); ausserdem das Fragment eines die Picke schwingenden Fossors und zwei isolirte männliche Figuren, welche wahrscheinlich den Besitzer der Grabstätte und den ausführenden Künstler darstellen. Die Decke hat als Centrum den guten Hirten, um welchen kreisförmige Felder gesetzt sind, die u. A. zwei Jonascenen und eine eigenthümliche verkürzte Darstellung des Mahles der Sieben tragen, auf welche bereits hingewiesen wurde.

In der Kammer C wiederholen sich mit einigen Modificationen das Quellwunder des Mose, das Mahl der Sieben, der Fischer, die Taufe; ebenso im Deckengemälde der gute Hirte. Zu den beiden Jonascenen ferner kommt hier eine dritte. Als neu tritt uns entgegen: Darstellung des Gichtbrüchigen, der sein Bett trägt, Abraham und Isaak, beide mit erhobenen Armen Gott dankend, ein Ehepaar, welches neben einem dreifüssigen Tische steht, auf dem ein Fisch und mehrere Brode liegen, eine Symbolisirung des gemeinschaftlichen Abendmahlsgenusses, endlich ein Mann, der sitzend aus einer Rolle liest, und ein anderer, der aus einem Brunnen einen Eimer mit Wasser zieht, Personen, die mit dem Bau der Grabkammer in irgend einem Zusammenhange zu stehen scheinen.

Die übrigen Cubicula wiederholen mit geringen Veränderungen fast vollständig die aufgeführten Bilder in B und C. Nur in F treten als neu die Fragmente zweier weiblicher Oranten hinzu.

Die römischen Archäologen schätzen diese Malereien nach dem Vorgang Marchi's und de Rossi's besonders hoch und erkennen in ihnen die Illustration von Dogmen und Riten ihrer Kirche. Mit Unrecht. „Die Malereien stehen durchaus innerhalb der Sitte und des Systems, welches die Forschung als den antiken Grabmonumenten eigen erkannt und erwiesen hat: mit den Scenen des realen Lebens, die hier den Verstorbenen in frischem, fröhlichem Wirken, noch nicht angekränkelt von Todes- oder Abschiedsschmerz, zeigen, verknüpfen sich biblisch-sepulcrale Darstellungen, welche die tröstliche Zuversicht auf ein Erwachen und Erstehen aus dem Todesschlafe in geheimnissvoller Sprache andeuten. Es ist ein Cyklus eigener Art, das lässt sich nicht bestreiten, aber nicht in dem Maasse, um innerhalb des altchristlichen Bilderkreises eine eigene Gruppe zu bilden, da diese Gemälde, abgesehen von dem Mahle mit den sieben Gästen und dem von Brodkörben umgebenen dreifüssigen Tische, im Einzelnen wohl formal, aber nicht inhaltlich Neues vorführen."

In der „Real-Encykl. f. christl. Alterth.", Art. Eucharistie IV, S. 441 ff., hat PETERS die von DE ROSSI eingeführte Interpretation dieser Bilder in einer Weise ausgesponnen, welche den Höhepunkt phantastischer Auslegung des altchristlichen Bilderkreises bezeichnet und in Fructificirung dieses für das kirchliche Dogma das Aeusserste leistet. Indess weder diese Darlegungen, noch was sonst in der genannten Encyklopädie gegen die in meinen Arch. Stud. vorgetragene Auffassung der Malereien der Sacramentskapellen bemerkt worden ist, ist derart, dass ich meine Ansicht zu ändern oder zu modificiren mich veranlasst sähe.

Wahrscheinlich schon in der ersten Hälfte des dritten Jahrhunderts wurde die ursprüngliche Area in der Richtung nach Süden überschritten, indem die südliche Galerie durch eine Thür durchschnitten und von hier aus eine Galerie eröffnet wurde, die sich mit mehreren Abzweigungen in die Stränge eines nahegelegenen Arenariums verlor. Die hier gefundenen Inschriften erinnern vielfach an die durch die beschriebene Area gelieferten, so dass beide Anlagen zeitlich nicht weit auseinandergerückt werden dürfen. Eines der Epitaphien zeigt den Namen ELIAS, ein anderes ϹΤϹΡΚΟΡΙ (Stercorius).

Es scheint übrigens, dass dieser Annex vorwiegend von Leuten niederen Standes als Begräbniss benutzt sei. Abzuweisen ist die Meinung, dass die Herstellung einer direkten Verbindung der Area mit dem Arenarium erfolgt sei, um bei einem Ueberfall seitens der Heiden einen sicheren Fluchtweg zu haben: „Diese verschiedenen Gänge boten den Christen ein Mittel zur Flucht, sogar wenn ihre Feinde ihre Spur in den Katakomben selbst gefunden hatten; während die Satelliten der Despoten, vielleicht von einem Verräter geführt, auf dem einen Gange in das Cömeterium eindrangen, konnten die Gläubigen, nur durch eine wenige Fuss dicke Felswand von ihnen getrennt, still auf einem andern hinausschlüpfen."[1]) Dieses Urtheil ruht auf einer ungeschichtlichen Auffassung der thatsächlichen Verhältnisse. Schon oben (S. 73) ist darauf hingewiesen worden, dass in den römischen Katakomben keine gottesdienstlichen Gemeindeversammlungen stattfinden konnten, weil der dazu erforderliche Raum nicht vorhanden war. Aber selbst wenn letzteres der Fall gewesen, hätten die Verfolgten keine gefährlichere Lokalität wählen können. Oder glaubt man im Ernste, dass in jahrelangen Verfolgungen die römische Polizei, deren Vortrefflichkeit in Frage zu stellen kein Grund vorliegt, nicht dazu gelangt wäre, die geheimen Ein- und Ausgänge der Katakomben, wenn solche vorhanden gewesen

---

[1]) KRAUS, R. S. S. 398 (nach DE ROSSI).

wären, ausfindig zu machen? Es würde ihr ein Leichtes gewesen sein, die ganze Versammlung abzufangen.

Mit Unrecht hat man auf eine in dem Arenarium befindliche Treppe verwiesen, die in der Decke desselben mündet; sie sei zum Hinein- als auch zum Hinausgehen „ganz nutzlos" gewesen, „es sei denn, dass man unten Freunde hatte, welche Einem mit einer beweglichen Leiter zu Hülfe kommen konnten, oder dass irgend ein anderes Mittel zur Hand war, um die unterste Stufe mit dem Boden in Verbindung zu bringen". Indess das Hinderniss, welches eine solche Treppe bildete, war für den Verfolgten nicht geringer als für den Verfolger. Eine Höhe von mehreren Fuss würde die Verfolger nicht zurückgehalten haben, wohl aber würde es für eine Gemeinde von mehreren hundert Personen schlechterdings unmöglich gewesen sein, binnen kurzer Zeit vermittelst einer schmalen Leiter sich nach oben zu flüchten.

Der gegenwärtige verstümmelte Zustand der Treppe ist einfach daraus zu erklären, dass im Laufe der Zeit die untersten Stufen, die bis auf den Boden des Arenariums hinabreichten, zerstört wurden. Möglich, dass der untere Theil eine feste Holztreppe war. Aber von einer Vorsichtsmassregel in Verfolgungszeiten kann hier nicht die Rede sein.

Nördlich neben der beschriebenen Area entwickelte sich im dritten Jahrhundert in einem etwas höheren Niveau, nämlich von 12 m, ein Galeriennetz von geringem Umfange, welches von sich aus in westlicher Richtung in einer Tiefe von 16 m ein zweites Stockwerk projicirte. Die Anlage hatte einen eigenen Eingang. Derselbe wurde indess in nachkonstantinischer Zeit zerstört und durch einen Gang, welcher die erste der Sacramentskapellen durchbrach, eine direkte Verbindung mit der kallistinischen Area hergestellt. Dementsprechend bezeichnen die römischen Archäologen diese Anlage, welche sich über ein Ackerstück von ca. 44 m Länge und ca. 37 m Breite ausdehnt, als zweite Area von S. Callisto.

Die Zahl der hier erhaltenen Gemälde ist gering; doch nehmen diese ein besonderes Interesse in Anspruch, insofern sich unter denselben eine verhältnissmässig grosse Anzahl heidnischer Figuren findet. Dazu gehören an der Decke eines Cubiculums zwei am Boden ruhende weibliche Figuren. Die eine, bis an die Schenkel nackt, hält in der Linken eine Schale mit Früchten, die andere, in ärmelloser Untertunika, trägt einen grossen weissen Blumenkelch (Lilie?). Um die Figuren, welche wohl Personifikationen der Jahreszeiten sind (vgl. S. 159), ordnen sich Vögel, spielende Delphine, Früchte, Pfauen. Eine klein ausgeführte Jonascene (Jona von dem Fische ausgeworfen) repräsentirt gegenwärtig allein den christlichen Bilderkreis.

Ebenso herrscht in einem zweiten Cubiculum das heidnische Element durchaus vor. In der Decke ist in grosser Ausführung das Haupt des

Oceanus gemalt, dessen sepulcrale Bedeutung sich aus seiner Zugehörigkeit zum Nereidencyklus ergiebt; weiterhin Pfauen und stilisirte Blumen. Auf die anmuthig getheilten Seitenwände sind schwebende Eroten, Thyrsosstäbe und Schalen, mit Früchten und Blättern gefüllt, gesetzt. Dazwischen beobachtet man an der linken und an der rechten Seitenwand das Fragment einer oder eines Orans, und vielleicht gehörte der Rest einer mit hoch geschürzter Tunika bekleideten männlichen Figur auf der Hinterwand einem guten Hirten an. In hohem Grade merkwürdig ist ein Bild auf der Innenwand des Luminare, welches die Decke durchbricht; es stellt die Büste eines Mannes dar, der mit beiden Händen eine Rolle hält. Der Kopf war mit Farbe nur flüchtig angedeutet und durch ein Stück Leinwand überdeckt, auf welchem ohne Zweifel die Gesichtszüge genau ausgeführt waren. Das Leinen ist später herabgefallen und zu Grunde gegangen, aber noch sieht man deutlich den Eindruck, den es auf der Wand hinterlassen, und die Spuren der Stifte, mit denen es befestigt war. Der Rahmen des Bildes zeigt noch einige Buchstaben, welche ohne Zweifel den Namen des Mannes enthielten, den wir uns als Besitzer der Grabkammer zu denken haben.

Die Ausführung der Gemälde steht hinter den besseren Leistungen der Area der Lucina und des kallistinischen Cömeteriums zurück, ohne indess eine gewisse Geschicklichkeit zu verleugnen. Der eigentliche Werth der Bilder liegt darin, dass hier die Antike sich in so entschiedener Weise geltend macht in einer Zeit, wo die christliche Kunst bereits über einen reichen Cyklus eigener Schöpfungen verfügte. Denn die Malereien sind schwerlich früher als um die Mitte des dritten Jahrhunderts entstanden.

Auf dieselbe und die nachfolgende Zeit bis in das vierte Jahrhundert hinein weisen die Inschriften. Zu den älteren gehören die Epitaphien: ΜΟΥCΙΚΙΑ — AELIA ANTONINA, zu den jüngeren:

1.
PONTIVS
ATENAGO
RAS · QVI
VIX · AN
XXII
VIRGO

2.
VINCENTIA IN ☧
PETAS PRO PHOE
BE ET PRO VIR
GINIO E
IVS

Die nachlässige Schrift in beiden Epitaphien und das Vorhandensein des Monogramms Christi in dem zweiten setzen, ganz abgesehen von dem Inhalte, der hier die Virginität betont, dort die Fürbitte der Todten ausspricht, ausser Zweifel, dass diese Monumente der nachkonstantinischen Zeit angehören. Denn die von DE ROSSI ausgesprochene Meinung, dass ⳩ schon vor Konstantin im Contexte als Abkürzung für *Christus* vorkomme, ist noch nicht begründet worden.

Zum Schlusse sei noch bemerkt, dass eines der Epitaphien Noah völlig nackt und als Jüngling gefasst in der Arche stehend zeigt, eine in ihrer Art einzige Darstellung.

Die dritte Area von S. Callisto schliesst westlich an die eben beschriebene an, deren Grösse sie ungefähr entspricht. Sie besteht aus zwei Stockwerken; das obere, von sehr geringem Umfange, liegt in einem Niveau von ca. 7 m, das untere von ca. 12 m unter der Erdoberfläche. Den Mittelpunkt bildet die mannigfach restaurirte Grabkammer des römischen Bischofs Eusebius († 309) im unteren Stockwerk. In ihr fand DE ROSSI die Trümmer eines Epitaphs, welches er mit Recht als dasjenige des Bischofs Gajus (283—296) bestimmte und in dieser Weise restaurirte:

· ΓΑΙΟΥ · ЄΠICK ·
· ΚΑΤ ·
ΠΡΟ · Ι · ΚΑΛ · ΜΑΙΩΝ

Von andern in der Area zum Vorschein gekommenen Inschriften seien angeführt:

ΚΡΗCΚЄΝΤΙΝΑ ЄΝ ΠΑΚЄ
(Taube)

ΦΗΛΙΚΙΤΑC
ΦΑΥCΤΙΝΑ
ЄΝ ЄΙΡΗΝΗ *(Taube)*

Unter den Eigennamen sind bemerkenswerth ΚЄΡΟΝΙΚΗ und **ANTONIVS EROS**.

Die Inschriften umfassen die Zeit ungefähr von der Mitte des dritten bis in die ersten Jahre des vierten Jahrhunderts.

Unter den dürftigen Ueberbleibseln von Gemälden, welche das Cömeterium bietet, verdient ein Arkosolbild Beachtung, welches, wie schon S. 41 Anm. 5 erwähnt wurde, eine Tribunalscene darstellt, an welcher in lebhafter Weise drei Männer, darunter eine obrigkeitliche Person, theilnehmen, während ein vierter, mit der Miene eines stillvergnügten Beobachters, abseits im Hintergrunde steht.

DE ROSSI glaubte, das Gemälde auf das Verhör zweier Märtyrer vor dem Kaiser beziehen zu sollen: ähnlich GARRUCCI. Indess bietet Apostelgesch. 13, 6 ff., woselbst das Auftreten des von Barnabas begleiteten Apostels Paulus sammt dem Zauberer Elymas vor den kyprischen Proconsul Sergius Paulus geschildert wird, in einfachster Weise den Schlüssel zum Verständnisse des Bildes.[1])

Die skizzirten drei Areae bilden in ihrer Gesammtheit, nach dem durch DE ROSSI eingeführten Sprachgebrauche, das Cömeterium S. Callisto im weiteren Sinne. Die Entwickelung derselben überspannt einen Zeitraum von mehr als hundert Jahren.

Das untere Stockwerk der dritten Area läuft in ein westlich sich anschliessendes bedeutendes Cömeterium aus, das nach der Märtyrerin Soteris, die unter Diocletian litt, benannt wird. Es setzt sich aus vier Areae zusammen, die einen Flächenraum von ca. 9025 □ m ausfüllen. Die Anlage ist einfach; charakteristisch sind ihr die zahlreichen Cubicula, in denen zum Theil noch Reste von interessanten Darstellungen erhalten sind.

Die Inschriften sind mehrmals Graffiti, eingeritzt in den Kalk der Verschlussplatte. An ebendemselben Orte trifft man auch die schon in S. Agnese beobachteten Zeichen ⋊, +. Von Eigennamen seien als bemerkenswerth erwähnt TIGRIS, AFRODITE, EVNVCVS. Wichtig ist auch die Grabinschrift eines kappadokischen Wagenlenkers:

(x)ΑΤΛΟϹϹΙϹ
....ΚΙΟΥ ΗΝΙΟΧΟΥ
(xa)ΠΠΑΛΟΚΟϹ ϹΙϹ ΘΡΘΗ(ην)

und eine zweite, welche Freigelassene ihrer Herrin errichteten:

FELIC(itas?) PETRONIAE AVXENTIAE · C · F
IN PACE (q)VE VIXIT ANNIS XXX LIBERTI FE
(cerunt be)NE MERENTI IN PACE ·

Westlich an S. Sotere schliesst ein grösseres Cömeterium, *S. Balbina*, an, von grossartiger Construction. Doch ist dasselbe noch nicht genügend untersucht.

Ausser dem Cömeterium der Soteris lagern sich um S. Callisto noch fünf Areae von grösserem oder geringerem Umfange. Zunächst folgen nördlich in dem dreieckigen Raume zwischen S. Sotere und S. Lucina die *Regio Liberiana*, so genannt, weil ihr Ausbau hauptsächlich unter den römischen Bischof Liberius (352–366) fällt, und das *Arenarium Hippolyti*.

Die Regio Liberiana nimmt einen Flächenraum von ca. 3800 □ m ein.

---

[1]) Vgl. *Christl. Kunstblatt* 1879, XII.

Die Architektur ist imposant. Von dem ursprünglichen bildlichen Schmucke sind nur geringe Reste übriggeblieben. Eine fragmentarische Inschrift, welche die Worte enthält: ... CONP(aravit) ARCO(so)LIVM IN CALLISTI (d. h. *in coemeterio Callisti*) AT (= ad) DOMN(um) ...., bezeugt, dass in altchristlicher Zeit auch diese Area unter dem Namen S. Callisto zusammengefasst wurde. Die Bezeichnung Arkosolium begegnet übrigens noch einmal in diesem Cömeterium als Graffito in der Form ARCVSOLIVS.

Räthselhaft erscheinen die auf den unteren Verschlussrand eines Loculus eingeritzten Worte SINNATVM (= *signatum*) EST. Davor steht ein Zeichen, das wie ein verkümmertes Monogramm aussieht. DE ROSSI erklärt die Worte: das Grab ist mit dem signum d. h. dem Monogramm Christi bezeichnet. Richtiger wird die Inschrift, nach Anweisung der oben (S. 203, Anm. 4) aufgeführten Worte SIGNV NABE, in der Weise zu erklären sein, dass damit das Grab als mit dem üblichen Erkennungszeichen zum Ausdrucke definitiver Besitzergreifung versehen bezeichnet werde. Das Erkennungszeichen ist eben das vor der Inschrift befindliche Zeichen.

Nordöstlich an die Regio Liberiana schliesst eine Galeriengruppe an, welche DE ROSSI nach einem angeblichen Märtyrer aus der zweiten Hälfte des dritten Jahrhunderts Namens Hippolytus als *Arenarium S. Hippolyti* zu bezeichnen geneigt ist. Sie bietet nichts Besonderes. Dasselbe Urtheil gilt von den übrigen cömeterialen Stücken, die sich in die Zwischenräume der beschriebenen Areae einschieben oder an diese sich anlehnen. Die genauere Beschreibung derselben findet sich im dritten Bande der *Roma sotterranea* DE ROSSI's.

S. Callisto ungefähr gegenüber, an der andern Seite der Via Appia liegt das Cömeterium S. Pretestato. Zufällige ungünstige Verhältnisse haben die vollständige Ausgrabung dieser in sich abgeschlossenen Anlage, deren Gründung dem Anfange des zweiten Jahrhunderts nicht fern liegt, verhindert. Das Interesse an dem Cömeterium concentrirt sich auf die sog. *crypta quadrata*, ein Cubiculum von vortrefflicher Construction und einer Decoration, die zu dem Besten gehört, was in dieser Hinsicht durch die römischen Katakomben geboten wird. Die Kammer ist künstlich aufgemauert und war zum Theil mit griechischem Marmor ausgelegt. Ein kunstvoll gegliedertes Portal mündete in eine Galerie. Die gewölbte Decke war mit genrehaften Bildern, welche die vier Jahreszeiten vorstellen, und mit Rosen- und Lorbeerzweigen, auf denen Vögel sich wiegen, in anmuthigster Weise geschmückt. Specifisch christliche Theile fehlen in dieser Malerei. Denn das Fragment eines guten Hirten auf der Hinterwand eines der drei Nischen, die zur Aufnahme von Sarkophagen bestimmt waren, gehört, wie sich aus der Stilverschiedenheit mit Evidenz ergiebt, einer späteren Zeit an, wie auch die Loculi, die vereinzelt in die Wände gebrochen sind.

Aus der Graffitoinschrift eines der Loculi geht hervor, dass dieser Raum im vierten Jahrhundert als ein besonders heiliger galt und man hier den Beistand der Märtyrer Januarius, Agatopus und Felicissimus suchte.

In demselben Raume entdeckte man das Inschriftenfragment ... **ACOL· XV** ... | ..... **PACE**, welches insofern einen gewissen Werth hat, als Epitaphien von Akoluthen selten sind.

Eine Inschrift aus dem übrigen Theile des Cömeteriums bietet den Eigennamen ΠΕΤΡΑ.

Von Gemälden ist ausser der Deckendecoration der Crypta quadrata nur wenig erhalten. Die schöne classische Darstellung der Heilung des blutflüssigen Weibes ist S. 145. Fig. 38 mitgetheilt.

An derselben Seite der Strasse, in kurzer Entfernung südlich, liegt die Vigna Randanini, in welcher sich der Eingang der jüdischen Katakombe öffnet.

Das dritte Hauptcömeterium der appischen Strasse ist S. Sebastino, *coemeterium ad Catacumbas*, unter dem Terrain einer dem hl. Sebastianus geweihten Basilika des vierten Jahrhunderts, an der rechten Seite der Strasse, etwas südlicher als S. Callisto. Die ursprüngliche Ausdehnung der Anlage hat noch nicht festgestellt werden können; ein grosser Theil ist noch verschüttet. Doch scheint sie erst im vierten Jahrhundert oder wenigstens am Ende des dritten Jahrhunderts begonnen zu sein. Von Gemälden sind nur dürftige Ueberreste vorhanden, darunter eine Darstellung der Geburt Jesu, auf welcher auch ein Ochs und ein Esel am Lager des mit einem Nimbus gezierten Kindes erscheinen, eine Erweiterung, die sonst nur auf Sarkophagreliefs begegnet.

Eine genauere Beachtung verdienen zwei in den Complex der Galerien eingeschlossene sepulcrale Anlagen, die aber ursprünglich isolirt für sich bestanden und eigene Eingänge hatten.

Die eine derselben gilt schon seit dem vierten Jahrhundert als die vorübergehende Ruhestätte der Apostel Paulus und Petrus. „Sie liegt rückwärts an der Kirche, gegen 5 m unter dem Niveau derselben und hat die Form eines nicht ganz gleichmässigen Kreisausschnittes, dessen Basis 11 m, und dessen Kreislinie ungefähr die doppelte Länge misst. Ringsherum läuft am Boden eine schmale aufgemauerte Bank; darüber sind in die Seitenwände dreizehn Nischen eingeschnitten, von der gewöhnlichen Arkosolform mit flacher Hinterwand. — Gegen 3,2 m unter dem Boden dieser Grabkammer liegt ein sepulcrum bisomum. Es steht mit dem oberen Raume durch einen viereckigen, von dem modernen Altare überbauten, gegen 60 cm tiefen Schachte in Verbindung, welcher in die Decke mündet."¹) In diesem Grabe sollen eine Zeitlang die Leiber der genannten Apostel geruht haben. Diese Ueberlieferung ist eine ungeschichtliche. Weder das in Frage stehende Doppelgrab noch das Cubiculum, in welches jenes eingesetzt ist, kann als ein christliches Werk gelten. Architektur, örtliche Lage und die noch vorhandenen Reste der ursprünglichen Decoration erweisen die Anlage als ein heidnisches Grabmonument.²)

Das zweite, in das Areal von S. Sebastiano eingeschlossene Stück, eine kurze, in drei kleine Cubicula auslaufende Galerie, wurde erst im Jahre 1879 entdeckt. Eines dieser Arkosolien hat ein eigenthümliches Wandgemälde. In drei Felder zertheilt, zeigt dasselbe in der Mitte den guten Hirten, in kurzer Tunika, ein Schaf auf der Schulter tragend. Ein zweites steht daneben auf einer Anhöhe. Auf dem linken Nebenfelde sehen wir eine Orans, auf dem rechten einen Athleten. Vollständig nackt, das Haupt mit einem Kranze bedeckt, hält er in der Linken einen langen Stab, während er die Rechte ballt. Der Mann scheint demnach ein Athlet von der Classe der ἀκοντισταί zu sein, welche einen Stab oder einen Wurfspiess (ἀκόντιον) nach der Scheibe schleuderten. Die realistische Fassung der Figur schliesst jeden Versuch allegorischer Auslegung, nach Massgabe von 1. Cor. 9, 24 ff., aus. Der Besitzer des Grabes war eben ein Athlet. In der Orans haben wir wohl das Bild seiner Gattin zu sehen.³)

Von den Inschriften des Cömeteriums erwähne ich nur ein Epitaph mit dem blossen Namen **EVROPIA** und ein anderes:

SA BI NI
ANO TE
CVM PACE

II. S. Agnese an der Via Nomentana.⁴)

Das Cömeterium S. Agnese liegt in kurzer Entfernung von Rom an der Via Nomentana im Areal der gleichnamigen Basilika, in der Nähe

---

¹) Meine *Arch. Stud.*, S. 247, 248.
²) Der ausführlichere Nachweis in meinen *Arch. Stud.*, S. 249 ff.
³) Ueber die Bedeutung des Bildes habe ich kurz in der *Zeitschr. f. Kirchengesch.* 1880 gehandelt. Wenn ich dort die Figur allgemein als Gladiator bestimmte, so scheint mir doch jetzt die Bezeichnung Athlet bezw. ἀκοντιστής entsprechender zu sein.
⁴) Nach ARMELLINI, *Il cimitero di S. Agnese*, Roma 1880, und auf Grund eigener Beobachtungen. Dazu *Bull. di archeol. crist.* 1871, S. 30 ff.; 1872, S. 32 ff.; 1874, S. 38 f.

des konstantinischen Mausoleums. Die Galerien ziehen sich in einer Tiefe von ungefähr 11 m unter der Oberfläche hin, occupiren mit einer Länge von 1603,51 m einen Flächenraum von 16475 □ m und scheiden sich zeitlich und räumlich in vier Gruppen, deren älteste in das zweite Jahrhundert zurückreicht, während die jüngste im vierten und fünften Jahrhundert entstanden ist.

Am wenigsten umfangreich ist die älteste Area, die eine Bodenfläche von 1200 □ m einnimmt. Sie besteht aus vier von Südwest nach Nordost laufenden, ziemlich in gleichem Niveau liegenden Galerien, die eine wechselnde Länge von 25—35 m haben und mehrmals durch kurze Corridore verbunden werden. Die Summe der Gräber beträgt 906. Die Zahl der Cubicula beläuft sich nur auf 6. Darunter befindet sich eine merkwürdig gestaltete Grabkammer von rohem Ausbau mit nur einem Arkosolium an der Rückwand. Den engen Zugang verschloss ein schwerer Stein; die Spuren der Einfugung sind noch sichtbar. In die äussere Thürwand ist rechts in der Höhe eine rechteckige Vertiefung eingeschnitten, welche die Inschriftentafel, die dem Arkosolium zugehörte, trug, eine einzigartige Erscheinung in den christlichen Katakomben. Wahrscheinlich gehörte in diesen Einschnitt eine neben dem Cubiculum aufgelesene Inschrift, die ebenfalls durch die sonst in der christlichen sepulcralen Epigraphik nicht nachgewiesene Formel *honoris causa* beachtenswerth ist:

   AVRELIO · SABI ·
  NO · CYRILLA · ONO
  RIS CAVSE ·'POSV
  IT · CONIVGI ·:SVO ·
   BENEMERENTI

Dieses Cubiculum entfernt sich durchaus von dem Schema der christlichen Grabkammern und ist wie ein ähnlich gestaltetes, aber viel regelmässigeres in S. Domitilla als ein Trümmerstück jüdischer sepulcraler Architektur zu beurtheilen.

Die Inschriften der Area sind von vortrefflicher Ausführung und von einer charakteristischen Form, die sie von allen andern unterscheidet. Die Fassung ist einfach. Die Inschrift besteht oft nur aus dem Namen des Todten, wie FELICISSIMVS — ΒΙΚΤΩΡ| — DOMITIANO — FL · MARCELLINA — ASSIA FELICISSIMA SVCESSA. Auf einer Marmorplatte liest man die meisterhaft ausgemeisselten Worte:

   AVRELIA · PHOEBILLA · ET
  P ·   AELIVS · NARCISSVS

Es ist wohl nicht Zufall, dass die Namen *Phoebilla* und *Narcissus*, die in demselben Capitel des Römerbriefs (16, 1. 11) vorkommen, hier zusammentreffen. Denn in den übrigen Inschriften der Area, deren Zahl sich auf 54 beläuft, finden sich weiterhin die aus den paulinischen Briefen bekannten Namen *Eunice, Crescens* (Κρήσκης), *Epaphras, Epaphroditus, Narcissus*, ferner *Paula*. Daraus darf der Schluss gezogen werden, dass diese Area einem Kreise angehörte, der mit den Marcioniten und anderen häretischen Bildungen die Vorliebe für den Apostel Paulus theilte.

Eigenthümlich ist eine Graflitozeichnung auf der Verschlussplatte eines Loculus. Dieselbe zeigt die Todte in betender Haltung; die Umrisse des nackten Körpers sind fast vollständig ausgezeichnet, und die ganze Gewandung besteht nur aus einem tief herabfallenden Schleier. Man darf sich wundern, eine so ungenirte Darstellung, die, wie aus dem Monogramme Christi sich ergiebt, dem vierten Jahrhundert angehört, in einem christlichen Cömeterium zu finden.

Die Area enthielt nicht weniger als 130 noch uneröffnete Loculi. In anderen fand man noch die Skelette unberührt. Eines war in ein Leinentuch eingewickelt und dieses mit einer Kalkschicht übergossen. Neben der Leiche eines Jünglings beobachtete man Reste von golddurchwirkten Geweben.

Die zweite Area, südwestlich von der ersten in einiger Entfernung geordnet, misst eine Oberfläche von 5075 ☐ m und eine Galerienlänge von 272,89 m. Sie befindet sich gegenwärtig in einem sehr ruinenhaften Zustande, was auf die schlechte Beschaffenheit des Materials zurückzuführen ist. Vielfach sind die Gänge eingebrochen oder haben sich zu unförmlichen Höhlen erweitert. In diesem Complexe liegt ein Cubiculum, dessen zufällige Entdeckung im Jahre 1865 Veranlassung zur Ausgrabung und Ausräumung des Cömeteriums gab. Vielfach trifft man hier auf den Loculusrändern das Zeichen × eingeritzt; dasselbe ist nicht etwa ein griechisches Chi, der erste Buchstabe des Namens Χριστός, sondern numerisches Zeichen, welches (vgl. S. 29. 330) eine bestimmte Region innerhalb des Cömeteriums markirt. Mit ihm wechselt ab das Zeichen + mit derselben Zweckbestimmung. Auf dem Kalkbewurf eines Loculus fand sich zehnmal ein rundes Siegel eingedrückt, welches in der Mitte eine Palme und um dieselbe die Inschrift hatte **TVRR · LVCINES** *(Turranae Lucinae)*.

Im Allgemeinen bietet die Area nichts Besonderes. Die Nomenclatur, die Schriftformen, das häufige Vorkommen des Monogramms Christi und andere Eigenthümlichkeiten lassen keinen Zweifel darüber, dass dieselbe jünger als die vorher beschriebene Abtheilung ist, dass sie im dritten Jahrhundert begonnen und in dem folgenden weiter ausgebaut wurde.

In etwas spätere Zeit, etwa in das Ende des dritten Jahrhunderts fallen die Anfänge der dritten Area; ihr eigentlicher Ausbau vollzog sich indess erst im vierten Jahrhundert. Sie überholt die übrigen Theile des Cömeteriums weit an Umfang. Ihre Bodenfläche beträgt 5800,00 ☐ m, ihre Galerienlänge 807,87 m mit 2879 Gräbern. Was ihre Lage anbetrifft, so stellt sie in einem nach Osten curvirenden Bogen die Verbindung zwischen der ersten und der zweiten Area her. Die Galerien sind ziemlich regelmässig angelegt, haben aber wenige Cubicula.

Eigenthümlich ist bei einem dieser letzteren eine kleine Fensteröffnung, welche die Stelle eines Luminare vertritt. Eine andere, ungefähr in der Mitte dieses Galeriencomplexes liegende Grabkammer ist der landläufigen Vorstellung von der Katakombenkirche als eine weitere Stütze erschienen, insofern das Cubiculum nach Art der altchristlichen Basilika in eine Apsis ausläuft. Bekanntlich aber bieten auch heidnische Grabanlagen diese architektonische Eigenthümlichkeit. Ausserdem sind in der Apsis selbst zwei Gräber aufgemauert, und der Raum ist so klein, dass höchstens zwanzig Personen in ihm Platz finden können, Thatsachen, welche jene Unterstellung, die aus einer ungeschichtlichen Voraussetzung herausgewachsen ist, ausschliessen.

Unter den Bildwerken, welche in der Area aufgefunden wurden, ist ein in die marmorne Verschlussplatte eines Grabes eingetragenes Graffito bemerkenswerth, welches über dem Monogramme Christi ein Brod und daneben einen nach rechts gerichteten Fisch zeigt. Die Darstellung erinnert an ein bekanntes Modeneser Epitaph und ist ein weiteres Zeugniss für die sacramentale Bedeutung des Fisches. Zwei Delphine (darunter einer fragmentarisch) sind ferner in den nassen Kalkbewurf eines andern Loculus eingegraben, doch scheint ihnen eine sepulcral-symbolische Bedeutung abzugehen.

Von einem gross in Mosaik ausgeführten Portrait eines Verstorbenen an einem Grabe sind nur noch dürftige Reste übrig.

Die schon erwähnten numerischen und andern Zeichen an den Loculi kehren in dieser Area wieder; auch einige neue kommen dazu, z. B. 8, I, ✕ und auf einem Grabe mehrmals ⋮⋮, mit dem Monogramm Christi durchsetzt. Andere Loculi sind allein durch ein Monogramm ausgezeichnet; zweimal, und zwar einmal in Ligatur, begegnen die Sigla P E, deren Bedeutung nicht klar ist; am wahrscheinlichsten scheint die Auflösung *Palma emerita* oder *Praemia emerita*. Merkwürdig sind auch die Abbildungen einer in ein P endigenden Palme, womit das Monogramm Christi angedeutet wird.

Von Inschriften seien angeführt:

MELIOR · IVN · VIXI
IN PACE ANNIS · X
M · III · D · XXVIII · REDIIT

Die Bezeichnung des Sterbens als *redire* und der Ausdruck *vixit in pace* sind hier beachtenswerth.

Eine gewisse dogmengeschichtliche Bedeutung hat man der Inschrift:

BALENTINE VI
VAS IN DEO
☧

zuerkannt, indem man liest: *in Deo Christo,* und sich auf die gleichfalls römische Inschrift AEQVITIO · IN ☧ DEO · INNOFITO und auf eine andere DEO SANC ☧ VNI (DE ROSSI, *Bull.* 1866 S. 81 ff.) beruft. Indess scheint in obiger Inschrift das Monogramm nicht zum Context zu gehören, sondern, wie so oft, nur das Schlusszeichen des Epitaphs zu bilden. Auch in jenen beiden andern Inschriften ist die Combination *Christus Deus* nicht ohne weiteres zu vollziehen; es bleibt die Möglichkeit, dass das Monogramm in die Inschrift eingesetzt wurde, ohne dass dabei an eine Verbindung mit den Texteswörtern gedacht war. Nur auf einem gallischen Epitaphe, dessen hierher gehörige Worte lauten IN · CRISTO · DEO · SVO liegt das Bekenntniss zur Gottheit Christi klar.

Die Inschrift:

☧
CRESTVSQV · AN III
ET M II ET DEC IIII KAL OCT

Crestus qui vixit annis III et mensibus II et decessit etc.

bildet eine Illustration zu der Notiz SUETON's (*Claud.* 25): *Claudius Judaeos impulsore Chresto assidue tumultuantes Roma expulit.* Beide Namen sind Latinisirungen des griechischen Χρηστός und haben mit Χριστός keinen Zusammenhang. Zum Schlusse seien noch die Inschriften DRILELO (?) DORMI und FIDES IN PACE, die beide in den Kalk eingeritzt sind, erwähnt. Ueberhaupt bietet S. Agnese auffallend zahlreiche Beispiele von Inschriften dieser Technik, woraus sich der Schluss ziehen lässt, dass die Gemeindegruppe, welche das Cömeterium benützte, keine wohlhabende war.

Ursprünglich gehörte dem Cömeterium wohl nicht an ein in dieser Area gefundenes in Marmor ausgeführtes, leider fragmentarisches Monogramm Christi mit der Inschrift IN · HOC · SIGNO · SIRICI(vinces, wie zu ergänzen ist). Ob wir hier eine Nachbildung des konstantinischen Labarum haben, wie ARMELLINI anzunehmen geneigt ist, scheint fraglich. Jedenfalls kann der Gegenstand dann keine genaue Copie sein, da er sich mit der Beschreibung des Eusebius nicht deckt.

Ein besonderes Interesse nimmt die vierte und jüngste Area in Anspruch, weil sie in einem Terrain angelegt ist, welches von heidnischen unterirdischen Gräbern occupirt war. Schon daraus lässt sich der nachkonstantinische Ursprung der Anlage erschliessen. Dasselbe Resultat ergeben die Inschriften. Den heidnischen Columbarien, die zum Theil Soldaten der durch Konstantin aufgehobenen Prätorianercohorte zugehörten, sind indess die Fossoren, was auffällig erscheint, nicht ausgewichen, sondern haben jene dem Cömeterium einverleibt, ja, dieses letztere von einem Columbarium aus eröffnet. Mit Recht ist daher vermuthet worden, dass die Besitzer jener Columbarien zum Christenthum übergetreten seien.

Die Area lagert sich, mit unmittelbarem Anschluss an die zweite Area, an die westliche Seite des übrigen Cömeteriums und erstreckt sich bis an das Mausoleum Konstantins. Die Fläche beträgt 4400,00 □ m, die Länge 314,35 m, die Zahl der Gräber 1162.

Ausser einem geräumigen Cubiculum, welches dadurch merkwürdig ist, dass es kein Grab aufweist — offenbar wurde die Arbeit abgebrochen — und dem in den Kalkrand eines Loculus eingeschriebenen eigenartigen Namen IOEΛIOC, der wohl von *Joel* abzuleiten ist, bietet die Area nichts Besonderes.

Während die angeführten Galeriencomplexe von den Christen selbst zu sepulcralen Zwecken ausgeschnitten und darauf mit Gräbern versehen wurden, haben ebendieselben in ganz kurzer Entfernung östlich von dem beschriebenen Cömeterium die Gänge eines weitverzweigten Arenariums heidnischen Ursprungs zu sepulcralen Galerien umgeschaffen. In die Wände sind in grosser Anzahl Gräber eingeschnitten, von denen freilich ein grosser Theil gegenwärtig zerstört ist. Wir haben hier eines jener vereinzelten Beispiele der Benutzung eines vorgefundenen Arenariums seitens der Christen.

Die Aneignung der heidnischen Anlage zu dem genannten Zwecke scheint schon im zweiten Jahrhundert stattgefunden zu haben. Denn dieser Zeit gehört wohl die schöne, hier gefundene Inschrift an:

M · AVR · VICTOR · VLPIAE · SIRICAE
COIVGI · KARISSIMAE · FECIT IN PACE

Daneben war rechts ein Svastika und links in eine Vertiefung des Marmors ein aus grün und blauer Emaille und bemalten Elfenbeinstückchen mosaikartig zusammengesetztes, mehrfach umrahmtes Brustbild einer Frau mit einer seltsamen Frisur, dem sog. *vertex turritus*, eingearbeitet.

Den Verschluss der Loculi bilden vielfach grosse schöne Ziegeln.

Das Arenarium stand ursprünglich mit dem Cömeterium nicht in Verbindung. Es hatte einen eigenen Eingang. Erst am Ende des dritten oder im vierten Jahrhundert wurde die dritte Area an zwei Punkten mit dem Arenarium in Communication gesetzt, wahrscheinlich aus praktischen Gründen, nämlich um die Erde dort abzulagern.

Nach der von ARMELLINI gegebenen sorgfältigen Zusammenstellung umschloss das ganze Cömeterium, ohne das anliegende Arenarium, 5753 Gräber, von denen 860 noch unversehrt gefunden wurden. Die Zahl der Inschriften beläuft sich auf 253; darunter sind 57 in Kalk eingeritzt, die übrigen in Marmortafeln eingeschnitten.

XII.

Grabkammer zu Fünfkirchen.

Im Jahre 1780 stiessen in Fünfkirchen in Ungarn bei Abtragung eines Hauses in der Nähe der Kathedrale Arbeiter auf eine unterirdische Grabkammer, deren Wände mit altchristlichen Malereien überdeckt waren — das einzige Beispiel eines solchen Monumentes diesseits der Alpen. Bald nach der Aufdeckung gab der Canonicus KOLLER[1]) in Fünfkirchen eine Beschreibung des Cubiculums, deren Werth darin liegt, dass sie uns Einzelheiten übermittelt, die seitdem ganz oder zum Theil zu Grunde gegangen sind. Ueber den Stand des Monumentes im Anfange der sechziger Jahre berichtete HENSZLMANN.[2])

Ein moderner, durch elf Stufen zugänglicher Corridor führt zu der Grabkammer, die von Norden nach Süden gerichtet ist und aus einem dreifach getheilten Raume besteht: einer Vorhalle, dem eigentlichen Cubiculum und einem an die Hinterwand dieses angesetzten Kreissegment. Der von einem Tonnengewölbe überspannte Hauptraum misst gegen 3 m Tiefe und etwas geringere Breite. Die in niedrigeres Niveau gelegte Vorhalle hat ungefähr ein Viertel dieser Grösse. Der apsidale Anbau, dessen Bestimmung nicht klar ist — wahrscheinlich bildete er den Ehrenplatz in der Grabanlage — zeigt eine Tiefe von etwas über 0,50 m und eine ungefähr vierfach so grosse Breite. Der ursprüngliche Eingang lag, darüber kann kein Zweifel sein, innerhalb des gegenwärtigen Eingangsschachtes.

Die ganze Anlage ist mit Ziegelsteinen gefüttert. „Die mit diesen Ziegeln aufgeführten Mauern haben: die äusseren eine Stärke von zwei

---

[1]) *Prolegomena in historiam episc. Quinqueecl.*, S. 25 ff.
[2]) *Die altchristliche Grabkammer in Fünfkirchen* (in den Mittheil. d. K. K. Central-Comm., Wien 1873, S. 57 ff.), mit Grundriss und farbiger Copie der Wandmalereien.

Wiener Fuss, die Mittelmauern von 1 Fuss 3 Zoll. Diese geringe Stärke wird einigermassen durch die an den Nordecken und in der Mitte der Langwand der Kammern angesetzten Streben ersetzt, jedoch bilden dieselben kein Widerlager für die ganze Länge des Tonnengewölbes."

Grabnischen fehlen. Demnach sind hier Sarkophage aufgestellt gewesen, wenn auch Spuren von solchen sich nicht vorfanden. Dagegen entdeckte man in der Nähe der Kammer mehrere Sarkophage des vierten Jahrhunderts, wie Koller berichtet. Vielleicht hat zur Aufstellung der Sarkophage die niedrige Steinbank gedient, die an der Hinterwand des Cubiculums hinläuft.

Die Wände der Vorhalle wie der Grabkammer waren ursprünglich mit Stuck bekleidet und derselbe mit Malereien überdeckt. Doch nur in letzterer sind dieselben, und zwar stark beschädigt, erhalten.

Das Tonnengewölbe zeigt ein quadratisches Feld, in welches acht Medaillons eingesetzt sind, eines in die Mitte, die übrigen in die Ecken. Dieselben trugen ursprünglich sämmtlich männliche Büsten; nur eine ist noch vollständig erhalten; die anderen haben mehr oder weniger gelitten. Die Gesichter scheinen sämmtlich bartlos zu sein; der Ausdruck ist lebendig und frisch. Die Gewandung bildet eine weisse oder dunkele Tunika, von einem Streifen durchzogen. Eigenthümlich ist die farbige, enganschliessende Kopfbinde. Zwischen die Medaillons sind von rothen Bändern umschlungene Binsenkörbe mit Bouquets und Rosenzweige gesetzt. Neben zweien der Körbe steht links und rechts ein Pfau, neben zwei anderen eine flatternde Taube. Ein zierliches Laubband schliesst die Schmalseiten des Gemäldes ab.

Die vier Brustbilder portraitiren die hier beigesetzten oder beizusetzenden Todten. Auch in Rom lässt sich mehrfach die Sitte beobachten, in das Deckengemälde Portraits einzusetzen. Ueberhaupt hält sich diese Decoration durchaus in dem Rahmen des bekannten altchristlichen Cyklus.

Unmittelbar an das Gemälde des Tonnengewölbes, gleichsam die Fortsetzung desselben bildend, schliesst sich die Decoration der westlichen Seitenmauer an. Sie zeigt ein in drei Felder zerschnittenes Parallelogramm. Auf dem ersten Felde sieht man Fragmente der drei Magier, die in raschem Schritte sich vorwärts bewegen, ihr Haupt dem Beschauer zuwendend. Eigenthümlich ist ihre Kleidung: sie tragen graue enganschliessende Hosen, ein Untergewand von derselben Farbe und darüber einen rothen Mantel. Ihre Gesichter sind jugendlich. Die übliche Kopfbedeckung scheint zu fehlen.

Das rechts anschliessende Mittelfeld hat seine Malerei gänzlich verloren; indess fordert die eben beschriebene Darstellung hier Maria und den

Jesusknaben. Die Analogien sind zahlreich in der altchristlichen Kunst. Ebensowenig ist auf dem dritten Felde eine Spur der ursprünglichen Darstellung noch sichtbar. KOLLER bemerkt, dass hier Noah in der Arche abgebildet gewesen sei.

An der östlichen Seitenwand sind nur zwei verstümmelte Jonascenen übrig geblieben, die der Künstler in merkwürdiger Weise verknüpft hat. Der Prophet ist soeben aus dem Schiffe geworfen. Zwei Männer schauen vom Bord neugierig dem Fallenden nach, den das Seeungethüm im Begriffe ist zu verschlingen. Neben der Spitze des Schiffes sieht man Jona unter dem Epheu ruhend; aber der Künstler hat die Figur so geordnet, dass sie dem Beschauer aufrecht stehend erscheint. Noch auffallender freilich ist, dass der ausführende Künstler dem Jona den Körper eines Weibes gegeben hat.

Die Rückwand der Grabkammer trägt eine Darstellung, welche an die Goldgläser erinnert, aber auch in der Sarkophagsculptur Parallelen hat: neben dem von einem rothen Bande umwundenen, in Grau ausgeführten Monogramme ☧ steht links und rechts ein Apostel; beide sind bärtig, tragen eine weisse Tunika und darüber ein gelbes Obergewand und weisen mit der Rechten lebhaft auf das Monogramm; in der Linken halten sie eine Rolle. Es ist nicht unwahrscheinlich, dass die Figuren Paulus und Petrus vorstellen. Um das Bild zieht sich eine grau-gelb-rothe Umrahmung.

Die gegenüberliegende Wand, in deren Thür der Corridor mündet, war mit stilisirten Pflanzen decorirt, von denen noch einige Stücke sich erhalten haben.

Die Malereien des Cubiculums von Fünfkirchen fügen sich demnach durchaus dem Bilderkreise ein, dessen Theile die altchristlichen Monumente Italiens constituiren, eine Thatsache, die uns weiterhin die Continuität der altchristlichen Kunst bestätigt.

Das eben erwähnte Monogramm Christi, sowie die Ausführung der Malereien weisen auf die Mitte des vierten Jahrhunderts als Entstehungszeit des Cubiculums. Die Zeichnung ist leicht, die Farbentönung mild und die Charakteristik lebendig. Die Bilder stehen den besten Erzeugnissen der altchristlichen römischen Kunst des vierten Jahrhunderts gleich.

Register.

Abbreviaturen 240.
Abendmahl 115. 117.
Abercius, Inschrift des 119.
ΑΒΡΑCΑΞ 221.
Acclamationen, sepulcrale 50. 267.
Adam 115.
Ad sanctos 33.
Aeren 245.
AFRODITE 324.
AGAPE MISCE MI 135.
Agnes, heil., Katakombe der 202. 327.
Alexander d. Gr. 223.
Alexandrien, Gräber in 280.
Altar-Grab 77.
Amphoren 209.
Amulette 218.
Anker 104.
ΑΙΤϹΟΙΗΟϹ 208.
Apamea, Münzen von 108.
Aphrodisia 240.
Aquilinus 137.
Arena, Scenen der 191.
Arenaria 61. 325. 332.
Arkosolium 76.
Armbänder 214.
ΑΡΤϹΗΛΑϹΟΡΑ 182.
Artemis 223.
ΑϹΚΑΗΙΗϹ 278.
ΑΟΑΠΑϹΙϹ 252.
Auferstehungsglaube, Bedeutung dess. 116.
Aurelia Phibilla 328.
Autun, Inschrift von 117.

Baba bathra, Mischnatraktat 19.
Bacchischer Cyklus 99.
Bäume 122.
Basilica Paulli 260.
Beerdigung 13.
Begräbnissgenossenschaften 18. 28.
Begräbnissriten 48.
Begräbnisswesen 9.
Benefacere 10.
ΒΕΡΟΙΗΚΗ 323.
Bestattung, Modus der 13.
Biblisch-historische Darstellungen 137.
ΒΙΚΤϹΟΡ 328.
Bischofsepitaphien 255. 314.
Bisomus 78.
BITALIA 134.
Blindenheilung 177.
Blutflüssige 145. 177.
Blutgläser 225.
Brod 112. 117. 330.
Bullae 219. 259.
Busse 264.

Caecilie, Grab der heil. 317.
Castellamare, Katakombe in 300.
Catacumba 39.
CATON 314.
Caupona 190.
Centralsyrien 80.
Cepotaphium 83.
Chignons 216.
Chiusi, Kat. in 66.

Chresimus 35.
ΧΡΗCΤΗ 316.
Christus Deus 331.
Christus, Typen desselben 143.
Ciriaca, S. 79.
Coemeterium 24. 38.
Collegia funeraria 18. 28.
Conclamatio 48.
CRESCENS 12.
CRESTVS 331.
Cruces dissimulatae 125.
Crypta 72.
Crypta quadrata 92. 325.
Crux gammata 106.
Cubiculum 69.

Damasus 33. 46. 71. 239.
Daniel 109. 305.
Daniel, Bildhauer 168.
David 105.
Delphin 101. 330.
D · M · S 249.
Depositio, depositus 265.
Diakonen, Epitaphien von 257. 296. 308.
Diakonissen, Epitaphien von 257.
Dignitas amicorum 192. 195.
Dioskuren 99.
Diogenes, Fossor 37.
Dipinti 238.
Diptychen 210.
Diis Manibus 249.
Dominicum Clementis 259.
Domitilla, Katakombe der 92.
Domus aeterna 11.
Domus aeternalis 77.
Dracontius 137.
Dreieck 122.
Dreieinigkeit 149.
Drohungen auf Epitaphien 12.

Ehedenkmäler 136.
Eierschalen 209.
ELIAS 320.
Elvira, Synode zu 89.
Endymion 128.
ΕΠΙ CΙΡΗΝΗ 248.
Enkolpien 223.
Epaphras 329.
Ephräm von Nisibis 151.
Epigraphik, altchristliche 233.
Epitheta auf Inschriften 254.
Erde, Personifikation der 158.

Eros und Psyche 98. 192.
Eroten 92. 322.
EVROPIA 327.
Eusebius 145.
Eusebius, Grab des Bischofs 323.
EVSEBIVS 40.
Eutropos, Bildhauer 168.
Eucharistie 115. 117. 320.
EVELPIVS 41.
EVNVCVS 324.
Eutropius 208.
ΕΥΤΥΧΙC 296.
Eva 115.
Evangelien, die 134.
Ex indulgentia 28.
Ex voto 132.

Faustkämpfer 191.
Feliciter 267.
Feralia 50.
Ferrara, Sarkophag in 181.
Fidelis 204.
FIDES 331.
Fisch 117. 330.
Fischer 177.
Flüsse, Personifikation der 159.
Fondi d'oro 187.
Fonte renata Dei 263.
Fossores 29.
Fünfkirchen, Grabstätte in 334.
Fürbitte auf Inschriften 269.
Furius Dionysius 239.
Fuss 122.

Gajus, Epitaph des Bischofs 323.
GALATEA 264.
Gaudiosus, Bischof 307.
Geist, heil., Darstellung desselben 149.
Gemälde, Chronologie 162.
        Kunstwerth 162.
        Technik 163.
Gemüsehändlerin 133.
S. Gennaro, Kat. 304.
Genien 305. 312.
Gichtbrüchiger, Heilung desselben 178.
Girgenti, Katakombe in 291.
Gladiator 133. 140. 327.
Goldgläser 187.
Gorgoneion 100. 219.
Gott, Darstellung 149.
Grab Jesu 21.
Grabwächter 81.

Gräber, Ausstattung 199.
    Beurtheilung 201.
    Façade 80.
    Formen 76.
    jüdische 19.
    Kauf 32.
Graffiti 238.
Granatapfel 100.
Gratiam accepit 263.

Hähne 137. 191.
Häretiker, Grabstätten der 34.
Hand 122.
Handwerker 133.
Handwerkszeug 132. 210.
Haarnadeln 214.
Hase 122. 219.
Haus 122.
Hausgeräth 205.
Ἑρμῆς κριοφόρος 113.
ЄCΠЄPOC 314.
Hieronymus 82.
Himmel, Personifikation dess. 157.
Hippolytus, Statue des 184.
Hirsch 122.
Hirt, guter 112. 288. 311.
Hirten 133. 140. 177. 312.
Historische Bilder 132.
Hochzeitsdenkmäler 136. 197.
Honoris causa 328.
Hortus, hortulus 83.
Hund 187.
Hyacinthus, Epitaph des 256.

Jahreszeiten 159. 311. 321.
IXΘYC 130. 297.
Ikonographische Darstellungen 143.
In Deo vita 214.
In pace 248.
Inschriften, Abbreviaturen 241.
    Datirung 245.
    Interpunktion 240.
    Sammlungen 233.
    Schriftform 238.
    Technik 238.
Instrumente in den Gräbern 205.
Instrumente, Abbild. derselben 132. 140.
IOCAIOC 332.
Jona 108. 176. 321. 336.
Jordan, Personifikation des 159.
Joseph 151.
IRENE DA CALDA 135.

Ispica, Val di 18. 37.
Judenthum, Kunst dess. 87.
Jüdische Goldgläser 193.
    Katakomben 22.
    Sarkophage 182.

Kämme 216.
Kallistus, Katakombe des 310.
Καλῶς ποιεῖν 10.
Kana, Wunder zu 111.
Kaninchen 137.
Katakomben, Bildwerke der 87.
    Construction 59.
    Galerien 69.
    Geschichte 35.
    Grundanlage 17.
    häretische 34.
    Inneres 74.
    Lage 27.
    Literatur L.
    Name 24.
    Statistik 25.
    Ursprung 36.
Katakombenkirche 73.
Katechumenat 264.
Konstantin, Statue 184.
Komoral 29.
Kranz 103.
Kreuz 125.
Kreuzigung 139.
Krone 103.
Kürbislaube 128.
KΥPIAΛΛOC 307.
Kunst, altchristliche 87.
Kyrene, Katakombe in 286.

Labarum 139. 331.
Lachesis acerba 251.
Lamm 102. 122.
Lampen 122. 206.
Lastträger 133.
Lazarus, Auferweckung des 110. 175.
Leidensgeschichte, Darstellung der 139.
Leo 137.
LEOPARDVS 254.
Leuchter 122. 193. 208.
Linus 83.
Liturgische Darstellungen 136. 141.
Locus, loculus 74. 76.
Lotus fonte sacro 263.
LVCANVS 134.

22*

Lucina, Kat. der 311.
Lucius, Epitaph des Bischofs 255.
Luminaria 73.

Märtyrer, Bilder 136.
    Gräber 82.
    Inschriften 255, 261.
    Translationen 36.
Magier, Anbetung der 152, 335.
Mahl der Jünger 115, 318.
Mahl, himmlisches 135.
Manumissio 258.
Marco, S., in Venedig 179.
Maria, Bilder der 151.
Maria, Kaiserin 203.
Maria, S., della Sanità 307.
Marken 216.
Marterinstrumente 209.
Martyr vindicatus 256.
Maske 92, 99, 101.
Massakhit 23.
Massengräber, antike 19.
Medusenhaupt 100, 219.
Meer, Personifikation 159.
Meer, Durchgang durch das rothe 171.
Melos, Katakombe auf 275.
Memoriae aeternae 251.
MERCVRIVS 62.
Messer 209.
Minister 257.
Mithras-Inschriften 264.
Mohn 102.
Mond, Personifikation 158.
Monogramm Christi 123.
Mosaik 163.
Mose, Quellwunder des 176.
Moudjeleia 80.
ΜΟΥCΙΚΑ 322.
Münzen, christliche 185.
    in den Gräbern 210.
Mythologische Darstellungen 98.

Nägel in den Gräbern 209.
Nagel, magischer 222.
Namen der Christen 252.
NARCISSVS 328.
Naro, Katakombe in 294.
Neapel, Katakomben in 26, 304.
Neophytus 263.
Nereidencyklus 99.
Nimbus 147.
Noah 107, 323, 336.

Nonna Ligora 294.
ΗΩ, ΗΩC 108.

Ochse 122.
Odysseus 100.
Oelzweig 104.
Ofen 140.
Ohrlöffel 214.
Οἶκος αἰώνιος 11.
Orans 133, 312, 329.
Orientirung der Gräber 17.
Orpheus 104.
Ostrianum, Coemeterium 65.
ΟΥΑCΙC ΑΘΑΝΑΤΟC 250.

Padua, Sarkophage in 181.
Palazzuolo, Cömeterium in 295.
Palermo, Katakombe in 298.
Palma emerita 330.
Palme 103, 330.
Panther 91, 92, 99.
Papstkrypte 70, 316.
Paradies 122, 307.
Parentalia 50.
Passionsgeschichte 139.
Pastor 257.
Paula 329.
Paulus 149, 183, 307, 308, 323.
Pax tecum 169, 252, 267.
Πεκτόριος 118.
Percepit 263.
Personifikationen 157.
ΠΕΤΡΑ 326.
PETRVS 105.
Petrus 149, 184, 194, 307, 308.
    Grab des 71.
Pfau 102, 305, 307.
Pferd 132.
ΦΑΥCΤΙΝΑ 182, 323.
Phönix 102.
Phonetische Symbole 137.
ΦΩC ΕΚ ΦΩΤΟC 208.
Pie zeses 192.
Pilaster 122.
Pilatus 139.
Πιστός 264.
Plastik 165.
Porcella 137.
Portraits 193, 322, 330, 335.
Praemia emerita 330.
Prata, Katakombe in 301.
Presbyterinschriften 257, 278.

Priscilla, Katakombe der 63.
Pretestato, S. 34. 92. 325.
Primigenius 85.
Profusio 52.
PROIECTA 215. 261.
Prudentius 51. 82. 228.
Puppen 216.
Puticuli 19.

Quadrisomus 78.
Quattuor Coronati 185.

Randanini, Vigna 22.
Ravenna 179.
Refrigerium 268.
Retrograde Schrift 239.
Ringe 212.
ΡΟΛϹΟΗ 316.
Rom, Cömeterien in 26. 310.
ROMVLA 214.
Rosaria 50.

SABAZIS 44.
Sabellianer 34.
Sabinus, Archidiakonus 33.
Sacramentskapellen 317.
Salbung, magische 221.
Salomo 222.
Sarkophage 165.
Saturninus 11.
Schellen 219.
Schiff 102.
Schiffbruch des Paulus 318.
Schiffer 133.
Schlange 138.
Schmied 133.
Schmuckkästchen 214.
Schmucksachen 212.
Schneider 133.
Schola 57. 61.
Schrank, heiliger 193.
Schreibgriffel 210.
Schreiner 133. 189.
Schriftformen 239.
Sclaveninschriften 258.
Sculptur 165.
S. Sebastiano, Katakombe 326.
Seepferdchen 91. 92. 96.
Sepolcro a mensa 78.
Sepulcralriten 48.
Sergius Paulus, Proconsul 323.
Servus Dei 258. 260.

Se vivo fecit 11.
Sicilien, Cömeterien in 28. 201.
Sic voluit Deus 269.
Siegel 213. 297. 329.
Sirenen 100.
Siricius 331.
Sonne, Personifikation der 157.
CΩCΛIC 220.
Speisung, wunderbare 112.
CΦΡΛΓIC ΟϹΟΥ 222.
Spiegel 215.
Spielbretter 216.
Spielsachen 212. 216.
Steinbock 91. 92. 99.
Stephanus 13.
Sterben, Ausdrücke für 265.
Svastika 106.
Symbolische Darstellungen 97.
Symbolik des altchristlichen Bilderkreises 114.
Synkretismus 34.
Syrakus, Katakomben in 60.

Tabulam ponere 19.
Tage, Bezeichnung der 246.
Tartarus furens 251.
Taube 121. 137. 213.
Taufe 136. 263. 313.
ΤΕΡΤΥΛΛΟϹ 252.
Θ·Κ· 249.
Θήκη 76.
Θηκίον 76.
Thiasos, bacchischer 99.
Thierkämpfer 191.
Tibneh, jüdisches Grab in 21.
Tintenfass 210.
Tod, Personifikation 160.
Trier, Sarkophag in 107. 167. 185.
Trinität, Darstellung der 149.
Trisomus 78.
Turranae Lucinae 320.

Valerius Severus 208.
Vasa diatreta 194.
Venus 102.
Verbrennung 13.
Vergoldung der Reliefs 170.
Verwünschungen auf Epitaphien 12.
Vibia, Raub der 42.
Victoria 159.

Virginius 263.
Virgula divina 111.
Volumen 210.

Waage 122. 132.
Wagenlenker 191. 324.
Wechslerstube 190.
Weinstock 92. 305.
Wirth 133. 190.

Zange 132. 140.
Zores 192. 195.
Zinsgroschen, Entrichtung des 318.

יחומם 182.
כובין 19.
סצרח 19.
שלום 182.
תבח 193.

www.ingramcontent.com/pod-product-compliance
Lightning Source LLC
Chambersburg PA
CBHW031849220426
43663CB00006B/556